本书的出版发行得到了教育部人文社会科学重点研究基地南开大学跨国公司研究中心十四五项目自设课题、教育部哲学社会科学实验室专项基金项目（H0123705）、国家社科重大课题"依托超大国内市场规模，充分发挥国内国外两个市场、两种资源的联通机制"（23ZDA054）、南开大学 2024 年度中央专项基本科研业务费（人文社科）特殊支持项目、南开大学中央高校基本科研业务费－平台基地建设经费的资助。

年度报告课题组总负责人： 薛　军

课题组专家咨询委员会主任： 佟家栋
课题组专家咨询委员会主要成员：
　　王永进　包　群　刘　杉　孙浦阳　李俊青　李坤望　李飞跃
　　李　磊　佟家栋　严　兵　张伯伟　张　兵　何秋谷　周云波
　　周　申　冼国明　胡昭玲　高乐咏　盛　斌　梁　琪　曹吉云
　　彭支伟　葛顺奇　蒋殿春　谢娟娟　戴金平

课题组承办单位： 南开大学跨国公司研究中心
　　　　　　　　　　南开大学全球经济研究中心（NK-GERC）
　　　　　　　　　　南开大学国际经济贸易系
　　　　　　　　　　南开大学国际经济研究所
课题组协作单位： 南开大学经济学院
　　　　　　　　　　南开大学经济行为与政策模拟实验室

课题组主要成员：
　　于　嘉　方　瑜　申喆良　祁馨仪　李金永　李婉爽　苏二豆
　　陈晓林　杜若晨　宋毅颖　杨名澈　杨哲宇　郑毓铭　周鹏冉
　　李建文　罗云龙　胡英伦　常露露　常君晓　秦子晴　曹　宇
　　程红雨　熊　佳　樊　悦

中国民营企业对外直接投资指数年度报告（2023）

Chinese Private Enterprises Outward Direct Foreign Investment Index 2023

薛军　等　著

人民出版社

前　言

继 2017 年，我们迎来了第 7 本《中国民营企业对外直接投资指数年度报告》的出版发行。近年来，"南开中国 OFDI 指数"已经逐步成为中国民营企业"走出去"这一研究领域的"风向标"。纵观该系列指数年度报告的发展历程，该报告不断拓宽研究领域，从 7 年前仅仅关注指标体系的构建以及各类指数的测算，扩展至目前结合中国经济不同发展阶段特征的理论分析，既动态展示了民营企业对外直接投资的发展趋势变化，也深入探究了民营企业"走出去"的动力所在，既具备了统计年鉴的客观性特征，也充当了为推动中国民营企业高质量国际发展的"智囊"角色。

本系列报告筛选匹配更新自 2005 年至今所有中国民企对外直接投资的全样本数据，并按照国有、民营、港澳台资以及外资四大类进行企业分类。今年的报告由"指数分析篇"和"协动性及预测展望篇" 2 大部分构成，很遗憾，今年并未像往年一样出版"专题分析篇"。关于本系列指数年度报告以及中国民营企业对外直接投资指数体系的构建再次归纳为以下三点。

一、关于中国民营企业对外直接投资指数

针对中国企业对外直接投资（Outward Foreign Direct Investment，简称 OFDI），通过在 BvD-Zephyr 数据库和 fDi Markets 数据库中筛选匹配出参与 OFDI 的中国企业，并按照企业所有制不同将企业划分为民营、国有、港澳台和外资四种类型，整理出包含企业投资模式、投资来源地、投资标的国（地区）、投资标的行业的全样本中国企业对外直接投资数据库（南开大学

全球经济研究中心数据库，简称 NK-GERC 数据库）。

中国民营企业对外直接投资指数是在该 NK-GERC 数据库基础上构建的，并与其他不同所有制企业（国有、港澳台和外资）进行对比分析，全方位、多视角探究民企 OFDI 变化特征的指数体系。

7 年来，本系列指数年度报告得到不断丰富和完善。2017 年版创建了"南开中国 OFDI 指数"六级指标体系的基本架构；2018 年版增加了"当地就业贡献指数"和"一带一路指数"；2019 年版正式推出"OFDI 综合指数"，并增加"中国企业 OFDI 与宏观经济指标的协动性分析"以及"OFDI 预测及展望"；2020 年版正式将分析对象从民企 500 强拓展到全样本（即全部民营企业）；为了更加深入探讨新形势下的我国 OFDI 现状及发展趋势，从 2021 年版开始，在保持原有"统计年鉴型"写作风格的基础上增加了"专题分析篇"。

本指数系列分为分项指数和综合指数两大类。第一，以 2011 年至 2015 年的均值作为基年测算分项指数。从并购和绿地投资两个方面（2 级指标）构建了六级指标的全面指数体系，更加侧重于变化趋势，突出时间序列的特征。同时，所有的指数均涉及投资项目数量和金额两方面。之所以选取 2011 年到 2015 年的算术平均数为基期值，一是因为这五年期间中国民营资本海外"走出去"又进入了一个快速增长时期，2011 年可以称为是中国民营企业"走出去"的"元年"；二是在计算指数时可以确保避免我国企业对外直接投资初期的绝大部分基期值为 0 的问题，从而使指数走势更加平滑。第二，采用主成分分析法测算综合指数。通过使用主成分分析法对中国民营企业对外直接投资项目数量指数和金额指数赋予相应的权重，融合对外直接投资项目数量指数和金额指数，进而测算出中国民营企业 OFDI 综合指数，更加客观、全面衡量我国民营企业 OFDI 发展变化情况。其中，使用主成分分析法的原因在于主成分分析法是考察多个变量间相关性的一种多元统计方法，研究如何通过少数几个主成分来揭示多个变量间的内部结构，即从原始变量中导出少数几个主成分，使它们尽可能多地保留原始变量的信息，且彼此间互不相关；使用两种指数进行融合，主要考虑到指数既涵盖了原始数据信息，又可以有效避免量纲不一致问题。

二、关于南开大学全球经济研究中心（NK-GERC）数据库

选择采用的 BvD-Zephyr 和 fDi Markets 这两个数据库均为业界公认的权威可靠的数据库，按照民营、国有、港澳台和外资四种划分，我们整理出全样本中国企业对外直接投资数据库（NK-GERC 数据库）。

NK-GERC 数据库显示，2005—2022 年间，中国企业 OFDI 项目数量和金额分别是 20404 件和 39475.24 亿美元。作为对比，商务部对外公开公布的统计数据截至 2021 年底为：中国有 4.6 万家境外企业，存量（累计净值）为 27851.5 亿美元。

由于受数据限制，目前使月的 OFDI 无论是投资案件数量还是金额均使用的是流量数据。

三、本系列指数年度报告的三大特点

秉持"国际唯一、统计年鉴型、可持续性"三大原则，努力打造一个高质量可信赖的"南开中国 OFDI 指数"品牌。报告可以概括为如下三大特点。

特点一，在指数指标体系架构方面，本系列指数年度报告构建了"中国民营企业对外直接投资"的六级指标体系，从并购投资和绿地投资两个维度分别分析民营企业 OFDI 在来源地、标的国（地区）和标的行业的特征。"中国民营企业对外直接投资"的六级指标体系具体为：第一级是中国民营企业对外直接投资指数；第二级为民营企业并购投资指数和民营企业绿地投资指数；第三级为民营企业并购投资与绿地投资按照投资方来源地、投资标的国（地区）、投资标的行业进行划分产生的指数，共有 6 个指标；第四级为基于第三级指标的拓展，包含 20 个指标；第五级为第四级指标的进一步细分，包括 56 个指标；第六级为对第五级指标的再具体化，共有 582 个指标。

特点二，自 2020 年版开始，将过去的"补论"改为"协动性及预测

展望篇"，利用自建数据库将内容定格在如下三个部分，对比分析国有企业、民营企业、港澳台资企业以及外资企业四类企业的 OFDI 情况，检验中国民营企业对外直接投资和宏观指标之间的协动性关系，构建计量模型预测未来三年中国 OFDI 的变化趋势。另外，由于目前外部环境不确定因素多、冲击大，会导致预测误差过大，因此我们团队目前也正在摸索尝试构建结构模型，争取早日实现用"政策模拟"替代目前的"预测展望"。

特点三，每年推出一个民营企业"走出去"相关热点专题，将现状分析上升到理论研究高度，为我国民营企业建立一套可持续"走出去"的长效机制提供重要理论依据。针对我国企业"走出去"新情况新特点，从 2021 年版开始在原有的"指数分析篇"和"协动性及预测展望篇"之外又新设了"专题分析篇"。2021 年版的题目是"全球创新保护新形势下的我国民营企业对外直接投资对策研究"，2022 年版聚焦"民营企业 OFDI 与结构转型"，深入剖析 OFDI 对我国工业化进程的影响以及民营企业走出去的重要作用。非常遗憾，"专题分析篇"由于各种原因暂时取消。

本指数报告难免有诸多不足之处甚至错误，希望有关部门和学者专家等各界同仁提出宝贵意见，并给予大力支持，也希望广大读者给予批评指正！

最后，特别提醒：如您在研究成果中使用了本数据，请注明所用数据为"南开中国 OFDI 指数"，同时烦请按照以下文献引用方式引用我们的成果："薛军等著《中国民营企业对外直接投资指数年度报告（2023）》"。

目 录

第一部分　指数分析篇

第二部分　基于四类企业对比、宏观指标协动性分析和趋势预测篇

序　章　中国民营企业对外直接投资指数体系的构建及说明

第一节　关于中国民营企业对外直接投资指数的研究架构

本研究团队以中国企业对外直接投资（即"走出去"的直接投资，本书亦简称 OFDI）为研究主体，通过在 BvD-Zephyr 数据库和 fDi Markets 数据库中筛选出参与 OFDI 的中国企业，并按照企业所有制不同将企业划分为民营、国有、港澳台和外资四种类型，整理出包含企业投资模式、投资来源地、投资标的国（地区）、投资标的行业的全样本中国企业对外直接投资数据库（南开大学"全球经济研究中心"数据库，以下简称 NK-GERC 数据库）。

本报告以 NK-GERC 数据库为基础构建出中国民营企业对外直接投资指数体系，在与其他不同所有制对比的基础上全方位、多视角地探究民企 OFDI 的变化特征。

一、范畴界定及数据来源

（一）不同所有制概念界定及关于民营企业定义的补充说明

1. 四种所有制分类及标准

我们将中国的所有制企业分为四种，分别是国有企业、外资企业、港澳台企业以及民营企业①。首先，参照《企业国有资产交易监督管理办法

---

① 该界定由李金永博士整理。

（2016）》，国有企业应该包括如下内容：

（1）政府部门、机构、事业单位出资设立的国有独资企业（公司），以及上述单位、企业直接或间接合计持股为100%的国有全资企业；

（2）本条第（1）款所列单位、企业单独或共同出资，合计拥有产（股）权比例超过50%，且其中之一为最大股东的企业；

（3）本条第（1）、（2）款所列企业对外出资，拥有股权比例超过50%的各级子企业；

（4）政府部门、机构、事业单位、单一国有及国有控股企业直接或间接持股比例未超过50%，但为第一大股东，并且通过股东协议、公司章程、董事会决议或者其他协议安排能够对其实际支配的企业。

其次，有关外资企业和港澳台资企业的界定可以类比国有企业。

最后，参照全国工商联合会以及学术界的界定，将民营企业的界定为：在中国境内除国有企业、外资企业和港澳台资企业以外的所有企业，包括个人独资企业、合伙制企业、有限责任公司和股份有限公司。

2. 关于民营企业概念界定的补充说明

民营企业是我国特有的概念。在资本主义国家中，除了部分铁路、邮政、烟草等行业属于国有企业之外，其他绝大多数均是私有企业。正是由于大部分企业都是民间经营的，因此国外很少提"民营企业"一词。需要特别说明的是，目前中国国内关于民营企业（或民营经济）的界定并没有统一的观点，我们将一些主流观点和界定整理如下：

（1）有的观点认为民营企业包括除国有独资、国有控股以外的其他类型的企业；有的观点认为民营企业是由民间私人投资、经营、享受投资收益、承担经营风险的法人经济实体；有的观点认为民营企业有广义和狭义之分，广义上，非国有独资企业（包括国有持股和控股企业）都是民营企业；狭义上，民营企业包括私营企业和以私营企业为主体的联营企业（胡志军2015）。

（2）党的"十五大"和"十六大"报告中的提法是非公有制经济。

（3）中华人民共和国国家商务部、国家统计局和国家外汇管理局三家每年联合发布的《中国对外直接投资统计公报》中没有明确界定，只是提及"非国有企业"。而根据商务部的说明，该"非国有企业"主要还是民营企业。

（4）统合中国民营企业的官方机构中华全国工商业联合会将民营企业划定为私营企业、非公有制经济成分控股的有限责任公司和股份有限公司，国有绝对控股企业和外资绝对控股企业（港澳台除外）不在此范围之内。

（5）这里需要特别说明的是，集体所有制企业作为中国特殊历史时期的产物，虽然属于中国公有制经济的一部分，但考虑到其与全民所有制企业在主体、所有权的客体以及权利取得方式上的差异，我们将集体所有制企业归类到民营企业。

（二）数据来源

本研究团队从 BvD-Zephyr 并购数据库和 fDi Markets 绿地投资数据库中筛选出中国企业走出去的相关数据作为统计样本，并按照企业性质界定方法对于参与 OFDI 的中国企业进行所有制的判断，形成 NK-GERC 数据库。本书的所有数据均来源于 NK-GERC 数据库。

BvD-Zephyr 数据库（即全球并购交易数据库）含有全球企业并购的相关数据，不仅包括各国境内并购，而且收录了全球跨国并购的交易案件，其更新频率以小时计算[①]。fDi Markets 数据库是金融时报所提供的专业服务，是目前市场上最全面的跨境绿地投资在线数据库[②]。可以从 BvD-Zephyr 数据库和 fDi Markets 数据库中筛选投资方与标的方企业名称、案件交易时间、标的方所属行业及国别、投资方来源地、交易金额等信息。

（三）统计时间段的选择

本书的数据统计时间段为 2005—2022 年，共计十八年的时间跨度，相

[①] BvD-Zephyr 概览，见 https：//www. bvd0o. com/en-gb/our-products/economic-and-m-a/m-a-data/zephyr。

[②] fDi Markets 概览，见 https：//www. fdimarkets. com/。

对完整的体现了中国民营企业入世之后对外直接投资的发展特征，也为研究民企 OFDI 提供更详实的数据资料。

二、相关数据说明

（一）关于国内外并购数据相差较大的原因

商务部公布的数据与对外数据库商公布的对外并购投资数据相差较大，比如 2016 年商务部公布中国企业共实施对外投资并购项目 765 件[①]，而 BvD-Zephyr 数据库统计的项目数为 1574 件[②]。造成如此大的反差，主要有以下四点原因：

（1）数据的涵盖范围不同。商务部公布的是已经完成交割的中国对外并购交易，而对外数据库商和媒体公布的数据不仅包括已完成交割的并购交易，还包括新宣布的但目前还处于磋商阶段的，以及交易双方基本达成交易意向但还需要通过国家政府部门审核的交易。可见，对外数据库商和媒体公布的数据范围更广[③]。

（2）数据采集来源不同。对外数据库商的资料来源主要是媒体报道、公司披露等，比如 BvD-Zephyr 的并购数据绝大部分都是人工采集，采集渠道为各大交易所公告信息，网上信息，企业官网公告，甚至一些传闻信息等，资料来源较为零散，比较容易夸大交易金额，也容易遗漏交易。

（3）数据统计原则不同。部分企业是通过注册在离岸金融中心的子公司进行并购交易，如果该并购交易完全在海外市场融资完成，就不在我国国内监管机构的统计范围之内，因此该笔并购投资不在商务部统计之列，但标的国（地区）仍然认为是来自中国的投资，因此 BvD-Zephyr 之类的对

---

① 中华人民共和国商务部、中华人民共和国国家统计局、国家外汇管理局：《2015 年度中国对外直接投资统计公报》，中国统计出版社 2016 年版，第 8 页。

② 此处按照 2016 年 1 月 1 日到 2016 年 12 月 31 日为交易日期（含传言日期、宣布日期、完成日期）的统计口径（即"日期"的统计口径）。

③ 王碧珺、路诗佳：《中国海外并购激增，"中国买断全球"论盛行——2016 年第一季度中国对外直接投资报告》，《IIS 中国对外投资报告》，2016 年第 1 期。

外数据库商仍然将其统计在列。

（4）数据的统计方法不同。对外数据库商公布的数据存在重复统计的问题。比如第一季度新宣布尚未完成的并购交易，第二季度还会统计一次，如果第三季度依旧没有完成，那么第三季度又会重复统计一次。

（二）本书数据的权威可靠性

各方数据都各有千秋。总体来讲，国外的知名数据库即时迅速，而国内政府部门的统计数据虽然比较权威，但也有学者提出国内数据很难有效反映中国对外直接投资特征[①]。另外，国内政府部门公布的信息范围窄、数据量少、缺乏系统性。

本书选择采用的 BvD-Zephyr 和 fDi Markets 这两个数据库均为业界公认的权威可靠的数据库。

三、"中国民营企业对外直接投资指数" 的六级指标体系和指数构成

（一）"中国民营企业对外直接投资指数" 的六级指标体系的建立

本书基于 NK-GERC 数据库，将民营企业对外直接投资按照投资来源地、投资标的国（地区）、投资标的行业特征进行分类，并将民营企业投资模式划分为并购和绿地两种，构建"中国民营企业对外直接投资指数"指标体系（参照序表 0-1-1 和序表 0-1-2），从民营企业对外直接投资、并购投资和绿地投资二维度分析民营企业在来源地、标的国（地区）和标的行业的特征。该六级指标体系具体可表示为：

第一级是民营企业对外直接投资。

第二级是按照投资模式不同划分为并购投资和绿地投资。

第三级有 6 个指标：分别对并购、绿地投资按照投资来源地、投资标的国（地区）、投资标的行业进行划分。

---

① 王永中、徐沛原：《中国对拉美直接投资的特征与风险》，《拉丁美洲研究》2018 年第 3 期。

第四级有 20 个指标，为基于第三级指标的拓展，细分规则为：

（1）投资来源地分为 5 个地区：环渤海地区、长三角地区、珠三角地区、中部地区、西部地区；

（2）投资标的国（地区）分为 3 个区域：发达经济体、发展中经济体、转型经济体；

（3）投资标的行业分为 2 类：制造业和非制造业。

第五级有 56 个指标，为在四级指标基础上的进一步细分：

（1）投资来源地分为 10 个地区：京津冀和环渤海其他地区、上海和长三角其他地区、广东和珠三角其他地区、华北东北和中原华中地区、西北和西南地区；

（2）投资标的国（地区）根据《世界投资报告 2017》[①] 对国别的划分标准进一步分为 9 个区域：发达经济体划分为欧洲、北美洲和其他发达经济体，发展中经济体划分为非洲、亚洲、拉丁美洲和加勒比海地区、大洋洲，转型经济体划分为东南欧和独联体国家；

（3）投资标的行业进一步分为 9 种类别：按照 OECD 对制造业的技术划分标准将制造业划分为高技术制造业、中高技术制造业、中低技术制造业、低技术制造业，根据 2017 年国家统计局公布的《国民经济行业分类》[②] 将非制造业划分为服务业，农、林、牧、渔业，采矿业，电力、热力、燃气及水生产和供应业，建筑业。

第六级共有 582 个指标，均为对第五级指标的再具体化：投资来源地具体至各省（直辖市），投资标的国（地区）具体至各国家（地区），投资标的行业具体至制造业 ISIC 标准的两分位行业和非制造业《国民经济行业分类》标准的两分位行业（参照序表 0-1-2）。

---

① 詹晓宁：《世界投资报告 2017》，南开大学出版社 2017 年版，第 240 页。

② 详见 http://www.stats.gov.cn/tjsj/tjbz/hyflbz/201710/t20171012_1541679.html。

序表 0-1-1　　"中国民营企业对外直接投资指数"指标体系

一级指标	二级指标	三级指标	四级指标	五级指标	六级指标（具体指标详见表序 0-1-2）
民营企业对外直接投资	并购投资	投资来源地	环渤海地区	京津冀地区	3
				环渤海地区其他区域	2
			长三角地区	上海	1
				长三角地区其他区域	2
			珠三角地区	广东	2
				珠三角地区其他区域	2
			中部地区	华北东北	4
				中原华中	5
			西部地区	西北	5
				西南	6
		投资标的国（地区）	发达经济体	欧洲	36
				北美洲	2
				其他发达经济体	14
			发展中经济体	非洲	54
				亚洲	34
				拉丁美洲和加勒比海地区	35
				大洋洲	14
			转型经济体	东南欧	5
				独联体国家	12
		投资标的行业	制造业	高技术	5
				中高技术	5
				中低技术	5
				低技术	4
			非制造业	服务业	15
				农、林、牧、渔业	5
				采矿业	7
				电力、热力、燃气及水生产和供应业	3
				建筑业	4
	绿地投资	投资来源地	环渤海地区	京津冀地区	3
				环渤海地区其他区域	2
			长三角地区	上海	1
				长三角地区其他区域	2

一级指标	二级指标	三级指标	四级指标	五级指标	六级指标（具体指标详见表序0-1-2）
民营企业对外直接投资	绿地投资	投资来源地	珠三角地区	广东	2
				珠三角地区其他区域	2
			中部地区	华北东北	4
				中原华中	5
			西部地区	西北	5
				西南	6
		投资标的国（地区）	发达经济体	欧洲	36
				北美洲	2
				其他发达经济体	14
			发展中经济体	非洲	54
				亚洲	34
				拉丁美洲和加勒比海地区	35
				大洋洲	14
			转型经济体	东南欧	5
				独联体国家	12
		投资标的行业	制造业	高技术	5
				中高技术	5
				中低技术	5
				低技术	4
			非制造业	服务业	15
				农、林、牧、渔业	5
				采矿业	7
				电力、热力、燃气及水生产和供应业	3
				建筑业	4

序表0-1-2　"中国民营企业对外直接投资指数"指标体系中第五级、第六级指标的具体内容

五级指标	六级指标
京津冀地区	北京、天津、河北
环渤海地区其他区域	辽宁、山东

五级指标	六级指标
上海	上海
长三角地区其他区域	江苏、浙江
广东	深圳、广东（不含深圳）
珠三角地区其他区域	福建、海南
华北东北	山西、内蒙古、黑龙江、吉林
中原华中	河南、安徽、江西、湖北、湖南
西北	陕西、甘肃、宁夏、青海、新疆
西南	四川、重庆、云南、广西、贵州、西藏
欧洲	奥地利、比利时、保加利亚、克罗地亚、塞浦路斯、捷克、丹麦、爱沙尼亚、芬兰、法国、德国、希腊、匈牙利、爱尔兰、意大利、拉脱维亚、立陶宛、卢森堡、马耳他、荷兰、波兰、葡萄牙、罗马尼亚、斯洛伐克、斯洛文尼亚、西班牙、瑞典、英国、直布罗陀、冰岛、挪威、瑞士、安道尔、摩纳哥、列支敦士登、圣马力诺
北美洲	美国、加拿大
其他发达经济体	澳大利亚、新西兰、百慕大群岛、开曼群岛、英属维尔京群岛、格陵兰、波多黎各、以色列、日本、韩国、新加坡、中国台湾地区、中国香港地区、中国澳门地区
非洲	阿尔及利亚、埃及、利比亚、摩洛哥、苏丹、突尼斯、贝宁、布基纳法索、佛得角、科特迪瓦、冈比亚、加纳、几内亚、几内亚比绍、利比里亚、马里、毛里塔尼亚、尼日尔、尼日利亚、塞内加尔、塞拉利昂、多哥、布隆迪、喀麦隆、中非共和国、乍得、刚果共和国（简称刚果、又称刚果（布））、刚果民主共和国（又称刚果（金））、赤道几内亚、加蓬、卢旺达、圣多美和普林西比、科摩罗、吉布提、厄立特里亚、埃塞俄比亚、肯尼亚、马达加斯加、毛里求斯、塞舌尔、索马里、乌干达、坦桑尼亚、安哥拉、博茨瓦纳、莱索托、马拉维、莫桑比克、纳米比亚、南非、斯威士兰、赞比亚、津巴布韦
亚洲	朝鲜、蒙古、文莱、柬埔寨、印尼、老挝、马来西亚、缅甸、菲律宾、泰国、东帝汶、越南、孟加拉国、不丹、印度、马尔代夫、尼泊尔、巴基斯坦、斯里兰卡、巴林、阿富汗、伊拉克、伊朗、约旦、科威特、黎巴嫩、阿曼、卡塔尔、沙特、巴勒斯坦、叙利亚、土耳其、阿联酋、也门

续表

五级指标	六级指标
拉丁美洲和加勒比海地区	阿根廷、玻利维亚、巴西、智利、哥伦比亚、厄瓜多尔、圭亚那、巴拉圭、秘鲁、苏里南、乌拉圭、委内瑞拉、伯利兹、哥斯达黎加、萨尔瓦多、危地马拉、洪都拉斯、墨西哥、尼加拉瓜、巴拿马、安圭拉、安提瓜和巴布达、阿鲁巴、巴哈马、巴巴多斯、库拉索岛、多米尼加联邦、多米尼加共和国、格林纳达、古巴、海地、牙买加、圣基茨和尼维斯、圣卢西亚岛、圣文森特和格林纳丁斯、特立尼达和多巴哥
大洋洲	库克群岛、斐济、法属波利尼西亚、基里巴斯、马绍尔群岛、密克罗尼西亚、瑙鲁、新喀里多尼亚、帕劳群岛、巴布亚新几内亚、萨摩亚、所罗门群岛、汤加、瓦努阿图
东南欧	阿尔巴尼亚、波黑、黑山、塞尔维亚、马其顿
独联体国家	亚美尼亚、阿塞拜疆、白俄罗斯、哈萨克斯坦、吉尔吉斯斯坦、摩尔多瓦、俄罗斯、塔吉克斯坦、土库曼斯坦、乌克兰、乌兹别克斯坦、格鲁吉亚*
高技术	航空航天
	医药制造
	办公、会计和计算机设备
	广播、电视和通信设备
	医疗器械、精密仪器和光学仪器、钟表
中高技术	其他电气机械和设备
	汽车、挂车和半挂车
	化学品及化学制品（不含制药）
	其他铁道设备和运输设备
	其他机械设备
中低技术	船舶制造和修理
	橡胶和塑料制品
	焦炭、精炼石油产品及核燃料
	其他非金属矿物制品
	基本金属和金属制品

---

* 土库曼斯坦、乌克兰、摩尔多瓦、格鲁吉亚近年宣布退出。

五级指标	六级指标
低技术	其他制造业和再生产品
	木材、纸浆、纸张、纸制品、印刷及出版
	食品、饮料和烟草
	纺织、纺织品、皮革及制鞋
服务业	批发和零售业
	交通运输、仓储和邮政业
	住宿和餐饮业
	信息传输、软件和信息技术服务业
	金融业
	房地产业
	租赁和商务服务业
	科学研究和技术服务业
	水利、环境和公共设施管理业
	居民服务、修理和其他服务业
	教育
	卫生和社会工作
	文化、体育和娱乐业
	公共管理、社会保障和社会组织
	国际组织
农、林、牧、渔业	农业
	林业
	畜牧业
	渔业
	农、林、牧、渔专业及辅助性活动

续表

五级指标	六级指标
采矿业	煤炭开采和洗选业
	石油和天然气开采业
	黑色金属矿采选业
	有色金属矿采选业
	非金属矿采选业
	开采专业及辅助性活动
	其他采矿业
电力、热力、燃气及水生产和供应业	电力、热力生产和供应业
	燃气生产和供应业
	水的生产和供应业
建筑业	房屋建筑业
	土木工程建筑业
	建筑安装业
	建筑装饰、装修和其他建筑业

（二）"中国民营企业对外直接投资指数"的构成

1. 基本指数

按照上述构建的"中国民营企业对外直接投资指数"六级指标体系的划分标准，以2011—2015年民营企业对外投资项目数量或金额的算术平均数为基期值①，测算出与各指标相对应的项目数量和金额指数，具

---

① 选取2011—2015年的算术平均数为基期值，一是因为这五年期间中国民营资本对外"走出去"又进入了一个由低谷到高峰的快速增长时期，2011年可以称为中国民营企业"走出去"的"元年"；二是在计算指数时可以避免我国企业对外直接投资初期的绝大部分基期值为0的问题，从而使指数走势更加平滑。

体内容如下：

（1）根据一级指标的划分标准测算了民营企业对外直接投资指数[①]；

（2）根据二级指标的划分标准测算了民营企业对外并购投资指数和绿地投资指数；

（3）根据三级指标的划分标准分别测算出民营企业对外投资总体、并购投资和绿地投资三种分类下的民营企业投资来源地别指数、投资标的国（地区）别指数、投资标的行业别指数；

（4）根据四级指标的划分标准测算出民营企业在投资来源地的 5 个地区、投资标的国（地区）的 3 个区域、投资标的行业别的 2 种分类下的指数；

（5）根据五级指标的划分标准进一步测算了民营企业投资来源地对应的 10 个地区、投资标的国（地区）对应的 9 个大洲（区域）、投资标的行业对应的 9 种分类下的指数；

（6）根据六级指标的划分标准分别测算了各省市、各国别（地区）、各行业的指数。

2. 民营企业"一带一路"对外直接投资指数

为分析中国企业对"一带一路"沿线国家和地区的对外直接投资特征，本书从 NK-GERC 数据库中筛选出对于"一带一路"国家进行投资的民营企业，测算出民营企业"一带一路"对外直接投资指数、"一带一路"对外并购投资指数和绿地投资指数，所有的指数均包含项目数量和金额两方面，指数测算方法与基本指数的测算方法一致。

3. OFDI 综合指数

为综合考虑投资项目数量和金额特征，更全面分析民营企业 OFDI 的发展变化，本书以基本指数为基础，使用主成分分析法对民营企业对外直接投资项目数量指数和金额指数赋予相应的权重，融合对外投资项目数量指数和金额指数，最终得到民营企业 OFDI 综合指数。在本书第二章第五

---

① 每一指数均可分为投资项目数量和金额指数两类。

节，我们还使用同样方法测算了中国民营企业"一带一路"OFDI综合指数①。

第二节　关于本报告的统计原则和若干说明

本书所使用的 NK-GERC 数据库是在 BvD-Zephyr 并购数据库和 fDi Markets 绿地投资数据库直接检索返回的数据基础上进行的进一步筛选和整理而生成的，因此为了准确、全面地进行统计，我们制定了筛选数据源的"统计原则"。

一、统计原则

（一）基本的界定

（1）关于年份：每个年度期限都表示该年度 1 月 1 日到 12 月 31 日；

（2）关于货币转换与计价原则：本文所有案件金额主要以百万美元作为货币单位（部分图表因统计需求将百万美元转换成了亿美元）；

（3）关于来源地别的数据筛选原则：①以 BvD-Zephyr 数据库和 fDi Markets 数据库中所列出的企业投资来源地为准；②若原始数据库中投资来源地未显示，则以投资企业的注册地为准；

（4）关于标的行业别的数据筛选原则：

---

①　根据测算，不论是中国企业还是四种所有制分类下的企业，为得到综合指数所赋予项目数量指数和金额指数的权重均为 0.5，即可用公式表示为：OFDI 综合指数 = 0.5 项目数量指数 + 0.5 金额指数。其中，以 2005—2019 年企业对外直接投资项目数量和金额指数进行主成分分析所得的累计贡献率如下：中国企业样本（82.57%）、民营企业样本（92.33%）、国有企业样本（73.80%）、港澳台资企业样本（94.12%）、外资企业样本（89.91%）、中国企业"一带一路"投资样本（84.82%）、民营企业"一带一路"投资样本（96.32%）、国有企业"一带一路"投资样本（72.56%）、港澳台资企业"一带一路"投资样本（70.66%）和外资企业"一带一路"投资样本（84.41%）。主成分分析法的使用，一方面保证了综合指数的科学性和客观性，另一方面根据主成分分析法的原理，所得到的项目数量指数和金额指数的权重 0.5 不会随年份的增加而变化，从而保证了综合指数的跨年可比性。另外，使用项目数量和金额指数合成综合指数的原因在于指数可以有效地解决项目数量、金额量纲不一致的问题。

由于 BvD-Zephyr 数据库和 fDi Markets 数据库所列行业杂乱无章，无法总结出规律性特征。本书根据原始数据库对于标的行业的表述，在制造业上按照 ISIC Rev. 3 中详述的制造业划分细则对原始数据库的制造业重新进行了行业划分，在非制造业上按照 GB/T 4574-2017《国民经济行业分类标准》中详述的非制造业划分细则对非制造业重新进行了行业划分。另外，本书进一步根据 OECD 制造业技术划分标准，将制造业划分为高技术、中高技术、中低技术和低技术制造业（参照序表0-2-1）。

序表 0-2-1　OECD 制造业技术划分标准

高技术	中高技术	中低技术	低技术
航空航天	其他电气机械和设备	船舶制造和修理	其他制造业和再生产品
医药制造	汽车、挂车和半挂车	橡胶和塑料制品	木材、纸浆、纸张、纸制品、印刷及出版
办公、会计和计算机设备	化学品及化学制品（不含制药）	焦炭、精炼石油产品及核燃料	食品、饮料和烟草
广播、电视和通信设备	其他铁道设备和运输设备	其他非金属矿物制品	纺织、纺织品、皮革及制鞋
医疗器械、精密仪器和光学仪器、钟表	其他机械设备	基本金属和金属制品	

资料来源：根据《OECD 科学、技术、行业 2011 报告》绘制。

（二）关于统计口径设定的原则

BvD-Zephyr 数据库可自由筛选出某年度内交易被公布、完成、传言[1]的任意组合下的所有交易项目，交易日期分别与宣布日期、传言日期、完成日期相对应。不同方式筛选出的交易案件不同。如表序0-2-2列出了四种统计口径，第四种为前三种的并集[2]。

为减少因为样本遗漏所导致的统计误差，本书对并购数据的统计均按

---

① 传言是指未被证实的消息。

② 并集是指，宣布日期、传言日期或完成日期三者只要有一个是在 Y 年，该交易即会被计入 Y 年的并购交易项目之中。

照"日期"进行统计。

序表 0-2-2　BvD-Zephyr 不同统计口径下筛选出的并购案件数量

宣布日期	全国并购案件数量（件）	传言日期	全国并购案件数量（件）	完成日期	全国并购案件数量（件）	日期	全国并购案件数量（件）
2005	132	2005	167	2005	69	2005	239
2006	175	2006	196	2006	85	2006	310
2007	206	2007	246	2007	128	2007	347
2008	282	2008	328	2008	210	2008	461
2009	293	2009	378	2009	181	2009	518
2010	283	2010	352	2010	175	2010	510
2011	326	2011	384	2011	175	2011	579
2012	282	2012	371	2012	156	2012	573
2013	284	2013	372	2013	173	2013	586
2014	425	2014	546	2014	267	2014	820
2015	716	2015	875	2015	362	2015	1197
2016	941	2016	1105	2016	475	2016	1574
2017	877	2017	968	2017	430	2017	1484
2018	824	2018	943	2018	479	2018	1638
2019	601	2019	683	2019	359	2019	1279
2020	512	2020	533	2020	337	2020	1040
2021	575	2021	613	2021	395	2021	1088
2022	525	2022	550	2022	377	2022	916

二、其他若干补充说明

（1）由于 BvD-Zephyr 数据库和 fDi Markets 数据库中投资方企业名称均用英文表示，没有直接对应的中文名称，因此存在部分企业无法匹配到中文名称的情况，本研究团队对于这种情况采取模糊判断法划分企业所有制[①]，

---

① 在 NK-GERC 数据库中，2005—2019 年内使用模糊判断法进行所有制判断的企业在全部企业中约占 3.41%。

这可能引起企业所有制划分的偏误；

（2）由于资料来源较为零散，BvD-Zephyr 数据库对并购交易的统计以及 fDi Markets 数据库对绿地交易的统计可能存在遗漏；

（3）BvD-Zephyr 数据库和 fDi Markets 数据库均按交易案件对每年的企业对外投资活动进行统计，无法从数据库中直接得到投资存量，若进行估算需要结合企业对外投资的资本折旧率、资本变卖率和利润汇回率，估算得出的结果将存在较大误差，因此本报告所使用的投资项目数量和金额均为流量概念。

（4）本研究团队还会通过实地考察、发放调查问卷等方式不断对 NK-GERC 数据库进行补充和完善。

（5）由于本系列报告是国内首次针对民营全样本企业 OFDI 的报告，出于学术目的我们尝试性地通过对大数据进行筛选，并对企业所有制进行界定，构建出关于中国企业对外直接投资活动的数据库（NK-GERC 数据库），统计测算了不同所有制企业在投资来源地、投资标的国（地区）、投资标的行业等方面的指标，但在比过程中不可避免地受到原始数据库统计缺失、企业信息获取不易、企业所有制形式判定复杂度高等困难的影响，因此无论是在数据来源获得还是样本整理方面本书可能存在误差、遗漏问题。对于本书中所存在的不足，本研究团队将持续完善改进，也敬请各位读者不吝指正。

第一部分

指数分析篇

第一章 中国企业的对外直接投资指数

本章旨在描述 2005—2022 年中国企业对外直接投资的发展变化，分别从总体、不同所有制企业、不同投资分类方式测算中国企业对外直接投资指数①，全面剖析中国企业对外直接投资的特征。

第一节 中国企业 OFDI 综合指数

本节通过构建中国企业 OFDI 综合指数、中国企业对外直接投资的项目数量指数和金额指数，对 2005—2022 年中国企业对外直接投资进行整体上的描述性统计分析。

一、中国企业对外直接投资概况

2005—2022 年间，中国企业 OFDI 项目数量和金额呈波动上升态势，且二者的波幅并不完全同步，如 2015 年项目数量同比增长 36.05%，而项目金额却同比下降 40.76%。从项目数量上看，中国企业 OFDI 在经历 2012 年、2013 年的连续下跌后，2014 年实现 28.82% 的同比增长，项目数量达到 1104 件，随后除 2017 年在政府对非理性对外直接投资限制的影响下出现 5.14% 的下降外，OFDI 项目数量持续增长，2018 年达到峰值 2245 件；

①　中国企业对外直接投资指数体系与序章第一节中的中国民营企业对外直接投资指数体系的构建方法一致，只需要将统计样本由民营转化为全部中国企业即可，因此本书后续关于中国企业 OFDI 综合指数、中国企业对外直接投资项目数量和金额指数等一系列指数的测算方法均可参照序章第一节中的指数测算方法。

从金额上看，2014 年中国企业 OFDI 金额实现 306.43% 的跳跃式增长，但 2015 年投资金额回落，2016 年至 2017 年间保持在 8.88% 的平均增长水平。2018 年 OFDI 金额大幅下降 37.02% 至 3000.86 亿美元。在国际局势变化多端、国际贸易环境不确定性较高的 2019 年，国内经济下行给企业融资约束带来压力，国外复杂的投资环境抑制了企业对外投资的积极性，中国企业 OFDI 项目数量和金额分别同比下降 20.45%、24.41%。

2020 年，由于新冠疫情在全球蔓延，国家间产品、资本和人员的流动受到影响，海内外企业经营生产面临困难，大多数国内企业延缓对外投资进度。中国企业 OFDI 项目数量和金额分别跌至 1295 件、1997.40 亿美元，分别同比下降 27.49%、11.94%。

2021 年，新冠疫情以及国际贸易局势不确定性的冲击仍在，在后疫情时代各国经济复苏存在先后之别，加速了国际格局的调整。而中国及时的防控措施，也为中国企业"走出去"提供了机遇，在一定程度上降低了中国企业 OFDI 的下降速度。中国企业 OFDI 项目数量和金额相较于 2020 年只出现微幅下降，分别为 1.93%、5.89%。

2022 年，世界经济经历了诸多挑战，地缘冲突升级导致许多国家出现能源短缺、高通货膨胀等问题，中国经济也出现下行压力。随着中国疫情防控措施的优化，经济有望率先稳步回升，跨境投资热度也有望回暖，但短期内，中国企业对外投资仍需关注部分国家和地区的地缘政治风险和较高的宏观经济风险。与 2021 年相比，中国企业 OFDI 项目数量和金额出现了较大幅度的下降，分别为 13.07%、46.93%。

表 1-1-1　2005—2022 年中国企业对外直接投资项目数量和金额汇总表

年份	项目数量（件）	同比增长（%）	金额（亿美元）	同比增长（%）
2005	353	—	237.16	—
2006	398	12.75	505.48	113.14
2007	551	38.44	935.00	84.97
2008	697	26.50	925.65	−1.00

续表

年份	项目数量（件）	同比增长（%）	金额（亿美元）	同比增长（%）
2009	814	16.79	1239.66	33.92
2010	793	-2.58	1195.10	-3.59
2011	949	19.67	1624.83	35.96
2012	859	-9.48	1183.38	-27.17
2013	857	-0.23	1671.33	41.23
2014	1104	28.82	6792.73	306.43
2015	1502	36.05	4023.78	-40.76
2016	1964	30.76	4232.59	5.19
2017	1863	-5.14	4764.58	12.57
2018	2245	20.50	3000.86	-37.02
2019	1786	-20.45	2268.24	-24.41
2020	1295	-27.49	1997.40	-11.94
2021	1270	-1.93	1879.83	-5.89
2022	1104	-13.07	997.64	-46.93
合计	20404	—	39475.24	—

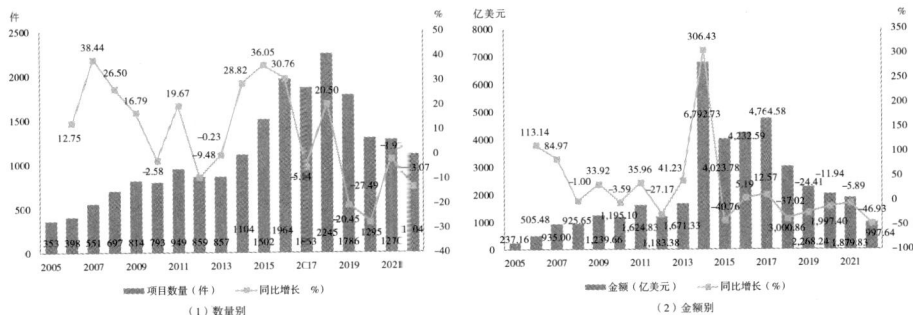

图 1-1-1　2005—2022 年中国企业对外直接投资项目数量和金额的增长变化图

二、中国企业 OFDI 综合指数

中国企业 OFDI 综合指数包含了企业对外直接投资项目数量和金额两方面信息，相对综合地描述了中国企业"走出去"的变化。从整体趋势上看，2005—2022 年中国企业 OFDI 综合指数总体呈上升趋势，其中 2005—2013 年波动式提高，2014 年在政府对企业"走出去"的大力支持以及全球经济逐步复苏的影响下，中国企业 OFDI 综合指数较 2013 年同比跳跃式增长 140.40%，之后呈现上下波动的走向。特别是受 2017 年政府限制性投资政策的出台以及以中美贸易战为代表的贸易保护主义盛行等诸多不确定因素的影响，中国企业 OFDI 综合指数在达到 2017 年峰值水平后，近 5 年一直处于持续下降的状态，2018 年、2019 年、2020 年、2021 年、2022 年分别同比下降 6.44%、21.70%、22.76%、3.30%、24.51%。

表 1-1-2　2005—2022 年中国企业 OFDI 综合指数及其同比增长率

年份	中国企业 OFDI 综合指数	同比增长（%）
2005	20.62	—
2006	27.14	31.62
2007	41.42	52.61
2008	48.19	16.35
2009	58.87	22.17
2010	57.14	−2.93
2011	71.57	25.24
2012	60.08	−16.05
2013	67.96	13.12
2014	163.38	140.40
2015	137.00	−16.15
2016	162.33	18.48

续表

年份	中国企业 OFDI 综合指数	同比增长（%）
2017	166. 23	2. 41
2018	155. 53	−6. 44
2019	121. 78	−21. 70
2020	94. 07	−22. 76
2021	90. 96	−3. 30
2022	68. 57	−24. 51

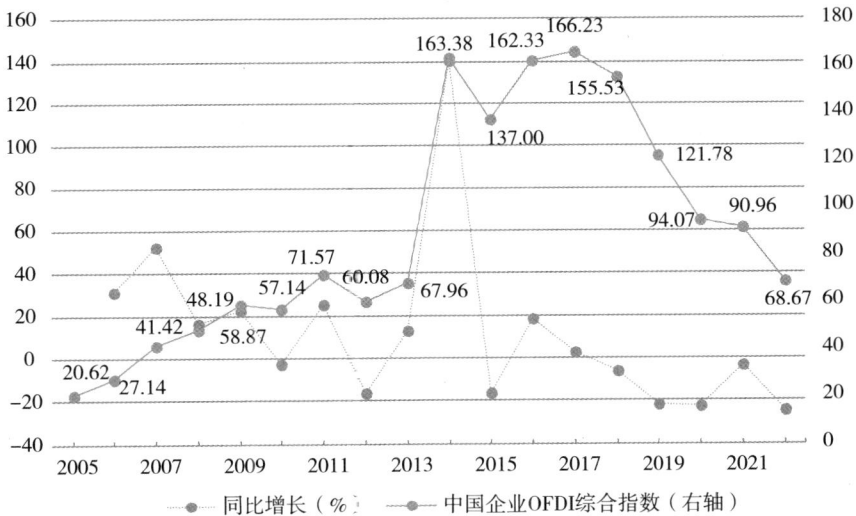

图 1-1-2　2005—2022 年中国企业 OFDI 综合指数变化图

三、中国企业对外直接投资项目数量指数和金额指数

从中国企业 OFDI 项目数量指数和金额指数在 2005—2022 年的变化中可以看出，2017 年前 OFDI 数量和金额指数呈现出较快的扩张趋势，但在经历 2017 年的投资政策限制后，OFDI 规模在数量（2017）和金额（2018）上均出现一定程度缩减。2019 年世界经济增长动能放缓，部分发达

经济体试图通过经贸摩擦、竞争中性、国家安全审查等新手段重塑全球贸易投资规则[①]，中国企业"走出去"的过程面临着更为严格的审查，在国内外经济环境变动的影响下，中国企业 OFDI 的项目数量指数和金额指数都较 2018 年大幅下降。2020 年，受逆全球化和贸易保护主义的影响，叠加新冠疫情的冲击，全球投资环境恶化，我国对外直接投资遭受直接负面冲击，中国企业 OFDI 项目数量指数和金额指数分别同比下降 27.49%、11.94%。2021 年，在后疫情时代，国际格局深刻调整，国际投资合作总体呈复苏态势，中国企业 OFDI 项目数量指数和金额指数的下降幅度变缓，分别同比下降 1.93%、5.89%。2022 年，中国企业 OFDI 项目数量指数和金额指数较上一年大幅下降，降幅分别为 13.07%、46.93%。

表 1-1-3　2005—2022 年中国企业对外直接投资项目数量和金额指数

年份	项目数量指数	金额指数
2005	33.49	7.75
2006	37.75	16.52
2007	52.27	30.56
2008	66.12	30.26
2009	77.21	40.52
2010	75.22	39.07
2011	90.02	53.11
2012	81.48	38.68
2013	81.29	54.63
2014	104.72	222.04
2015	142.48	131.53
2016	186.30	138.36
2017	176.72	155.75
2018	212.96	98.09
2019	169.42	74.14

---

①　杨挺、陈兆源、韩向童：《2019 年中国对外直接投资特征、趋势与展望》，《国际经济合作》2020 年第 1 期。

续表

年份	项目数量指数	金额指数
2020	122.84	65.29
2021	120.47	61.45
2022	104.72	32.61

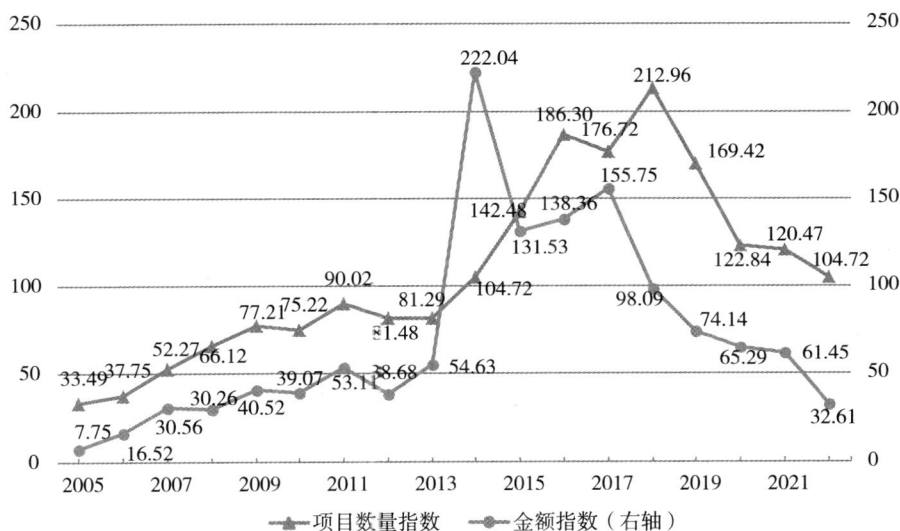

图 1-1-3 2005—2022 年中国企业对外直接投资项目数量及金额指数变化图

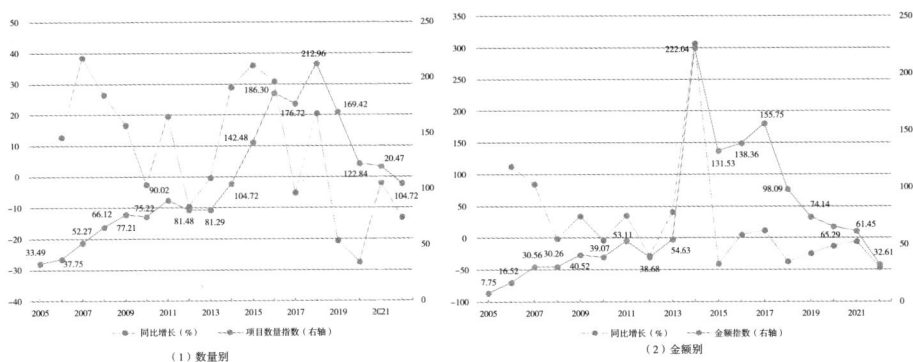

(1) 数量别

(2) 金额别

图 1-1-4 2005—2022 年中国企业对外直接投资项目数量和金额指数及其同比增长率变化图

第二节　中国不同所有制企业对外
直接投资综合指数

　　本节将参与对外直接投资的企业按照所有制的不同划分为国有、民营、港澳台资和外资四种类型，通过测算不同所有制企业 OFDI 综合指数及其对应的项目数量指数、金额指数，从所有制角度分析中国企业对外直接投资的特征①。

一、中国不同所有制企业 OFDI 综合指数

　　在 2005—2013 年间，四种不同所有制企业的 OFDI 综合指数变化趋势大致相同，稳中有小幅上升。2014 年后国有企业与其他所有制走势出现分化，国有企业 OFDI 综合指数在 2014 年达到峰值水平后呈现下降趋势，2015—2018 年综合指数变化方向与其他综合指数相反；民营企业、港澳台资企业和外资企业均在 2014 年后开启快速增长模式，并于 2016 年达到峰值，之后波动下降。从不同所有制企业 OFDI 综合指数的变化图中我们发现 2017 年政府出台了针对民企非理性 OFDI 的限制政策后，相比 2016 年民营企业及港澳台和外资企业的对外投资活动也出现了同步下降趋势；2018 年虽然除了国有企业之外的三类所有制企业均出现了不同程度的反弹，但并未阻止 2019 年下降趋势，2019 年四种所有制企业 OFDI 综合指数同步下降。2020 年，港澳台资企业和外资企业 OFDI 综合指数均开始回升，分别同比上升 28.53%、4.21%；民营企业和国有企业 OFDI 综合指数持续下降。2021 年，港澳台资企业 OFDI 综合指数持续回升，同比上升 4.47%；民营企业、国有企业和外资企业 OFDI 综合指数呈下降态势，但幅度变小，

---

　　①　中国国有、港澳台、外资企业对外直接投资指数体系与序章第一节中的中国民营企业海外直接投资指数体系的构建方法一致，只需要将统计样本由民营分别转化为其他三种形式的企业即可，因此本书后续关于其他所有制企业 OFDI 综合指数、项目数量和金额指数等一系列指数的测算方法均可参照序章第一节中的指数测算方法。

分别同比下降 11.80%、9.50%、27.01%。2022 年，外资企业 OFDI 综合指数开始回升，民营企业、国有企业和港澳台资企业 OFDI 综合指数呈现下降趋势，分别同比下降 28.06%、26.5%、11.94%。

表 1-2-1　2005—2022 年中国不同所有制企业 OFDI 综合指数

年份	OFDI 综合指数			
	民营企业	国有企业	港澳台资企业	外资企业
2005	14.96	24.57	41.57	19.29
2006	18.89	33.77	30.02	79.93
2007	32.16	47.85	47.75	36.66
2008	38.37	56.28	67.94	40.60
2009	32.56	74.12	139.68	45.56
2010	48.31	58.72	100.93	193.89
2011	53.99	83.32	90.96	70.51
2012	50.48	63.90	68.85	51.74
2013	77.90	63.01	58.12	93.96
2014	117.84	176.76	76.32	104.75
2015	199.78	113.01	205.75	179.04
2016	252.42	105.39	372.46	281.13
2017	204.78	126.76	200.07	190.62
2018	214.61	99.41	270.08	233.64
2019	175.06	72.85	161.18	179.52
2020	149.55	49.06	207.16	187.07
2021	131.91	44.40	216.42	136.54
2022	94.90	32.63	190.58	273.78

二、中国不同所有制企业对外直接投资项目数量指数和金额指数

从 OFDI 项目数量指数的变化可以看出，四种所有制企业 OFDI 项目数量指数变化趋势基本一致，总体上都呈现波动上升态势，其中民营企业

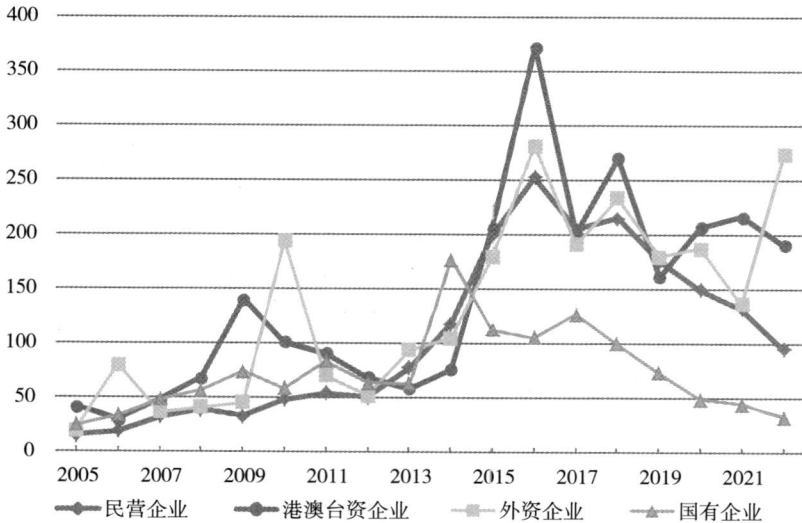

图 1-2-1　2005—2022 年中国不同所有制企业 OFDI 综合指数变化图

OFDI 项目数量指数在经历 2014—2016 年持续高速增长后，2017—2019 年显著高于其他所有制企业。在 2020 年总体投资项目数量下降的背景下，国有、民营、外资企业均降低，港澳台资企业 OFDI 项目数量指数实现17.86% 的同比增长。2021 年，国有企业仍呈现持续下降趋势，同比下降17.30%，而民营企业、港澳台资企业与外企呈现不同程度的复苏迹象。2022 年，四种所有制企业 OFDI 项目数量指数均呈现下降趋势。不同于项目数量指数，四种所有制企业的 OFDI 金额指数的变化趋势自 2014 年后呈现出明显的差异：国有企业金额指数在经历 2014 年的高幅增长后开始波动下降；其余三种所有制企业投资金额指数在 2015—2016 年间先出现快速扩张后才逐步回落，其中港澳台资企业投资金额指数在 2015 年和 2016 年分别同比增长 419.51% 和 97.57%，外资企业在这两年中同比增长 153.76%、76.15%，两类企业的投资金额指数增幅均高于民营企业 OFDI 金额指数。进入 2019 年，四种所有制企业的 OFDI 项目金额指数同步下跌，港澳台资企业和外资企业下降尤为显著，较 2018 年同比下降率超过 40%。2020 年国有企业 OFDI 金额指数持续下降，其他三种所有制企业投资金额指数开始出现不同程度的回升。中国的一些重要合作伙伴如德国、法国等欧洲发达国家跟随美国步伐，对中国企业的投资更加谨慎，收紧了对中国投资项目尤其是涉及关键技术的项目的审查政策，国有企业投资发达国家的阻力增大。2021 年，国有企业 OFDI 金额指数扭转了连续 3 年的下降趋势，同比上升 10.27%，港澳台资企业金额指数也保持上升态势，而民营企业和外资企业投资却呈现下降趋势。2022 年，民营企业、国有企业和港澳台资企业金额指数均有较大幅度的下降，外资企业投资则呈现较大幅度的回升。

表 1-2-2　2005—2022 年中国不同所有制企业对外
直接投资项目数量指数汇总表

年份	对外直接投资项目数量指数			
	民营企业	国有企业	港澳台资企业	外资企业
2005	25.48	40.81	61.71	31.25
2006	28.71	50.00	44.30	50.78
2007	42.47	63.78	66.46	56.64
2008	57.59	80.27	68.04	50.78
2009	59.12	98.11	118.67	74.22
2010	67.96	80.27	88.61	99.61
2011	75.60	109.19	104.43	85.94
2012	78.83	84.86	85.44	74.22
2013	82.23	78.11	83.86	78.13
2014	106.86	99.19	98.10	123.05
2015	156.47	128.65	128.16	138.67
2016	226.30	129.19	185.13	175.78
2017	214.41	123.51	161.39	150.39
2018	267.41	135.68	208.86	171.88
2019	218.65	100.81	132.91	187.5
2020	154.26	70.27	156.65	134.77
2021	154.43	58.11	174.05	148.44
2022	137.61	48.11	164.56	126.95

表 1-2-3　2005—2022 年中国不同所有制企业对外直接投资金额指数汇总表

年份	对外直接投资金额指数			
	民营企业	国有企业	港澳台资企业	外资企业
2005	4.44	8.33	21.42	7.33
2006	9.07	17.55	15.73	109.08
2007	21.85	31.91	29.04	16.67
2008	19.14	32.30	67.84	30.42
2009	5.99	50.13	160.69	16.91
2010	28.66	37.17	113.26	288.17
2011	32.38	57.45	77.48	55.08
2012	22.14	42.94	52.26	29.26
2013	73.57	47.91	32.38	109.79
2014	128.82	254.34	54.54	86.46
2015	243.10	97.36	283.34	219.40
2016	278.54	81.59	559.79	386.48
2017	195.16	130.01	238.75	230.85
2018	161.80	63.14	331.31	295.40
2019	131.47	44.88	189.44	171.54
2020	144.83	27.84	257.67	239.37
2021	109.40	30.70	258.79	124.65
2022	52.19	17.15	216.61	420.61

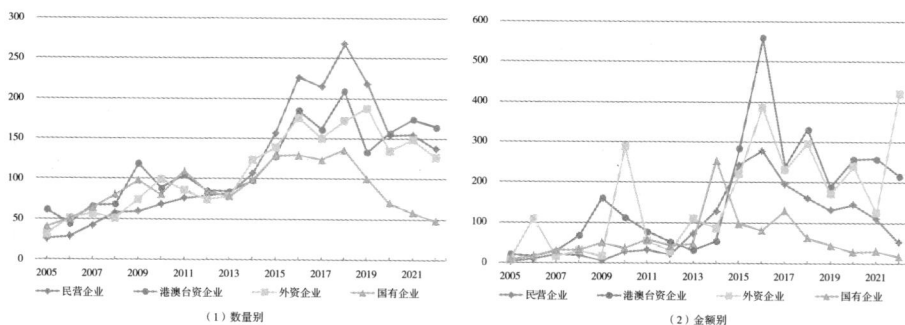

（1）数量别　　　　　　　　　　（2）金额别

图 1-2-2　2005—2022 年中国不同所有制企业对外直接投资项目数量和金额指数变化图

第三节 不同视角下的中国企业对外直接投资指数

本节从投资模式、投资来源地、投资标的区域和投资标的行业四个视角分析中国企业对外直接投资特征。

一、不同投资模式下中国企业对外直接投资指数

本节按照企业对外直接投资模式的不同将中国企业对外直接投资划分为并购投资和绿地投资两种类型。

在中国企业的对外并购投资中，企业 OFDI 并购项目数量指数和金额指数在 2005—2013 年间波动式上升，变化趋势较为一致，2014 年起两个指数出现显著分化：并购金额指数在 2014 年较上年增长 306.21%，达到峰值后开始逐步回落，2020 年跌至 56.47，接近 2013 年水平，但在 2021 年有所回升，同比增长 2.13%，2022 年再次大幅回落至 22.55；并购数量指数从 2014 年开始大幅增长，2018 年达到峰值，2019—2022 年持续下降。

相对并购投资而言，中国企业绿地投资项目数量指数和金额指数变化基本一致，整体呈现波动上升的趋势，绿地金额指数于 2016 年达到峰值，数量指数于 2018 年达到峰值。自 2016 年底以来，我国政府收紧对外投资政策、加强对企业对外投资的合规性审查，2017 年绿地投资项目数量和金额均出现不同程度的下滑，2020 年受变幻莫测的国际经济局势影响，绿地数量指数下降至 97.91，金额指数下降至 135.58。2021 年，全球投资保护主义抬头、新冠疫情、大国博弈、债务违约等风险增大中国企业对外投资利益保护难度，绿地数量指数与金额指数仍保持下降趋势，分别同比下降 3.37%、32.45%。2022 年，地缘政治风险加速全球供应链重塑进程，"接近消费市场"原则在中国企业对外布局的过程中已成为主要考量因素之一，绿地数量指数与金额指数保持稳步增长态势。

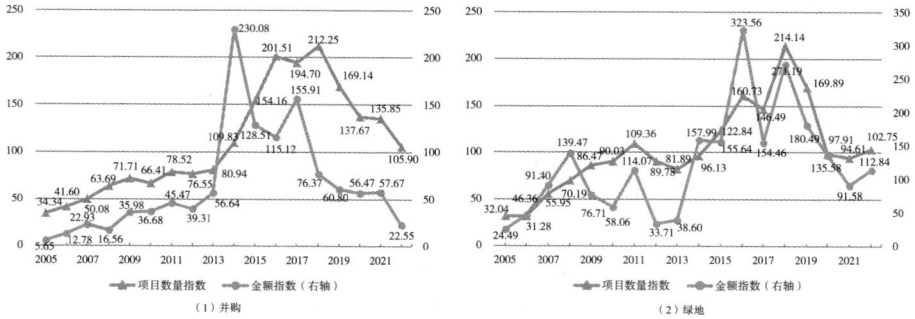

图 1-3-1　2005—2022 年中国企业对外并购和绿地投资项目数量及金额指数变化图

表 1-3-1　2005—2022 年不同模式下中国企业对外直接
投资项目数量和金额指数汇总表

年份	项目数量指数		金额指数	
	并购投资 项目数量指数	绿地投资 项目数量指数	并购投资 金额指数	绿地投资 金额指数
2005	34.34	32.04	5.65	24.49
2006	41.60	31.28	12.78	46.36
2007	50.08	55.95	22.93	91.40
2008	63.69	70.19	16.56	139.47
2009	71.71	86.47	35.98	76.71
2010	66.41	90.03	36.68	58.06
2011	78.52	109.36	45.47	114.07
2012	76.55	89.78	39.31	33.71
2013	80.94	81.89	56.64	38.60
2014	109.83	96.13	230.08	157.99
2015	154.16	122.84	128.51	155.64
2016	201.51	160.73	115.12	323.56
2017	194.70	146.49	155.91	154.46
2018	212.25	214.14	76.37	271.19
2019	169.14	169.89	60.80	180.49
2020	137.67	97.91	56.47	135.58

续表

年份	项目数量指数		金额指数	
	并购投资 项目数量指数	绿地投资 项目数量指数	并购投资 金额指数	绿地投资 金额指数
2021	135.85	94.61	57.67	91.58
2022	105.90	102.75	22.55	112.84

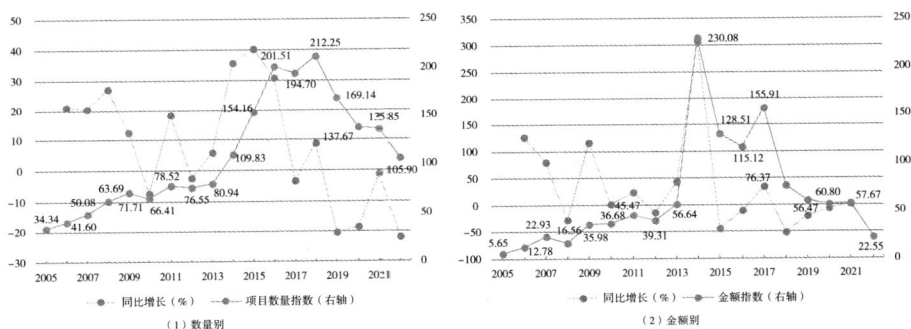

图 1-3-2　2005—2022 年中国企业对外并购投资项目数量、金额指数及同比增长率变化图

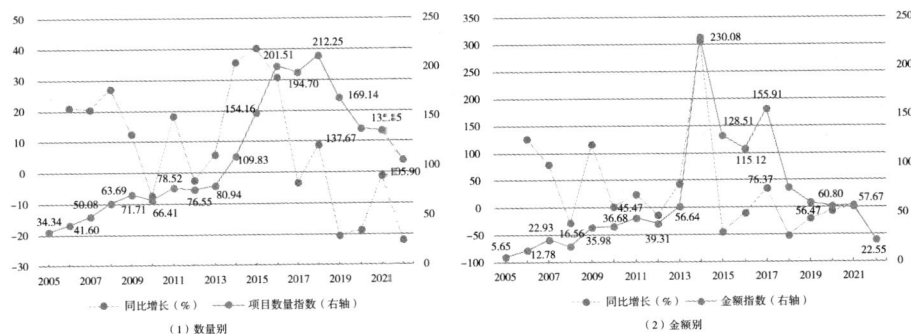

图 1-3-3　2005—2022 年中国企业对外绿地投资项目数量、金额指数及同比增长率变化图

二、不同投资来源地企业对外直接投资指数

本书按投资来源地的不同将中国企业对外直接投资划分为环渤海地区投资、长三角地区投资、珠三角地区投资、中部地区投资和西部地区投资五类。

从项目数量角度来看，2005—2018 年环渤海地区一直是五大区域中进行对外投资最多的区域，但自 2014 年起以上海为核心的长三角地区企业参与对外投资活动的积极性出现显著提高，2019 年反超环渤海地区，成为当年投资项目数量最多的区域。长三角地区企业较高的投资潜力还可以从企业投资项目数量指数变化图中看出，2014 年后长三角地区数量指数增幅显著高于环渤海地区，并于 2018 年达到峰值。尽管珠三角地区的 OFDI 项目数量还不及环渤海和长三角地区，但珠三角地区项目数量占比较高的增长趋势表明珠三角地区企业"走出去"的活跃度日益增强，未来在项目数量上可能出现环渤海、长三角、珠三角"三足鼎立"的局面。2022 年，长三角地区 OFDI 项目数量占比仍保持增长态势；环渤海地区在 2021 年小幅回升之后继续呈现下降趋势；珠三角地区小幅回升。

从金额角度来看，在五大投资来源地中，在 2020 年之前环渤海地区投资金额规模凭借首都优势始终位居第一位，远超其他四个地区；长三角地区排名第二，近年来波动剧烈，在 2020 年反超环渤海地区，投资金额规模同比上升 132.67%；珠三角地区虽然排名第三，但 2015—2020 年的波动平稳。在 2021 年，环渤海地区重回主导地位，其投资金额占比为 54.22%，而长三角地区出现明显下降，占比由 42.37% 降至 18.34%，珠三角与长三角地区变动幅度仍较平稳。2022 年，环渤海地区投资金额占比下降至 37.61%，长三角地区占比上升至 30.02%，二者之间的差距再次缩小。

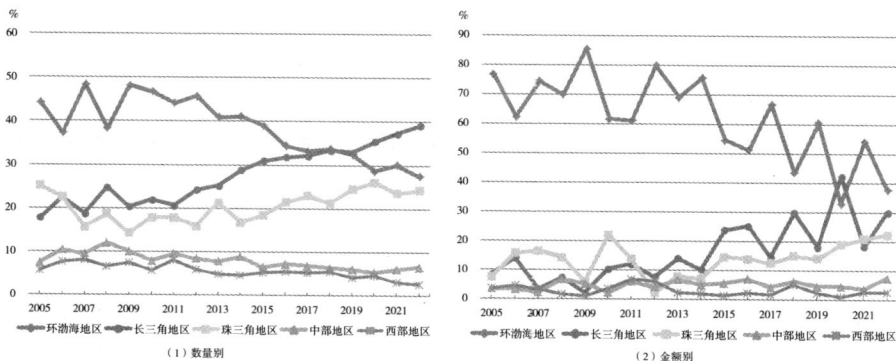

（1）数量别　　　　　　　　　　（2）金额别

图 1-3-4　2005—2022 年不同投资来源地对外直接投资项目数量、金额占比变化图

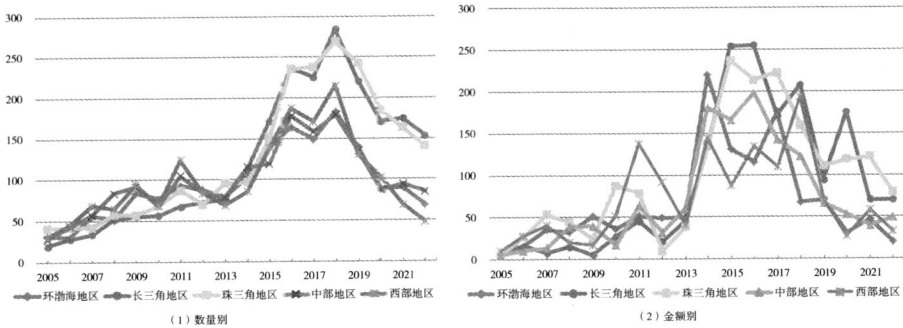

(1) 数量别

(2) 金额别

图1-3-5 2005—2022年不同投资来源地对外直接投资项目数量指数、金额指数变化图

表1-3-2 2005—2022年中国不同来源地对外
直接投资项目数量指数汇总表

年份	项目数量									
	环渤海地区		长三角地区		珠三角地区		中部地区		西部地区	
	占比（%）	指数	占比（%）	指数	占比（%）	指数	占比（%）	指数	占比（%）	指数
2005	44.17	31.14	17.67	19.43	25.09	41.04	7.42	27.42	5.65	29.63
2006	37.19	29.65	22.50	28.05	22.50	41.62	10.31	43.08	7.50	44.44
2007	48.39	56.30	18.63	33.90	15.63	42.20	9.42	57.44	7.92	68.52
2008	38.29	51.32	24.72	51.83	18.59	57.80	11.90	83.55	6.51	64.81
2009	48.14	83.71	20.34	55.34	14.18	57.23	10.03	91.38	7.31	94.44
2010	46.75	76.98	21.94	56.51	17.85	68.21	7.87	67.89	5.60	68.52
2011	44.13	92.68	20.64	67.81	17.79	86.71	9.49	104.44	7.95	124.07
2012	45.82	87.44	24.15	72.10	15.80	69.94	8.36	83.55	5.87	83.33
2013	40.96	78.97	25.19	75.99	21.32	95.38	7.75	78.33	4.78	68.52
2014	41.10	102.39	28.80	112.24	16.70	96.53	8.80	114.88	4.60	85.19
2015	39.02	138.52	30.95	171.86	18.39	151.45	6.39	118.80	5.26	138.89
2016	34.44	163.43	31.76	235.78	21.36	235.26	7.14	177.55	5.30	187.04
2017	33.19	148.98	32.23	225.64	22.86	238.15	6.71	157.96	5.11	170.37
2018	33.72	183.36	33.44	284.49	21.26	268.21	6.28	178.85	5.31	214.81
2019	32.48	139.01	33.00	220.97	24.45	242.77	6.00	134.46	4.07	129.63

年份	项目数量									
	环渤海地区		长三角地区		珠三角地区		中部地区		西部地区	
	占比（%）	指数	占比（%）	指数	占比（%）	指数	占比（%）	指数	占比（%）	指数
2020	28.68	87.94	35.50	170.30	26.00	184.97	5.36	86.16	4.47	101.85
2021	30.08	89.94	37.33	174.59	23.50	163.01	6.00	93.99	3.08	68.52
2022	27.45	68.51	39.22	153.16	24.25	140.46	6.49	84.86	2.59	48.15

表 1-3-3　2005—2022 年中国不同来源地
对外直接投资金额指数汇总表

年份	金额									
	环渤海地区		长三角地区		珠三角地区		中部地区		西部地区	
	占比（%）	指数	占比（%）	指数	占比（%）	指数	占比（%）	指数	占比（%）	指数
2005	76.83	8.28	8.45	4.06	7.51	5.44	3.51	4.70	3.70	9.74
2006	62.34	15.76	14.03	15.83	15.73	26.76	3.41	10.72	4.49	27.80
2007	74.30	35.76	3.56	7.65	16.50	53.42	2.20	13.13	3.44	40.55
2008	69.83	32.20	7.36	15.14	14.32	44.43	6.67	38.21	1.82	20.51
2009	85.49	51.17	2.01	5.37	6.04	24.32	5.31	39.53	1.15	16.83
2010	61.59	36.16	10.42	27.30	22.08	87.22	2.28	16.65	3.62	52.01
2011	61.08	50.99	12.11	45.10	14.00	78.65	6.10	63.26	6.72	137.30
2012	79.89	49.23	7.67	21.08	2.27	9.41	4.13	31.66	6.04	91.14
2013	69.05	49.47	14.11	45.12	7.89	38.03	6.67	59.40	2.29	40.08
2014	75.62	219.72	10.36	134.32	7.00	136.84	4.99	180.19	2.03	144.50
2015	54.48	130.58	23.78	254.37	14.70	237.07	5.56	165.48	1.48	86.98
2016	51.15	115.62	25.33	255.45	14.05	213.73	7.04	197.80	2.43	134.38
2017	66.73	175.28	14.62	171.33	12.60	222.65	4.35	141.89	1.70	109.58
2018	43.44	67.59	29.98	208.17	15.19	159.00	6.31	122.10	5.07	193.09
2019	60.58	70.02	18.21	93.90	14.16	110.09	4.61	66.24	2.44	69.09
2020	32.92	30.51	42.37	175.25	18.96	118.22	4.58	52.81	1.16	26.37
2021	54.22	46.66	18.34	70.41	20.99	121.52	3.71	39.73	2.75	57.82
2022	37.61	19.77	30.02	70.41	22.36	79.08	7.47	48.79	2.53	32.59

三、中国企业在不同标的区域的对外直接投资指数

不论从项目数量角度还是从金额角度看，发达经济体都是中国企业对外直接投资的最主要的投资标的区域。

从项目数量角度看，中国 OFDI 的标的区域主要集中于发达经济体，2005 年至 2022 年间平均占比 73.52%，发展中经济体次之，转型经济体占比最少。在 2019 年以前，三个标的区域的项目数量指数长期均呈波动式上升。2019 年、2020 年、2021 年、2022 年均出现不同程度的下降。特别是在 2020 年，发达经济体、发展中经济体、转型经济体的项目数量指数分别同比下降 19.63%、42.92%、56.79%。

从金额角度看，自 2014 年中国企业对发达经济体的投资金额指数达到峰值以后，2015—2019 年呈现持续下降趋势。2020 年，发达经济体对外直接投资金额指数从 50.68 提升至 57.08，之后则一直下降到 2022 年的21.46。与此同时，2015—2017 年发展中经济体、转型经济体投资金额指数大幅增长，2018—2022 年，发展中经济体的对外投资金额占比及指数均呈波动下降态势。与对发达经济体的投资趋势相反。中国企业对发展中经济体的投资项目数量指数和金额指数上的变化，反映了在中国经济结构优化升级、"一带一路"等政策影响下，中国企业在发展中国家（地区）的投资活动日益增多，中国企业的对外投资有向发展中经济体转移的趋势。

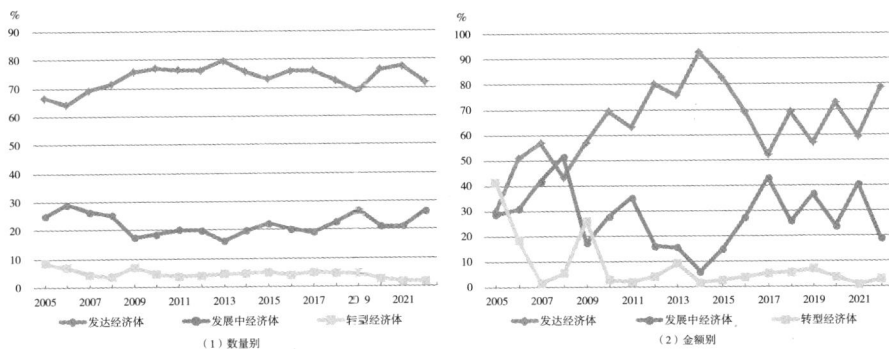

图 1-3-6 2005—2022 年中国不同标的区域对外直接投资项目数量、金额占比变化图

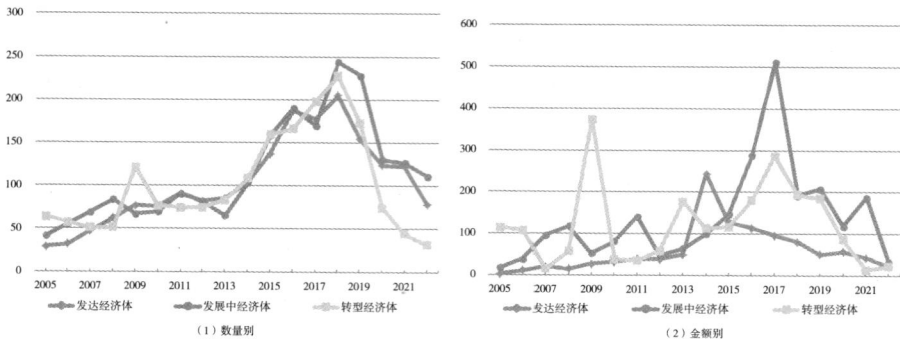

（1）数量别　　　　　　　　　　　　（2）金额别

图 1-3-7　2005—2022 年中国不同标的区域对外直接投资项目数量指数、金额指数变化图

表 1-3-4　2005—2022 年中国不同标的区域对外
直接投资项目数量指数汇总表

年份	项目数量					
	发达经济体		发展中经济体		转型经济体	
	占比（%）	指数	占比（%）	指数	占比（%）	指数
2005	66.57	29.25	24.93	41.79	8.50	63.83
2006	64.16	31.86	29.07	55.08	6.77	57.45
2007	69.20	47.55	26.45	69.33	4.35	51.06
2008	71.35	61.99	25.21	83.57	3.44	51.06
2009	75.71	76.80	17.30	66.95	6.99	121.28
2010	76.95	76.05	18.51	69.80	4.53	76.60
2011	76.36	90.86	19.98	90.69	3.66	74.47
2012	76.12	82.15	19.84	81.67	4.04	74.47
2013	79.44	85.14	16.03	65.53	4.53	82.98
2014	75.70	104.31	19.69	103.51	4.61	108.51
2015	72.99	137.54	22.06	158.59	4.95	159.57
2016	75.88	187.20	20.18	189.93	3.94	165.96
2017	76.01	177.50	19.03	169.52	4.96	197.87
2018	72.62	205.00	22.66	244.06	4.72	227.66
2019	68.82	154.10	26.68	227.92	4.50	172.34
2020	76.30	123.85	21.01	130.10	2.68	74.47

年份	项目数量					
	发达经济体		发展中经济体		转型经济体	
	占比（%）	指数	占比（%）	指数	占比（%）	指数
2021	77.43	122.98	20.92	126.78	1.65	44.68
2022	71.83	79.04	26.47	111.11	1.70	31.91

表 1-3-5　2005—2022 年中国不同标的区域对外
直接投资金额指数汇总表

年份	金额					
	发达经济体		发展中经济体		转型经济体	
	占比（%）	指数	占比（%）	指数	占比（%）	指数
2005	29.95	2.74	28.62	16.77	41.43	114.18
2006	50.82	9.89	30.89	38.57	18.30	107.49
2007	56.84	20.51	41.78	96.70	1.37	14.96
2008	43.17	15.39	51.47	117.68	5.36	57.71
2009	57.00	27.22	17.11	52.40	25.89	373.05
2010	69.43	31.97	27.78	82.04	2.79	38.75
2011	62.99	39.58	35.14	141.59	1.87	35.46
2012	80.16	38.24	15.82	48.40	4.02	57.84
2013	75.62	49.06	15.35	63.86	9.03	176.85
2014	92.68	244.21	5.90	99.66	1.43	113.46
2015	82.84	128.92	14.68	146.49	2.48	116.38
2016	69.11	113.84	27.26	288.00	3.63	180.67
2017	51.91	96.28	42.97	511.14	5.12	286.64
2018	68.94	80.83	25.59	192.48	5.47	193.48
2019	56.74	50.68	36.40	208.56	6.86	184.80
2020	72.75	57.08	23.61	118.82	3.63	86.03
2021	59.18	43.05	40.20	187.58	0.62	13.53
2022	78.64	21.46	18.71	32.75	2.65	21.82

四、中国企业在不同标的行业的对外直接投资指数

中国作为新兴的发展中大国，对外直接投资活动仍以对非制造业的投资为主。图1-3-8显示，非制造业在中国企业OFDI项目数量和金额中的占比常年高于制造业，其中企业在两种行业的投资项目数量比例大约为7∶3，而投资金额比例波动较大。

图1-3-9显示，从项目数量角度看，制造业和非制造业的走势几乎保持同步，2014年开始加速上涨，2018年达到峰值，2019—2022年均呈现大幅下降趋势。然而从金额角度看，虽然都是从2014年开始加速上涨，但两者走势波动较大，其中非制造业在2018年和2019年降幅均高于制造业。2019年，受经济环境影响中国企业对非制造业的投资规模显著缩减，数量指数和金额指数分别同比下降22.59%、32.15%，缩减幅度超过制造业。2020年，中国企业对制造业的投资规模开始大幅回升，投资金额指数同比上升29.01%；对非制造业的投资规模持续下降，投资金额指数同比下降41.13%。与2020年相反，2021年中国企业对非制造业的投资规模大幅上升，投资金额指数同比增长70.37%，非制造业重回主导地位；对制造业的投资规模则大幅下降，同比下降58.89%。2022年，中国企业对制造业和非制造业的投资规模均大幅下降，投资金额指数同比下降分别为29.95%、74.31%。

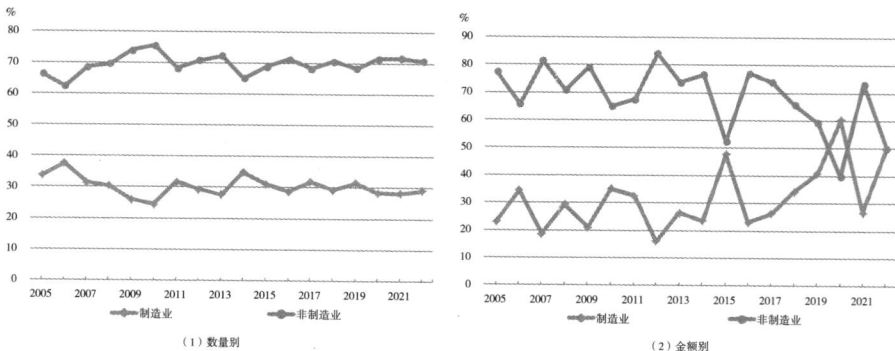

（1）数量别　　　　（2）金额别

图1-3-8　2005—2022年中国不同标的行业对外直接投资项目数量、金额占比变化图

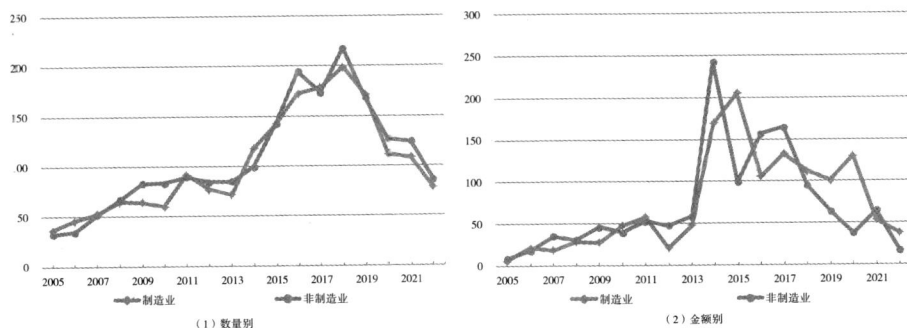

（1）数量别

（2）金额别

图1-3-9 2005—2022年中国不同标的行业对外直接投资项目数量指数、金额指数变化图

表1-3-6 2005—2022年中国不同标的行业对外
直接投资项目数量指数汇总表

年份	项目数量			
	制造业		非制造业	
	占比（%）	指数	占比（%）	指数
2005	33.71	36.30	66.29	32.29
2006	37.66	46.06	62.34	34.50
2007	31.45	52.78	68.55	52.03
2008	30.37	64.67	69.63	67.07
2009	25.96	64.06	74.04	82.67
2010	24.50	59.79	75.50	83.36
2011	31.75	91.82	68.25	89.29
2012	29.23	76.88	70.77	84.18
2013	27.68	71.69	72.32	84.74
2014	34.87	117.45	65.13	99.23
2015	31.09	142.16	68.91	142.56
2016	28.67	172.67	71.33	194.31
2017	31.81	178.77	68.19	173.34
2018	29.26	198.90	70.74	217.50
2019	31.54	171.45	68.46	168.37

续表

年份	项目数量			
	制造业		非制造业	
	占比（%）	指数	占比（%）	指数
2020	28.43	111.35	71.57	126.83
2021	28.29	108.30	71.71	124.21
2022	29.12	78.10	70.88	85.98

表 1-3-7　2005—2022 年中国不同标的行业对外直接投资金额指数汇总表

年份	金额			
	制造业		非制造业	
	占比（%）	指数	占比（%）	指数
2005	22.80	5.74	77.20	8.54
2006	34.31	21.08	65.69	17.74
2007	18.63	18.52	81.37	35.56
2008	29.20	28.69	70.80	30.57
2009	20.95	27.57	79.05	45.71
2010	35.02	47.83	64.98	39.00
2011	32.45	57.63	67.55	52.74
2012	16.01	20.53	83.99	47.32
2013	26.33	47.36	73.67	58.25
2014	23.46	169.12	76.54	242.48
2015	47.64	205.37	52.36	99.21
2016	22.92	105.92	77.08	156.56
2017	26.18	132.51	73.82	164.18
2018	34.29	112.08	65.71	94.39
2019	40.81	100.45	59.19	64.04
2020	60.17	129.59	39.83	37.70
2021	26.72	53.28	73.28	64.23
2022	49.86	37.32	50.14	16.50

本章小结

一、中国企业 OFDI 综合指数在 2014 年高速增长后增幅有所回落

从总体上看，在 2005—2017 年间中国企业 OFDI 综合指数呈上升趋势，在 2017 年达到峰值水平后，开始呈现 2018—2022 年连续 5 年下降的颓势。2014 年是企业境外投资规模扩张的重要转折点：2014 年以前企业 OFDI 综合指数以年均 17.77% 的同比增长率稳步提高，伴随着"一带一路"倡议的推进和政府对企业"走出去"的鼓励，2014 年中国企业 OFDI 综合指数较 2013 年跳跃式增长 140.4%，且主要体现在中国企业对外直接投资金额的高速增长上。之后，OFDI 综合指数增长趋于平缓，增幅较以前有回落的趋势。另外，2014 年后的中国企业对外直接投资项目数量指数和金额指数的走势开始逐渐分化，2018 年后二者的走势再次趋于一致。

二、2022 年中国企业对外投资规模继续呈现下降趋势，且在不同视角均有体现

2021 年各国进入后疫情时代，经济整体呈现复苏态势。中国企业对外投资规模下降趋势明显放缓，对外直接投资项目数量由 2020 年的 1295 件同比下降 1.93% 至 1270 件，投资金额同比下降 5.89% 至 1879.83 亿美元。与之相对，2022 年对外直接投资项目数量由 2021 年的 1270 件同比下降 13.07% 至 1104 件，投资金额同比下降 46.93% 至 997.64 亿美元。

2022 年中国企业对外投资规模并未在上一年的小幅回暖后继续回升，依然呈现出下降的趋势，在不同投资视角下均有明显体现。其中，从不同所有制角度看，国有企业、民营企业和港澳台资企业 OFDI 综合指数均呈现下降趋势；在不同投资来源地视角下，各个地区企业对外直接投资项目数量均有所下降；从不同投资标的区域视角看，中国企业对发达经济体、

发展中经济体和转型经济体的投资项目数量均下降，降幅分别为35.73%、12.36%、28.58%；从不同投资标的行业角度看，中国企业对外投资规模的下降主要体现在对非制造业的投资上。

第二章　中国民营企业对外直接
投资指数：综合分析

本章以民营企业对外直接投资活动为研究主体，基于中国民营企业对外直接投资六级指标体系，分别从总投资、投资来源地、投资标的国（地区）、投资标的行业角度测算中国企业对外直接投资指数，本章最后一节还以"一带一路"沿线国家为主测算出民营企业"一带一路"对外直接投资指数，从多角度描述 2005—2022 年民营企业对外直接投资的发展特征。

第一节　民营企业 OFDI 综合指数

一、民营企业对外直接投资与全国对外直接投资的比较

自中国加入 WTO 以来，在"走出去"战略指引下，越来越多的中国企业选择走向对外市场，企业对外直接投资飞速发展，投资规模不断扩大，2005—2022 年间总体呈上升趋势，其中作为市场经济运行重要载体的民营企业在全国企业对外直接投资活动中发挥了关键作用。

根据 2005—2022 年中国民营企业 OFDI 数量和金额表显示，2022 年，我国民营企业对外直接投资项目数量为 810 件，同比下降 10.89%；民营企业对外直接投资项目金额为 486.46 亿美元，同比下降 52.29%。整体来看，我国民营企业对外直接投资在 2005 年至 2022 年呈现增长趋势。对外直接投资项目数量从 2005 年的 150 件增长到 2022 年的 810 件，对外投资项目金额从 2005 年的 41.40 亿美元增长到 2022 年的 486.46 亿美元，并在 2016 年达到最大规模 2596.32 亿美元。

　　从表2-1-1和图2-1-1中可以看出，自统计年份以来民营企业对外直接投资项目数量持续在中国企业对外投资活动中占据较高比例，2012年后达到50%以上，统计显示2022年73.37%的对外直接投资项目数量都来源于民营企业。在金额方面，民营企业对外投资金额的波动相对全国企业而言较为平缓，波动幅度低于全国企业，近年来伴随着民营企业投资项目数量的提高，民营企业对外投资金额逐步赶超其他类型企业投资，全国企业对外投资金额的波动受民营企业对外投资金额变化的影响逐渐凸显。2022年民营企业对外直接投资金额占全国企业的48.76%左右。

表 2-1-1　2005—2022 年中国民营企业对外直接投资项目数量和金额汇总及与全国对外投资的比较

年份	中国民营企业对外直接投资				全国对外直接投资			
	项目数量（件）	同比增长（%）	金额（亿美元）	同比增长（%）	项目数量（件）	同比增长（%）	金额（亿美元）	同比增长（%）
2005	150	—	41.40	—	353	—	237.16	—
2006	169	12.67	84.59	104.30	398	12.75	505.48	113.14
2007	250	47.93	203.69	140.80	551	38.44	935.00	84.97
2008	339	35.60	178.38	−12.43	697	26.50	925.65	−1.00
2009	348	2.65	55.88	−68.67	814	16.79	1239.66	33.92
2010	400	14.94	267.12	378.02	793	−2.58	1195.10	−3.59
2011	445	11.25	301.78	12.98	949	19.67	1624.83	35.96
2012	464	4.27	206.34	−31.63	859	−9.48	1183.38	−27.17
2013	484	4.31	685.78	232.36	857	−0.23	1671.33	41.23
2014	629	29.96	1200.74	75.09	1104	28.82	6792.73	306.43
2015	921	46.42	2265.92	88.71	1502	36.05	4023.78	−40.76
2016	1332	44.63	2596.32	14.58	1964	30.76	4232.59	5.19
2017	1262	−5.26	1819.06	−29.94	1863	−5.14	4764.58	12.57
2018	1574	24.72	1508.20	−17.09	2245	20.50	3000.86	−37.02
2019	1287	−18.23	1225.49	−18.74	1786	−20.45	2268.24	−24.41
2020	908	−29.45	1350.01	10.16	1295	−27.49	1997.40	−11.94

续表

年份	中国民营企业对外直接投资				全国对外直接投资			
	项目数量（件）	同比增长（%）	金额（亿美元）	同比增长（%）	项目数量（件）	同比增长（%）	金额（亿美元）	同比增长（%）
2021	909	0.11	1019.69	−24.47	1270	−1.93	1879.83	−5.89
2022	810	−10.89	486.46	−52.29	1104	−13.07	997.64	−46.93
合计	12681	—	15496.83	—	20404	—	39475.24	—

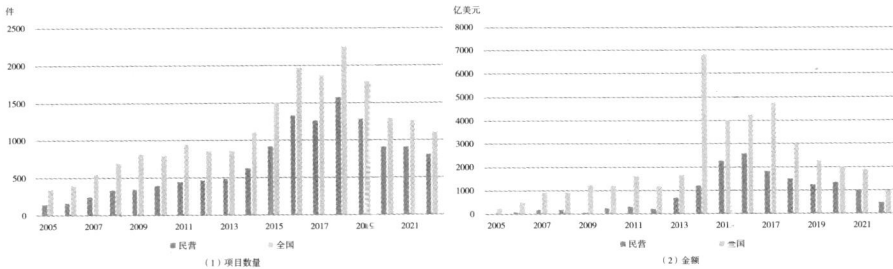

图 2-1-1 2005—2022 年民营企业与全国企业对外直接投资项目数量、金额对比变化图

结合表 2-1-2 民营企业不同模式下的对外直接投资情况看，民营企业投资规模的大幅变化主要体现在并购投资规模的变化上，从投资金额上看，民企绿地投资都较并购投资波动幅度小。

表 2-1-2 2005—2022 年中国民营企业对外直接投资项目数量与金额汇总表

年份	项目数量（件）				金额（亿美元）			
	并购	同比增长（%）	绿地	同比增长（%）	并购	同比增长（%）	绿地	同比增长（%）	合计
2005	98	—	52	—	150	22.86	—	18.55	—	41.41
2006	123	25.51	46	−11.54	169	47.29	106.88	37.30	101.12	84.59
2007	143	16.26	107	132.61	250	153.18	223.92	50.51	35.42	203.69
2008	216	51.05	123	14.95	339	104.26	−31.94	74.12	46.74	178.38
2009	190	−12.04	158	28.46	348	31.67	−69.63	24.21	−67.33	55.88

续表

年份	项目数量（件）					金额（亿美元）				
	并购	同比增长（%）	绿地	同比增长（%）	合计	并购	同比增长（%）	绿地	同比增长（%）	合计
2010	227	19.47	173	9.49	400	199.71	530.68	67.41	178.38	267.12
2011	251	10.57	194	12.14	445	170.39	-14.68	131.39	94.92	301.78
2012	279	11.16	185	-4.64	464	138.32	-18.82	68.02	-48.23	206.34
2013	311	11.47	173	-6.49	484	642.05	364.17	43.73	-35.71	685.78
2014	435	39.87	194	12.14	629	969.67	51.03	231.07	428.40	1200.74
2015	673	54.71	248	27.84	921	1997.83	106.03	268.09	16.02	2265.92
2016	966	43.54	366	47.58	1332	2002.69	0.24	593.64	121.44	2596.32
2017	921	-4.66	341	-6.83	1262	1573.24	-21.44	245.82	-58.59	1819.06
2018	1040	12.92	534	56.60	1574	1110.65	-29.40	397.55	61.72	1508.20
2019	831	-20.10	456	-14.61	1287	803.74	-27.63	421.76	6.09	1225.50
2020	658	-20.82	250	-45.18	908	1039.33	29.31	310.68	-26.34	1350.01
2021	649	-1.37	260	4.00	909	770.18	-25.90	249.51	-19.69	1019.69
2022	507	-21.88	303	16.54	810	215.63	-72.00	270.83	8.54	486.46
合计	8518	—	4163	—	12681	11992.69	—	3504.19	—	15496.87

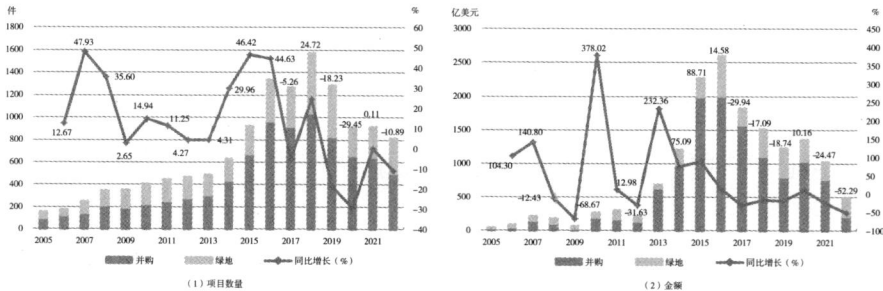

图 2-1-2　2005—2022 年民营企业对外直接投资项目数量和金额的增长变化图

二、民营企业 OFDI 综合指数

为便于综合分析中国民营企业对外直接投资发展特征，本书使用主成分分析法对民营企业对外直接投资项目数量指数和金额指数进行融合，构建民营企业 OFDI 综合指数①。

在 2005—2016 年间，中国民营企业 OFDI 综合指数的上升趋势较为强劲，但 2017 年民营企业对外直接投资增长趋势变缓，较 2016 年同比下降 18.87%；2018 年指数小幅回升，2019—2022 年民营企业 OFDI 综合指数出现连年下降态势，同比下降分别为：18.43%、14.58%、11.79%、28.06%。由此可见自 2018 年起在全球贸易投资保护主义不断升级，经济下行风险不断增长，国际环境愈加复杂多变，再加上疫情的影响，尽管民营企业自身实力的增强和战略调整有效改善了其应对政策冲击的能力，但民营企业对外投资活动仍然受到明显的冲击。

表 2-1-3　2005—2022 年中国民营企业 OFDI 综合指数及其同比增长率

年份	民营企业 OFDI 综合指数	同比增长率（%）
2005	14.96	—
2006	18.89	26.27
2007	32.16	70.23
2008	38.37	19.28
2009	32.56	−15.13
2010	48.31	48.37
2011	53.99	11.76
2012	50.48	−6.49
2013	77.90	54.31
2014	117.84	51.27
2015	199.78	69.54

---

① OFDI 综合指数构建方法详见本书序章第一节。

年份	民营企业 OFDI 综合指数	同比增长率（%）
2016	252.42	26.35
2017	204.78	−18.87
2018	214.61	4.80
2019	175.06	−18.43
2020	149.55	−14.58
2021	131.91	−11.79
2022	94.90	−28.06

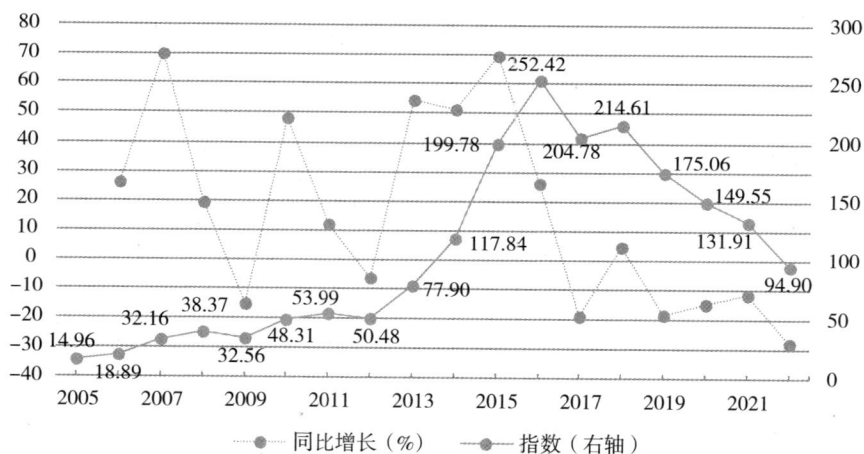

图 2-1-3　2005—2022 年中国民营企业 OFDI 综合指数变化图

三、民营企业对外直接投资项目数量指数和金额指数

从 2005—2022 年中国民营企业对外直接投资项目数量和金额指数的变化可以看出，中国民营企业对外直接投资项目数量和金额规模总体呈现增长的趋势，但 2017—2018 年两个指数分化加剧，民营企业投资项目数量指数增长，金额指数持续下降。在 2019—2022 年，由于项目数量和金额指数整体均呈现下降趋势，二者差距随之缩小。

在项目数量指数上，2021 年项目数量指数小幅度回升，但 2022 年再次下降。相对于民营企业项目数量指数的变化而言，民营企业对外投资金额指数在 2017—2019 年内连续三年下跌，2020 年虽有所回升，但在 2021—2022 年再度下降。

表 2-1-4　2005—2022 年民营企业对外直接投资项目数量和金额指数

年份	项目数量指数	金额指数
2005	25.48	4.44
2006	28.71	9.07
2007	42.47	21.85
2008	57.59	19.14
2009	59.12	5.99
2010	57.96	28.66
2011	75.60	32.38
2012	78.83	22.14
2013	82.23	73.57
2014	106.86	128.82
2015	156.47	243.10
2016	226.30	278.54
2017	214.41	195.16
2018	267.41	161.80
2019	218.65	131.47
2020	154.26	144.83
2021	154.43	109.40
2022	137.61	52.19
2011—2015 年均值	100	100

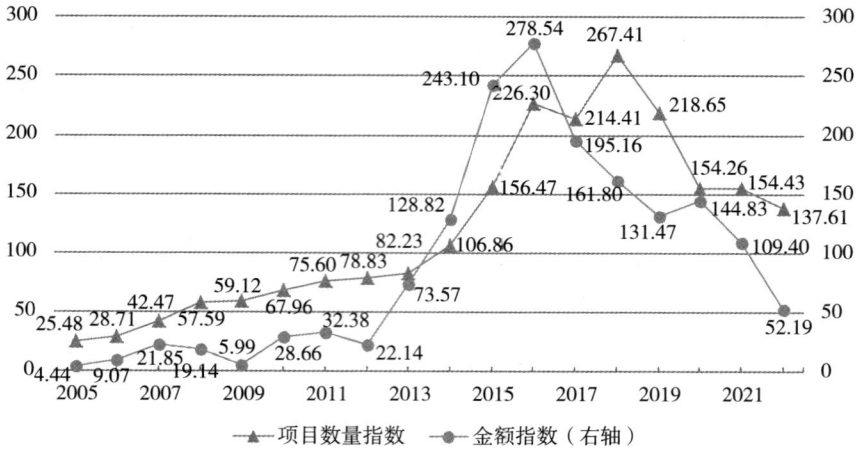

图 2-1-4　2005—2022 年民营企业对外直接投资项目数量和金额指数变化图

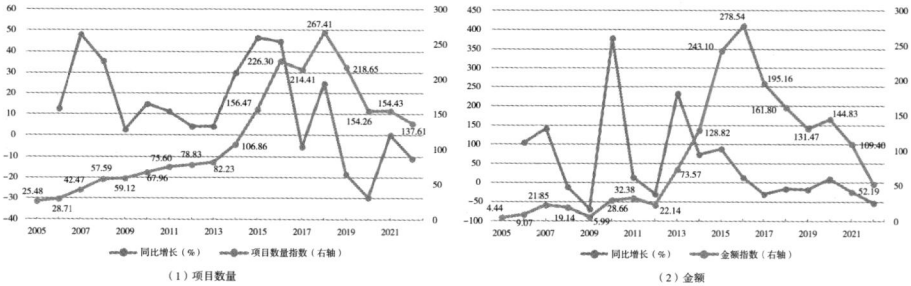

图 2-1-5　2005—2022 年民营企业对外直接投资项目数量和金额指数及其同比增长率变化图

第二节　民营企业对外直接投资来源地别指数

本节对民营企业对外直接投资的项目数量与金额按照投资来源地进行统计分析，主要划分为环渤海地区、长三角地区、珠三角地区、中部地区与西部地区五大区域。同时按照各区域特点进一步细分，其中环渤海地区包括京津冀地区和环渤海地区其他区域（辽宁和山东），长三角地区包括上海和长三角地区其他区域（江苏和浙江），珠三角地区包括深圳、广东（不含深圳）与珠三角地区其他区域（福建和海南），中部地区包括华北东北地区和中原华中地区，西部地区包括西北地区和西南地区，涵盖 31 个省自治区市①。

一、民营企业对外直接投资项目数量在不同投资来源地的分布

如 2005—2022 年中国民营企业 OFDI 数量表所示，为了进一步明晰我国民营企业对外直接投资活动的来源地特征，本书将对外直接投资活动来源地分为长三角地区、环渤海地区、珠三角地区、中部地区、西部地区。按照 OFDI 项目数量累积量排名，我国民营企业对外直接投资活动主要集中在长三角地区，累计对外直接投资项目数量为 3838 件，占比 34.48%；排在第二位的是环渤海地区，累计对外直接投资项目数量为 3188 件，占比 28.64%；排在第三位的是珠三角地区，累计对外直接投资项目数量为 2875 件，占比 25.83%；排在第四位的是中部地区，累计对外直接投资项目数量为 699 件，占比 6.28%；排在最后的是西部地区，累计对外直接投资项目数量为 531 件，占比 4.77%。

表 2-2-1　中国民营企业对外直接投资项目数量在
不同投资来源地的分布及指数汇总表

（单位：件）

年份	环渤海地区											
	京津冀				其他				小计			
	项目数	同比增长（%）	占比（%）	指数	项目数	同比增长（%）	占比（%）	指数	项目数	同比增长（%）	占比（%）	指数
2005	21	—	55.26	18.36	17	—	44.74	36.80	38	—	37.25	23.66
2006	13	-38.10	56.52	11.36	10	-41.18	43.48	21.65	23	-39.47	21.70	14.32
2007	38	192.31	65.52	33.22	20	100.00	34.48	43.29	58	152.17	31.18	36.11
2008	24	-36.84	72.73	20.98	9	-55.00	27.27	19.48	33	-43.10	17.10	20.55

---

① 详见序章第一节"中国民营企业对外直接投资指数"六级指标体系和指数的构成。

续表

年份	环渤海地区											
	京津冀				其他				小计			
	项目数	同比增长（%）	占比（%）	指数	项目数	同比增长（%）	占比（%）	指数	项目数	同比增长（%）	占比（%）	指数
2009	44	83.33	52.38	38.46	40	344.44	47.62	86.58	84	154.55	32.06	52.30
2010	63	43.18	71.59	55.07	25	-37.50	28.41	54.11	88	4.76	30.66	54.79
2011	67	6.35	60.91	58.57	43	72.00	39.09	93.07	110	25.00	30.99	68.49
2012	79	17.91	65.29	69.06	42	-2.33	34.71	90.91	121	10.00	32.27	75.34
2013	94	18.99	72.31	82.17	36	-14.29	27.69	77.92	130	7.44	31.78	80.95
2014	121	28.72	68.75	105.77	55	52.78	31.25	119.05	176	35.38	33.78	109.59
2015	211	74.38	79.32	184.44	55	0.00	20.68	119.05	266	51.14	32.05	165.63
2016	271	28.44	79.94	236.89	68	23.64	20.06	147.19	339	27.44	27.12	211.08
2017	256	-5.54	76.19	223.78	80	17.65	23.81	173.16	336	-0.88	28.31	209.22
2018	356	39.06	83.18	311.19	72	-10.00	16.82	155.84	428	27.38	28.61	266.50
2019	254	-28.65	76.74	222.03	77	6.94	23.26	166.67	331	-22.66	27.75	206.10
2020	177	-30.31	82.71	154.72	37	-51.95	17.29	80.09	214	-35.35	25.51	133.25
2021	194	9.60	86.61	169.58	30	-18.92	13.39	64.94	224	4.67	27.18	139.48
2022	160	-17.53	84.66	139.86	29	-3.33	15.34	62.77	189	-15.63	26.40	117.68
合计	2443	—	76.63	—	745	—	23.37	—	3188	—	28.64	—
2011—2015年均值	114.4	—	—	100.00	46.2	—	—	100.00	160.6	—	—	100.00

年份	长三角地区											
	上海				其他				小计			
	项目数	同比增长（%）	占比（%）	指数	项目数	同比增长（%）	占比（%）	指数	项目数	同比增长（%）	占比（%）	指数
2005	8	—	44.44	12.62	10	—	55.56	10.35	18	—	17.65	11.25
2006	15	87.50	53.57	23.66	13	30.00	46.43	13.46	28	55.56	26.42	17.50
2007	14	-6.67	26.42	22.08	39	200.00	73.58	40.37	53	89.29	28.49	33.13

年份	长三角地区											
	上海				其他				小计			
	项目数	同比增长（%）	占比（%）	指数	项目数	同比增长（%）	占比（%）	指数	项目数	同比增长（%）	占比（%）	指数
2008	14	0.00	18.42	22.08	62	58.97	81.58	64.18	76	43.40	39.38	47.50
2009	18	28.57	23.38	28.39	59	-4.84	76.62	61.08	77	1.32	29.39	48.13
2010	23	27.78	26.44	36.28	64	8.47	73.56	66.25	87	12.99	30.31	54.38
2011	27	17.39	26.47	42.59	75	17.19	73.53	77.64	102	17.24	28.73	63.75
2012	43	59.26	35.83	67.82	77	2.67	64.17	79.71	120	17.65	32.00	75.00
2013	34	-20.93	29.06	53.63	83	7.79	70.94	85.92	117	-2.50	28.61	73.13
2014	81	138.24	49.69	127.76	82	-1.20	50.31	84.89	163	39.32	31.29	101.88
2015	132	62.96	44.30	208.20	166	102.44	55.70	171.84	298	82.82	35.90	186.25
2016	190	43.94	44.08	299.68	241	45.18	55.92	249.48	431	44.63	34.48	269.38
2017	165	-13.16	40.05	260.25	247	2.49	59.95	255.69	412	-4.41	34.71	257.50
2018	202	22.42	38.04	318.61	329	33.20	61.96	340.58	531	28.88	35.49	331.88
2019	159	-21.29	38.04	250.79	259	-21.28	61.96	268.12	418	-21.28	35.04	261.25
2020	117	-26.42	38.87	184.54	184	-28.96	61.13	190.48	301	-27.99	35.88	188.13
2021	136	16.24	42.63	214.51	183	-0.54	57.37	189.44	319	5.98	38.71	199.38
2022	119	-12.50	41.46	187.70	168	-8.20	58.54	173.91	287	-10.03	40.08	179.38
合计	1497	—	39.00	—	2341	—	61.00	—	3838	—	34.48	—
2011—2015年均值	63.4	—	—	100.00	95.6	—	—	100.00	160	—	—	100.00

年份	珠三角地区											
	广东				其他				小计			
	项目数	同比增长（%）	占比（%）	指数	项目数	同比增长（%）	占比（%）	指数	项目数	同比增长（%）	占比（%）	指数
2005	27	—	84.38	27.84	5	—	15.63	24.51	32	—	31.37	27.26
2006	35	29.63	87.50	36.08	5	0.00	12.50	24.51	40	25.00	37.74	34.07

续表

年份	珠三角地区											
	广东				其他				小计			
	项目数	同比增长（%）	占比（%）	指数	项目数	同比增长（%）	占比（%）	指数	项目数	同比增长（%）	占比（%）	指数
2007	43	22.86	84.31	44.33	8	60.00	15.69	39.22	51	27.50	27.42	43.44
2008	44	2.33	93.62	45.36	3	-62.50	6.38	14.71	47	-7.84	24.35	40.03
2009	50	13.64	83.33	51.55	10	233.33	16.67	49.02	60	27.66	22.90	51.11
2010	69	38.00	87.34	71.13	10	0.00	12.65	49.02	79	31.67	27.53	67.29
2011	73	5.80	80.22	75.26	18	80.00	19.73	88.24	91	15.19	25.63	77.51
2012	64	-12.33	83.12	65.98	13	-27.78	16.88	63.73	77	-15.38	20.53	65.59
2013	103	60.94	82.40	106.19	22	69.23	17.60	107.84	125	62.34	30.56	106.47
2014	102	-0.97	87.18	105.15	15	-31.82	12.82	73.53	117	-6.40	22.46	99.66
2015	143	40.20	80.79	147.42	34	126.67	19.21	166.67	177	51.28	21.33	150.77
2016	264	84.62	83.02	272.16	54	58.82	16.98	264.71	318	79.66	25.44	270.87
2017	252	-4.55	84.56	259.79	46	-14.81	15.44	225.49	298	-6.29	25.11	253.83
2018	302	19.84	83.20	311.34	61	32.61	16.80	299.02	363	21.81	24.26	309.20
2019	294	-2.65	86.22	303.09	47	-22.95	13.78	230.39	341	-6.06	28.58	290.46
2020	204	-30.61	80.95	210.31	48	2.13	19.05	235.29	252	-26.10	30.04	214.65
2021	173	-15.20	81.60	178.35	39	-18.75	18.40	191.18	212	-15.87	25.73	180.58
2022	166	-4.05	85.13	171.13	29	-25.64	14.87	142.16	195	-8.02	27.23	166.10
合计	2408	—	83.76	—	467	—	16.24	—	2875	—	25.83	—
2011—2015年均值	97	—	—	100.00	20.4	—	—	100.00	117.4	—	—	100.00

年份	中部地区											
	华北东北				中原华中				小计			
	项目数	同比增长（%）	占比（%）	指数	项目数	同比增长（%）	占比（%）	指数	项目数	同比增长（%）	占比（%）	指数
2005	2	—	25.00	25.64	6	—	75.00	22.22	8	—	7.84	22.99
2006	1	-50.00	16.67	12.82	5	-16.67	83.33	18.52	6	-25.00	5.66	17.24

续表

年份	中部地区											
	华北东北				中原华中				小计			
	项目数	同比增长(%)	占比(%)	指数	项目数	同比增长(%)	占比(%)	指数	项目数	同比增长(%)	占比(%)	指数
2007	5	400.00	31.25	64.10	11	120.00	68.75	40.74	16	166.67	8.60	45.98
2008	4	−20.00	17.39	51.28	19	72.73	82.61	70.37	23	43.75	11.92	66.09
2009	4	0.00	25.00	51.28	12	−36.84	75.00	44.44	16	−30.43	6.11	45.98
2010	6	50.00	26.09	76.92	17	41.67	73.91	62.96	23	43.75	8.01	66.09
2011	3	−50.00	13.04	38.46	20	17.65	86.96	74.07	23	0.00	6.48	66.09
2012	12	300.00	30.77	153.85	27	35.00	69.23	100.00	39	69.57	10.40	112.07
2013	6	−50.00	33.33	76.92	12	−55.56	66.67	44.44	18	−53.85	4.40	51.72
2014	8	33.33	18.18	102.56	35	200.00	81.82	133.33	44	144.44	8.45	126.44
2015	10	25.00	20.00	128.21	40	11.11	80.00	148.15	50	13.64	6.02	143.68
2016	20	100.00	21.98	256.41	71	77.50	78.02	262.96	91	82.00	7.28	261.49
2017	16	−20.00	20.00	205.13	64	−9.86	80.00	237.04	80	−12.09	6.74	229.89
2018	22	37.50	23.16	282.05	73	14.06	76.84	270.37	95	18.75	6.35	272.99
2019	10	−54.55	17.24	128.21	48	−34.25	82.76	177.78	58	−38.95	4.86	166.67
2020	4	−60.00	11.11	51.28	32	−33.33	88.89	118.52	36	−37.93	4.29	103.45
2021	11	175.00	23.40	141.03	36	12.50	76.60	133.33	47	30.56	5.70	135.06
2022	3	−72.73	11.54	38.46	23	−36.11	88.46	85.19	26	−44.68	3.63	74.71
合计	147	—	21.03	—	552	—	78.97	—	699	—	6.28	—
2011—2015年均值	7.8	—	—	100.00	27	—	—	100.00	34.8	—	—	100.00

年份	西部地区											
	西北				西南				小计			
	项目数	同比增长(%)	占比(%)	指数	项目数	同比增长(%)	占比(%)	指数	项目数	同比增长(%)	占比(%)	指数
2005	4	—	66.67	54.05	2	—	33.33	11.24	6	—	5.88	23.81
2006	2	−50.00	22.22	27.03	7	250.00	77.78	39.33	9	50.00	8.49	35.71
2007	0	−100.00	0.00	0.00	8	14.29	100.00	44.94	8	−11.11	4.30	31.75

续表

年份	西部地区											
	西北				西南				小计			
	项目数	同比增长（%）	占比（%）	指数	项目数	同比增长（%）	占比（%）	指数	项目数	同比增长（%）	占比（%）	指数
2008	3	—	21.43	40.54	11	37.50	78.57	61.80	14	75.00	7.25	55.56
2009	8	166.67	32.00	108.11	17	54.55	68.00	95.51	25	78.57	9.54	99.21
2010	0	-100.00	0.00	0.00	10	-41.18	100.00	56.18	10	-60.00	3.48	39.68
2011	7	—	24.14	94.59	22	120.00	75.86	123.60	29	190.00	8.17	115.08
2012	5	-28.57	27.78	67.57	13	-40.91	72.22	73.03	18	-37.93	4.80	71.43
2013	5	0.00	26.32	67.57	14	7.69	73.68	78.65	19	5.56	4.65	75.40
2014	6	20.00	28.57	81.08	15	7.14	71.43	84.27	21	10.53	4.03	83.33
2015	14	133.33	35.90	189.19	25	66.67	64.10	140.45	39	85.71	4.70	154.76
2016	26	85.71	36.62	351.35	45	80.00	63.38	252.81	71	82.05	5.68	281.75
2017	21	-19.23	34.43	283.78	40	-11.11	65.57	224.72	61	-14.08	5.14	242.06
2018	28	33.33	35.44	378.38	51	27.50	64.56	286.52	79	29.51	5.28	313.49
2019	12	-57.14	26.67	162.16	33	-35.29	73.33	185.39	45	-43.04	3.77	178.57
2020	10	-16.67	27.78	135.14	26	-21.21	72.22	146.07	36	-20.00	4.29	142.86
2021	3	-70.00	13.64	40.54	19	-26.92	86.36	106.74	22	-38.89	2.67	87.30
2022	7	133.33	36.84	94.59	12	-36.84	63.16	67.42	19	-13.64	2.65	75.40
合计	161	—	30.32	—	370	—	69.68	—	531	—	4.77	—
2011—2015年均值	7.4	—	—	100.00	17.8	—	—	100.00	25.2	—	—	100.00

年份	总计			
	项目数	同比增长（%）	占比（%）	指数
2005	102	—	100.00	20.48
2006	106	3.92	100.00	21.28
2007	186	75.47	100.00	37.35
2008	193	3.76	100.00	38.75
2009	262	35.75	100.00	52.61

续表

年份	总计			
	项目数	同比增长（%）	占比（%）	指数
2010	287	9.54	100.00	57.63
2011	355	23.69	100.00	71.28
2012	375	5.63	100.00	75.29
2013	409	9.07	100.00	82.12
2014	521	27.38	100.00	104.61
2015	830	59.31	100.00	166.65
2016	1250	50.60	100.00	250.98
2017	1187	-5.04	100.00	238.33
2018	1496	26.03	100.00	300.37
2019	1193	-20.25	100.00	239.54
2020	839	-29.67	100.00	168.46
2021	824	-1.79	100.00	165.45
2022	716	-13.11	100.00	143.76
合计	11131	—	100.00	—
2011—2015年均值	498	—	—	100.00

注：此处存在重复统计问题，故总计部分与表2-1-1、表2-1-2所示不一致。①

---

①　在本书所使用的 BvD-Zephyr 数据库中，一件并购交易可能存在多个并购投资方，若这些投资方所在地位于不同省份或者投资标的国（地区）不同、投资标的行业不同，本书在对投资来源地、标的国（地区）、标的行业进行分类的时候会重复统计这件交易。譬如现有一件并购交易是由两家企业共同出资完成，但两个企业分别位于北京和河北，那么当对投资来源地进行划分的时候，这件交易将会既被统计到来源地为北京的并购投资交易中，又会在河北类别中再被统计一次。投资标的国（地区）、投资标的行业出现重复统计的原因及处理办法与投资来源地的处理一致。另外，此处还需要说明的是，在本书的表2-1-1、表2-1-2、表3-1-1、表3-1-2所示总计数据以及第四章绿地投资部分数据不存在重复统计问题，重复统计只出现在第二章、第三章分类别汇总表中。

二、民营企业对外直接投资金额在不同投资来源地的分布

根据 2005—2022 年中国民营企业 OFDI 金额表显示，从 OFDI 项目金额看，在 2005 年至 2022 年间，我国民营企业对外直接投资活动主要集中在环渤海地区，累计对外直接投资项目金额为 4960.11 亿美元，占比 36.08%；其次是长三角地区，累计对外直接投资项目金额为 4381.40 亿美元，占比 31.87%；再次是珠三角地区，累计对外直接投资项目金额为 3183.71 亿美元，占比 23.16%；复次是中部地区，累计对外直接投资项目金额为 741.48 亿美元，占比 5.39%；最后是西部地区，累计对外直接投资项目金额为 479.64 亿美元，占比 3.49%。

表 2-2-2　中国民营企业对外直接投资金额在不同
投资来源地的分布及指数汇总表

（单位：百万美元）

| 年份 | 环渤海地区 | | | | | | | | | | | |
| | 京津冀 | | | | 其他 | | | | 小计 | | | |
	金额	同比增长（%）	占比（%）	指数	金额	同比增长（%）	占比（%）	指数	金额	同比增长（%）	占比（%）	指数
2005	254.12	—	71.27	0.87	102.46	—	28.73	2.28	356.58	—	24.28	1.06
2006	1040.53	309.46	92.92	3.58	79.30	-22.60	7.08	1.77	1119.83	214.05	16.79	3.34
2007	1251.85	20.31	64.66	4.31	684.08	762.65	35.34	15.24	1935.93	72.88	9.72	5.77
2008	3543.23	183.04	87.40	12.19	510.93	-25.31	12.60	11.39	4054.16	109.42	27.83	12.08
2009	1024.27	-71.09	44.83	3.52	1260.47	146.70	55.17	28.09	2284.74	-43.64	45.61	6.81
2010	1747.82	70.64	55.23	6.01	1416.67	12.39	44.77	31.57	3164.49	38.51	13.03	9.43
2011	5264.22	201.19	74.43	18.10	1808.35	27.65	25.57	40.30	7072.57	123.50	25.89	21.07
2012	6885.33	30.79	82.07	23.68	1504.24	-16.82	17.93	33.52	8389.57	18.62	47.32	25.00
2013	15237.07	121.30	91.07	52.40	1493.55	-0.71	8.93	33.28	16730.62	99.42	39.56	49.85
2014	31914.55	109.45	75.45	109.76	10387.10	595.46	24.55	231.46	42301.66	152.84	41.26	126.03
2015	86085.39	169.74	92.24	296.06	7244.87	-30.25	7.76	161.44	93330.26	120.63	45.99	278.06

续表

年份	环渤海地区											
	京津冀				其他				小计			
	金额	同比增长(%)	占比(%)	指数	金额	同比增长(%)	占比(%)	指数	金额	同比增长(%)	占比(%)	指数
2016	79797.46	−7.30	87.96	274.43	10927.75	50.83	12.04	243.51	90725.21	−2.79	40.39	270.30
2017	68381.34	−14.31	86.69	235.17	10499.41	−3.92	13.31	233.96	78880.75	−13.06	42.69	235.01
2018	28308.72	−58.60	74.41	97.36	9733.31	−7.30	25.59	216.89	38042.03	−51.77	26.05	113.34
2019	41868.49	47.90	83.27	143.99	8413.85	−13.56	16.73	187.49	50282.34	32.18	45.64	149.81
2020	6932.26	−83.44	34.48	23.84	13170.70	56.54	65.52	293.49	20102.96	−60.02	18.29	59.89
2021	22200.42	220.25	79.88	76.35	5592.19	−57.54	20.12	124.61	27792.61	38.25	33.27	82.80
2022	8009.49	−63.92	84.80	27.55	1435.63	−74.33	15.20	31.99	9445.11	−66.02	18.57	28.14
合计	409746.56	—	82.61	—	86254.86	—	17.39	—	496011.43	—	36.08	—
2011—2015年均值	29077.31	—	—	100.00	4487.62	—	—	100.00	33564.94	—	—	100.00

年份	长三角地区											
	上海				其他				小计			
	金额	同比增长(%)	占比(%)	指数	金额	同比增长(%)	占比(%)	指数	金额	同比增长(%)	占比(%)	指数
2005	56.10	—	37.32	0.64	94.22	—	62.68	0.70	150.32	—	10.24	0.68
2006	228.05	306.51	34.22	2.62	438.29	365.18	65.78	3.27	666.34	343.28	9.99	3.02
2007	906.14	297.34	31.30	10.41	1988.42	353.68	68.70	14.85	2894.56	334.40	14.54	13.10
2008	705.31	−22.16	27.62	8.11	1848.25	−7.05	72.38	13.80	2553.56	−11.78	17.53	11.56
2009	143.81	−79.61	15.19	1.65	802.64	−56.57	84.81	6.00	946.45	−62.94	18.89	4.28
2010	332.48	131.19	9.29	3.82	3244.96	304.29	90.71	24.24	3577.44	277.98	14.73	16.20
2011	2713.78	716.22	26.23	31.19	7633.99	135.26	73.77	57.02	10347.77	189.25	37.87	46.85
2012	850.02	−68.68	19.37	9.77	3538.78	−53.64	80.63	26.43	4388.80	−57.59	24.75	19.87
2013	9062.13	966.11	61.38	104.16	5702.44	61.14	38.62	42.59	14764.56	236.41	34.91	66.84
2014	12323.14	35.99	64.42	141.64	6805.04	19.34	35.58	50.83	19128.18	29.55	18.66	86.60

续表

年份	长三角地区											
	上海				其他				小计			
	金额	同比增长（%）	占比（%）	指数	金额	同比增长（%）	占比（%）	指数	金额	同比增长（%）	占比（%）	指数
2015	18553.02	50.55	30.01	213.24	43261.19	535.72	69.99	323.13	61814.21	223.16	30.46	279.85
2016	37020.48	99.54	54.31	425.50	31143.83	-28.01	45.69	232.62	68164.31	10.27	30.35	308.59
2017	33618.14	-9.19	59.13	386.40	23232.92	-25.40	40.87	173.53	56851.06	-16.60	30.77	257.38
2018	25122.71	-25.27	42.07	288.75	34592.99	48.90	57.93	258.38	59715.70	5.04	40.89	270.34
2019	16722.03	-33.44	56.98	192.20	12626.65	-63.50	43.02	94.31	29348.67	-50.85	26.64	132.87
2020	6236.40	-62.71	10.18	71.68	55041.86	335.92	89.82	411.12	61278.26	108.79	55.74	277.42
2021	2913.84	-53.28	13.02	33.49	19469.05	-64.63	86.98	145.42	22382.89	-63.47	26.79	101.33
2022	9802.89	236.43	51.15	112.67	9363.55	-51.91	48.85	69.94	19166.44	-14.37	37.68	86.77
合计	177310.47	—	40.47	—	260829.05	—	59.53	—	438139.52	—	31.87	—
2011—2015年均值	8700.42	—	—	100.00	13388.29	—	—	100.00	22088.70	—	—	100.00

年份	珠三角地区											
	广东				其他				小计			
	金额	同比增长（%）	占比（%）	指数	金额	同比增长（%）	占比（%）	指数	金额	同比增长（%）	占比（%）	指数
2005	333.31	—	99.70	3.59	1.00	—	0.30	0.01	334.31	—	22.77	2.01
2006	4408.63	1222.68	98.23	47.47	79.30	7830.00	1.77	1.07	4487.93	1242.45	67.29	26.92
2007	14431.66	227.35	100.00	155.41	0.40	-99.50	0.00	0.01	14432.06	221.57	72.49	86.56
2008	6047.47	-58.10	95.18	65.12	306.15	76437.50	4.82	4.15	6353.62	-55.98	43.62	38.11
2009	859.51	-85.79	93.39	9.26	60.82	-80.13	6.61	0.82	920.33	-85.51	18.37	5.52
2010	16268.91	1792.81	99.37	175.19	102.50	68.53	0.63	1.39	16371.41	1678.86	67.40	98.20
2011	3395.69	-79.13	40.86	36.57	4915.68	4695.79	59.14	66.55	8311.37	-49.23	30.42	49.85
2012	1270.25	-62.59	87.52	13.68	181.14	-96.32	12.48	2.45	1451.39	-82.54	8.19	8.71
2013	5772.34	354.43	59.75	62.16	3888.20	2046.52	40.25	52.64	9660.54	565.61	22.84	57.94
2014	8115.67	40.60	29.16	87.39	19716.41	407.08	70.84	266.94	27832.08	188.10	27.15	166.94

续表

年份	珠三角地区											
	广东				其他				小计			
	金额	同比增长（%）	占比（%）	指数	金额	同比增长（%）	占比（%）	指数	金额	同比增长（%）	占比（%）	指数
2015	27877.24	243.50	77.21	300.20	8228.31	-58.27	22.79	111.40	36105.55	29.73	17.79	216.56
2016	20469.28	-26.57	49.01	220.43	21297.58	158.83	50.99	288.35	41766.86	15.68	18.59	250.52
2017	15646.09	-23.56	55.61	168.49	12439.50	-41.36	44.39	169.10	28135.59	-32.64	15.23	168.76
2018	24057.16	53.76	85.03	259.06	4235.82	-66.08	14.97	57.35	28292.98	0.56	19.38	169.70
2019	19112.40	-20.55	85.66	205.81	3199.69	-24.46	14.34	43.32	22312.09	-21.14	20.25	133.83
2020	18695.40	-2.18	71.28	201.32	7531.16	135.37	28.72	101.97	26226.56	17.54	23.86	157.31
2021	26024.45	39.20	92.35	280.25	2155.51	-71.38	7.65	29.18	28179.96	7.45	33.73	169.02
2022	7864.17	-69.78	45.73	84.69	9332.66	332.97	54.27	126.36	17196.83	-38.97	33.81	103.15
合计	220649.64	—	69.31	—	97721.83	—	30.69	—	318371.47	—	23.16	—
2011—2015年均值	9286.24	—	—	100.00	7385.95	—	—	100.00	16672.19	—	—	100.00

年份	中部地区											
	华北东北				中原华中				小计			
	金额	同比增长（%）	占比（%）	指数	金额	同比增长（%）	占比（%）	指数	金额	同比增长（%）	占比（%）	指数
2005	250.00	—	79.40	51.99	64.86	—	20.60	2.60	314.86	—	21.44	10.57
2006	6.70	-97.32	4.90	1.39	130.00	100.43	95.10	5.20	136.70	-56.58	2.05	4.59
2007	53.88	704.18	13.44	11.20	347.16	167.05	86.56	13.89	401.04	193.37	2.01	13.46
2008	36.31	-32.61	10.14	7.55	321.76	-7.32	89.86	12.88	358.07	-10.71	2.46	12.02
2009	20.92	-42.39	8.13	4.35	236.28	-26.57	91.87	9.46	257.20	-28.17	5.13	8.63
2010	46.67	123.09	6.64	9.70	656.05	177.65	93.36	26.25	702.72	173.22	2.89	23.58
2011	177.35	280.01	39.20	36.88	275.05	-58.07	60.80	11.01	452.40	-35.62	1.66	15.18
2012	725.00	308.80	56.94	150.76	548.38	99.37	43.06	21.94	1273.38	181.47	7.18	42.73
2013	257.03	-64.55	34.66	53.45	484.51	-11.65	65.34	19.39	741.55	-41.77	1.75	24.89

续表

| 年份 | 中部地区 | | | | | | | | | | | |
| | 华北东北 | | | | 中原华中 | | | | 小计 | | | |
	金额	同比增长（%）	占比（%）	指数	金额	同比增长（%）	占比（%）	指数	金额	同比增长（%）	占比（%）	指数
2014	983.96	282.81	32.17	204.61	2074.49	328.16	67.83	83.01	3058.45	312.44	2.98	102.64
2015	261.17	−73.46	2.79	54.31	9112.43	339.26	97.21	364.65	9373.60	206.48	4.62	314.56
2016	5500.08	2005.94	28.28	1143.70	13951.84	53.11	71.72	558.30	19451.92	107.52	8.66	652.78
2017	1654.68	−69.92	11.15	344.08	13179.41	−5.54	88.85	527.39	14834.09	−23.74	8.03	497.81
2018	2007.29	21.31	21.30	417.40	7415.14	−43.74	78.70	296.73	9422.43	−36.48	6.45	316.20
2019	2134.85	6.35	41.67	443.93	2988.24	−59.70	58.33	119.58	5123.09	−45.63	4.65	171.92
2020	320.96	−84.97	22.91	66.74	1079.92	−63.86	77.09	43.21	1400.88	−72.66	1.27	47.01
2021	812.22	153.06	20.12	168.89	3224.59	198.60	79.88	129.04	4036.81	188.16	4.83	135.47
2022	68.57	−91.56	2.44	14.26	2740.37	−15.02	97.56	109.66	2808.94	−30.42	5.52	94.26
合计	15317.64	—	20.66	—	58830.49	—	79.34	—	74148.14	—	5.39	—
2011—2015年均值	480.90	—	—	100.00	2498.97	—	—	100.00	2979.88	—	—	100.00

| 年份 | 西部地区 | | | | | | | | | | | |
| | 西北 | | | | 西南 | | | | 小计 | | | |
	金额	同比增长（%）	占比（%）	指数	金额	同比增长（%）	占比（%）	指数	金额	同比增长（%）	占比（%）	指数
2005	298.89	—	95.71	86.91	13.39	—	4.29	0.46	312.28	—	21.27	9.60
2006	185.80	−37.84	71.75	54.02	73.14	446.23	28.25	2.51	258.94	−17.08	3.88	7.96
2007	0.00	−100.00	0.00	0.00	245.02	235.00	100.00	8.42	245.02	−5.38	1.23	7.53
2008	17.40	—	1.40	5.06	1228.96	401.58	98.60	42.25	1246.36	408.68	8.56	38.32
2009	158.42	810.46	26.38	46.06	442.17	−64.02	73.62	15.20	600.59	−51.81	11.99	18.46
2010	0.00	−100.00	0.00	0.00	473.63	7.11	100.00	16.28	473.63	−21.14	1.95	14.56
2011	449.47	—	39.51	130.69	688.10	45.28	60.49	23.66	1137.57	140.18	4.16	34.97
2012	120.63	−73.16	5.42	35.08	2105.89	206.04	94.58	72.40	2226.52	95.73	12.56	68.45
2013	78.34	−35.06	20.02	22.78	312.90	−85.14	79.98	10.76	391.24	−82.43	0.93	12.03

续表

年份	西部地区											
	西北				西南				小计			
	金额	同比增长（%）	占比（%）	指数	金额	同比增长（%）	占比（%）	指数	金额	同比增长（%）	占比（%）	指数
2014	151.43	93.30	1.48	44.03	10053.99	3113.19	98.52	345.63	10205.42	2508.49	9.95	313.74
2015	919.73	507.36	39.93	267.43	1383.40	-86.24	60.07	47.56	2303.13	-77.43	1.13	70.81
2016	1164.87	26.65	25.85	338.70	3341.46	141.54	74.15	114.87	4506.33	95.66	2.01	138.54
2017	939.56	-19.34	15.45	273.19	5139.82	53.82	84.55	176.70	6079.38	34.91	3.29	186.90
2018	4118.35	338.33	39.03	1197.47	6432.06	25.14	60.97	221.12	10550.41	73.54	7.23	324.35
2019	2721.45	-33.92	87.95	791.30	373.04	-94.20	12.05	12.82	3094.49	-70.67	2.81	95.13
2020	223.19	-91.80	24.06	64.90	704.49	88.85	75.94	24.22	927.68	-70.02	0.84	28.52
2021	514.15	130.36	44.60	149.50	638.75	-9.33	55.40	21.96	1152.90	24.28	1.38	35.44
2022	89.35	-82.62	3.97	25.98	2163.24	238.67	96.03	74.37	2252.59	95.38	4.43	69.25
合计	12151.03	—	25.33	—	35813.44	—	74.67	—	47964.48	—	3.49	—
2011—2015年均值	343.92	—	—	100.00	2908.86	—	—	100.00	3252.78	—	—	100.00

年份	总计			
	金额	同比增长（%）	占比（%）	指数
2005	1468.35	—	100.00	1.87
2006	6669.74	354.23	100.00	8.49
2007	19908.61	198.49	100.00	25.35
2008	14565.76	-26.84	100.00	18.55
2009	5009.32	-65.61	100.00	6.38
2010	24289.69	384.89	100.00	30.93
2011	27321.68	12.48	100.00	34.80
2012	17729.66	-35.11	100.00	22.58
2013	42288.52	138.52	100.00	53.86
2014	102525.79	142.44	100.00	130.57
2015	202926.75	97.93	100.00	258.43

续表

年份	总计			
	金额	同比增长（%）	占比（%）	指数
2016	224614.63	10.69	100.00	286.06
2017	184780.87	-17.73	100.00	235.33
2018	146023.55	-20.97	100.00	185.97
2019	110160.69	-24.56	100.00	140.29
2020	109936.34	-0.20	100.00	140.01
2021	83545.17	-24.01	100.00	106.40
2022	50869.91	-39.11	100.00	64.78
合计	1374635.03	—	100.00	1750.65
2011—2015 年均值	78558.48	—	—	—

注：此处存在重复统计问题，故总计部分与表 2-1-1、表 2-1-2 所示不一致，重复统计的处理方式与投资项目数量的处理一致，详见表 2-2-1 脚注。

对应以上数据表格，将其制成如下折线图。

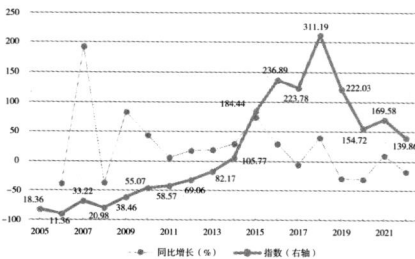

（1）京津冀项目数量

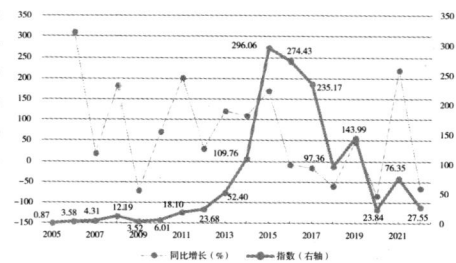

（2）京津冀金额

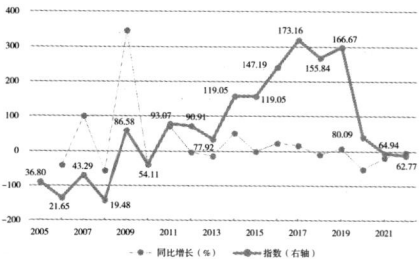

（3）其他（环渤海地区）项目数量

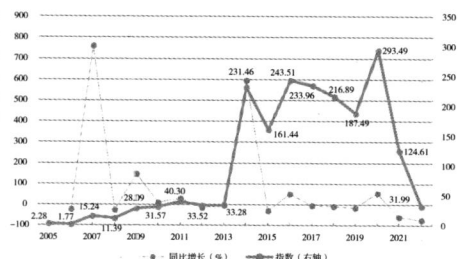

（4）其他（环渤海地区）金额

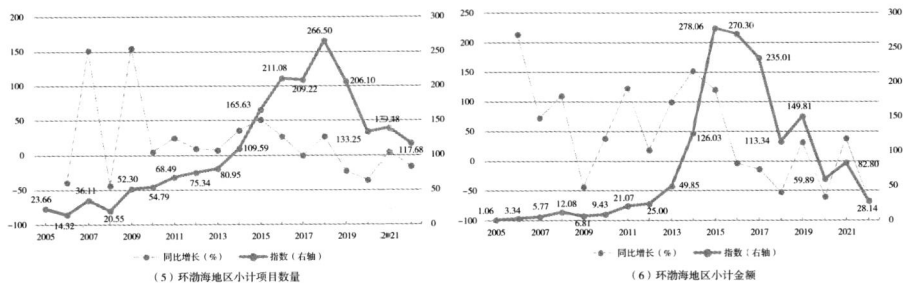

图 2-2-1 2005—2022 年环渤海地区民营企业对外直接投资项目数量和金额指数变化图

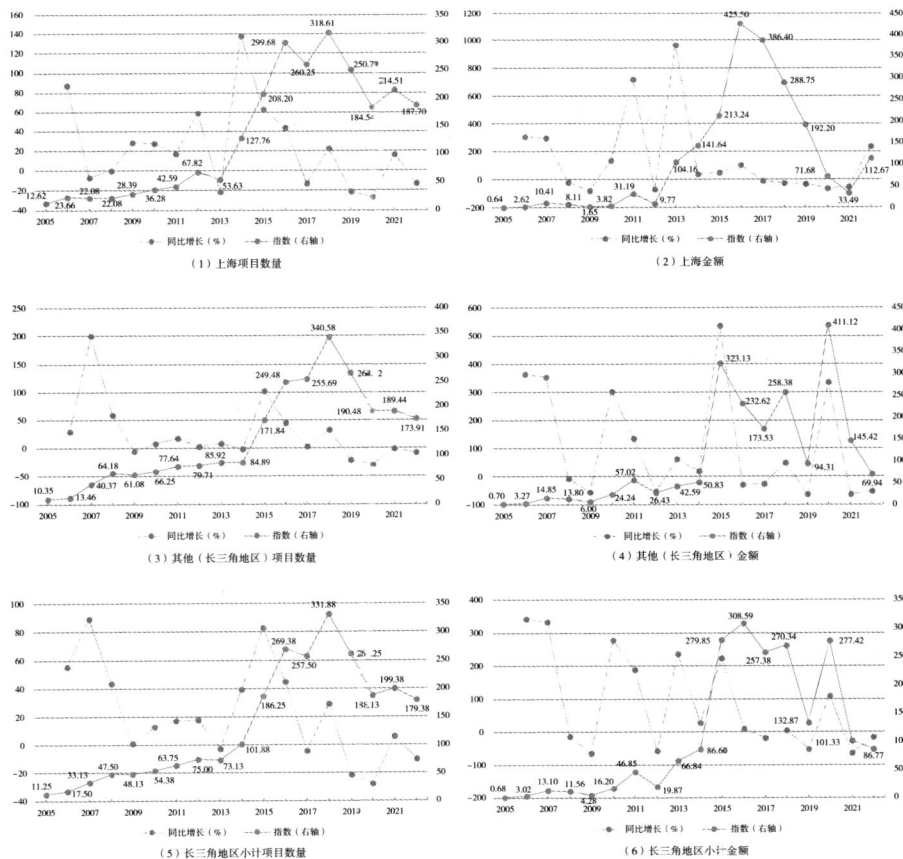

图 2-2-2 2005—2022 年长三角地区民营企业对外直接投资项目数量和金额指数变化图

（1）广东项目数量

（2）广东金额

（3）其他（珠三角地区）项目数量

（4）其他（珠三角地区）金额

（5）珠三角地区小计项目数量

（6）珠三角地区小计金额

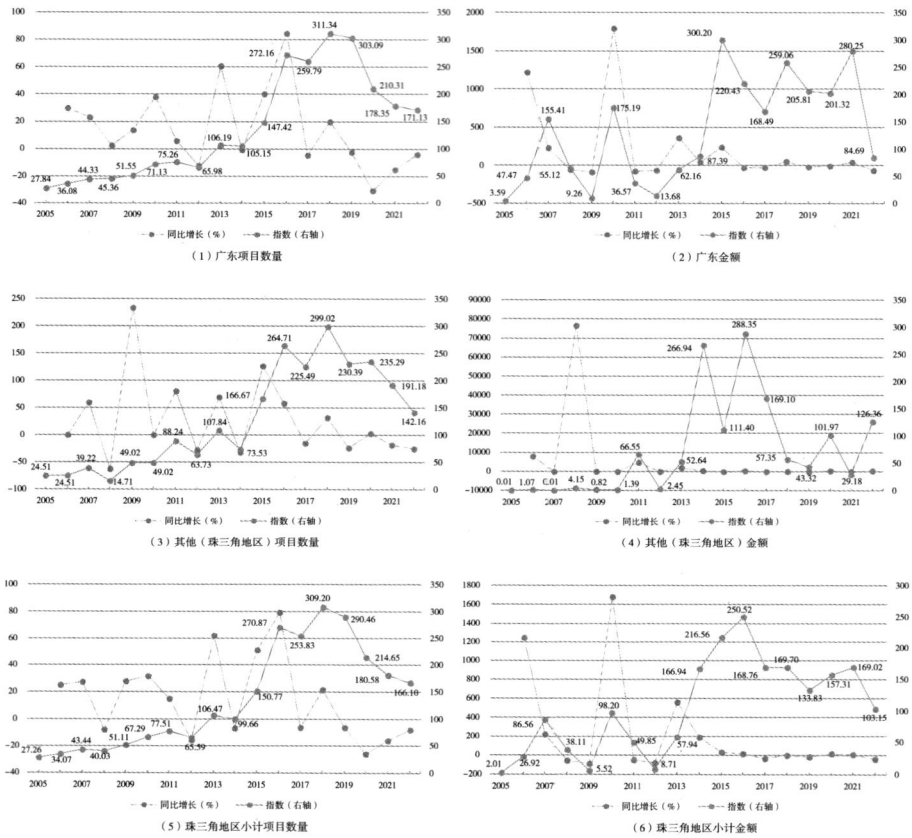

图 2-2-3　2005—2022 年珠三角地区民营企业对外直接投资项目数量和金额指数变化图

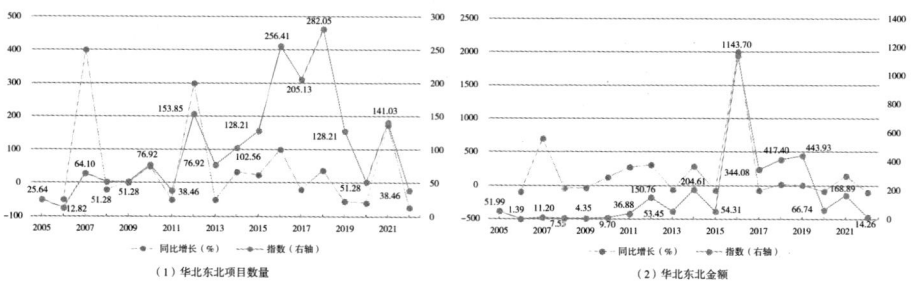

（1）华北东北项目数量

（2）华北东北金额

（3）中原华中项目数量

（4）中原华中金额

（5）中部地区小计项目数量

（6）中部地区小计金额

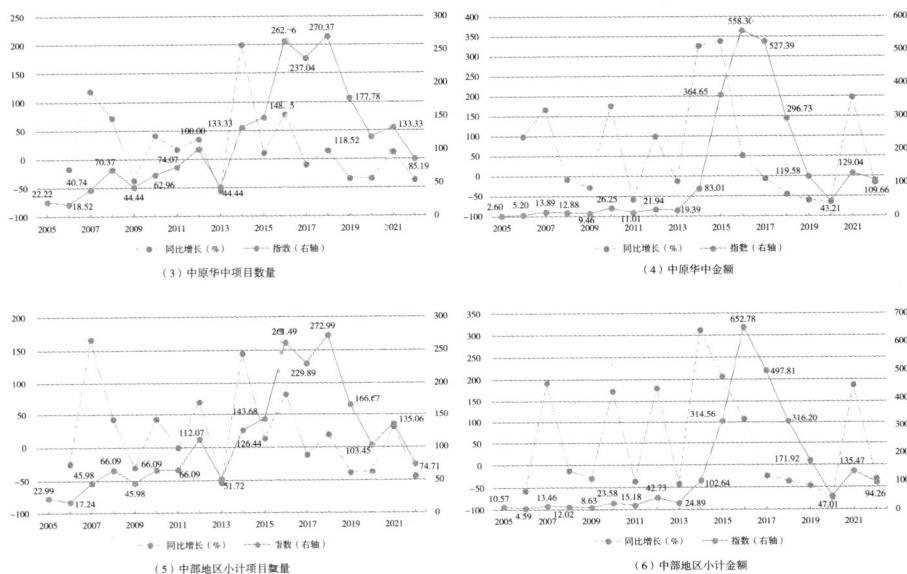

图 2-2-4　2005—2022 年中部地区民营企业对外直接投资区项目数量和金额指数变化图

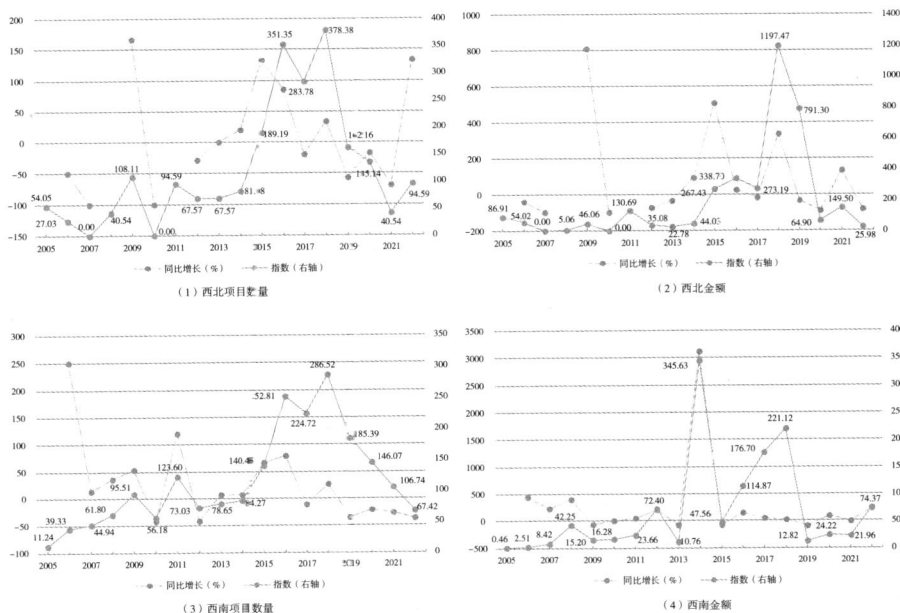

（1）西北项目数量

（2）西北金额

（3）西南项目数量

（4）西南金额

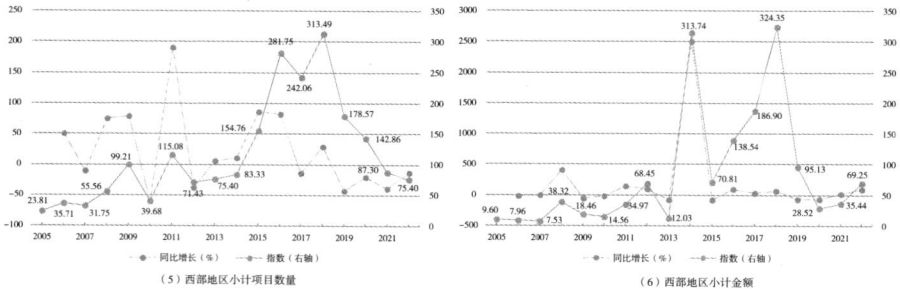

（5）西部地区小计项目数量　　　　　　　　　　（6）西部地区小计金额

图 2-2-5　2005—2022 年西部地区民营企业对外直接投资项目数量和金额指数变化图

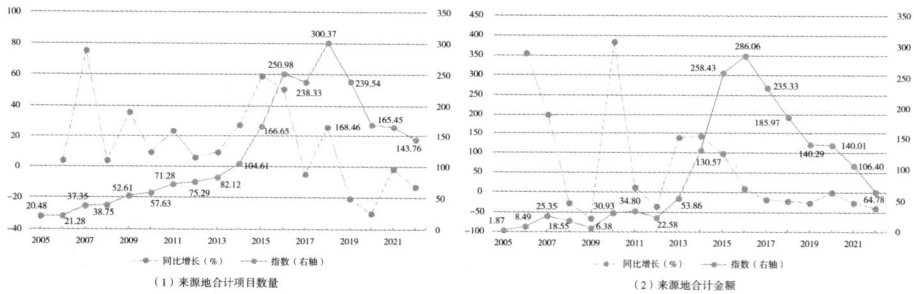

（1）来源地合计项目数量　　　　　　　　　　（2）来源地合计金额

图 2-2-6　2005—2022 年来源地民营企业对外直接投资项目数量和金额指数变化图

如 2005—2022 年中国民营企业 OFDI 数量来源地别图表所示，来自珠三角地区的广东的 OFDI 数量在 2016 年出现最显著的增长，从 143 件增长到 264 件；来自环渤海地区中的京津冀的 OFDI 在 2008—2016 年实现了民营企业对外直接投资项目数量连续 8 年的增长。总体来看，来自长三角地区的民营企业对外直接投资数量集中来自其他地区，2005—2022 年的平均占比为 61.00%；来自珠三角地区的民营企业对外直接投资数量集中来自广东地区，2005—2022 年的平均占比为 83.76%。

从 2005—2022 年中国民营企业 OFDI 金额来源地别图表可以看出：在 2005—2022 年，来自珠三角地区中的广东的 OFDI 项目金额增长最为显著，从 2005 年的 3.33 亿美元增加到 2022 年的 78.64 亿美元；来自环渤海地区的京津冀的 OFDI 金额在 2006 年出现最显著的增长，从 2005 年的 2.54 亿美元增长到 2006 年的 10.40 亿美元。总体来看，来自环渤海地区的民营企业对外直接投资金额集中来自京津冀地区，2005—2022 年的平均占比为 82.61%；来自珠三角地区的民营企业对外直接投资金额集中来自广东地区，2005—2022 年的平均占比为 69.31%。

第三节　民营企业对外直接投资标的国（地区）别指数

本节对中国民营企业对外直接投资项目数量与金额规模按照投资标的国（地区）进行划分，其中根据标的国（地区）的经济发展水平不同，将标的国（地区）分为发达经济体、发展中经济体和转型经济体三大类型。

一、民营企业对外直接投资项目数量在不同经济体的分布

根据 2005—2022 年中国民营企业 OFDI 数量表显示，从 OFDI 项目数量看，在 2005—2022 年间，我国民营企业对外直接投资活动主要集中在发达经济体，累计对外直接投资项目数量为 9788 件，占比 77.69%；排在第二位的是发展中经济体，累计对外直接投资项目数量为 2430 件，占比 19.29%；排在第三位的是转型经济体，累计对外直接投资项目数量为 380 件，占比 3.02%。

表 2-3-1　中国民营企业对外直接投资项目数量在
不同经济体的分布及其指数汇总表

（单位：件）

年份	发达经济体							
	欧洲				北美洲			
	项目数	同比增长（%）	占比（%）	指数	项目数	同比增长（%）	占比（%）	指数
2005	38	—	35.51	25.50	11	—	10.28	10.74
2006	22	-42.11	18.18	14.77	23	109.09	19.01	22.46
2007	59	168.18	31.55	39.60	34	47.83	18.18	33.20
2008	68	15.25	25.56	45.64	26	-23.53	9.77	25.39

续表

年份	发达经济体							
	欧洲				北美洲			
	项目数	同比增长（%）	占比（%）	指数	项目数	同比增长（%）	占比（%）	指数
2009	101	48.53	34.71	67.79	39	50.00	13.40	38.09
2010	102	0.99	30.36	68.46	43	10.26	12.80	41.99
2011	133	30.39	35.85	89.26	50	39.53	16.17	58.59
2012	149	12.03	38.90	100.00	62	3.33	16.19	60.55
2013	142	-4.70	33.73	95.30	77	24.19	18.29	75.20
2014	143	0.70	28.43	95.97	142	84.42	28.23	138.67
2015	178	24.48	24.59	119.46	171	20.42	23.62	166.99
2016	273	53.37	25.47	183.22	261	52.63	24.35	254.88
2017	261	-4.40	26.00	175.17	223	-14.56	22.21	217.77
2018	296	13.41	24.69	198.66	272	21.97	22.69	265.63
2019	252	-14.86	27.88	169.13	177	-34.93	19.58	172.85
2020	173	-31.35	24.09	116.11	153	-13.56	21.31	149.41
2021	207	19.65	28.79	138.93	128	-16.34	17.80	125.00
2022	129	-37.68	27.92	86.58	96	-25.00	20.78	93.75
合计	2726	—	27.85	—	1998	—	20.41	—
2011—2015年均值	149	—	—	100.00	102.4	—	—	100.00

年份	发达经济体							
	其他发达经济体				小计			
	项目数	同比增长（%）	占比（%）	指数	项目数	同比增长（%）	占比（%）	指数
2005	58	—	54.21	25.33	107	—	71.33	22.27
2006	76	31.03	62.81	33.19	121	13.08	71.18	25.19
2007	94	23.68	50.27	41.05	187	54.55	74.80	38.93
2008	172	82.98	64.66	75.11	266	42.25	78.47	55.37
2009	151	-12.21	51.89	65.94	291	9.40	83.62	60.57

年份	发达经济体							
	其他发达经济体				小计			
	项目数	同比增长（%）	占比（%）	指数	项目数	同比增长（%）	占比（%）	指数
2010	191	26.49	56.85	83.41	336	15.46	84.00	69.94
2011	178	-6.81	47.98	77.73	371	10.42	82.26	77.23
2012	172	-3.37	44.91	75.11	383	3.23	81.66	79.73
2013	202	17.44	47.98	88.21	421	9.92	86.98	87.64
2014	218	7.92	43.34	95.20	503	19.48	79.84	104.70
2015	375	72.02	51.80	163.76	724	43.94	78.10	150.71
2016	538	43.47	50.19	234.93	1072	48.07	79.64	223.15
2017	520	-3.35	51.79	227.07	1004	-6.34	78.87	208.99
2018	631	21.35	52.63	275.55	1199	19.42	75.22	249.58
2019	475	-24.72	52.54	207.42	904	-24.60	69.86	188.18
2020	392	-17.47	54.60	171.18	718	-20.58	78.21	149.46
2021	384	-2.04	53.41	167.69	719	0.14	78.58	149.67
2022	237	-38.28	51.30	103.49	462	-35.74	72.19	96.17
合计	5064	—	51.74	—	9788	—	77.69	—
2011—2015年均值	229	—	—	100.00	480.4	—	—	100.00

年份	发展中经济体							
	非洲				亚洲			
	项目数	同比增长（%）	占比（%）	指数	项目数	同比增长（%）	占比（%）	指数
2005	4	—	13.33	28.17	21	—	70.00	37.50
2006	7	75.00	18.42	49.30	25	19.05	65.79	44.64
2007	10	42.86	17.36	70.42	33	32.00	58.93	58.93
2008	16	60.00	23.88	112.68	41	24.24	61.19	73.21
2009	8	-50.00	20.00	56.34	24	-41.46	60.00	42.86

年份	发展中经济体							
	非洲				亚洲			
	项目数	同比增长（%）	占比（%）	指数	项目数	同比增长（%）	占比（%）	指数
2010	9	12.50	17.65	63.38	26	8.33	50.98	46.43
2011	8	−11.11	12.90	56.34	34	30.77	54.84	60.71
2012	14	75.00	19.18	98.59	40	17.65	54.79	71.43
2013	8	−42.86	16.67	56.34	28	−30.00	58.33	50.00
2014	19	137.50	17.27	133.80	65	132.14	59.09	116.07
2015	22	15.79	13.02	154.93	113	73.85	66.86	201.79
2016	46	109.09	19.25	323.94	154	36.28	64.44	275.00
2017	43	−6.52	19.28	302.82	142	−7.79	63.68	253.57
2018	62	44.19	17.97	436.62	228	60.56	66.09	407.14
2019	53	−14.52	15.50	373.24	208	−8.77	60.82	371.43
2020	31	−41.51	16.94	218.31	115	−44.71	62.84	205.36
2021	28	−9.68	15.14	197.18	117	1.74	63.24	208.93
2022	19	−32.14	11.24	133.80	100	−14.53	59.17	178.57
合计	407	—	16.75	—	1514	—	62.30	—
2011—2015年均值	14.2	—	—	100.00	56	—	—	100.00

年份	发展中经济体											
	拉丁美洲和加勒比海地区				大洋洲				小计			
	项目数	同比增长（%）	占比（%）	指数	项目数	同比增长（%）	占比（%）	指数	项目数	同比增长（%）	占比（%）	指数
2005	4	—	13.33	19.05	1	—	3.33	83.33	30	—	20.00	32.47
2006	6	50.00	15.79	28.57	0	−100.00	0.00	0.00	38	26.67	22.35	41.13
2007	12	100.00	21.43	57.14	1	—	1.79	83.33	56	47.37	22.40	60.61
2008	10	−16.67	14.93	47.62	0	−100.00	0.00	0.00	67	19.64	19.76	72.51

续表

年份	发展中经济体											
	拉丁美洲和加勒比海地区				大洋洲				小计			
	项目数	同比增长（%）	占比（%）	指数	项目数	同比增长（%）	占比（%）	指数	项目数	同比增长（%）	占比（%）	指数
2009	8	-20.00	20.00	38.10	0	—	0.00	0.00	40	-40.30	11.49	43.29
2010	13	62.50	25.49	61.90	3	—	5.88	250.00	51	27.50	12.75	55.19
2011	20	53.85	32.26	95.24	0	-100.00	0.00	0.00	62	21.57	13.75	67.10
2012	16	-20.00	21.92	76.19	3	—	4.11	250.00	73	17.74	15.57	79.00
2013	12	-25.00	25.00	57.14	0	-100.00	0.00	0.00	48	-34.25	9.92	51.95
2014	25	108.33	22.73	119.05	1	—	0.91	83.33	110	129.17	17.46	119.05
2015	32	28.00	18.93	152.38	2	100.00	1.18	166.67	169	53.64	18.23	182.90
2016	36	12.50	15.06	171.43	3	50.00	1.26	250.00	239	41.42	17.76	258.66
2017	35	-2.78	15.70	166.67	3	0.00	1.35	250.00	223	-6.69	17.52	241.34
2018	50	42.86	14.49	238.10	5	66.67	1.45	416.67	345	54.71	21.64	373.38
2019	81	62.00	23.68	385.71	0	-100.00	0.00	0.00	342	-0.87	26.43	370.13
2020	31	-61.73	16.94	147.62	6	—	3.28	500.00	183	-46.49	19.93	198.05
2021	38	22.58	20.54	180.95	2	-66.67	1.08	166.67	185	1.09	20.22	200.22
2022	50	31.58	29.59	238.10	0	-100.00	0.00	0.00	169	-8.65	26.41	182.90
合计	479	—	19.71	—	30	—	1.23	—	2430	—	19.29	—
2011—2015年均值	21	—	—	100.00	1.2	—	—	100.00	92.4	—	—	100.00

年份	转型经济体											
	东南欧				独联体国家				小计			
	项目数	同比增长（%）	占比（%）	指数	项目数	同比增长（%）	占比（%）	指数	项目数	同比增长（%）	占比（%）	指数
2005	0	—	0.00	0.00	13	—	100.00	72.22	13	—	8.67	67.01
2006	0	—	0.00	0.00	11	-15.38	100.00	61.11	11	-15.38	6.47	56.70

年份	转型经济体											
	东南欧				独联体国家				小计			
	项目数	同比增长（%）	占比（%）	指数	项目数	同比增长（%）	占比（%）	指数	项目数	同比增长（%）	占比（%）	指数
2007	0	—	0.00	0.00	7	-36.36	100.00	38.89	7	-36.36	2.80	36.08
2008	0	—	0.00	0.00	6	-14.29	100.00	33.33	6	-14.29	1.77	30.93
2009	2	—	11.76	142.86	15	150.00	88.24	83.33	17	183.33	4.89	87.63
2010	1	-50.00	7.69	71.43	12	-20.00	92.31	66.67	13	-23.53	3.25	67.01
2011	1	0.00	5.56	71.43	17	41.67	94.44	94.44	18	38.46	3.99	92.78
2012	1	0.00	7.69	71.43	12	-29.41	92.31	66.67	13	-27.78	2.77	67.01
2013	1	0.00	6.67	71.43	14	16.67	93.33	77.78	15	15.38	3.10	77.32
2014	3	200.00	17.65	214.29	14	0.00	82.35	77.78	17	13.33	2.70	87.63
2015	1	-66.67	2.94	71.43	33	135.71	97.06	183.33	34	100.00	3.67	175.26
2016	2	100.00	5.71	142.86	33	0.00	94.29	183.33	35	2.94	2.60	180.41
2017	4	100.00	8.70	285.71	42	27.27	91.30	233.33	46	31.43	3.61	237.11
2018	5	25.00	10.00	357.14	45	7.14	90.00	250.00	50	8.70	3.14	257.73
2019	13	160.00	27.08	928.57	35	-22.22	72.92	194.44	48	-4.00	3.71	247.42
2020	1	-92.31	5.88	71.43	16	-54.29	94.12	88.89	17	-64.58	1.85	87.63
2021	1	0.00	9.09	71.43	10	-37.50	90.91	55.56	11	-35.29	1.20	56.70
2022	3	200.00	33.33	214.29	6	-40.00	66.67	33.33	9	-18.18	1.41	46.39
合计	39	—	10.26	—	341	—	89.74	—	380	—	3.02	—
2011—2015年均值	1.4	—	—	100.00	18	—	—	100.00	19.4	—	—	100.00

年份	总计			
	项目数	同比增长（%）	占比（%）	指数
2005	150	—	100.00	25.33
2006	170	13.33	100.00	28.71
2007	250	47.06	100.00	42.22

年份	总计			
	项目数	同比增长（%）	占比（%）	指数
2008	339	35.60	100.00	57.25
2009	348	2.65	100.00	58.77
2010	400	14.94	100.00	67.55
2011	451	12.75	100.00	76.16
2012	469	3.99	100.00	79.20
2013	484	3.20	100.00	81.73
2014	630	30.17	100.00	106.39
2015	927	47.14	100.00	156.54
2016	1346	45.20	100.00	227.29
2017	1273	−5.42	100.00	214.97
2018	1594	25.22	100.00	269.17
2019	1294	−18.82	100.00	218.51
2020	918	−29.06	100.00	155.02
2021	915	−0.33	100.00	154.51
2022	640	−30.05	100.00	108.07
合计	12598	—	—	2127.38
2011—2015年均值	592.2	—	—	—

注：此处存在重复统计问题，故总计部分与表2-1-1、表2-1-2所示不一致，重复统计的处理方式与投资来源地部分的处理一致，详见表2-2-1脚注。

二、民营企业对外直接投资金额在不同经济体的分布

如2005—2022年中国民营企业OFDI金额表所示，为了进一步明晰我国民营企业对外直接投资活动的来源地特征，本书将对外直接投资活动标的国（地区）分为发达经济体、发展中经济体、转型经济体。按照OFDI项目金额累积量排名，我国民营企业对外直接投资活动主要集中在发达经济体，累计对外直接投资项目金额为12129.83亿美元，占比77.75%；排在第二位的是发展中经济体，累计对外直接投资项目金额为2898.41亿美

元，占比 18.58%；排在第三位的是转型经济体，累计对外直接投资项目金额为 573.42 亿美元，占比 3.68%。

表 2-3-2　中国民营企业对外直接投资金额在
不同经济体的分布及其指数汇总表

（单位：百万美元）

年份	发达经济体							
	欧洲				北美洲			
	金额	同比增长（%）	占比（%）	指数	金额	同比增长（%）	占比（%）	指数
2005	990.78	—	41.05	2.79	29.25	—	1.21	0.20
2006	1347.50	36.00	26.43	3.79	2942.12	9958.53	57.70	20.42
2007	11719.51	769.72	73.84	32.98	2663.30	-9.48	16.78	18.49
2008	8176.04	-30.24	79.44	23.01	503.01	-81.11	4.89	3.49
2009	724.89	-91.13	18.59	2.04	718.73	42.89	18.43	4.99
2010	16485.56	2174.23	79.68	46.39	886.04	23.28	4.28	6.15
2011	8014.60	-51.38	42.09	22.55	3778.96	326.50	19.84	26.23
2012	4679.06	-41.62	29.23	13.17	5854.93	54.93	36.58	40.64
2013	22301.05	376.61	37.09	62.75	7952.48	35.83	13.22	55.20
2014	65994.89	195.93	61.79	185.70	9752.20	22.76	9.14	67.76
2015	76704.01	16.23	39.21	215.83	44684.51	357.73	22.84	310.17
2016	88681.12	15.61	43.90	249.53	45420.16	1.65	22.48	315.27
2017	68944.57	-22.26	49.32	194.00	28153.63	-38.02	20.14	195.42
2018	29500.41	-57.21	25.95	83.01	16577.51	-41.12	14.58	115.07
2019	16358.77	-44.55	19.37	46.03	18130.97	9.67	21.53	126.20
2020	77501.67	373.76	72.33	218.08	6353.89	-65.05	5.93	44.10
2021	20583.61	-73.44	26.50	57.92	7077.83	11.39	9.11	49.13
2022	16451.39	-20.08	50.80	46.29	4948.10	-30.09	15.28	34.35
合计	535159.44	—	44.12	—	206487.61	—	17.02	—
2011—2015年均值	35538.72	—	—	100.00	14406.62	—	—	100.00

年份	发达经济体							
	其他发达经济体				小计			
	金额	同比增长（%）	占比（%）	指数	金额	同比增长（%）	占比（%）	指数
2005	1393. 39	—	57. 74	4. 71	2413. 42	—	58. 29	3. 03
2006	808. 98	-41. 94	15. 87	2. 74	5098. 60	111. 26	60. 25	6. 41
2007	1488. 77	84. 03	9. 38	5. 03	15871. 58	211. 29	77. 92	19. 96
2008	1613. 63	8. 39	15. 68	5. 46	10292. 68	-35. 15	57. 70	12. 94
2009	2455. 85	52. 19	62. 98	8. 30	3899. 47	-62. 11	69. 78	4. 90
2010	3317. 27	35. 08	16. 03	11. 22	20688. 87	430. 56	77. 45	26. 02
2011	7249. 84	118. 55	38. 07	24. 51	19043. 40	-7. 95	61. 81	23. 95
2012	5472. 27	-24. 52	34. 19	18. 50	16006. 26	-15. 95	75. 36	20. 13
2013	29880. 50	446. 03	49. 69	101. 03	60134. 03	275. 69	87. 69	75. 62
2014	31048. 97	3. 91	29. 07	104. 98	106806. 06	77. 61	88. 95	134. 31
2015	74230. 55	139. 08	37. 95	250. 98	195619. 07	83. 15	86. 17	245. 99
2016	67908. 30	-8. 52	33. 62	229. 60	202009. 58	3. 27	77. 16	254. 03
2017	42685. 67	-37. 14	30. 5ᴄ	144. 32	139783. 87	-30. 80	75. 06	175. 78
2018	67591. 15	58. 35	59. 46	228. 53	113669. 06	-18. 68	73. 62	142. 94
2019	49904. 18	-26. 17	59. 10	168. 73	84443. 92	-25. 71	68. 37	106. 19
2020	23297. 96	-53. 31	21. 74	78. 77	107153. 52	26. 89	77. 45	134. 75
2021	50003. 51	114. 63	64. 33	169. 07	77664. 95	-27. 52	75. 50	97. 67
2022	10984. 82	-78. 03	33. 92	37. 14	32384. 31	-58. 30	76. 80	40. 72
合计	471335. 61	—	38. 8ᴇ	—	1212982. 66	—	77. 75	—
2011—2015年均值	29576. 43	—	—	100. 00	79521. 76	—	—	100. 00

年份	发展中经济体							
	非洲				亚洲			
	金额	同比增长（%）	占比（%）	指数	金额	同比增长（%）	占比（%）	指数
2005	22. 90	—	5. 5ᴐ	4. 44	377. 90	—	90. 75	4. 90
2006	1530. 00	6581. 22	76. ᴢ4	296. 91	382. 44	1. 20	19. 03	4. 96

续表

年份	发展中经济体							
	非洲				亚洲			
	金额	同比增长（%）	占比（%）	指数	金额	同比增长（%）	占比（%）	指数
2007	1330.35	-13.05	33.88	258.16	2281.59	470.44	55.55	28.31
2008	3611.66	171.48	48.82	700.87	1768.87	-18.92	23.91	22.96
2009	303.91	-91.59	24.10	58.98	808.13	-54.31	64.08	10.49
2010	466.50	53.50	8.80	90.53	3620.80	348.05	68.32	46.99
2011	140.70	-69.84	1.43	27.30	8874.71	145.10	89.89	115.18
2012	238.26	69.34	5.14	46.24	3694.53	-58.37	79.67	47.95
2013	161.97	-32.02	16.22	31.43	421.51	-88.59	42.22	5.47
2014	1329.35	720.74	13.65	257.97	3739.30	787.12	38.39	48.53
2015	706.27	-46.87	2.45	137.06	21794.97	482.86	75.71	282.87
2016	23438.13	3218.58	40.68	4548.35	27469.52	26.04	47.68	356.52
2017	3985.08	-83.00	13.40	773.34	17147.32	-37.58	57.65	222.55
2018	6853.94	71.99	18.23	1330.06	21539.49	25.61	57.28	279.55
2019	7819.57	14.09	29.95	1517.45	13148.91	-38.95	50.36	170.65
2020	934.99	-88.04	3.06	181.44	23422.32	78.13	76.66	303.99
2021	1059.91	13.36	4.36	205.68	15353.87	-34.45	63.19	199.27
2022	1477.08	39.36	15.44	286.64	4720.70	-69.25	49.34	61.27
合计	55410.57	—	19.12	—	170465.89	—	58.81	—
2011—2015年均值	515.31	—	—	100.00	7705.01	—	—	100.00

年份	发展中经济体											
	拉丁美洲和加勒比海地区				大洋洲				小计			
	金额	同比增长（%）	占比（%）	指数	金额	同比增长（%）	占比（%）	指数	金额	同比增长（%）	占比（%）	指数
2005	14.60	—	3.51	0.56	1.00	—	0.24	102.67	416.40	—	10.06	3.85
2006	96.89	563.63	4.82	3.75	0.00	-100.00	0.00	0.00	2009.33	382.55	23.74	18.59

年份	发展中经济体											
	拉丁美洲和加勒比海地区				大洋洲				小计			
	金额	同比增长(%)	占比(%)	指数	金额	同比增长(%)	占比(%)	指数	金额	同比增长(%)	占比(%)	指数
2007	414.54	327.85	10.56	16.03	0.48	—	0.01	49.28	3926.96	95.44	19.28	36.34
2008	2017.99	386.80	27.28	78.03	0.00	-100.00	0.00	0.00	7398.52	88.40	41.48	68.46
2009	149.14	-92.61	11.83	5.77	0.00	—	0.00	0.00	1261.18	-82.95	22.57	11.67
2010	1200.32	704.83	22.65	46.42	11.95	—	0.23	1226.90	5299.57	320.21	19.84	49.04
2011	857.70	-28.54	8.69	33.17	0.00	-100.00	0.00	0.00	9873.11	86.30	32.05	91.36
2012	700.40	-18.34	15.10	27.08	4.10	—	0.09	420.94	4637.29	-53.03	21.83	42.91
2013	414.90	-40.76	41.56	16.04	0.00	-100.00	0.00	0.00	998.38	-78.47	1.46	9.24
2014	4671.11	1025.84	47.96	180.63	0.77	—	0.01	79.06	9740.53	875.63	8.11	90.13
2015	6286.05	34.57	21.84	243.08	0.00	-100.00	0.00	0.00	28787.29	195.54	12.68	266.37
2016	6587.98	4.80	11.43	254.75	20.33	—	0.21	12354.21	57615.96	100.14	22.01	533.12
2017	8601.77	30.57	28.92	332.62	8.40	-93.02	0.03	862.67	29742.57	-48.38	15.97	275.21
2018	9075.63	5.51	24.13	350.95	137.27	1534.17	0.37	14093.43	37606.33	26.44	24.36	347.97
2019	5140.03	-43.36	19.69	198.76	0.00	-100.00	0.00	0.00	26108.50	-30.57	21.14	241.58
2020	3116.36	-39.37	10.20	120.51	3081.00	—	10.08	316324.44	30554.67	17.03	22.08	282.72
2021	7871.51	152.59	32.40	304.39	11.18	-99.64	0.05	1147.84	24296.47	-20.48	23.62	224.81
2022	3370.63	-57.18	35.23	130.34	0.00	-100.00	0.00	0.00	9568.42	-60.62	22.69	88.54
合计	60587.55	—	20.90		3376.48	—	1.16		289841.49	—	18.58	
2011—2015年均值	2586.03	—	—	100.00	0.97	—	—	100.00	10807.32	—	—	100.00

年份	转型经济体											
	东南欧				独联体国家				小计			
	金额	同比增长(%)	占比(%)	指数	金额	同比增长(%)	占比(%)	指数	金额	同比增长(%)	占比(%)	指数
2005	0.00	—	0.00	0.00	1310.55	—	100.00	43.70	1310.55	—	31.65	40.74
2006	0.00	—	0.00	0.00	1355.00	3.39	100.00	45.18	1355.00	3.39	16.01	42.12

续表

年份	转型经济体											
	东南欧				独联体国家				小计			
	金额	同比增长(%)	占比(%)	指数	金额	同比增长(%)	占比(%)	指数	金额	同比增长(%)	占比(%)	指数
2007	0.00	—	0.00	0.00	570.16	-57.92	100.00	19.01	570.16	-57.92	2.80	17.72
2008	0.00	—	0.00	0.00	146.30	-74.34	100.00	4.88	146.30	-74.34	0.82	4.55
2009	0.00	—	0.00	0.00	427.30	192.07	100.00	14.25	427.30	192.07	7.65	13.28
2010	0.00	—	0.00	0.00	723.10	69.23	100.00	24.11	723.10	69.23	2.71	22.48
2011	0.00	—	0.00	0.00	1892.84	161.77	100.00	63.12	1892.84	161.77	6.14	58.84
2012	0.00	—	0.00	0.00	596.50	-68.49	100.00	19.89	596.50	-68.49	2.81	18.54
2013	0.00	—	0.00	0.00	7445.45	1148.19	100.00	248.27	7445.45	1148.19	10.86	231.46
2014	1035.59	—	29.36	475.36	2491.87	-66.53	70.64	83.09	3527.46	-52.62	2.94	109.66
2015	53.67	-94.82	2.05	24.64	2567.84	3.05	97.95	85.63	2621.51	-25.68	1.15	81.50
2016	55.15	2.76	2.54	25.32	2115.04	-17.63	97.46	70.53	2170.19	-17.22	0.83	67.47
2017	128.93	133.78	0.77	59.18	16583.73	684.08	99.23	552.99	16712.66	670.10	8.97	519.55
2018	1080.15	737.78	34.62	495.82	2039.69	-87.70	65.38	68.01	3119.84	-81.33	2.02	96.99
2019	441.26	-59.15	3.41	202.55	12507.53	513.21	96.59	417.07	12948.79	315.05	10.48	402.54
2020	0.54	-99.88	0.08	0.25	647.22	-94.83	99.92	21.58	647.76	-95.00	0.47	20.14
2021	0.01	-98.15	0.00	0.00	910.08	40.61	100.00	30.35	910.09	40.50	0.88	28.29
2022	59.51	595000.00	27.52	27.32	156.75	-82.78	72.48	5.23	216.26	-76.24	0.51	6.72
合计	2854.81	—	4.98	—	54486.95	—	95.02	—	57341.77	—	3.68	—
2011—2015年均值	217.85	—	—	100.00	2998.90	—	—	100.00	3216.75	—	—	100.00

年份	总计			
	金额	同比增长（%）	占比（%）	指数
2005	4140.37	—	100.00	4.43
2006	8462.93	104.40	100.00	9.05
2007	20368.70	140.68	100.00	21.79

续表

年份	总计			
	金额	同比增长（%）	占比（%）	指数
2008	17837.50	-12.43	100.00	19.09
2009	5587.95	-68.67	100.00	5.98
2010	26711.54	378.02	100.00	28.58
2011	30809.35	15.34	100.00	32.96
2012	21240.05	-31.06	100.00	22.73
2013	68577.86	222.87	100.00	73.38
2014	120074.05	75.09	100.00	128.47
2015	227027.87	89.07	100.00	242.91
2016	261795.73	15.31	100.00	280.11
2017	186239.10	-28.86	100.00	199.27
2018	154395.24	-17.10	100.00	165.20
2019	123501.22	-20.01	100.00	132.14
2020	138355.95	12.03	100.00	148.03
2021	102871.51	-25.65	100.00	110.07
2022	42168.99	-59.01	100.00	45.12
合计	1560165.91	—	100.00	1669.30
2011—2015年均值	93545.84	—	—	—

注：此处存在重复统计问题，故总计部分与表2-1-1、表2-1-2所示不一致，重复统计的处理方式与投资来源地部分的处理一致，详见表2-2-1脚注。

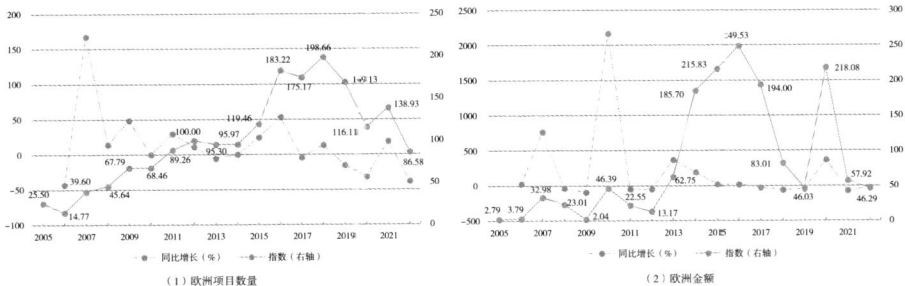

（1）欧洲项目数量

（2）欧洲金额

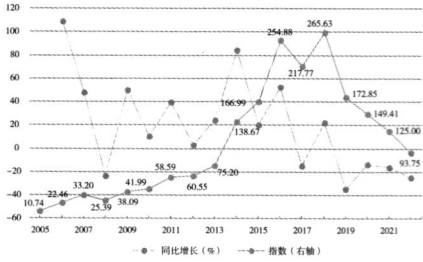

（3）北美洲项目数量

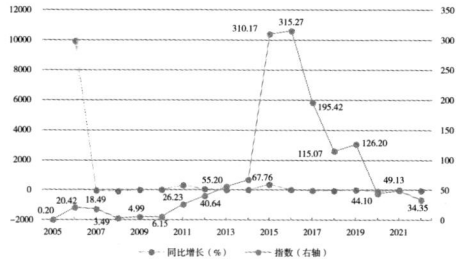

（4）北美洲金额

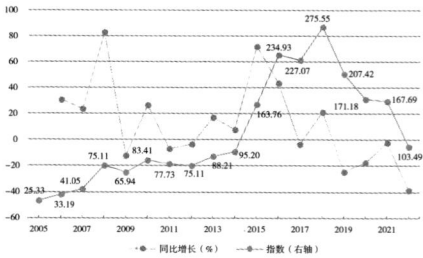

（5）其他发达经济体项目数量

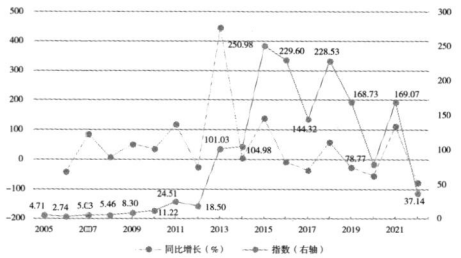

（6）其他发达经济体金额

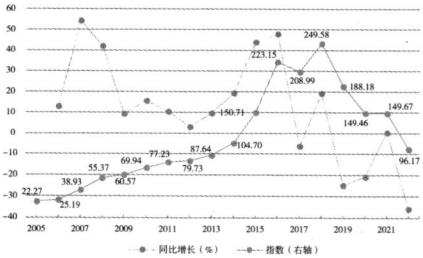

（7）发达经济体小计项目数量

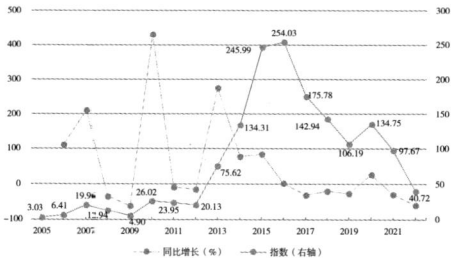

（8）发达经济体小计金额

图 2-3-1　2005—2022 年民营企业对外直接投资发达经济体项目数量和金额指数变化图

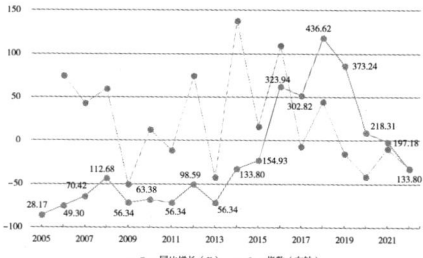

（1）非洲项目数量

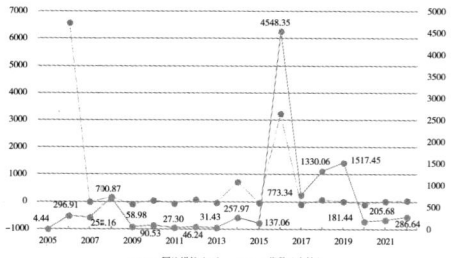

（2）非洲金额

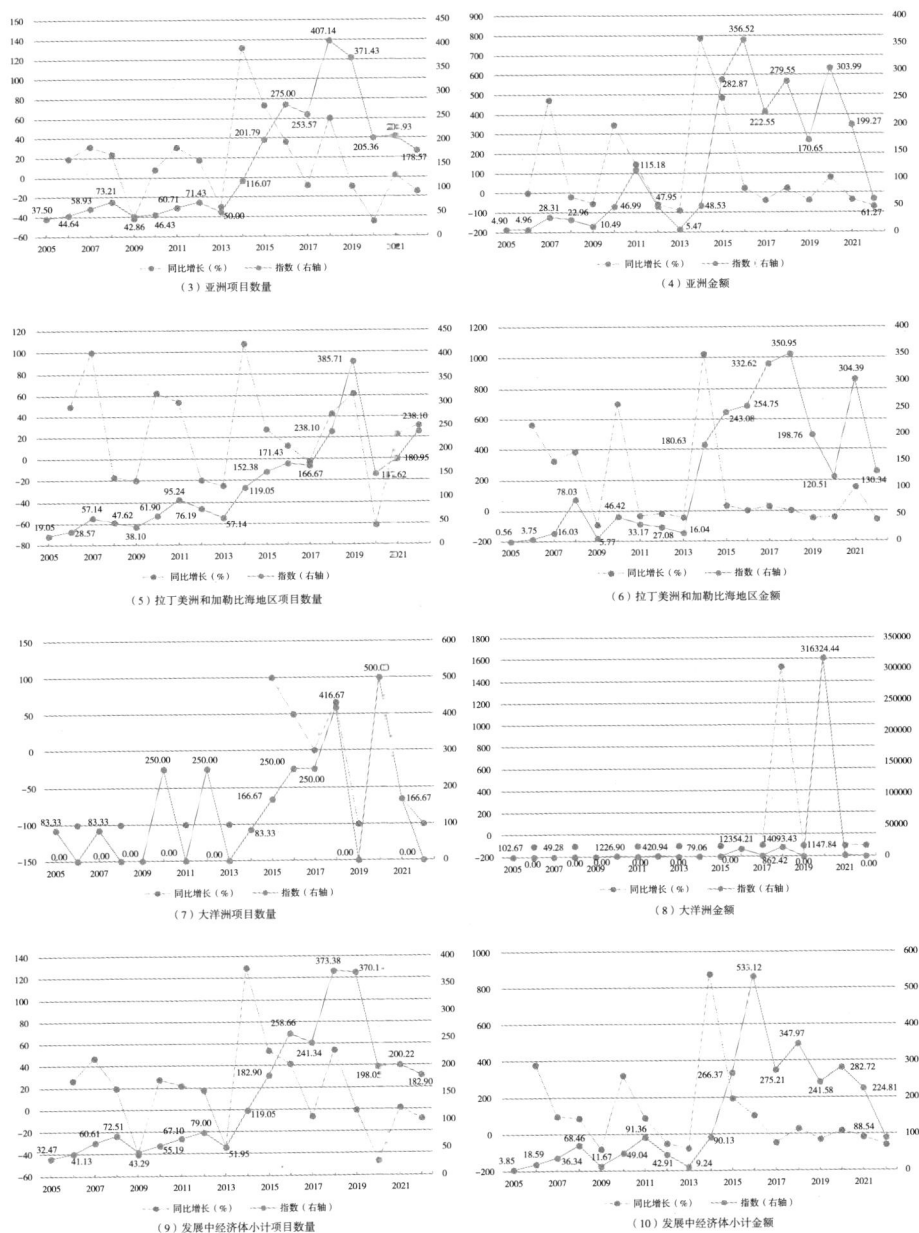

（3）亚洲项目数量

（4）亚洲金额

（5）拉丁美洲和加勒比海地区项目数量

（6）拉丁美洲和加勒比海地区金额

（7）大洋洲项目数量

（8）大洋洲金额

（9）发展中经济体小计项目数量

（10）发展中经济体小计金额

图 2-3-2　2005—2022 年民营企业对外直接投资发展中经济体项目数量和金额指数变化图

（1）东南欧国家项目数量

（2）东南欧国家金额

（3）独联体国家项目数量

（4）独联体国家金额

（5）转型经济体小计项目数量

（6）转型经济体小计金额

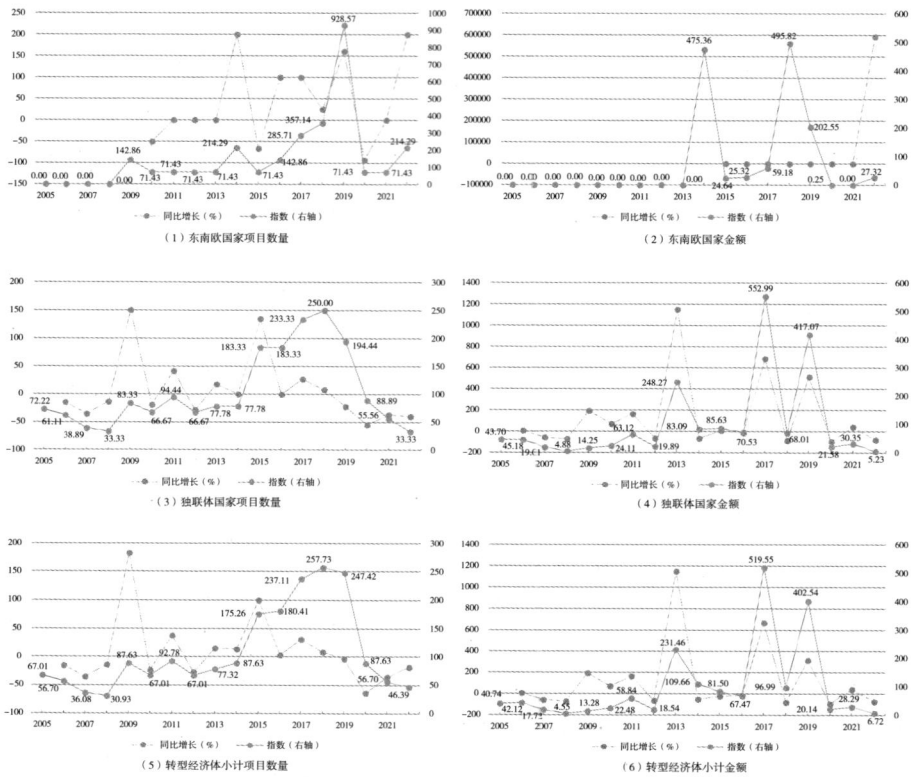

图 2-3-3　2005—2022 年民营企业对外直接投资转型经济体项目数量和金额指数变化图

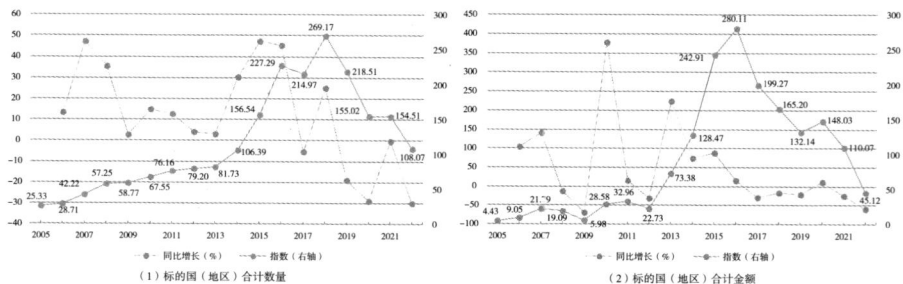

（1）标的国（地区）合计数量

（2）标的国（地区）合计金额

图 2-3-4　2005—2022 年民营企业对外直接投资标的国（地区）
项目数量和金额指数变化图

根据 2005—2022 年中国民营企业 OFDI 数量标的国别（地区）图表显
示：流向发达经济体中的北美洲的 OFDI 在 2008—2016 年实现了民营企业

对外直接投资项目数量连续 7 年的增长。流向发达经济体中的其他发达经济体的 OFDI 在 2005—2022 年 18 年间民营企业对外直接投资项目数量指数波动程度最大。总体来看，流向发达经济体的民营企业对外直接投资数量主要集中在其他发达经济体地区，2005—2022 年的平均占比为 51.74%。总体来看，流向转型经济体的民营企业对外直接投资数量主要集中在独联体国家地区，2005—2022 年的平均占比为 89.74%。

从 2005—2022 年中国民营企业 OFDI 金额标的国别（地区）图表可以看出：流向发达经济体的欧洲的 OFDI 金额在 2010 年出现最显著的增长，从 7.25 亿美元增长到 164.86 亿美元。流向发达经济体的欧洲的 OFDI 金额在 2009 年出现最显著的缩减，从 81.76 亿美元缩减到 7.25 亿美元。总体来看，流向发达经济体的民营企业对外直接投资金额主要集中在欧洲地区，2005—2022 年的平均占比为 44.12%，流向发展中经济体的民营企业对外直接投资金额主要集中在亚洲地区，2005—2022 年的平均占比为 58.81%。

第四节　民营企业对外直接投资行业别指数

本节按照投资标的行业的不同对中国民营企业对外直接投资项目数量和金额分布情况进行分析，将投资标的行业分为制造业和非制造业两大部分。其中制造业按照 OECD 技术划分标准分为 4 大类，分别是高技术、中高技术、中低技术和低技术制造业；非制造业则划分为服务业，农、林、牧、渔业，采矿业，电力、热力、燃气及水生产和供应业，建筑业五大部类。

一、民营企业对外直接投资项目数量在标的行业的分布

如 2005—2022 年中国民营企业 OFDI 数量表所示，为了进一步明晰我国民营企业对外直接投资活动的来源地特征，本书将对外直接投资活动行业分为非制造业、制造业。按照 OFDI 项目数量累积量排名，我国民营企

业对外直接投资活动主要集中在非制造业，累计对外直接投资项目数量为8711件，占比70%；排在第二是制造业，累计对外直接投资项目数量为3730件，占比30%。

表 2-4-1　中国民营企业对外直接投资项目数量在
标的行业的分布及指数汇总表

（单位：件）

年份	制造业											
	高技术				中高技术				中低技术			
	项目数	同比增长（%）	占比（%）	指数	项目数	同比增长（%）	占比（%）	指数	项目数	同比增长（%）	占比（%）	指数
2005	13	—	24.07	23.47	20	—	37.04	29.07	8	—	14.81	26.14
2006	17	30.77	28.33	30.69	28	40.00	46.67	40.70	6	-25.00	10.00	19.61
2007	17	0.00	20.00	30.69	37	32.14	43.53	53.78	13	116.67	15.29	42.48
2008	8	-52.94	8.16	14.44	43	16.22	43.88	62.50	16	23.08	16.33	52.29
2009	17	112.50	18.48	30.69	39	-9.30	42.39	56.69	12	-25.00	13.04	39.22
2010	22	29.41	23.40	39.71	43	10.26	45.74	62.50	13	8.33	13.83	42.48
2011	37	68.18	26.81	66.79	61	41.86	44.20	88.66	27	107.69	19.57	88.24
2012	34	-8.11	24.46	61.37	53	-13.11	38.13	77.03	27	0.00	19.42	88.24
2013	50	47.06	40.65	90.25	36	-32.08	29.27	52.33	13	-51.85	10.57	42.48
2014	63	26.00	28.25	113.72	81	125.00	36.32	117.73	38	192.31	17.04	124.18
2015	93	47.62	31.10	167.87	113	39.51	37.79	164.24	48	26.32	16.05	156.86
2016	122	31.18	31.77	220.22	153	35.40	39.84	222.38	53	10.42	13.80	173.20
2017	110	-9.84	28.06	198.56	168	9.80	42.86	244.19	55	3.77	14.03	179.74
2018	145	31.82	32.08	261.73	158	-5.95	34.96	229.65	70	27.27	15.49	228.76
2019	114	-21.38	29.31	205.78	142	-8.23	36.50	206.40	56	-20.00	14.40	183.01
2020	89	-21.93	32.96	160.65	90	-37.93	33.33	130.81	44	-21.43	16.30	143.79
2021	82	--7.87	31.91	148.01	85	-5.56	33.07	123.55	42	-4.55	16.34	137.25
2022	38	-53.66	20.99	68.59	82	-3.53	45.30	119.19	30	-28.57	16.57	98.04
合计	1071	—	28.71	—	1432	—	38.39	—	571	—	15.31	—
2011—2015年均值	55.4	—	—	100.00	68.8	—	—	100.00	30.6	—	—	100.00

续表

年份	制造业							
	低技术				小计			
	项目数	同比增长（%）	占比（%）	指数	项目数	同比增长（%）	占比（%）	指数
2005	13	—	24.07	43.92	54	—	36.00	29.28
2006	9	-30.77	15.00	30.41	60	11.11	35.71	32.54
2007	18	100.00	21.18	60.81	85	41.67	34.14	46.10
2008	31	72.22	31.63	104.73	98	15.29	28.91	53.15
2009	24	-22.58	26.09	81.08	92	-6.12	26.59	49.89
2010	16	-33.33	17.02	54.05	94	2.17	23.44	50.98
2011	13	-18.75	9.42	43.92	138	46.81	31.15	74.84
2012	25	92.31	17.99	84.46	139	0.72	30.22	75.38
2013	24	-4.00	19.51	81.08	123	-11.51	25.79	66.70
2014	41	70.83	18.39	138.51	223	81.30	35.51	120.93
2015	45	9.76	15.05	152.03	299	34.08	32.08	162.15
2016	56	24.44	14.58	189.19	384	28.43	28.72	208.24
2017	59	5.36	15.05	199.32	392	2.08	31.21	212.58
2018	79	33.90	17.43	266.89	452	15.31	29.05	245.12
2019	77	-2.53	19.79	260.14	389	-13.27	30.65	210.95
2020	47	-38.96	17.41	158.78	270	-31.12	30.24	146.42
2021	48	2.13	18.58	162.16	257	-4.81	28.68	139.37
2022	31	-35.42	17.13	104.73	181	-29.57	28.55	98.16
合计	656	—	17.58	—	3730	—	30.00	—
2011—2015年均值	29.6	—	—	100.00	184.4	—	—	100.00

年份	非制造业							
	服务业				农、林、牧、渔业			
	项目数	同比增长（%）	占比（%）	指数	项目数	同比增长（%）	占比（%）	指数
2005	88	—	91.57	25.21	1	—	1.04	21.74
2006	95	7.95	87.96	27.22	0	-100.00	0.00	0.00

续表

年份	非制造业							
	服务业				农、林、牧、渔业			
	项目数	同比增长（%）	占比（%）	指数	项目数	同比增长（%）	占比（%）	指数
2007	145	52.63	88.41	41.55	1	—	0.61	21.74
2008	211	45.52	87.55	60.46	0	−100.00	0.00	0.00
2009	221	4.74	87.01	63.32	3	—	1.18	65.22
2010	271	22.62	88.27	77.65	1	−66.67	0.33	21.74
2011	271	0.00	88.85	77.65	1	0.00	0.33	21.74
2012	277	2.21	86.29	79.37	3	200.00	0.93	65.22
2013	301	8.66	85.03	86.25	1	−66.67	0.28	21.74
2014	343	13.95	84.69	98.28	13	1200.00	3.21	282.61
2015	553	61.22	87.36	158.45	5	−61.54	0.79	108.70
2016	851	53.89	89.30	243.84	11	120.00	1.15	239.13
2017	794	−6.70	91.90	227.51	8	−27.27	0.93	173.91
2018	1011	27.33	91.58	289.68	9	12.50	0.82	195.65
2019	820	−18.89	92.45	234.96	7	−22.22	0.79	152.17
2020	581	−29.15	93.26	166.48	5	−28.57	0.80	108.70
2021	599	3.10	93.74	171.63	4	−20.00	0.63	86.96
2022	424	−29.22	93.60	121.49	5	25.00	1.10	108.70
合计	7856	—	90.18	—	78	—	0.90	—
2011—2015年均值	349	—	—	100.00	4.6	—	—	100.00

年份	非制造业							
	采矿业				电力、热力、燃气及水生产和供应业			
	项目数	同比增长（%）	占比（%）	指数	项目数	同比增长（%）	占比（%）	指数
2005	1	—	1.04	4.67	3	—	3.13	16.48
2006	9	800.00	8.33	42.06	0	−100.00	0.00	0.00

续表

年份	非制造业							
	采矿业				电力、热力、燃气及水生产和供应业			
	项目数	同比增长（%）	占比（%）	指数	项目数	同比增长（%）	占比（%）	指数
2007	11	22.22	6.71	51.40	3	—	1.83	16.48
2008	16	45.45	6.64	74.77	11	266.67	4.56	60.44
2009	19	18.75	7.48	88.79	7	-36.36	2.76	38.46
2010	25	31.58	8.14	116.82	5	-28.57	1.63	27.47
2011	16	-36.00	5.25	74.77	14	180.00	4.59	76.92
2012	25	56.25	7.79	116.82	9	-35.71	2.80	49.45
2013	24	-4.00	6.78	112.15	19	111.11	5.37	104.40
2014	13	-45.83	3.21	60.75	22	15.79	5.43	120.88
2015	29	123.08	4.53	135.51	27	22.73	4.27	148.35
2016	24	-17.24	2.52	112.15	30	11.11	3.15	164.84
2017	27	12.50	3.13	126.17	21	-30.00	2.43	115.38
2018	28	3.70	2.54	130.84	27	28.57	2.45	148.35
2019	22	-21.43	2.48	102.80	10	-62.96	1.02	54.95
2020	15	-31.82	2.41	70.09	11	10.00	1.77	60.44
2021	19	26.67	2.97	88.79	8	-27.27	1.25	43.96
2022	15	-21.05	3.31	70.09	4	-50	0.88	21.98
合计	338	—	3.88	—	231	—	2.65	—
2011—2015年均值	21.4	—	—	100.00	18.2	—	—	100.00

年份	非制造业											
	建筑业				小计				总计			
	项目数	同比增长（%）	占比（%）	指数	项目数	同比增长（%）	占比（%）	指数	项目数	同比增长（%）	占比（%）	指数
2005	3	—	2.13	28.85	96	—	64.00	23.79	150	—	100.00	25.51
2006	4	33.33	2.70	38.46	108	12.50	64.29	26.76	168	12.00	100.00	28.57

续表

年份	非制造业											
	建筑业				小计				总计			
	项目数	同比增长（%）	占比（%）	指数	项目数	同比增长（%）	占比（%）	指数	项目数	同比增长（%）	占比（%）	指数
2007	4	0.00	2.44	38.46	164	51.85	65.86	40.63	249	48.21	100.00	42.35
2008	3	-25.00	1.24	28.85	241	46.95	71.09	59.71	339	36.14	100.00	57.65
2009	4	33.33	1.57	38.46	254	5.39	73.41	62.93	346	2.06	100.00	58.84
2010	5	25.00	1.63	48.08	307	20.87	76.56	76.07	401	15.90	100.00	68.20
2011	3	-40.00	0.98	28.85	305	-0.65	68.85	75.57	443	10.47	100.00	75.34
2012	7	133.33	2.18	67.31	321	5.25	69.78	79.53	460	3.84	100.00	78.23
2013	9	28.57	2.54	86.54	354	10.28	74.21	87.71	477	3.70	100.00	81.12
2014	14	55.56	3.46	134.62	405	14.41	64.49	100.35	628	31.66	100.00	106.80
2015	19	35.71	3.00	182.69	633	56.30	67.92	156.84	932	48.41	100.00	158.50
2016	37	94.74	3.88	355.77	953	50.55	71.28	236.12	1337	43.45	100.00	227.38
2017	14	-62.16	1.62	134.62	864	-9.34	68.79	214.07	1256	-6.06	100.00	213.60
2018	29	107.14	2.63	278.85	1104	27.78	70.95	273.54	1556	23.89	100.00	264.62
2019	28	-3.45	3.17	269.23	887	-19.66	69.35	219.77	1279	-17.80	100.00	217.52
2020	11	-60.71	1.77	105.77	623	-29.76	69.76	154.36	893	-30.18	100.00	151.87
2021	9	-18.18	1.41	86.54	639	2.57	71.32	158.33	896	0.3359	100.00	152.38
2022	5	-44.44	1.10	48.08	453	-29.11	71.45	112.24	634	-29.24	100.00	107.82
合计	208	—	2.39	—	8711	—	70.00	—	12441	—	100.00	—
2011—2015年均值	10.4	—	—	100.00	403.6	—	—	100.00	588	—	—	100.00

二、民营企业对外直接投资金额在标的行业的分布

根据 2005—2022 年中国民营企业 OFDI 金额表显示，从 OFDI 项目金额看，在 2005—2022 年间，我国民营企业对外直接投资活动主要集中在非制造业，累计对外直接投资项目金额为 9187.69 亿美元，占比 58.98%；其

次是制造业，累计对外直接投资项目金额为 6388.64 亿美元，占比 41.02%。

表 2-4-2　中国民营企业对外直接投资金额在标的行业的分布及指数汇总表

（单位：百万美元）

年份	制造业											
	高技术				中高技术				中低技术			
	金额	同比增长（%）	占比（%）	指数	金额	同比增长（%）	占比（%）	指数	金额	同比增长（%）	占比（%）	指数
2005	127.19	—	8.97	0.84	234.43	—	20.06	3.11	313.82	—	22.14	5.57
2006	418.94	229.38	25.35	2.77	1171.04	311.71	70.86	12.79	23.16	-92.62	1.40	0.41
2007	220.63	-47.34	5.02	1.46	1364.19	16.49	31.04	14.90	2517.87	10771.63	57.30	44.72
2008	114.97	-47.89	2.58	0.76	1926.94	41.25	43.22	21.05	2079.58	-17.41	46.64	36.93
2009	317.68	176.32	11.82	2.10	1338.24	-4.60	68.39	20.08	210.00	-89.90	7.81	3.73
2010	641.65	101.98	8.62	4.24	6373.26	246.70	85.60	69.63	202.59	-3.53	2.72	3.60
2011	2556.26	298.39	16.56	16.89	3587.16	-43.72	23.24	39.19	9095.24	4389.48	58.93	161.53
2012	512.40	-79.96	6.91	3.38	3691.36	2.90	49.77	40.33	2495.65	-72.56	33.65	44.32
2013	5054.09	886.36	24.30	33.39	1114.96	-69.80	5.36	12.18	741.84	-70.27	3.57	13.17
2014	13863.26	174.30	33.07	91.58	6374.73	471.75	15.21	69.65	3091.04	316.67	7.37	54.90
2015	53706.41	287.40	53.32	354.77	30996.12	386.23	30.77	338.65	12729.97	311.83	12.64	226.08
2016	21624.56	-59.74	37.83	142.84	22790.14	-26.47	39.87	248.99	5885.58	-53.77	10.30	104.53
2017	11979.89	-44.60	14.03	79.14	59764.61	162.24	69.99	652.96	7321.81	24.40	8.57	130.03
2018	15845.10	32.26	24.23	104.67	25407.08	-57.49	39.00	277.59	18543.81	153.27	28.47	329.33
2019	15882.13	0.23	28.83	104.91	13727.23	-26.29	34.00	204.61	14570.39	-21.43	26.45	258.76
2020	2912.44	-81.66	2.60	19.24	87350.90	366.44	80.60	954.36	16410.45	12.63	15.14	291.44
2021	4758.47	63.38	12.34	31.43	26598.15	-69.55	71.77	290.60	3849.35	-76.54	10.39	68.36
2022	1127.62	-76.30	5.06	7.45	15257.23	-42.64	68.43	166.69	4632.69	20.35	20.78	82.27
合计	151663.69	—	23.74	—	314647.48	—	49.25	—	104714.84	—	16.39	—
2011—2015年均值	15138.48	—	—	100.00	9152.87	—	—	100.00	5630.75	—	—	100.00

续表

年份	制造业							
	低技术				小计			
	金额	同比增长（%）	占比（%）	指数	金额	同比增长（%）	占比（%）	指数
2005	692.22	—	48.83	9.43	1417.66	—	34.24	3.80
2006	39.36	-94.31	2.38	0.54	1652.50	16.57	19.78	4.44
2007	291.67	641.03	6.64	3.98	4394.36	165.92	21.59	11.79
2008	337.38	15.67	7.57	4.60	4458.87	1.47	25.00	11.97
2009	322.01	-4.56	11.98	4.39	2687.93	-39.72	48.10	7.21
2010	228.19	-29.14	3.06	3.11	7445.69	177.00	27.87	19.98
2011	194.65	-14.70	1.26	2.65	15433.31	107.28	50.97	41.42
2012	717.70	268.71	9.68	9.78	7417.11	-51.94	36.85	19.91
2013	13890.48	1835.42	66.78	189.32	20801.37	180.45	30.39	55.83
2014	18593.70	33.86	44.35	253.43	41922.73	101.54	35.08	112.52
2015	3288.24	-82.32	3.26	44.82	100720.74	140.25	44.23	270.33
2016	6867.47	108.85	12.01	93.60	57167.75	-43.24	21.65	153.43
2017	6324.09	-7.91	7.41	86.20	85390.40	49.37	46.93	229.18
2018	5342.08	-15.53	8.20	72.81	65138.07	-23.72	41.22	174.82
2019	5905.25	10.54	10.72	80.49	55084.99	-15.39	43.98	147.92
2020	1700.84	-71.20	1.57	23.18	108374.63	96.63	79.82	290.87
2021	1852.59	8.92	5.00	25.25	37058.56	-65.81	36.40	99.46
2022	1280.15	-30.90	5.74	17.45	22297.69	-39.83	53.46	59.85
合计	67868.07	—	10.62	—	638864.37	—	41.02	—
2011—2015年均值	7336.95	—	—	100.00	35492.47	—	—	100.00

年份	非制造业							
	服务业				农、林、牧、渔业			
	金额	同比增长（%）	占比（%）	指数	金额	同比增长（%）	占比（%）	指数
2005	1667.71	—	61.25	3.69	0.00	—	0.00	0.00
2006	5312.35	218.54	79.25	11.77	0.00	—	0.00	0.00

续表

年份	非制造业							
	服务业				农、林、牧、渔业			
	金额	同比增长（%）	占比（%）	指数	金额	同比增长（%）	占比（%）	指数
2007	15196.89	186.07	95.21	33.66	0.19	—	0.00	0.05
2008	7750.67	-49.00	57.93	17.17	0.00	-100.00	0.00	0.00
2009	2151.35	-72.24	74.18	4.76	14.97	—	0.52	3.67
2010	18446.19	757.43	95.74	40.85	4.29	-71.34	0.02	1.05
2011	12412.10	-32.71	83.60	27.49	10.49	144.52	0.07	2.57
2012	8239.49	-33.62	64.8	18.25	500.00	4666.44	3.93	122.51
2013	29576.66	258.96	62.03	65.51	50.00	-90.00	0.10	12.25
2014	66740.44	125.65	86.03	147.81	1364.04	2628.08	1.76	334.20
2015	108789.01	63.00	85.55	240.94	116.20	-91.48	0.09	28.47
2016	149658.85	37.57	72.36	331.46	202.81	74.54	0.10	49.69
2017	76754.90	-48.71	79.50	169.99	253.33	24.91	0.26	62.07
2018	73843.60	-3.79	79.50	163.55	152.05	-39.98	0.16	37.25
2019	49225.64	-33.34	70.12	109.02	304.69	100.39	0.43	74.65
2020	26077.33	-47.02	95.20	57.76	42.18	-86.16	0.15	10.33
2021	62741.79	140.60	96.38	138.96	192.07	355.36	0.30	47.06
2022	14563.52	-76.79	75.03	32.25	25.60	-86.67	0.13	6.27
合计	729148.49	—	79.36	—	3232.91	—	0.35	—
2011—2015年均值	45151.54	—	—	100.00	408.15	—	—	100.00

年份	非制造业							
	采矿业				电力、热力、燃气及水生产和供应业			
	金额	同比增长（%）	占比（%）	指数	金额	同比增长（%）	占比（%）	指数
2005	4.00	—	0.15	0.15	800.34	—	29.39	16.74
2006	954.78	23769.50	14.24	36.59	0.00	-100.00	0.00	0.00

续表

年份	非制造业							
	采矿业				电力、热力、燃气及水生产和供应业			
	金额	同比增长（%）	占比（%）	指数	金额	同比增长（%）	占比（%）	指数
2007	651.82	-31.73	4.08	24.98	47.15	—	0.30	0.99
2008	4812.46	638.31	35.97	184.44	614.73	1203.78	4.59	12.86
2009	597.50	-87.58	20.60	22.90	85.89	-86.03	2.96	1.80
2010	345.91	-42.11	1.80	13.26	190.75	122.09	0.99	3.99
2011	932.00	169.43	6.28	35.72	1441.29	655.59	9.71	30.15
2012	1291.37	38.56	10.16	49.49	1887.94	30.99	14.85	39.49
2013	5270.26	308.11	11.06	201.99	8292.85	339.25	17.41	173.47
2014	532.40	-89.90	0.69	20.40	2929.43	-64.68	3.78	61.28
2015	5019.86	842.87	3.95	192.39	9350.77	219.20	7.36	195.60
2016	7910.03	57.57	3.82	303.16	5586.11	-40.26	2.70	116.85
2017	2659.29	-66.38	2.75	101.92	14912.75	166.96	15.45	311.95
2018	4438.95	66.92	4.78	170.13	6171.65	-58.61	6.64	129.10
2019	11672.63	162.96	16.63	447.37	4114.76	-33.33	5.86	86.07
2020	84.51	-99.28	0.31	3.24	939.67	-77.16	3.43	19.66
2021	1308.65	1448.52	2.02	50.16	299.53	-68.12	0.46	6.27
2022	2873.03	119.54	14.80	110.11	1542.87	415.10	7.95	32.27
合计	51359.45	—	5.59	—	59208.48	—	6.44	—
2011—2015年均值	2609.18	—	—	100.00	4780.46	—	—	100.00

年份	非制造业											
	建筑业				小计				总计			
	金额	同比增长（%）	占比（%）	指数	金额	同比增长（%）	占比（%）	指数	金额	同比增长（%）	占比（%）	指数
2005	250.66	—	9.21	8.33	2722.71	—	65.76	4.87	4140.37	—	100.00	4.44
2006	435.80	73.86	6.50	14.49	6702.93	146.19	80.22	11.98	8355.43	101.80	100.00	8.96

续表

年份	非制造业											
	建筑业				小计				总计			
	金额	同比增长（%）	占比（%）	指数	金额	同比增长（%）	占比（%）	指数	金额	同比增长（%）	占比（%）	指数
2007	66.04	-84.85	0.41	2.20	15962.09	138.14	78.41	28.53	20356.45	143.63	100.00	21.83
2008	200.77	204.01	1.50	6.67	13378.63	-16.18	75.00	23.91	17837.50	-12.37	100.00	19.13
2009	50.31	-74.94	1.73	1.67	2900.02	-78.32	51.90	5.18	5587.95	-68.67	100.00	5.99
2010	280.26	457.07	1.45	9.32	19267.40	564.39	72.13	34.43	26713.09	378.05	100.00	28.65
2011	50.44	-82.00	0.34	1.68	14846.32	-22.95	49.03	26.53	30279.63	13.35	100.00	32.47
2012	794.62	1475.38	6.25	26.42	12713.42	-14.37	63.15	22.72	20130.53	-33.52	100.00	21.59
2013	4451.98	460.26	9.34	148.01	47641.75	274.74	69.61	85.14	68443.12	240.00	100.00	73.40
2014	6012.59	35.05	7.75	199.89	77578.90	62.84	64.92	138.64	119501.62	74.50	100.00	128.15
2015	3729.91	-37.97	2.94	124.00	127005.75	63.71	55.77	226.97	227726.49	90.56	100.00	244.21
2016	43478.62	1065.67	21.02	1445.48	206836.42	62.86	78.35	369.63	264004.17	15.93	100.00	283.11
2017	1970.87	-95.47	2.04	65.52	96551.14	-53.32	53.07	172.54	181941.54	-31.08	100.00	195.11
2018	8280.72	320.16	8.91	275.30	92886.97	-3.80	58.78	166.00	158025.04	-15.15	100.00	169.46
2019	4889.16	-40.96	6.96	162.54	70206.88	-24.42	56.02	125.47	125321.59	-20.70	100.00	134.39
2020	249.33	-94.90	0.91	8.29	27393.02	-60.98	20.18	48.95	135767.65	8.34	100.00	145.59
2021	222.61	-10.72	0.34	7.40	64764.65	136.43	63.61	115.74	101823.21	-25.00	100.00	109.19
2022	404.54	81.72	2.08	13.45	19409.56	-70.03	46.54	34.69	41707.24	-59.04	100.00	44.73
合计	75819.23	—	8.25	—	918768.56	—	58.98	—	1557632.93	—	100.00	—
2011—2015年均值	3007.91	—	—	100.00	55957.23	—	—	100.00	93216.28	—	—	100.00

注：此处存在重复统计问题，故总计部分与表2-1-1、表2-1-2所示不一致，重复统计的处理方式与投资来源地部分的处理一致。详见表2-2-1脚注。

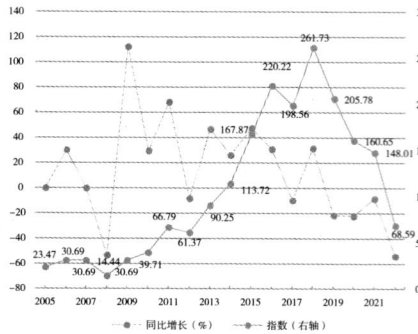

（1）高技术项目数量

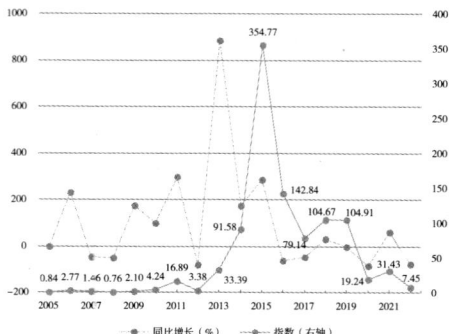

（2）高技术金额

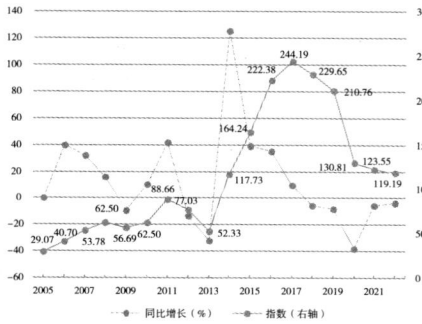

（3）中高技术项目数量

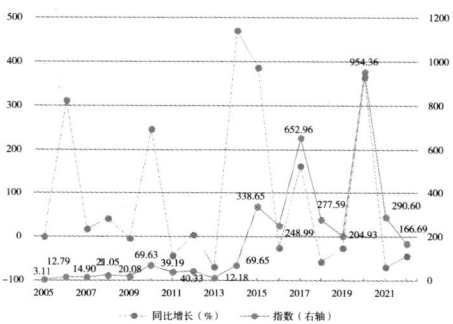

（4）中高技术金额

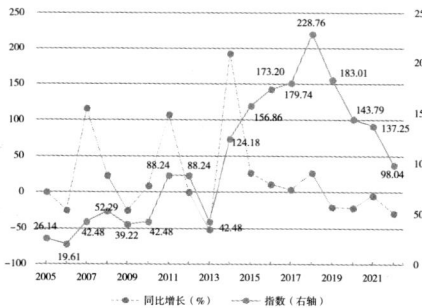

（5）中低技术项目数量

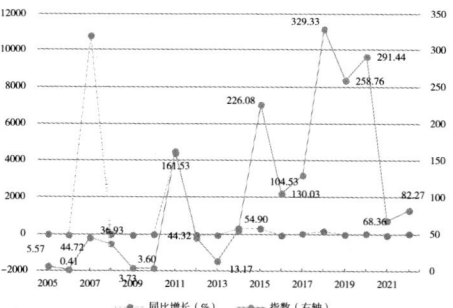

（6）中低技术金额

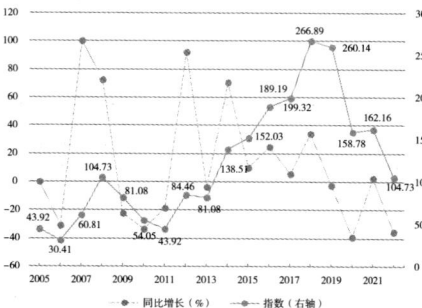

（7）低技术项目数量

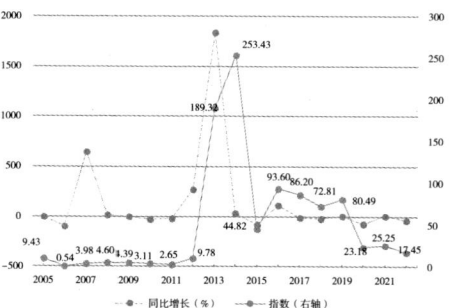

（8）低技术金额

（9）制造业小计项目数量

（10）制造业小计金额

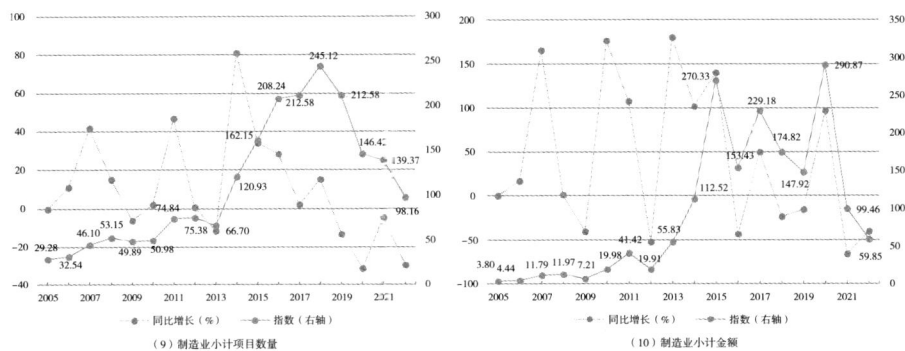

图 2-4-1　2005—2022 年民营企业对外直接投资制造业项目数量和金额指数变化图

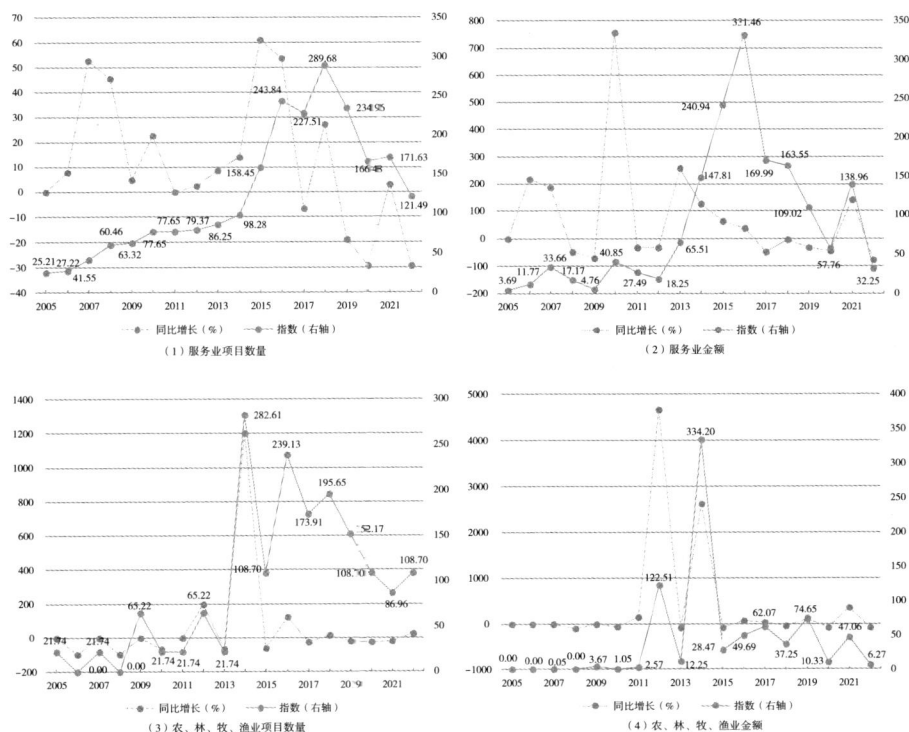

（1）服务业项目数量

（2）服务业金额

（3）农、林、牧、渔业项目数量

（4）农、林、牧、渔业金额

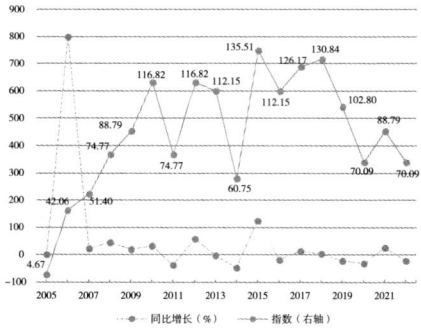

（5）采矿业项目数量

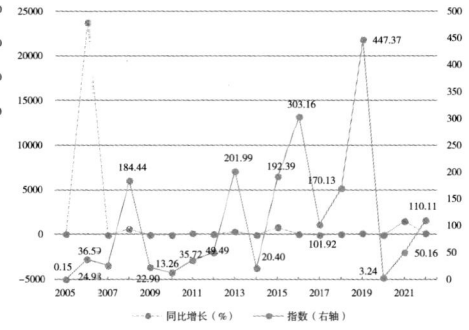

（6）采矿业金额

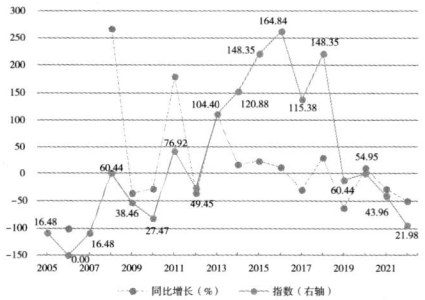

（7）电力、热力、燃气及水生产和供应业项目数量

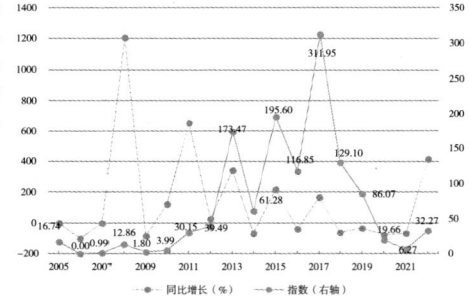

（8）电力、热力、燃气及水生产和供应业金额

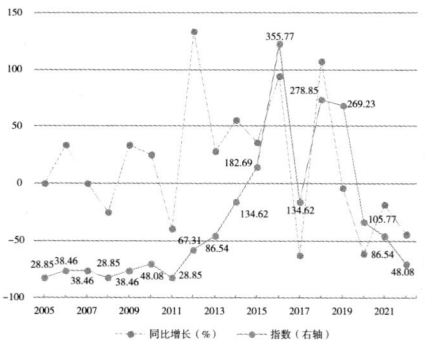

（9）建筑业项目数量

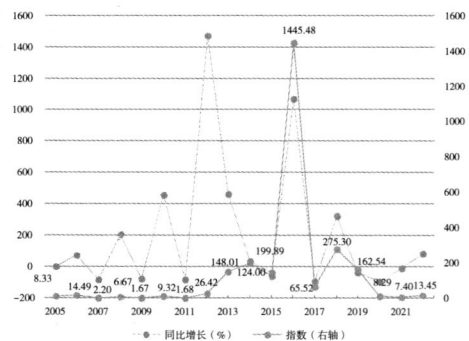

（10）建筑业金额

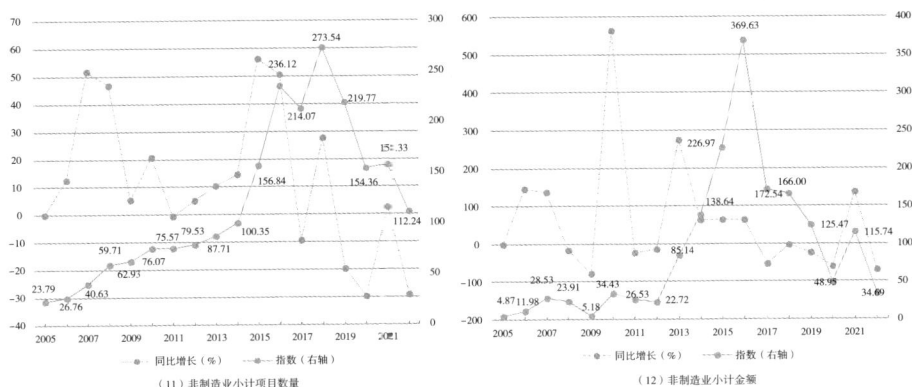

（11）非制造业小计项目数量　　（12）非制造业小计金额

图 2-4-2　2005—2022 年民营企业对外直接投资非制造业项目数量和金额指数变化图

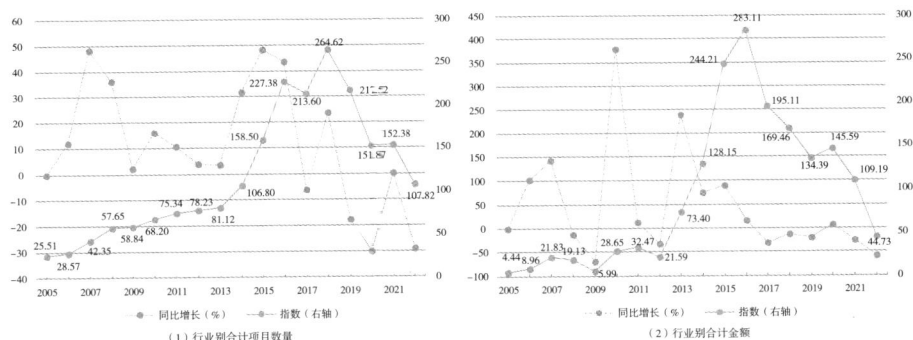

（1）行业别合计项目数量　　（2）行业别合计金额

图 2-4-3　2005—2022 年民营企业对外直接投资行业别项目数量和金额指数变化图

根据 2005—2022 年中国民营企业 OFDI 数量行业别图表显示：在 2005—2022 年，流向非制造业中的服务业的 OFDI 项目数量增长最为显著，从 2005 年的 88 件增加到 2022 年的 424 件，复合增长率为年均 9.13%。流向非制造业的服务业的 OFDI 数量在 2015 年出现最显著的增长，从 343 件增长到 553 件。总体来看，流向制造业的民营企业对外直接投资数量主要集中在中高技术，2005—2022 年的平均占比为 38.39%。总体来看，流向非制造业的民营企业对外直接投资数量主要集中在服务业，2005—2022 年的平均占比为 90.18%。

从 2005—2022 年中国民营企业 OFDI 金额行业别图表可以看出：流向

制造业的中高技术的 OFDI 金额在 2014 年出现最显著的增长，从 11.15 亿美元增长到 63.75 亿美元。流向非制造业中的服务业的 OFDI 在 2005—2022 年 18 年间民营企业对外直接投资项目金额指数波动程度最大。总体来看，流向制造业的民营企业对外直接投资金额主要集中在中高技术，2005—2022 年的平均占比为 49.25%。流向非制造业的民营企业对外直接投资金额主要集中在服务业，2005—2022 年的平均占比为 79.36%。

第五节　民营企业"一带一路"投资指数

本节以对"一带一路"沿线国家进行对外直接投资的民营企业为样本，通过将"一带一路"沿线国家划分为东北亚、东南亚、南亚、西亚北非、中东欧和中亚 6 个地区，对民企在"一带一路"沿线国家的投资特征进行统计描述。

一、"一带一路"沿线国家的区域划分标准

本节中所列举的"一带一路"沿线国家夹自中国"一带一路"官方网站①，依据网站基础数据的划分标准将区域分布主要按照国家地理位置、经济体制及其发展状况进行划分，"一带一路"沿线共 64 个国家，2022 年版报告中涉及的"一带一路"标的国家共计 54 个，具体情况如下表所示：

表 2-5-1　中国民营企业对外直接投资所涉及的"一带一路"沿线国家区域划分

所属区域	"一带一路"沿线所涉及国家	本报告所涉及国家	本报告国家个数
东北亚	蒙古、俄罗斯	蒙古、俄罗斯	2
东南亚	新加坡、印尼、马来西亚、泰国、越南、菲律宾、柬埔寨、缅甸、老挝、文莱、东帝汶	新加坡、印尼、马来西亚、泰国、越南、菲律宾、柬埔寨、老挝、缅甸、文莱	10

---

① 来自网站：https：//www.yidaiyilu.gov.cn/。

续表

所属区域	"一带一路"沿线所涉及国家	本报告所涉及国家	本报告国家个数
南亚	印度、巴基斯坦、斯里兰卡、孟加拉国、尼泊尔、马尔代夫、不丹	印度、巴基斯坦、斯里兰卡、孟加拉国、尼泊尔、马尔代夫	6
西亚北非	阿联酋、科威特、土耳其、卡塔尔、阿曼、黎巴嫩、沙特、巴林、以色列、也门、埃及、伊朗、约旦、叙利亚、伊拉克、阿富汗、巴勒斯坦、阿塞拜疆、格鲁吉亚、亚美尼亚	阿联酋、科威特、土耳其、卡塔尔、阿曼、黎巴嫩、沙特、巴林、以色列、埃及、伊朗、约旦、伊拉克、阿塞拜疆、格鲁吉亚、亚美尼亚	16
中东欧	波兰、阿尔巴尼亚、爱沙尼亚、立陶宛、斯洛文尼亚、保加利亚、捷克、匈牙利、马其顿、塞尔维亚、罗马尼亚、斯洛伐克、克罗地亚、拉脱维亚、波黑、黑山、乌克兰、白俄罗斯、摩尔多瓦	波兰、爱沙尼亚、立陶宛、斯洛文尼亚、保加利亚、捷克、匈牙利、塞尔维亚、罗马尼亚、斯洛伐克、克罗地亚、拉脱维亚、乌克兰、白俄罗斯、阿尔巴尼亚、波黑、马其顿、白俄罗斯	18
中亚	哈萨克斯坦、吉尔吉斯斯坦、土库曼斯坦、塔吉克斯坦、乌兹别克斯坦	哈萨克斯坦、吉尔吉斯斯坦、塔吉克斯坦、乌兹别克斯坦	4

资料来源："一带一路"沿线所涉及国家根据中国"一带一路"官方网站 https://www.yidaiyilu.gov.cn/整理。

二、民营企业在"一带一路"沿线国家投资概况

自"一带一路"倡议提出以来，中国民营企业与"一带一路"沿线国家的投资合作愈发紧密，民营企业对"一带一路"国家的投资无论是项目数量还是金额都在其总投资中占有重要地位。总体占比呈现出上升趋势，其中项目数量占比由 2013 年的 16.12%增长至 2022 年的 19.51%，投资金额占比由 2013 年的 12.66%增长至 2022 年的 30.54%。2020 年受疫情影响，民营企业对"一带一路"沿线国家的投资项目数量和金额都出现了较大幅度的缩减。2021 年进入后疫情时代，各国建立相应的风险应对机制，民营企业对"一带一路"沿线国家的投资项目数量有所回升，且投资金额的下降速度也有所放缓。2022 年，地缘冲突升级导致全球经济下行，民营企业

对"一带一路"沿线国家的投资项目数量和金额均有一定的下降。在2014—2022年的八年中，全国企业对"一带一路"沿线国家的投资项目数量50%以上来自民企，民企逐步成为中国"一带一路"投资活动中的主力军。

表2-5-2　2005—2022年民营企业"一带一路"投资项目数量、金额及占比汇总表

年份	民营企业"一带一路"投资项目数量			民营企业"一带一路"投资金额		
	项目数量（件）	在"一带一路"总投资中占比（%）	在民营企业总投资中占比（%）	金额（亿美元）	在"一带一路"总投资中占比（%）	在民营企业总投资中占比（%）
2005	50	42.74	33.33	18.61	12.29	44.95
2006	45	38.14	26.63	18.33	8.56	21.67
2007	51	35.17	20.40	27.35	10.32	13.43
2008	62	39.49	18.29	25.27	8.82	14.17
2009	63	36.21	18.10	14.68	3.06	26.27
2010	73	43.20	18.25	49.40	24.52	18.49
2011	73	39.25	16.40	103.70	36.80	36.02
2012	81	48.21	17.46	43.91	40.11	21.28
2013	78	44.83	16.12	86.79	33.53	12.66
2014	122	53.74	19.40	85.90	27.10	7.15
2015	217	57.11	23.56	296.31	40.58	13.08
2016	295	61.08	22.15	549.33	50.29	21.16
2017	292	66.97	23.14	408.10	18.89	22.43
2018	399	64.25	25.35	359.48	40.47	23.84
2019	339	69.04	26.42	416.10	69.17	33.95
2020	197	70.11	21.70	263.69	64.27	19.53
2021	215	70.26	23.65	192.18	29.39	18.85
2022	158	73.15	19.51	148.57	76.07	30.54
合计	2811	57.97	22.17	3112.70	33.43	20.09

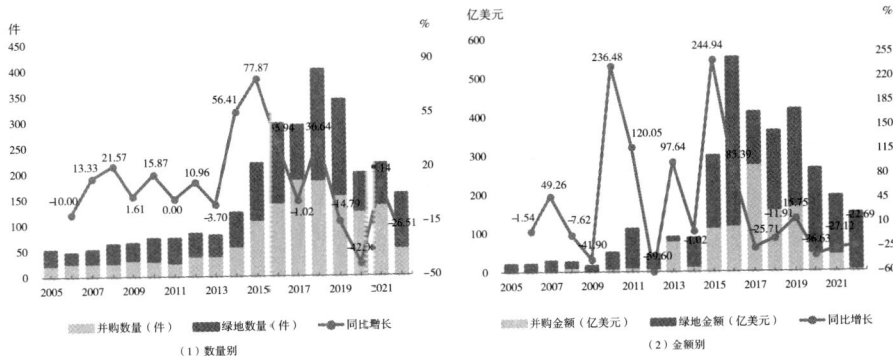

（1）数量别

图 2-5-1 2005—2022 年民营企业"一带一路"对外直接投资项目数量和金额增长变化图

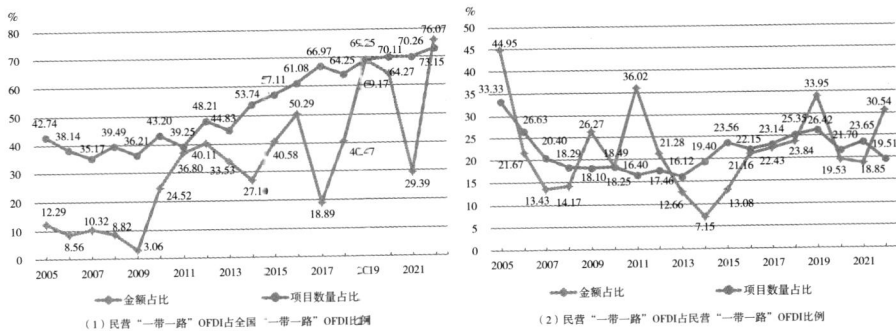

（1）民营"一带一路"OFDI占全国"一带一路"OFDI比例

（2）民营"一带一路"OFDI占民营"一带一路"OFDI比例

图 2-5-2 历年民营企业"一带一路"对外直接投资在全国企业 "一带一路"总投资、民营企业总投资的占比变化图

在民营企业对"一带一路"投资项目数量和金额分布中，并购投资和绿地投资规模相差不大，且民企"一带一路"绿地投资规模呈现出高于并购的情况。绿地投资在民营企业开展"一带一路"对外投资活动中发挥重要作用，尤其是在投资金额方面，2020 年其金额达到 215.37 亿美元，在当年度全国企业"一带一路"投资中贡献了 52.50%。2021 年绿地投资项目金额大幅减少，而数量方面则存在小幅上升。2022 年绿地投资项目金额小幅减少，而数量方面则存在较大幅度的上升。

表 2-5-3　2005—2022 年不同投资模式下民营企业"一带一路"
项目数量、金额及占比汇总表

年份	民营企业"一带一路"并购投资				民营企业"一带一路"绿地投资			
	并购数量（件）	在"一带一路"总投资中占比（%）	并购金额（亿美元）	在"一带一路"总投资中占比（%）	绿地数量（件）	在"一带一路"总投资中占比（%）	绿地金额（亿美元）	在"一带一路"总投资中占比（%）
2005	23	19.66	1.59	1.05	27	23.08	17.02	11.24
2006	27	22.88	1.60	0.75	18	15.25	16.73	7.82
2007	27	18.62	4.91	1.85	24	16.55	22.44	8.47
2008	27	17.20	12.82	4.47	35	22.29	12.45	4.34
2009	32	18.39	3.64	0.76	31	17.82	11.04	2.30
2010	30	17.75	9.07	4.50	43	25.44	40.32	20.02
2011	27	14.52	13.21	4.47	46	24.73	95.49	32.33
2012	39	23.21	9.15	8.35	42	25.00	34.77	31.76
2013	39	22.41	81.32	31.42	39	22.41	5.47	2.11
2014	58	25.55	14.37	4.53	64	28.19	71.53	22.57
2015	110	28.95	115.10	15.76	107	28.16	181.20	24.82
2016	143	29.61	119.37	10.93	152	31.47	429.96	39.36
2017	189	43.35	278.14	12.88	103	23.62	129.96	6.02
2018	186	29.95	160.98	18.12	213	34.30	198.50	22.35
2019	158	32.18	170.68	28.37	182	37.07	245.41	40.80
2020	126	44.84	48.32	11.78	71	25.27	215.37	52.50
2021	138	45.10	45.54	6.97	77	25.16	146.64	22.43
2022	54	25.00	6.50	3.33	104	48.15	142.07	72.74
合计	1433	26.62	1096.31	9.46	1378	26.32	2016.38	23.55

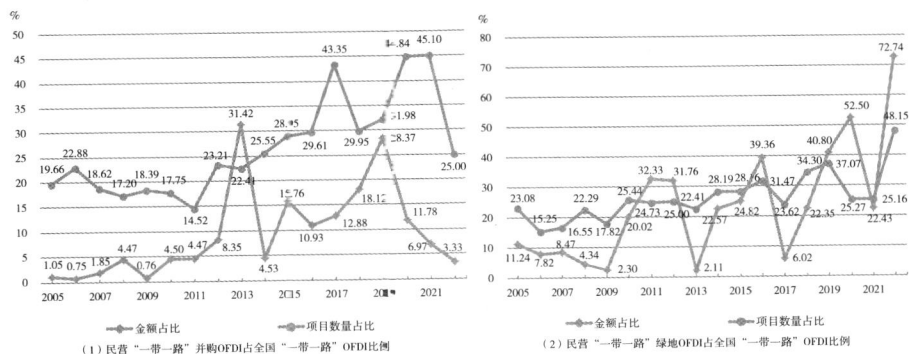

（1）民营"一带一路"并购OFDI占全国"一带一路"OFDI比例　　（2）民营"一带一路"绿地OFDI占全国"一带一路"OFDI比例

图 2-5-3　民营企业"一带一路"并购、绿地投资在"一带一路"总投资的占比变化图

三、民营企业"一带一路"对外直接投资指数

从民营企业"一带一路"对外直接投资项目数量和金额指数变化来看，自 2013 年"一带一路"倡议提出以来，项目数量和金额指数总体呈现上升趋势，尤其是在 2014—2016 年间表现突出。但是在 2017—2020 年间，项目数量和金额指数均波动下降，特别是在 2020 年民企"一带一路"对外直接投资项目数量指数同比下降 41.89%，金额指数同比下降 36.63%。在 2021 年，民营企业"一带一路"对外直接投资项目数量扭转了持续下降局势，同比增长 9.14%，金额指数则同比下降 27.12%。2022 年，民营企业"一带一路"对外直接投资项目数量和金额指数均下降，降幅分别为 26.51%、22.69%。

表 2-5-4　2005—2022 年民营企业"一带一路"对外直接投资项目数量、金额汇总表

年份	民营企业"一带一路"对外直接投资项目数量指数	同比增长（%）	民营企业"一带一路"对外直接投资金额指数	同比增长（%）
2005	43.78	——	14.97	——
2006	39.40	−10.00	14.74	−1.54
2007	44.66	13.33	22.00	49.26
2008	54.29	21.57	20.33	−7.62
2009	55.17	1.61	11.81	−41.90

续表

年份	民营企业"一带一路"对外直接投资项目数量指数	同比增长（％）	民营企业"一带一路"对外直接投资金额指数	同比增长（％）
2010	63.92	15.87	39.73	236.48
2011	63.92	0.00	87.43	120.05
2012	70.93	10.96	35.32	-59.60
2013	68.30	-3.70	69.81	97.64
2014	106.83	56.41	69.10	-1.02
2015	190.02	77.87	238.34	244.94
2016	258.32	35.94	441.86	85.39
2017	255.69	-1.02	328.26	-25.71
2018	349.39	36.64	289.15	-11.91
2019	296.85	-15.04	334.69	15.75
2020	172.50	-41.89	212.10	-36.63
2021	188.27	9.14	154.58	-27.12
2022	138.35	-26.51	119.50	-22.69

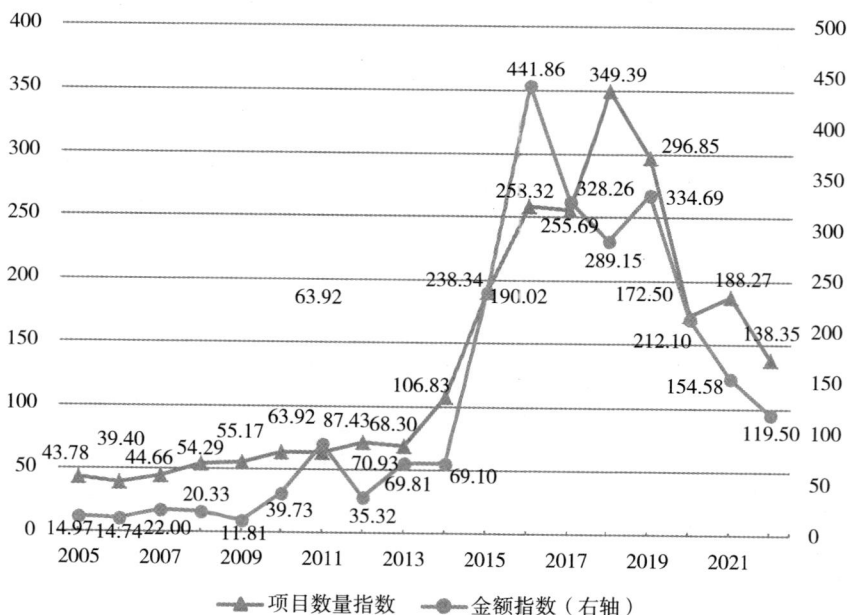

图 2-5-4　2005—2022 年民营企业"一带一路"对外直接投资项目数量和金额指数变化图

民营企业"一带一路"并购投资、绿地投资项目数量的增长变化相对一致，自 2013 年呈现出高速增长趋势，直到 2017 年民营企业"一带一路"并购投资继续高速增长达到十五年来的峰值水平，但绿地投资项目数量却大幅下降。然而在 2022 年，地缘政治风险加速全球供应链重塑进程，民营企业对外并购动能减退，企业更倾向于进行绿地投资，2022 年并购金额指数出现 85.73% 的同比下降，而绿地降幅较小，同比下降 3.11%。

表 2-5-5　2005—2022 年民营企业"一带一路"对外并购
投资指数、绿地投资指数汇总表

年份	民营企业"一带一路"对外并购投资				民营企业"一带一路"对外绿地投资			
	并购数量指数	同比增长（%）	并购金额指数	同比增长（%）	绿地数量指数	同比增长（%）	绿地金额指数	同比增长（%）
2005	42.12	—	3.41	—	45.30	—	21.91	—
2006	49.45	17.39	3.43	0.48	30.20	−33.33	21.53	−1.73
2007	49.45	0.00	10.53	207.44	40.27	33.33	28.89	34.16
2008	49.45	0.00	27.50	161.12	58.72	45.83	16.02	−44.54
2009	58.61	18.52	7.81	−71.58	52.01	−11.43	14.21	−11.33
2010	54.95	−6.25	19.46	149.00	72.15	38.71	51.90	265.36
2011	49.45	−10.00	28.33	45.59	77.18	6.98	122.91	136.80
2012	71.43	44.44	19.61	−30.77	70.47	−8.70	44.75	−63.59
2013	71.43	0.00	174.40	789.25	65.44	−7.14	7.04	−84.28
2014	106.23	48.72	30.81	−82.33	107.38	64.10	92.07	1208.56
2015	201.47	89.66	246.84	701.06	179.53	67.19	233.23	153.32
2016	261.90	30.00	255.99	3.71	255.03	42.06	553.42	137.28
2017	346.15	32.17	596.48	133.01	172.82	−32.24	167.28	−69.77
2018	340.66	−1.59	345.23	−42.12	357.38	106.80	255.49	52.74
2019	287.55	−15.59	366.04	6.03	305.37	−14.55	315.88	23.63
2020	230.77	−19.75	103.61	−71.69	119.13	−60.99	277.22	−12.24
2021	252.75	9.52	97.67	−5.74	129.19	8.45	188.74	−31.92
2022	98.90	−60.87	13.93	−85.73	174.50	35.06	182.87	−3.11

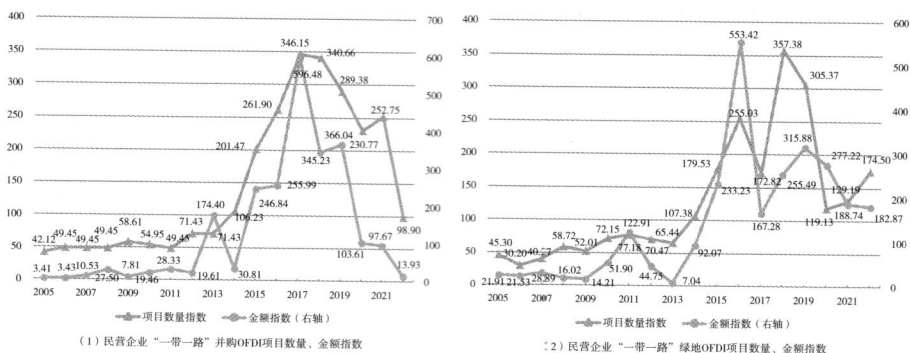

（1）民营企业"一带一路"并购OFDI项目数量、金额指数

（2）民营企业"一带一路"绿地OFDI项目数量、金额指数

图2-5-5　2005—2022年民营企业"一带一路"对外并购、绿地投资
项目数量和金额指数变化图

四、民营企业对外直接投资项目数量和金额在"一带一路"沿线国家的区域分布

从民营企业对"一带一路"沿线国家的整体投资情况来看，自"一带一路"倡议提出以来，民营企业投资项目数量和金额增长明显。民营企业在地域选择上更青睐于东南亚地区，其次是南亚和西亚北非地区。

民营企业对"一带一路"沿线国家投资的项目数量以东南亚和南亚为主，在2005—2022年间，民营企业在两地区的投资项目数量在"一带一路"总投资项目数量中的占比达到62.86%。其中，东南亚地区投资项目数量在"一带一路"总投资中的占比远高于其他地区，2018年达到峰值水平181件，2022年则为94件。

民营企业在"一带一路"沿线国家的投资金额以东北亚、东南亚、南亚和西亚北非四个地区为主，分布较为均匀。总体来看，民营企业投资金额分布最多的"一带一路"沿线区域仍然是东南亚，2005—2022年间其在"一带一路"总投资金额中占比为41.14%。

表 2-5-6 中国民营企业对外直接投资投资"一带一路"
标的区域的项目数量及指数汇总表

（单位：件）

年份		东北亚	东南亚	南亚	西亚北非	中东欧	中亚	合计
2005	数量	8	17	8	7	7	3	50
	比例（%）	16.00	34.00	16.00	14.00	14.00	6.00	100.00
	指数	102.56	37.61	41.24	45.45	36.84	40.54	43.78
2006	数量	10	16	7	8	2	2	45
	比例（%）	22.22	35.56	15.56	17.78	4.44	4.44	100.00
	指数	128.21	35.40	36.08	51.95	10.53	27.03	39.40
2007	数量	5	27	8	4	6	1	51
	比例（%）	9.80	52.94	15.69	7.84	11.76	1.96	100.00
	指数	64.10	59.73	41.24	25.97	31.58	13.51	44.66
2008	数量	6	29	12	10	5	0	62
	比例（%）	9.68	46.77	19.35	16.13	8.06	0.00	100.00
	指数	76.92	64.16	61.86	64.94	26.32	0.00	54.29
2009	数量	5	35	3	4	9	7	63
	比例（%）	7.94	55.56	4.76	6.35	14.29	11.11	100.00
	指数	64.10	77.43	15.46	25.97	47.37	94.59	55.17
2010	数量	8	33	11	7	13	1	73
	比例（%）	10.96	45.21	15.07	9.59	17.81	1.37	100.00
	指数	102.56	73.01	56.70	45.45	68.42	13.51	63.92
2011	数量	6	30	9	5	18	5	73
	比例（%）	8.22	41.10	12.33	6.85	24.66	6.85	100.00
	指数	76.92	66.37	46.39	32.47	94.74	67.57	63.92
2012	数量	5	36	10	11	16	3	81
	比例（%）	6.17	44.44	12.35	13.58	19.75	3.70	100.00
	指数	64.10	79.65	51.55	71.43	84.21	40.54	70.93
2013	数量	7	35	7	7	16	6	78
	比例（%）	8.97	44.87	8.97	8.97	20.51	7.69	100.00
	指数	89.74	77.43	36.08	45.45	84.21	81.08	68.30

续表

年份		东北亚	东南亚	南亚	西亚北非	中东欧	中亚	合计
2014	数量	6	50	18	24	18	6	122
	比例（%）	4.92	40.98	14.75	19.67	14.75	4.92	100.00
	指数	76.92	110.62	92.78	155.84	94.74	81.08	106.83
2015	数量	15	75	53	30	27	17	217
	比例（%）	6.91	34.56	24.42	13.82	12.44	7.83	100.00
	指数	192.31	165.93	273.20	194.81	142.11	229.73	190.02
2016	数量	15	108	70	57	33	12	295
	比例（%）	5.08	36.61	23.73	19.32	11.19	4.07	100.00
	指数	192.31	238.94	360.82	370.13	173.68	162.16	258.32
2017	数量	25	119	58	50	30	10	292
	比例（%）	8.56	40.75	19.86	17.12	10.27	3.42	100.00
	指数	320.51	263.27	298.97	324.68	157.89	135.14	255.69
2018	数量	18	181	89	54	37	20	399
	比例（%）	4.51	45.36	22.31	13.53	9.27	5.01	100.00
	指数	230.77	400.44	458.76	350.65	194.74	270.27	349.39
2019	数量	24	137	88	40	40	10	339
	比例（%）	7.08	40.41	25.96	11.80	11.80	2.95	100.00
	指数	307.69	303.10	453.61	259.74	210.53	135.14	296.85
2020	数量	12	113	23	33	14	2	197
	比例（%）	6.09	57.36	11.68	16.75	7.11	1.02	100.00
	指数	153.85	250.00	118.56	214.29	73.68	27.03	172.50
2021	数量	7	125	21	38	20	4	215
	比例（%）	3.26	58.14	9.77	17.67	9.30	1.86	100.00
	指数	89.74	276.55	108.25	246.75	105.26	54.05	188.27
2022	数量	3	94	12	33.00	15.00	1.00	158
	比例（%）	1.90	59.49	7.59	20.89	9.49	0.63	100
	指数	38.46	207.96	61.86	214.29	78.95	13.51	138.35
合计	数量	185	1260	507	423	326	110	2811
	比例（%）	6.58	44.82	18.04	15.05	11.60	3.91	100.00
2011—2015 年均值		7.80	45.20	19.40	15.40	19.00	7.40	114.20

表 2-5-7　中国民营企业对外直接投资投资"一带一路"
标的区域的金额及指数汇总表

（单位：百万美元）

年份		东北亚	东南亚	南亚	西亚北非	中东欧	中亚	合计
2005	金额	1026.82	259.26	122.65	113.03	55.90	283.60	1861.26
	比例（%）	55.17	13.93	6.59	6.07	3.00	15.24	100.00
	指数	46.77	5.42	4.82	10.38	5.52	34.96	14.97
2006	金额	1367.32	112.09	185.20	109.50	56.20	2.30	1832.61
	比例（%）	74.61	6.12	10.11	5.98	3.07	0.13	100.00
	指数	62.28	2.34	7.28	10.06	5.55	0.28	14.74
2007	金额	570.16	1871.56	104.90	73.49	115.20	0.00	2735.31
	比例（%）	20.84	68.42	3.84	2.69	4.21	0.00	100.00
	指数	25.97	39.14	4.13	6.75	11.37	0.00	22.00
2008	金额	121.22	821.20	965.38	73.40	545.70	0.00	2526.90
	比例（%）	4.80	32.50	38.20	2.90	21.60	0.00	100.00
	指数	5.52	17.17	37.97	6.74	53.88	0.00	20.33
2009	金额	324.10	711.79	30.00	42.70	262.01	97.50	1468.10
	比例（%）	22.08	48.48	2.04	2.91	17.85	6.64	100.00
	指数	14.76	14.88	1.18	3.92	25.87	12.02	11.81
2010	金额	456.70	1210.47	2501.70	368.50	402.45	0.00	4939.82
	比例（%）	9.25	24.50	50.64	7.46	8.15	0.00	100.00
	指数	20.30	25.31	98.40	33.86	39.74	0.00	39.73
2011	金额	800.30	6410.86	532.93	1812.70	329.31	983.84	10869.94
	比例（%）	7.36	58.98	4.90	16.68	3.03	9.05	100.00
	指数	36.45	134.06	20.96	166.55	32.52	121.27	87.43
2012	金额	18.45	1436.74	1187.78	805.57	474.74	468.04	4391.32
	比例（%）	0.42	32.72	27.05	18.34	10.81	10.66	100.00
	指数	0.84	30.04	46.72	74.01	46.88	57.69	35.32
2013	金额	6173.95	938.00	70.71	51.55	172.85	1271.78	8678.84
	比例（%）	71.14	10.81	0.81	0.59	1.99	14.65	100.00
	指数	281.23	19.61	2.78	4.74	17.07	156.77	69.81

年份		东北亚	东南亚	南亚	西亚北非	中东欧	中亚	合计
2014	金额	2270.00	4004.79	552.47	268.82	1272.18	221.86	8590.12
	比例（％）	26.43	46.62	6.43	3.13	14.81	2.58	100.00
	指数	103.40	83.75	21.73	24.70	125.62	27.35	69.10
2015	金额	1713.97	11120.08	10367.75	2503.41	2814.72	1110.78	29630.71
	比例（％）	5.78	37.53	34.99	8.45	9.50	3.75	100.00
	指数	78.07	232.54	407.81	230.01	277.93	136.92	238.34
2016	金额	1206.48	11739.84	14205.74	24942.25	2443.41	395.36	54933.08
	比例（％）	2.20	21.37	25.86	45.40	4.45	0.72	100.00
	指数	54.96	245.50	558.77	2291.62	241.26	48.73	441.86
2017	金额	14810.77	10683.27	8193.80	4221.62	1723.93	1176.76	40810.15
	比例（％）	36.29	26.18	20.08	10.34	4.22	2.88	100.00
	指数	674.65	223.40	322.29	387.87	170.22	145.05	328.26
2018	金额	435.49	20564.44	6366.20	4875.01	2192.46	1514.40	35948.00
	比例（％）	1.21	57.21	17.71	13.56	6.10	4.21	100.00
	指数	19.84	430.03	250.41	447.90	216.48	186.67	289.15
2019	金额	12278.48	14936.63	6062.14	4764.50	3343.01	224.77	41609.53
	比例（％）	29.51	35.90	14.57	11.45	8.03	0.54	100.00
	指数	559.30	312.34	238.45	437.75	330.09	27.71	334.69
2020	金额	589.77	21868.11	1216.41	2264.15	375.47	55.00	26368.91
	比例（％）	2.24	82.93	4.61	8.59	1.42	0.21	100.00
	指数	26.86	457.29	47.85	208.02	37.07	6.78	212.10
2021	金额	870.21	15979.97	649.99	1315.79	361.19	40.95	19218.10
	比例（％）	4.53	83.15	3.38	6.85	1.88	0.21	100.00
	指数	39.64	334.16	25.57	120.89	35.66	5.05	154.58
2022	金额	86.29	3384.47	728.20	1563.52	9087.70	6.70	14856.88
	比例（％）	0.58	22.78	4.90	10.52	61.17	0.05	100.00
	指数	3.93	70.77	28.64	143.65	897.32	0.83	119.50
合计	金额	45120.48	128053.57	54043.96	50169.51	26028.43	7853.64	311269.59
	比例（％）	14.50	41.14	17.36	16.12	8.36	2.52	100.00
2011—2015年均值		2195.33	4782.09	2542.33	1088.41	1012.76	811.26	12432.19

　　民营企业对"一带一路"沿线国家并购投资项目数量最多的是东南亚，2022年占比达到87.04%；其次是西亚北非，东北亚和中东欧，并且在"一带一路"倡议提出后有较大幅度的增长；东北亚和中亚则占比较小，增幅不明显。并购投资金额则在区域分布上相对平均，2014年后各个区域投资金额都有明显的增长，综上可见，民营企业对"一带一路"沿线国家的并购投资项目数量和金额有较大幅度的增长，东南亚地区优势明显。

表2-5-8　中国民营企业并购投资"一带一路"标的区域的项目数量及指数汇总表

（单位：件）

年份		东北亚	东南亚	南亚	西亚北非	中东欧	中亚	合计
2005	数量	0	12	4	3	2	2	23
	比例（%）	0.00	52.17	17.39	13.04	8.70	8.70	100.00
	指数	0.00	48.00	71.43	34.88	25.00	38.46	42.12
2006	数量	4	12	3	5	1	2	27
	比例（%）	14.81	44.44	11.11	18.52	3.70	7.41	100.00
	指数	131.82	48.00	53.57	58.14	12.50	38.46	49.45
2007	数量	2	17	4	2	1	1	27
	比例（%）	7.41	62.96	14.81	7.41	3.70	3.70	100.00
	指数	90.91	63.00	71.43	23.26	12.50	19.23	49.45
2008	数量	3	13	5	3	3	0	27
	比例（%）	11.11	48.15	18.52	11.11	11.11	0.00	100.00
	指数	136.36	52.00	89.29	34.88	37.50	0.00	49.45
2009	数量	0	18	1	2	5	6	32
	比例（%）	0.00	56.25	3.13	6.25	15.63	18.75	100.00
	指数	0.00	72.00	17.86	23.26	62.50	115.38	58.61
2010	数量	1	20	2	3	3	1	30
	比例（%）	3.33	66.67	6.67	10.00	10.00	3.33	100.00
	指数	45.45	80.00	35.71	34.88	37.50	19.23	54.95
2011	数量	2	13	2	2	3	5	27
	比例（%）	7.41	48.15	7.41	7.41	11.11	18.52	100.00
	指数	90.91	52.00	35.71	23.26	37.50	96.15	49.45

续表

年份		东北亚	东南亚	南亚	西亚北非	中东欧	中亚	合计
2012	数量	1	26	1	5	3	3	39
	比例（%）	2.56	66.67	2.56	12.82	7.69	7.69	100.00
	指数	45.45	104.00	17.86	58.14	37.50	57.69	71.43
2013	数量	3	20	4	4	5	3	39
	比例（%）	7.69	51.28	10.26	10.26	12.82	7.69	100.00
	指数	136.36	80.00	71.43	46.51	62.50	57.69	71.43
2014	数量	2	28	4	11	8	5	58
	比例（%）	3.45	48.28	6.90	18.97	13.79	8.62	100.00
	指数	90.91	112.00	71.43	127.91	100.00	96.15	106.23
2015	数量	3	38	17	21	21	10	110
	比例（%）	2.73	34.55	15.45	19.09	19.09	9.09	100.00
	指数	136.36	152.00	303.57	244.19	262.50	192.31	201.47
2016	数量	1	59	28	31	16	8	143
	比例（%）	0.70	41.26	19.58	21.68	11.19	5.59	100.00
	指数	45.45	236.00	500.00	360.47	200.00	153.85	261.90
2017	数量	10	82	36	35	17	9	189
	比例（%）	5.29	43.39	19.05	18.52	8.99	4.76	100.00
	指数	454.55	328.00	642.86	406.98	212.50	173.08	346.15
2018	数量	2	102	42	27	9	4	186
	比例（%）	1.08	54.84	22.58	14.52	4.84	2.15	100.00
	指数	90.91	408.00	750.00	313.95	112.50	76.92	340.66
2019	数量	4	85	32	18	12	6	157
	比例（%）	2.55	54.14	20.38	11.46	7.64	3.82	100.00
	指数	181.82	340.00	571.43	209.30	150.00	115.38	287.55
2020	数量	3	85	15	19	4	0	126
	比例（%）	2.38	67.46	11.90	15.08	3.17	0.00	100.00
	指数	136.36	340.00	267.86	220.93	50.00	0.00	230.77

年份		东北亚	东南亚	南亚	西亚北非	中东欧	中亚	合计
2021	数量	2	93	16	18	6	3	138
	比例（%）	1.45	67.39	11.59	13.04	4.35	2.17	100.00
	指数	90.91	372.00	285.71	209.30	75.00	57.69	252.75
2022	数量	2	47	0	3	2	0	54
	比例（%）	3.70	87.04	0.00	5.56	3.70	0.00	100.00
	指数	90.91	188.00	0.00	34.88	25.00	0.00	98.90
合计	数量	45	770	216	213	121	68	1433
	比例（%）	3.14	53.73	15.07	14.86	8.44	4.75	100.00
2011—2015 年均值		2.20	25.00	5.60	8.60	8.00	5.20	54.60

表 2-5-9　中国民营企业并购投资"一带一路"标的区域的金额及指数汇总表

（单位：百万美元）

年份		东北亚	东南亚	南亚	西亚北非	中东欧	中亚	合计
2005	金额	0.00	146.26	12.55	0.13	0.00	0.00	158.94
	比例（%）	0.00	92.02	7.90	0.08	0.00	0.00	100.00
	指数	0.00	16.23	2.40	0.03	0.00	0.00	3.41
2006	金额	84.62	41.79	0.00	31.00	0.00	2.30	159.71
	比例（%）	52.98	26.17	0.00	19.41	0.00	1.44	100.00
	指数	5.60	4.64	0.00	6.84	0.00	0.33	3.43
2007	金额	154.96	306.06	0.00	30.00	0.00	0.00	491.02
	比例（%）	31.56	62.33	0.00	6.11	0.00	0.00	100.00
	指数	10.26	33.95	0.00	6.62	0.00	0.00	10.53
2008	金额	14.62	117.08	720.43	30.00	400.00	0.00	1282.13
	比例（%）	1.14	9.13	56.19	2.34	31.20	0.00	100.00
	指数	0.97	12.99	137.67	6.62	70.42	0.00	27.50
2009	金额	0.00	116.67	0.00	30.00	150.23	67.50	364.40
	比例（%）	0.00	32.02	0.00	8.23	41.23	18.52	100.00
	指数	0.00	12.94	0.00	6.62	26.45	9.56	7.81

年份		东北亚	东南亚	南亚	西亚北非	中东欧	中亚	合计
2010	金额	0.00	72.47	754.90	80.00	0.00	0.00	907.37
	比例（%）	0.00	7.99	83.20	8.82	0.00	0.00	100.00
	指数	0.00	8.04	144.25	17.65	0.00	0.00	19.46
2011	金额	0.00	287.77	49.43	0.00	0.00	983.84	1321.04
	比例（%）	0.00	21.78	3.74	0.00	0.00	74.47	100.00
	指数	0.00	31.92	9.45	0.00	0.00	139.35	28.33
2012	金额	0.00	213.04	0.00	122.87	110.55	468.04	914.50
	比例（%）	0.00	23.30	0.00	13.44	12.09	51.18	100.00
	指数	0.00	23.63	0.00	27.11	19.46	66.29	19.61
2013	金额	6173.95	611.00	70.71	31.55	0.00	1244.98	8132.19
	比例（%）	75.92	7.51	0.87	0.39	0.00	15.31	100.00
	指数	408.61	67.78	13.51	6.96	0.00	176.33	174.40
2014	金额	0.00	1029.80	38.52	210.87	5.84	151.86	1436.89
	比例（%）	0.00	71.67	2.68	14.68	0.41	10.57	100.00
	指数	0.00	114.24	7.36	46.53	1.03	21.51	30.81
2015	金额	1380.81	2365.57	2457.93	1900.71	2723.85	681.45	11510.32
	比例（%）	12.00	20.55	21.35	16.51	23.66	5.92	100.00
	指数	91.39	262.42	469.68	419.40	479.51	96.52	246.84
2016	金额	886.90	3730.52	3012.54	2410.44	1660.72	235.76	11936.88
	比例（%）	7.43	31.25	25.24	20.19	13.91	1.98	100.00
	指数	58.70	413.84	575.66	531.87	292.36	33.39	255.99
2017	金额	13247.87	5862.57	5441.57	1301.12	1055.90	904.86	27813.89
	比例（%）	47.63	21.08	19.56	4.68	3.80	3.25	100.00
	指数	876.79	650.36	1039.82	287.10	185.88	128.16	596.48
2018	金额	5.10	8998.90	3115.39	3360.24	517.39	101.10	16098.12
	比例（%）	0.03	55.90	19.35	20.87	3.21	0.63	100.00
	指数	0.34	998.28	595.31	741.45	91.08	14.32	345.23

续表

年份		东北亚	东南亚	南亚	西亚北非	中东欧	中亚	合计
2019	金额	41.87	10785.85	2646.46	912.55	2595.81	85.67	17068.21
	比例（%）	0.25	63.19	15.51	5.35	15.21	0.50	100.00
	指数	2.77	1196.52	505.71	201.36	456.97	12.13	366.04
2020	金额	15.60	2105.00	910.01	1539.75	261.14	0.00	4831.50
	比例（%）	0.32	43.57	18.83	31.87	5.40	0.00	100.00
	指数	1.03	233.52	173.89	339.75	45.97	0.00	103.61
2021	金额	1.74	3208.37	565.49	717.90	53.93	6.95	4554.38
	比例（%）	0.04	70.45	12.42	15.76	1.18	0.15	100.00
	指数	0.12	355.92	108.06	158.41	9.49	0.98	97.67
2022	金额	74.09	435.36	0.00	123.50	16.78	0.00	649.73
	比例（%）	11.40	67.01	0.00	19.01	2.58	0.00	100.00
	指数	4.90	48.30	0.00	27.25	2.95	0.00	13.93
合计	金额	22082.13	40434.08	19795.93	12832.63	9552.14	4934.31	109631.22
	比例（%）	20.14	36.88	18.06	11.71	8.71	4.50	100.00
2011—2015年均值		1510.95	901.44	523.32	453.20	568.05	706.03	4662.99

　　绿地投资项目数量则以东南亚和南亚为首，自2013年"一带一路"倡议提出以来，东南亚和南亚增长态势明显，2005—2022年间共计占比为56.68%。其余四个地区投资项目数量占比较小，但2013年后波动上涨。从绿地投资金额角度来看，东南亚、南亚和西亚北非在2013年后呈现波动上升的趋势，中东欧和中亚稳定中小幅上升。2022年民营企业对"一带一路"沿线地区绿地投资持续受疫情影响，投资金额再次减少，但南亚、西亚北非和中东欧地区却出现显著增长。综合可见，民营企业"一带一路"绿地投资项目数量和金额都有增长，金额的地域分布相对分散，除了中亚的增势不太明显外，其余地区都有较大的增长潜力。

表 2-5-10　中国民营企业绿地投资"一带一路"标的区域的项目数量及指数汇总表

（单位：件）

年份		东北亚	东南亚	南亚	西亚北非	中东欧	中亚	合计
2005	数量	8	5	4	4	5	1	27
	比例（%）	29.63	18.52	14.81	14.81	18.52	3.70	100.00
	指数	142.86	24.75	28.99	58.82	45.45	45.45	45.30
2006	数量	6	4	4	3	1	0	18
	比例（%）	33.33	22.22	22.22	16.67	5.56	0.00	100.00
	指数	107.14	19.80	28.99	44.12	9.09	0.00	30.20
2007	数量	3	10	4	2	5	0	24
	比例（%）	12.50	41.67	16.67	8.33	20.83	0.00	100.00
	指数	53.57	49.50	28.99	29.41	45.45	0.00	40.27
2008	数量	3	16	7	7	2	0	35
	比例（%）	8.57	45.71	20.00	20.00	5.71	0.00	100.00
	指数	53.57	79.21	50.72	102.94	18.18	0.00	58.72
2009	数量	5	17	2	2	4	1	31
	比例（%）	16.13	54.84	6.45	6.45	12.90	3.23	100.00
	指数	89.29	84.16	14.49	29.41	36.36	45.45	52.01
2010	数量	7	13	9	4	10	0	43
	比例（%）	16.28	30.23	20.93	9.30	23.26	0.00	100.00
	指数	125.00	64.36	65.22	58.82	90.91	0.00	72.15
2011	数量	4	17	7	3	15	0	46
	比例（%）	8.70	36.96	15.22	6.52	32.61	0.00	100.00
	指数	71.43	84.16	50.72	44.12	136.36	0.00	77.18
2012	数量	4	10	9	6	13	0	42
	比例（%）	9.52	23.81	21.43	14.29	30.95	0.00	100.00
	指数	71.43	49.50	65.22	88.24	118.18	0.00	70.47
2013	数量	4	15	3	3	11	3	39
	比例（%）	10.26	38.46	7.69	7.69	28.21	7.69	100.00
	指数	71.43	74.26	21.74	44.12	100.00	136.36	65.44

年份		东北亚	东南亚	南亚	西亚北非	中东欧	中亚	合计
2014	数量	4	22	14	13	10	1	64
	比例（%）	6.25	34.38	21.88	20.31	15.63	1.56	100.00
	指数	71.43	108.91	101.45	191.18	90.91	45.45	107.38
2015	数量	12	37	36	9	6	7	107
	比例（%）	11.21	34.58	33.64	8.41	5.61	6.54	100.00
	指数	214.29	183.17	260.87	132.35	54.55	318.18	179.53
2016	数量	14	49	42	26	17	4	152
	比例（%）	9.21	32.24	27.63	17.11	11.18	2.63	100.00
	指数	250.00	242.57	304.35	382.35	154.55	181.82	255.03
2017	数量	15	37	22	15	13	1	103
	比例（%）	14.56	35.92	21.36	14.56	12.62	0.97	100.00
	指数	257.86	183.17	159.42	220.59	118.18	45.45	172.82
2018	数量	16	79	47	27	28	16	213
	比例（%）	7.51	37.09	22.07	12.68	13.15	7.51	100.00
	指数	285.71	391.09	340.58	397.06	254.55	727.27	357.38
2019	数量	20	52	56	22	28	4	182
	比例（%）	10.99	28.57	30.77	12.09	15.38	2.20	100.00
	指数	357.14	257.43	405.80	323.53	254.55	181.82	305.37
2020	数量	9	28	8	14	10	2	71
	比例（%）	12.68	39.44	11.27	19.72	14.08	2.82	100.00
	指数	160.71	138.61	57.97	205.88	90.91	90.91	119.13
2021	数量	5	32	5	20	14	1	77
	比例（%）	6.49	41.56	6.49	25.97	18.18	1.30	100.00
	指数	89.29	158.42	36.23	294.12	127.27	45.45	129.19
2022	数量	1	47	12	30	13	1	104
	比例（%）	0.96	45.19	11.54	28.85	12.50	0.96	100.00
	指数	17.86	232.67	86.96	441.18	118.18	45.45	174.50
合计	数量	140	490	291	210	205	42	1378
	比例（%）	10.16	35.56	21.12	15.24	14.88	3.05	100.00
2011—2015 年均值		5.60	20.20	13.80	6.80	11.00	2.20	59.60

表 2-5-11　中国民营企业绿地投资"一带一路"标的区域的金额及指数汇总表

（单位：百万美元）

年份		东北亚	东南亚	南亚	西亚北非	中东欧	中亚	合计
2005	金额	1026.82	113.00	110.10	112.90	55.90	283.60	1702.32
	比例（%）	60.32	6.64	6.47	6.63	3.28	16.66	100.00
	指数	150.04	2.91	5.45	17.77	12.57	269.52	21.91
2006	金额	1282.70	70.30	185.20	78.50	56.20	0.00	1672.90
	比例（%）	76.68	4.20	11.07	4.69	3.36	0.00	100.00
	指数	187.42	1.81	9.17	12.36	12.64	0.00	21.53
2007	金额	415.20	1565.50	104.90	43.49	115.20	0.00	2244.29
	比例（%）	18.50	69.75	4.67	1.94	5.13	0.00	100.00
	指数	60.67	40.34	5.20	6.85	25.90	0.00	28.89
2008	金额	106.60	704.12	244.95	43.40	145.70	0.00	1244.77
	比例（%）	8.56	56.57	19.68	3.49	11.70	0.00	100.00
	指数	15.58	18.14	12.13	6.83	32.76	0.00	16.02
2009	金额	324.10	595.12	30.00	12.70	111.78	30.00	1103.70
	比例（%）	29.36	53.92	2.72	1.15	10.13	2.72	100.00
	指数	47.36	15.34	1.49	2.00	25.14	28.51	14.21
2010	金额	456.70	1138.00	1746.80	288.50	402.45	0.00	4032.45
	比例（%）	11.33	28.22	43.32	7.15	9.98	0.00	100.00
	指数	66.73	29.32	86.52	45.42	90.50	0.00	51.90
2011	金额	800.30	6123.09	483.50	1812.70	329.31	0.00	9548.90
	比例（%）	8.38	64.12	5.06	18.98	3.45	0.00	100.00
	指数	116.94	157.78	23.95	285.37	74.05	0.00	122.91
2012	金额	18.45	1223.70	1187.78	682.70	364.19	0.00	3476.82
	比例（%）	0.53	35.20	34.16	19.64	10.47	0.00	100.00
	指数	2.70	31.53	58.83	107.48	81.89	0.00	44.75
2013	金额	0.00	327.00	0.00	20.00	172.85	26.80	546.65
	比例（%）	0.00	59.82	0.00	3.66	31.62	4.90	100.00
	指数	0.00	8.43	0.00	3.15	38.87	25.47	7.04

年份		东北亚	东南亚	南亚	西亚北非	中东欧	中亚	合计
2014	金额	2270.00	2974.99	513.95	57.95	1266.34	70.00	7153.23
	比例（%）	31.73	41.59	7.18	0.81	17.70	0.98	100.00
	指数	331.69	76.66	25.46	9.12	284.75	66.52	92.07
2015	金额	333.16	8754.51	7909.82	602.70	90.87	429.33	18120.39
	比例（%）	1.84	48.31	43.65	3.33	0.50	2.37	100.00
	指数	48.68	225.59	391.77	94.88	20.43	408.01	233.23
2016	金额	319.58	8009.32	11193.20	22531.81	782.69	159.60	42996.20
	比例（%）	0.74	18.63	26.03	52.40	1.82	0.37	100.00
	指数	46.70	206.39	554.39	3547.14	176.00	151.67	553.42
2017	金额	1562.90	4820.70	2752.23	2920.50	668.03	271.90	12996.26
	比例（%）	12.03	37.09	21.18	22.47	5.14	2.09	100.00
	指数	228.37	124.22	136.32	459.77	150.22	258.40	167.28
2018	金额	430.39	11565.54	3250.81	1514.77	1675.07	1413.30	19849.88
	比例（%）	2.17	58.27	16.38	7.63	8.44	7.12	100.00
	指数	62.89	298.03	161.01	238.47	376.66	1343.11	255.49
2019	金额	12236.61	4150.78	3415.68	3851.95	747.20	139.10	24541.32
	比例（%）	49.86	16.91	13.92	15.70	3.04	0.57	100.00
	指数	1787.98	106.96	169.18	606.41	168.02	132.19	315.88
2020	金额	574.17	19763.11	306.40	724.40	114.33	55.00	21537.41
	比例（%）	2.67	91.76	1.42	3.36	0.53	0.26	100.00
	指数	83.90	509.27	15.18	114.04	25.71	52.27	277.22
2021	金额	868.47	12771.60	84.50	597.89	307.26	34.00	14663.72
	比例（%）	5.92	87.10	0.58	4.08	2.10	0.23	100.00
	指数	126.90	329.11	4.19	94.12	69.09	32.31	188.74
2022	金额	12.20	2949.11	728.20	1440.02	9070.92	6.70	14207.15
	比例（%）	0.09	20.76	5.13	10.14	63.85	0.05	100.00
	指数	1.78	76.00	36.07	226.70	2039.73	6.37	182.87
合计	金额	23038.35	87639.49	34248.03	37336.88	16476.29	2919.33	201638.27
	比例（%）	11.43	43.45	16.98	18.52	8.17	1.45	100.00
2011—2015 年均值		684.38	3880.66	2019.01	635.21	444.71	105.23	7769.20

本章小结

一、2022 年民营企业对外直接投资活动继续呈现下降趋势

2021 年民营企业 OFDI 综合指数出现 11.79% 的下降，较 2020 年下降速度放缓，但 2022 年降幅继续增大，同比下降 28.06%。2022 年，我国民营企业对外直接投资项目数量为 810 件，同比下降 10.89%；对外直接投资项目金额为 486.46 亿美元，同比下降 52.29%。

二、长三角地区与环渤海地区民营企业对外直接投资仍占据重要地位

按照累积量排名，我国民营企业对外直接投资活动主要集中在长三角地区与环渤海地区，其中在对外直接投资项目数量方面，主要集中在长三角地区，累计项目数量为 3838 件，占比 34.48%，在对外投资项目金额方面，主要集中在环渤海地区，累计投资项目金额为 4960.11 亿美元，占比 36.08%。

三、民营企业对外直接投资重点投向发达经济体

在 2005—2022 年间，我国民营企业对外直接投资活动主要集中在发达经济体，累计对外直接投资项目数量为 9788 件，占比 77.69%；累计对外直接投资项目金额为 12129.83 亿美元，占比 77.75%。

四、民营企业对外直接投资集中分布于非制造业

从民营企业对于制造业和非制造业的对外直接投资规模分布来看，2005—2022 年非制造业的对外直接投资项目数量始终领先于制造业，并基本维持在 7：3 的比例；投资金额也主要集中于非制造业，2005—2022 年间对非制造业的投资金额在民营企业总投资中占比达到 58.98%。

五、在"一带一路"沿线国家，民营企业更倾向于绿地投资

在民营企业对"一带一路"投资项目数量和金额分布中，并购投资和绿地投资规模相差不大，且民营企业"一带一路"绿地投资规模呈现出高于并购的情况，绿地投资在民营企业开展"一带一路"对外投资活动中发挥重要作用。但是前几年在外部政策和国际经济局势变动的影响下，并购较绿地增长更为稳定。尤其是在投资金额方面，2020年并购金额达到215.37亿美元，当年占比为52.50%，但在2021年则出现大幅下降，其金额为146.64亿美元，占比为22.43%。而同阶段并购投资金额只是小幅下降，即由2020年的48.32亿美元下降至45.54亿美元。然而在2022年，地缘政治风险加速全球供应链重塑进程，民营企业对外并购动能减退，更倾向于进行对外绿地投资，2022年并购金额指数出现85.73%的同比下降，而绿地降幅较小，同比下降3.11%。

第三章　中国民营企业对外直接投资指数：并购投资分析

本章以民营企业对外并购投资活动为研究主体，基于中国民营企业对外直接投资六级指标体系，分别从总投资、投资来源地、投资标的国（地区）、投资标的行业角度测算中国企业对外并购投资指数，从多角度描述2005—2022年民营企业对外并购投资的发展特征。

第一节　民营企业对外并购投资指数

本节对民营企业对外并购投资作总体分析。

一、民营企业对外并购投资与全国对外并购投资的比较

根据 2005—2022 年中国民营企业并购 OFDI 数量和金额表显示，2005—2022 年我国民营企业并购对外直接投资活动呈现先增长后下降的趋势。从整体上来看，并购对外直接投资项目数量从 2005 年的 98 件增长到 2022 年的 507 件，并购对外投资项目金额从 2005 年的 22.86 亿美元增长到 2022 年的 215.63 亿美元。其中，2022 年，我国民营企业并购 OFDI 项目数量为 507 件，同比下降 21.88%；并购 OFDI 项目金额为 215.63 亿美元，同比下降 72.00%。

民营企业与全国对外并购投资在 2005—2022 年间呈现大体相同的发展趋势。受投资壁垒的影响，2022 年全国对外并购投资金额仅为 612.83 亿美元，同比下降 60.90%，项目数量为 700 件，同比下降 22.05%。但 2022

年民营企业并购投资项目数量占全国并购投资的 72.43%，金额则占比 35.19%。可见，民营企业在全国对外并购投资中占据重要地位。

表 3-1-1　2005—2022 年民营企业对外并购投资项目数量和
金额汇总及与全国对外并购的比较

年份	民营企业对外并购投资				全国对外并购投资			
	项目数量（件）	同比增长（%）	金额（亿美元）	同比增长（%）	项目数量（件）	同比增长（%）	金额（亿美元）	同比增长（%）
2005	98	—	22.85	—	227	—	153.65	—
2006	123	25.51	47.23	106.88	275	21.15	347.37	126.09
2007	143	16.26	153.18	223.92	331	20.36	623.30	79.43
2008	216	51.05	104.26	-31.94	421	27.19	450.02	-27.80
2009	190	-12.04	31.67	-69.63	474	12.59	978.04	117.33
2010	227	19.47	199.71	530.68	439	-7.38	997.10	1.95
2011	251	10.57	170.39	-14.68	519	18.22	1235.83	23.94
2012	279	11.16	138.32	-18.82	506	-2.50	1068.42	-13.55
2013	311	11.47	642.05	364.17	535	5.73	1539.70	44.11
2014	435	39.87	969.67	51.03	726	35.70	6253.94	306.18
2015	673	54.71	1997.83	106.03	1019	40.36	3493.01	-44.15
2016	966	43.54	2002.69	0.24	1332	30.72	3129.13	-10.42
2017	921	-4.66	1573.24	-21.44	1287	-3.38	4237.81	35.43
2018	1040	12.92	1110.65	-29.40	1403	9.01	2076.00	-51.01
2019	831	-20.10	803.74	-27.63	1118	-20.31	1652.70	-20.39
2020	658	-20.82	1039.33	29.31	910	-18.60	1535.02	-7.12
2021	649	-1.37	770.18	-25.90	898	-1.32	1567.51	2.12
2022	507	-21.88	215.63	-72.00	700	-22.05	612.83	-60.90
合计	8518	—	11992.66	—	13120	—	31951.37	—

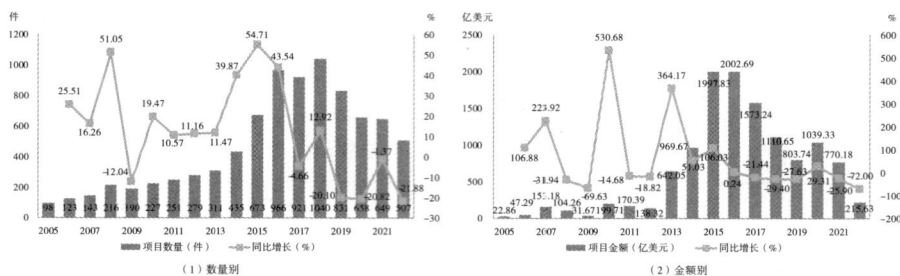

图 3-1-1　2005—2022 年民营企业对外并购投资项目数量和金额的增长变化图

二、民营企业对外并购项目数量指数和金额指数

由表 3-1-2 和图 3-1-2 分析可知，近年来民营企业对外并购投资项目数量指数与金额指数变化趋势大体一致。其中，民营企业对外并购投资项目数量指数在 2018 年前逐步提升并达到历史最高值 266.80，随后出现较大幅度下降至 2022 年的 130.07；并购投资金额指数在 2016 年达到峰值 255.56 后即出现持续下降的态势，至 2022 年并购投资金额指数下降至 27.52。综合来看，民营企业对外并购投资项目数量指数和并购投资金额指数均出现大幅下降，可见近年来受国内外政策调整、投资环境变动以及疫情的影响，民营企业对于对外并购投资表现更加理性。

表 3-1-2　2005—2022 年民营企业对外并购投资项目数量及金额指数

年份	项目数量指数	金额指数
2005	25.14	2.92
2006	31.55	6.03
2007	36.69	19.55
2008	55.41	13.30
2009	48.74	4.04
2010	58.23	25.48
2011	64.39	21.74
2012	71.58	17.65
2013	79.78	81.93

续表

年份	项目数量指数	金额指数
2014	111.60	123.74
2015	172.65	254.94
2016	247.82	255.56
2017	236.28	200.76
2018	266.80	141.73
2019	213.19	102.56
2020	168.80	132.63
2021	166.50	98.28
2022	130.07	27.52

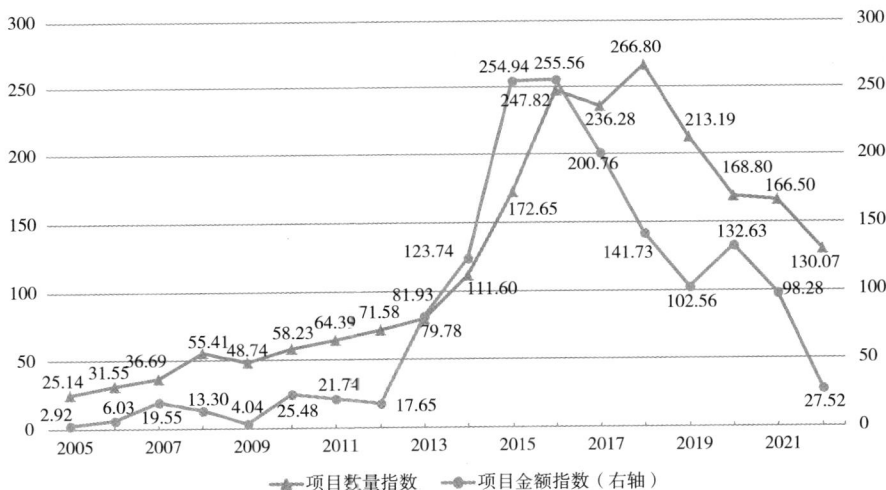

图 3-1-2　2005—2022 年民营企业对外并购投资项目数量及金额指数变化图

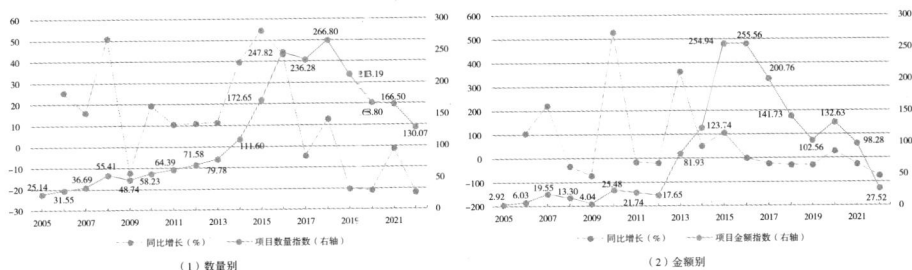

（1）数量别

（2）金额别

图 3-1-3　2005—2022 年民营企业对外并购投资项目数量和金额指数及同比增长率变化图

第二节　民营企业对外并购投资来源地别指数

本节对民营企业对外并购投资的项目数量与金额按照投资来源地进行统计分析，主要划分为环渤海地区、长三角地区、珠三角地区、中部地区与西部地区五大区域。

一、民营企业并购项目数量在来源地的分布

根据2005—2022年中国民营企业并购OFDI数量表显示，从并购OFDI项目数量看，在2005—2022年间，我国民营企业对外直接投资活动主要集中在长三角地区，累计对外直接投资项目数量为2514件，占比35.94%；排在第二位的是环渤海地区，累计对外直接投资项目数量为2040件，占比29.16%；排在第三位的是珠三角地区，累计对外直接投资项目数量为1609件，占比23.00%；排在第四位的是中部地区，累计对外直接投资项目数量为458件，占比6.55%；排在最后的是西部地区，累计对外直接投资项目数量为374件，占比5.35%。

从2005—2022年中国民营企业并购OFDI数量来源地别图表可以看出，在2005—2022年间，来自长三角地区的其他的OFDI数量在2016年出现最显著的增长，从92件增长到174件。来自环渤海地区中的京津冀的OFDI在2008—2016年实现了民营企业对外直接投资项目数量连续7年的增长。来自长三角地区中的其他的OFDI在2005—2013年实现了民营企业对外直接投资项目数量连续7年的增长。总体来看，来自环渤海地区的民营企业对外直接投资数量集中来自京津冀地区，2005—2022年的平均占比为78.38%。总体来看，来自珠三角地区的民营企业对外直接投资数量集中来自广东地区，2005—2022年的平均占比为77.38%。

表 3-2-1　中国民营企业并购投资项目数量在不同投资来源地的分布及指数汇总表

（单位：件）

年份	环渤海地区											
	京津冀				其他				小计			
	项目数	同比增长（%）	占比（%）	指数	项目数	同比增长（%）	占比（%）	指数	项目数	同比增长（%）	占比（%）	指数
2005	12	—	70.59	15.04	5	—	29.41	19.69	17	—	32.69	16.16
2006	8	-33.33	53.33	10.03	7	40.00	46.67	27.56	15	-11.76	24.59	14.26
2007	26	225.00	74.29	32.58	9	28.57	25.71	35.43	35	133.33	43.21	33.27
2008	14	-46.15	70.00	17.54	6	-33.33	30.00	23.62	20	-42.86	28.57	19.01
2009	19	35.71	45.24	23.81	23	283.33	54.76	90.55	42	110.00	39.62	39.92
2010	25	31.58	69.44	31.33	11	-52.17	30.56	43.31	36	-14.29	31.58	34.22
2011	33	32.00	57.89	41.35	24	118.18	42.11	94.49	57	58.33	35.19	54.18
2012	41	24.24	66.13	51.38	21	-12.50	33.87	82.68	62	8.77	32.63	58.94
2013	60	46.34	71.43	75.19	24	14.29	28.57	94.49	84	35.48	35.59	79.85
2014	96	60.00	79.34	120.30	25	4.17	20.66	98.43	121	44.05	37.00	115.02
2015	169	76.04	83.66	211.78	33	32.00	16.34	129.92	202	66.94	34.59	192.02
2016	214	26.63	81.99	268.17	47	42.42	18.01	185.04	261	29.21	29.49	248.10
2017	191	-10.75	77.64	239.35	55	17.02	22.36	216.54	246	-5.75	29.01	233.84
2018	219	14.66	83.91	274.44	42	-23.64	16.09	165.35	261	6.10	27.10	248.10
2019	142	-35.16	74.35	177.94	49	16.67	25.65	192.91	191	-26.82	25.74	181.56
2020	120	-15.49	81.63	150.38	27	-44.90	18.37	106.30	147	-23.04	24.96	139.73
2021	127	5.83	86.39	159.15	20	-25.93	13.61	78.74	147	0.00	25.79	139.73
2022	83	-34.65	86.46	104.01	13	-35.00	13.54	51.18	96	-34.69	23.13	91.25
合计	1599	—	78.38	—	441	—	21.62	—	2040	—	29.16	—
2011—2015年均值	79.8	—	—	100.00	25.4	—	—	100.00	105.2	—	—	100.00

年份	长三角地区											
	上海				其他				小计			
	项目数	同比增长（%）	占比（%）	指数	项目数	同比增长（%）	占比（%）	指数	项目数	同比增长（%）	占比（%）	指数
2005	5	—	50.00	11.21	5	—	50.00	9.88	10	—	19.23	10.50
2006	11	120.00	64.71	24.66	6	20.00	35.29	11.86	17	70.00	27.87	17.86

续表

| 年份 | 长三角地区 | | | | | | | | | | | |
| | 上海 | | | | 其他 | | | | 小计 | | | |
	项目数	同比增长（%）	占比（%）	指数	项目数	同比增长（%）	占比（%）	指数	项目数	同比增长（%）	占比（%）	指数
2007	5	-54.55	38.46	11.21	8	33.33	61.54	15.81	13	-23.53	16.05	13.66
2008	5	0.00	27.78	11.21	13	62.50	72.22	25.69	18	38.46	25.71	18.91
2009	6	20.00	21.43	13.45	22	69.23	78.57	43.48	28	55.56	26.42	29.41
2010	9	50.00	28.13	20.18	23	4.55	71.88	45.45	32	14.29	28.07	33.61
2011	16	77.78	34.04	35.87	31	34.78	65.96	61.26	47	46.88	29.01	49.37
2012	16	0.00	30.19	35.87	37	19.35	69.81	73.12	53	12.77	27.89	55.67
2013	20	25.00	29.85	44.84	47	27.03	70.15	92.89	67	26.42	28.39	70.38
2014	58	190.00	55.77	130.04	46	-2.13	44.23	90.91	104	55.22	31.80	109.24
2015	113	94.83	55.12	253.36	92	100.00	44.88	181.82	205	97.12	35.10	215.34
2016	152	34.51	46.63	340.81	174	89.13	53.37	343.87	326	59.02	36.84	342.44
2017	135	-11.18	44.41	302.69	169	-2.87	55.59	333.99	304	-6.75	35.85	319.33
2018	169	25.19	46.17	378.92	197	16.57	53.83	389.33	366	20.39	38.01	384.45
2019	122	-27.81	40.94	273.54	176	-10.66	59.06	347.83	298	-18.58	40.16	313.03
2020	94	-22.95	42.53	210.76	127	-27.84	57.47	250.99	221	-25.84	37.52	232.14
2021	107	13.83	45.92	239.91	126	-0.79	54.08	249.01	233	5.43	40.88	244.75
2022	85	-20.56	49.42	190.58	87	-30.95	50.58	171.94	172	-26.18	41.45	180.67
合计	1128	—	44.87	—	1386	—	55.13	—	2514	—	35.94	—
2011—2015年均值	44.6	—	—	100.00	50.6	—	—	100.00	95.2	—	—	100.00

| 年份 | 珠三角地区 | | | | | | | | | | | |
| | 广东 | | | | 其他 | | | | 小计 | | | |
	项目数	同比增长（%）	占比（%）	指数	项目数	同比增长（%）	占比（%）	指数	项目数	同比增长（%）	占比（%）	指数
2005	11	—	73.33	23.91	4	—	26.67	23.26	15	—	28.85	23.73
2006	15	36.36	88.24	32.61	2	-50.00	11.76	11.63	17	13.33	27.87	26.90

年份	珠三角地区											
	广东				其他				小计			
	项目数	同比增长（%）	占比（%）	指数	项目数	同比增长（%）	占比（%）	指数	项目数	同比增长（%）	占比（%）	指数
2007	12	-20.00	63.16	26.09	7	250.00	36.84	40.70	19	11.76	23.46	30.06
2008	17	41.67	94.44	36.96	1	-85.71	5.56	5.81	18	-5.26	25.71	28.48
2009	8	-52.94	50.00	17.39	8	700.00	50.00	46.51	16	-11.11	15.09	25.32
2010	21	162.50	72.41	45.65	8	0.00	27.59	46.51	29	81.25	25.44	45.89
2011	21	0.00	58.33	45.65	15	87.50	41.67	87.21	36	24.14	22.22	56.96
2012	29	38.10	74.36	63.04	10	-33.33	25.64	58.14	39	8.33	20.53	61.71
2013	41	41.38	68.33	89.13	19	90.00	31.67	110.47	60	53.85	25.42	94.94
2014	50	21.95	79.37	108.70	13	-31.58	20.63	75.58	63	5.00	19.27	99.68
2015	89	78.00	75.42	193.48	29	123.08	24.58	168.60	118	87.30	20.21	186.71
2016	140	57.30	74.47	304.35	48	65.52	25.53	279.07	188	59.32	21.24	297.47
2017	155	10.71	82.89	336.96	32	-33.33	17.11	186.05	187	-0.53	22.05	295.89
2018	175	12.90	78.13	380.43	49	53.13	21.88	284.88	224	19.79	23.26	354.43
2019	143	-18.29	83.63	310.87	28	-42.86	16.37	162.79	171	-23.66	23.05	270.57
2020	128	-10.49	78.53	278.26	35	25.00	21.47	203.49	163	-4.68	27.67	257.91
2021	99	-22.66	75.57	215.22	32	-8.57	24.43	186.05	131	-19.63	22.98	207.28
2022	91	-8.08	79.13	197.83	24	-25.00	20.87	139.53	115	-12.21	27.71	181.96
合计	1245	—	77.38	—	364	—	22.62	—	1609	—	23.00	—
2011—2015年均值	46	—	—	100.00	17.2	—	—	100.00	63.2	—	—	100.00

年份	中部地区											
	华北东北				中原华中				小计			
	项目数	同比增长（%）	占比（%）	指数	项目数	同比增长（%）	占比（%）	指数	项目数	同比增长（%）	占比（%）	指数
2005	1	—	16.67	22.73	5	—	83.33	29.41	6	—	11.54	28.04
2006	1	0.00	25.00	22.73	3	-40.00	75.00	17.65	4	-33.33	6.56	18.69

续表

年份	中部地区											
	华北东北				中原华中				小计			
	项目数	同比增长（%）	占比（%）	指数	项目数	同比增长（%）	占比（%）	指数	项目数	同比增长（%）	占比（%）	指数
2007	3	200.00	30.00	68.18	7	133.33	70.00	41.18	10	150.00	12.35	46.73
2008	2	-33.33	40.00	45.45	3	-57.14	60.00	17.65	5	-50.00	7.14	23.36
2009	2	0.00	25.00	45.45	6	100.00	75.00	35.29	8	60.00	7.55	37.38
2010	4	100.00	40.00	90.91	6	0.00	60.00	35.29	10	25.00	8.77	46.73
2011	0	-100.00	0.00	0.00	10	66.67	100.00	58.82	10	0.00	6.17	46.73
2012	9	—	34.62	204.55	17	70.00	65.38	100.00	26	160.00	13.68	121.50
2013	4	-55.56	33.33	90.91	8	-52.94	66.67	47.06	12	-53.85	5.08	56.07
2014	3	-25.00	11.11	68.18	24	200.00	88.89	141.18	27	125.00	8.26	126.17
2015	6	100.00	18.75	136.36	26	8.33	81.25	152.94	32	18.52	5.48	149.53
2016	17	183.33	25.76	386.36	49	88.46	74.24	288.24	66	106.25	7.46	308.41
2017	13	-23.53	21.31	295.45	48	-2.04	78.69	282.35	61	-7.58	7.19	285.05
2018	15	15.38	25.00	340.91	45	-6.25	75.00	264.71	60	-1.64	6.23	280.37
2019	7	-53.33	15.91	159.09	37	-17.78	84.09	217.65	44	-26.67	5.93	205.61
2020	3	-57.14	12.50	68.18	21	-43.24	87.50	123.53	24	-45.45	4.07	112.15
2021	9	200.00	24.32	204.55	28	33.33	75.68	164.71	37	54.17	6.49	172.90
2022	3	-66.67	18.75	68.18	13	-53.57	81.25	76.47	16	-56.76	3.86	74.77
合计	102	—	22.27	—	356	—	77.73	—	458	—	6.55	—
2011—2015年均值	4.4	—	—	100.00	17	—	—	100.00	21.4	—	—	100.00

年份	西部地区											
	西北				西南				小计			
	项目数	同比增长（%）	占比（%）	指数	项目数	同比增长（%）	占比（%）	指数	项目数	同比增长（%）	占比（%）	指数
2005	2	—	50.00	38.46	2	—	50.00	20.83	4	—	7.69	27.03
2006	1	-50.00	12.50	19.23	7	250.00	87.50	72.92	8	100.00	13.11	54.05

年份	西部地区											
	西北				西南				小计			
	项目数	同比增长（%）	占比（%）	指数	项目数	同比增长（%）	占比（%）	指数	项目数	同比增长（%）	占比（%）	指数
2007	0	−100.00	0.00	0.00	4	−42.86	100.00	41.67	4	−50.00	4.94	27.03
2008	2	—	22.22	38.46	7	75.00	77.78	72.92	9	125.00	12.86	60.81
2009	4	100.00	33.33	76.92	8	14.29	66.67	83.33	12	33.33	11.32	81.08
2010	0	−100.00	0.00	0.00	7	−12.50	100.00	72.92	7	−41.67	6.14	47.30
2011	4	—	33.33	76.92	8	14.29	66.67	83.33	12	71.43	7.41	81.08
2012	3	−25.00	30.00	57.69	7	−12.50	70.00	72.92	10	−16.67	5.26	67.57
2013	4	33.33	30.77	76.92	9	28.57	69.23	93.75	13	30.00	5.51	87.84
2014	5	25.00	41.67	96.15	7	−22.22	58.33	72.92	12	−7.69	3.67	81.08
2015	10	100.00	37.04	192.31	17	142.86	62.96	177.08	27	125.00	4.62	182.43
2016	16	60.00	36.36	307.69	28	64.71	63.64	291.67	44	62.96	4.97	297.30
2017	18	12.50	36.00	346.15	32	14.29	64.00	333.33	50	13.64	5.90	337.84
2018	14	−22.22	26.92	269.23	38	18.75	73.08	395.83	52	4.00	5.40	351.35
2019	9	−35.71	23.68	173.08	29	−23.68	76.32	302.08	38	−26.92	5.12	256.76
2020	8	−11.11	23.53	153.85	26	−10.34	76.47	270.83	34	−10.53	5.77	229.73
2021	3	−62.50	13.64	57.69	19	−26.92	86.36	197.92	22	−35.29	3.86	148.65
2022	7	133.33	43.75	134.62	9	−52.63	56.25	93.75	16	−27.27	3.86	108.11
合计	110	—	29.41	—	264	—	70.59	—	374	—	5.35	—
2011—2015 年均值	5.2	—	—	100.00	9.6	—	—	100.00	14.8	—	—	100.00

年份	总计			
	项目数	同比增长（%）	占比（%）	指数
2005	52	—	100.00	17.34
2006	61	17.31	100.00	20.34
2007	81	32.79	100.00	27.01
2008	70	−13.58	100.00	23.34

年份	总计			
	项目数	同比增长（%）	占比（%）	指数
2009	106	51.43	100.00	35.35
2010	114	7.55	100.00	38.01
2011	162	42.11	100.00	54.02
2012	190	17.28	100.00	63.36
2013	236	24.21	100.00	78.70
2014	327	38.56	100.00	109.04
2015	584	78.59	100.00	194.74
2016	885	51.54	100.00	295.11
2017	848	−4.18	100.00	282.78
2018	963	13.56	100.00	321.12
2019	742	−22.95	100.00	247.43
2020	589	−20.62	100.00	196.41
2021	570	−3.23	100.00	190.07
2022	415	−27.19	100.00	138.39
合计	6995	—	—	100.00
2011—2015 年均值	299.8	—	100.00	—

注：此处存在重复统计问题，故总计部分与表3-1-1、表3-1-2所示不一致，重复统计的处理方式与第二章相应部分的处理一致，详见表2-2-1脚注。

二、民营企业并购金额在来源地的分布

如 2005—2022 年中国民营企业并购 OFDI 金额表所示，为了进一步明晰我国民营企业对外并购直接投资活动的来源地特征，本书将对外并购直接投资活动来源地分为环渤海地区、长三角地区、珠三角地区、中部地区、西部地区。按照并购 OFDI 项目金额累积量排名，在 2005—2022 年间，我国民营企业对外并购直接投资活动主要集中在环渤海地区，累计对外直接投资项目金额为 3813.98 亿美元，占比 37.10%；其次是长三角地区，累计对外直接投资项目金额为 3288.77 亿美元，占比 31.99%；再次是珠三角地区，累计对外

直接投资项目金额为 2405.39 亿美元，占比 23.40%；复次是中部地区，累计对外直接投资项目金额为 476.63 亿美元，占比 4.64%；最后是西部地区，累计对外直接投资项目金额为 294.46 亿美元，占比 2.86%。

从 2005—2022 年中国民营企业并购 OFDI 金额来源地别图表可以看出，在 2005—2022 年间，来自环渤海地区的京津冀的 OFDI 金额在 2018 年出现最显著的缩减，从 619.51 亿美元缩减到 231.23 亿美元。来自环渤海地区中的京津冀的 OFDI 在 2005—2022 年 18 年间民营企业对外直接投资项目金额指数波动程度最大。总体来看，来自环渤海地区的民营企业对外直接投资金额集中来自京津冀地区，2005—2022 年的平均占比为 86.60%。总体来看，来自长三角地区的民营企业对外直接投资金额集中来自其他地区，2005—2022 年的平均占比为 53.13%。

表 3-2-2　中国民营企业并购投资金额在不同投资来源地的分布及指数汇总表

（单位：百万美元）

年份	环渤海地区											
	京津冀				其他				小计			
	金额	同比增长(%)	占比(%)	指数	全额	同比增长(%)	占比(%)	指数	金额	同比增长(%)	占比(%)	指数
2005	101.82	—	99.36	0.38	0.66	—	0.64	0.05	102.48	—	45.42	0.36
2006	895.23	779.23	96.71	3.32	30.50	4521.21	3.29	2.20	925.73	803.33	26.15	3.26
2007	542.35	-39.42	51.22	2.01	516.58	1593.70	48.78	37.33	1058.93	14.39	7.12	3.73
2008	424.82	-21.67	45.89	1.57	500.83	-3.05	54.11	36.19	925.65	-12.59	12.94	3.26
2009	791.23	86.25	61.26	2.93	500.42	-0.08	38.74	36.16	1291.65	39.54	49.53	4.55
2010	486.94	-38.46	48.30	1.81	521.32	4.18	51.70	37.67	1008.26	-21.94	5.75	3.56
2011	4556.60	835.76	87.59	16.89	645.73	23.86	12.41	46.66	5202.33	415.97	33.95	18.35
2012	4733.62	3.88	83.70	17.55	921.72	42.74	16.30	66.61	5655.34	8.71	51.75	19.94
2013	13316.12	181.31	98.19	49.37	245.77	-73.34	1.81	17.76	13561.89	139.81	35.77	47.82
2014	27523.17	106.69	95.67	102.04	1244.32	406.29	4.33	89.92	28767.49	112.12	36.22	101.44
2015	84740.14	207.89	95.64	314.16	3861.73	210.35	4.36	279.06	88601.87	207.99	50.29	312.44

续表

年份	环渤海地区											
	京津冀				其他				小计			
	金额	同比增长（%）	占比（%）	指数	金额	同比增长（%）	占比（%）	指数	金额	同比增长（%）	占比（%）	指数
2016	52024.05	-38.61	90.64	192.87	5374.51	39.17	9.36	388.37	57398.56	-35.22	34.72	202.41
2017	61950.59	19.08	91.04	229.67	6093.51	13.38	8.96	440.33	68044.10	18.55	42.44	239.95
2018	23122.93	-62.68	80.62	85.72	5557.49	-8.80	19.38	401.60	28680.42	-57.85	26.98	101.14
2019	23989.29	3.75	75.72	88.94	7690.75	38.39	24.28	555.75	31680.04	10.46	46.56	111.72
2020	4608.04	-80.79	26.40	17.08	12845.96	67.03	73.60	928.27	17454.00	-44.91	22.13	61.55
2021	20840.48	352.26	82.66	77.26	4371.89	-65.97	17.34	315.92	25212.37	44.45	42.38	88.91
2022	5642.56	-72.92	96.84	20.92	184.17	-95.79	3.16	13.31	5826.73	-76.89	24.43	20.55
合计	330289.98	—	86.60	—	51107.86	—	13.40	—	381397.84	—	37.10	—
2011—2015年均值	26973.93	—	—	100.00	1383.85	—	—	100.00	28357.78	—	—	100.00

年份	长三角地区											
	上海				其他				小计			
	金额	同比增长（%）	占比（%）	指数	金额	同比增长（%）	占比（%）	指数	金额	同比增长（%）	占比（%）	指数
2005	0.00	—	0.00	0.00	4.00	—	100.00	0.04	4.00	—	1.77	0.02
2006	85.85	—	92.57	1.08	6.89	72.25	7.43	0.07	92.74	2218.50	2.62	0.54
2007	26.50	-69.13	14.60	0.33	155.02	2149.93	85.40	1.69	181.52	95.73	1.22	1.06
2008	38.56	45.51	9.67	0.49	360.39	132.48	90.33	3.92	398.95	119.78	5.58	2.33
2009	62.23	61.38	11.37	0.78	485.32	34.67	88.63	5.28	547.55	37.25	21.00	3.19
2010	157.52	153.13	7.35	1.98	1986.56	309.33	92.65	21.60	2144.08	291.58	12.22	12.50
2011	2658.45	1587.69	58.62	33.44	1876.98	-5.52	41.38	20.41	4535.43	111.53	29.60	26.45
2012	800.19	-69.90	27.22	10.07	2139.71	14.00	72.78	23.26	2939.90	-35.18	26.90	17.14
2013	9040.43	1029.79	62.75	113.72	5366.99	150.83	37.25	58.35	14407.42	390.06	38.00	84.02
2014	11984.14	32.56	77.58	150.75	3462.74	-35.48	22.42	37.64	15446.88	7.21	19.45	90.08

续表

年份	长三角地区											
	上海				其他				小计			
	金额	同比增长(%)	占比(%)	指数	金额	同比增长(%)	占比(%)	指数	金额	同比增长(%)	占比(%)	指数
2015	15266.39	27.39	31.53	192.03	33146.65	857.24	68.47	360.34	48413.04	213.42	27.48	282.32
2016	31723.23	107.80	53.60	399.04	27463.90	−17.14	46.40	298.57	59187.13	22.25	35.80	345.14
2017	32726.44	3.16	61.45	411.66	20530.52	−25.25	38.55	223.19	53256.96	−10.02	33.22	310.56
2018	23365.59	−28.60	51.41	293.91	22081.00	7.55	48.59	240.05	45446.59	−14.67	42.75	265.02
2019	14806.38	−36.63	63.55	186.25	8493.95	−61.53	36.45	92.34	23300.33	−48.73	34.24	135.87
2020	4726.70	−68.08	11.33	59.46	36978.67	335.35	88.67	402.00	41705.37	78.99	52.88	243.20
2021	2156.43	−54.38	23.00	27.13	7220.93	−80.47	77.00	78.50	9377.36	−77.52	15.76	54.68
2022	4531.15	110.12	60.48	57.00	2960.99	−58.99	39.52	32.19	7492.14	−20.10	31.41	43.69
合计	154156.18	—	46.87	—	174721.21	—	53.13	—	328877.39	—	31.99	—
2011—2015年均值	7949.92	—	—	100.00	9198.61	—	—	100.00	17148.53	—	—	100.00

年份	珠三角地区											
	广东				其他				小计			
	金额	同比增长(%)	占比(%)	指数	金额	同比增长(%)	占比(%)	指数	金额	同比增长(%)	占比(%)	指数
2005	27.61	—	100.00	0.37	0.00	—	0.00	0.00	27.61	—	12.24	0.19
2006	2441.53	8742.92	100.00	32.70	0.00	—	0.00	0.00	2441.53	8742.92	68.97	16.82
2007	13383.21	448.15	100.00	179.25	0.00	—	0.00	0.00	13383.21	448.15	90.00	92.22
2008	5487.17	−59.00	100.00	73.49	0.00	—	0.00	0.00	5487.17	−59.00	76.70	37.81
2009	290.79	−94.70	85.52	3.89	49.22	—	14.48	0.70	340.01	−93.80	13.04	2.34
2010	14040.44	4728.38	99.43	188.05	80.80	64.16	0.57	1.15	14121.24	4053.18	80.47	97.30
2011	369.16	−97.37	7.28	4.94	4699.08	5715.69	92.72	66.68	5068.24	−64.11	33.08	34.92
2012	608.57	64.85	77.09	8.15	180.82	−96.15	22.91	2.57	789.39	−84.42	7.22	5.44
2013	5521.84	807.35	60.24	73.96	3644.40	1915.49	39.76	51.72	9166.24	1061.18	24.18	63.16

续表

年份	珠三角地区											
	广东				其他				小计			
	金额	同比增长（%）	占比（%）	指数	金额	同比增长（%）	占比（%）	指数	金额	同比增长（%）	占比（%）	指数
2014	4755.15	-13.88	19.45	63.69	19694.11	440.39	80.55	279.48	24449.26	166.73	30.79	168.46
2015	26076.31	448.38	78.80	349.26	7015.61	-64.38	21.20	99.56	33091.92	35.35	18.78	228.02
2016	13885.02	-46.75	40.01	185.97	20817.18	196.73	59.99	295.41	34702.20	4.87	20.99	239.11
2017	10230.33	-26.32	45.72	137.02	12143.30	-41.67	54.28	172.32	22373.63	-35.53	13.96	154.16
2018	15494.27	51.45	82.62	207.53	3259.71	-73.16	17.38	46.26	18753.98	-16.18	17.64	129.22
2019	9235.08	-40.40	93.16	123.69	678.38	-79.19	6.84	9.63	9913.46	-47.14	14.57	68.31
2020	16081.59	74.14	89.24	215.39	1938.86	185.81	10.76	27.51	18020.45	81.78	22.85	124.17
2021	18931.12	17.72	91.31	253.56	1800.76	-7.12	8.69	25.55	20731.88	15.05	34.85	142.85
2022	5861.32	-69.04	76.34	78.50	1816.61	0.88	23.66	25.78	7677.93	-62.97	32.19	52.90
合计	162720.51	—	67.65	—	77818.84	—	32.35	—	240539.35	—	23.40	—
2011—2015年均值	7466.21	—	—	100.00	7046.80	—	—	100.00	14513.01	—	—	100.00

年份	中部地区											
	华北东北				中原华中				小计			
	金额	同比增长（%）	占比（%）	指数	金额	同比增长（%）	占比（%）	指数	金额	同比增长（%）	占比（%）	指数
2005	0.00	—	0.00	0.00	64.56	—	100.00	4.69	64.56	—	28.61	4.05
2006	6.70	—	100.00	3.04	0.00	-100.00	0.00	0.00	6.70	-89.62	0.19	0.42
2007	27.68	313.13	11.83	12.56	206.26	—	88.17	15.00	233.94	3391.64	1.57	14.66
2008	16.01	-42.16	13.52	7.27	102.45	-50.33	86.48	7.45	118.46	-49.36	1.66	7.42
2009	15.00	-6.31	14.83	6.81	86.18	-15.88	85.17	6.27	101.18	-14.59	3.88	6.34
2010	43.43	189.53	31.07	19.71	96.33	11.78	68.93	7.00	139.76	38.13	0.80	8.76
2011	0.00	-100.00	0.00	0.00	157.16	63.15	100.00	11.43	157.16	12.45	1.03	9.85
2012	673.45	—	83.20	305.69	136.00	-13.46	16.80	9.89	809.45	415.05	7.41	50.73
2013	256.76	-61.87	62.36	116.55	154.98	13.96	37.64	11.27	411.74	-49.13	1.09	25.80

续表

年份	中部地区											
	华北东北				中原华中				小计			
	金额	同比增长(%)	占比(%)	指数	金额	同比增长(%)	占比(%)	指数	金额	同比增长(%)	占比(%)	指数
2014	9.75	-96.20	0.74	4.43	1301.91	740.05	99.26	94.67	1311.66	218.57	1.65	82.21
2015	161.57	1557.13	3.06	73.34	5126.35	293.76	96.94	372.75	5287.92	303.15	3.00	331.41
2016	4474.65	2669.48	38.14	2031.11	7257.30	41.57	61.86	527.70	11731.95	121.86	7.10	735.28
2017	1650.16	-63.12	14.49	749.03	9734.41	34.13	85.51	707.81	11384.57	-2.96	7.10	713.50
2018	1835.59	11.24	25.46	833.20	5374.41	-44.79	74.54	390.79	7210.00	-36.67	6.78	451.87
2019	114.05	-93.79	4.29	51.77	2541.47	-52.71	95.71	184.80	2655.52	-63.17	3.90	166.43
2020	265.88	133.13	30.55	120.69	604.53	-76.21	69.45	43.96	870.41	-67.22	1.10	54.55
2021	672.95	153.10	22.29	305.46	2345.80	288.04	77.71	170.57	3018.75	246.82	5.07	189.19
2022	68.57	-89.81	3.19	31.12	2080.48	-11.31	96.81	151.28	2149.05	-28.81	9.01	134.69
合计	10292.20	—	21.59	—	37370.58	—	78.41	—	47662.78	—	4.64	—
2011—2015年均值	220.31	—	—	100.00	1375.28	—	—	100.00	1595.59	—	—	100.00

年份	西部地区											
	西北				西南				小计			
	金额	同比增长(%)	占比(%)	指数	金额	同比增长(%)	占比(%)	指数	金额	同比增长(%)	占比(%)	指数
2005	13.59	—	50.37	6.42	13.39	—	49.63	0.63	26.98	—	11.96	1.15
2006	0.00	-100.00	0.00	0.00	73.14	446.23	100.00	3.43	73.14	171.09	2.07	3.12
2007	0.00	—	0.00	0.00	13.39	-81.69	100.00	0.63	13.39	-81.69	0.09	0.57
2008	0.00	—	0.00	0.00	223.58	1569.75	100.00	10.50	223.58	1569.75	3.13	9.55
2009	58.12	—	17.74	27.44	269.47	20.53	82.26	12.65	327.59	46.52	12.56	13.99
2010	0.00	-100.00	0.00	0.00	135.63	-49.67	100.00	6.37	135.63	-58.60	0.77	5.79
2011	272.04	—	75.72	128.44	87.24	-35.68	24.28	4.10	359.28	164.90	2.34	15.35
2012	100.89	-62.91	13.75	47.63	633.09	625.69	86.25	29.73	733.98	104.29	6.72	31.35
2013	78.34	-22.35	21.28	36.99	289.85	-54.22	78.72	13.61	368.19	-49.84	0.97	15.73

续表

年份	西部地区											
	西北				西南				小计			
	金额	同比增长（%）	占比（%）	指数	金额	同比增长（%）	占比（%）	指数	金额	同比增长（%）	占比（%）	指数
2014	51.43	−34.35	0.54	24.28	9392.07	3140.32	99.46	441.07	9443.50	2464.84	11.89	403.37
2015	556.31	981.68	69.46	262.66	244.55	−97.40	30.54	11.48	800.86	−91.52	0.45	34.21
2016	367.55	−33.93	16.06	173.53	1921.45	685.71	83.94	90.24	2289.00	185.82	1.38	97.77
2017	386.56	5.17	7.35	182.51	4874.72	153.70	92.65	228.93	5261.28	129.85	3.28	224.73
2018	669.15	73.10	10.76	315.93	5548.10	13.81	89.24	260.55	6217.25	18.17	5.85	265.56
2019	209.73	−68.66	42.67	99.02	281.84	−94.92	57.33	13.24	491.57	−92.09	0.72	21.00
2020	113.59	−45.84	13.88	53.63	704.49	149.96	86.12	33.08	818.08	66.42	1.04	34.94
2021	514.15	352.64	44.60	242.75	638.75	−9.33	55.40	30.00	1152.90	40.93	1.94	49.24
2022	89.35	−82.62	12.60	42.19	620.09	−2.92	87.40	29.12	709.44	−38.46	2.97	30.30
合计	3480.80	—	11.82	—	25964.84		88.18	—	29445.64	—	2.86	—
2011—2015年均值	211.80	—	—	100.00	2129.36	—	—	100.00	2341.16	—	—	100.00

年份	总计			
	金额	同比增长（%）	占比（%）	指数
2005	225.63	—	100.00	0.35
2006	3539.84	1468.87	100.00	5.49
2007	14870.99	320.10	100.00	23.07
2008	7153.81	−51.89	100.00	11.10
2009	2607.98	−63.54	100.00	4.05
2010	17548.97	572.90	100.00	27.22
2011	15322.44	−12.69	100.00	23.77
2012	10928.06	−28.68	100.00	16.95
2013	37915.48	246.96	100.00	58.81
2014	79418.79	109.46	100.00	123.20
2015	176195.61	121.86	100.00	273.32

续表

年份	总计			
	金额	同比增长（%）	占比（%）	指数
2016	165308.84	-6.18	100.00	256.43
2017	160320.54	-3.02	100.00	248.69
2018	106308.24	-33.69	100.00	164.91
2019	68040.92	-36.00	100.00	105.55
2020	78868.31	15.91	100.00	122.34
2021	59493.26	-24.57	100.00	92.29
2022	23855.29	-59.90	100.00	37.00
合计	1027923.00	——	100.00	——
2011—2015年均值	63956.08	——	——	100.00

注：此处存在重复统计问题，故总计部分与表3-1-1、表3-1-2所示不一致，重复统计的处理方式与第二章相应部分的处理一致，详见表2-2-1脚注。

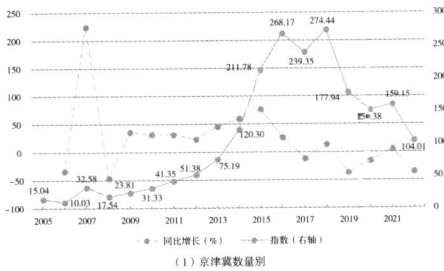

（1）京津冀数量别

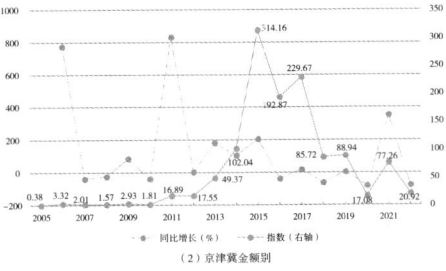

（2）京津冀金额别

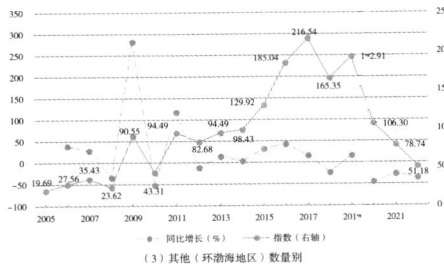

（3）其他（环渤海地区）数量别

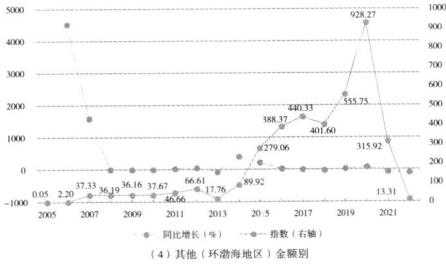

（4）其他（环渤海地区）金额别

（5）环渤海地区小计别数量别

（6）环渤海地区小计金额别

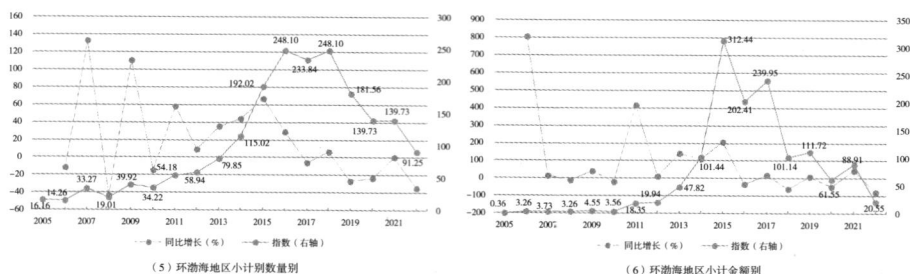

图 3-2-1　2005—2022 年环渤海地区民营样企业并购投资项目数量和金额指数变化图

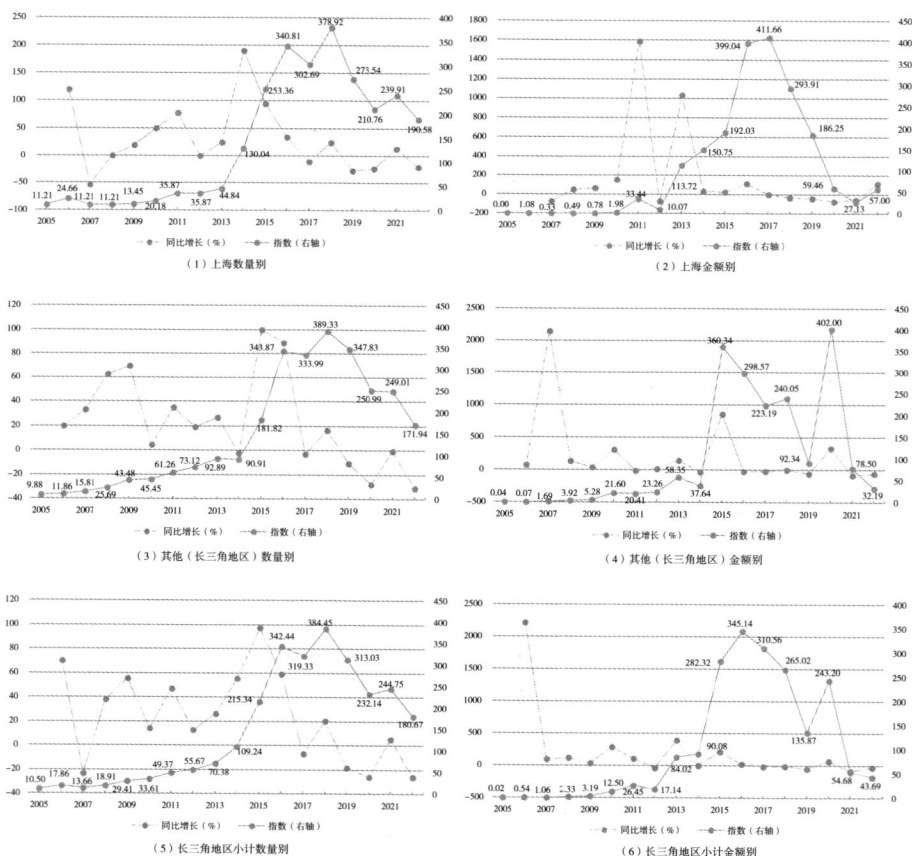

（1）上海数量别

（2）上海金额别

（3）其他（长三角地区）数量别

（4）其他（长三角地区）金额别

（5）长三角地区小计数量别

（6）长三角地区小计金额别

图 3-2-2　2005—2022 年长三角地区民营企业并购投资项目数量和金额指数变化图

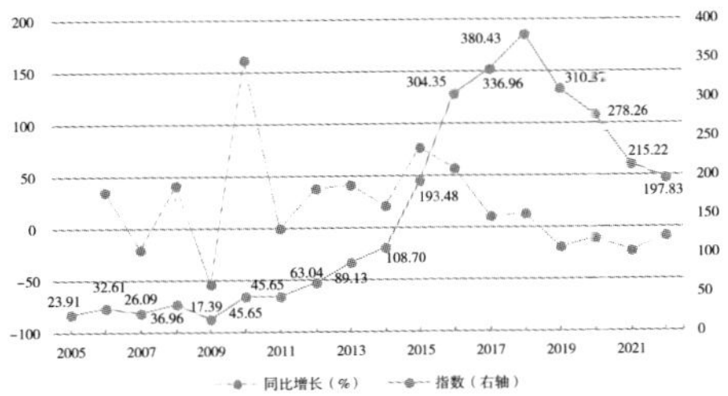

（1）广东数量别

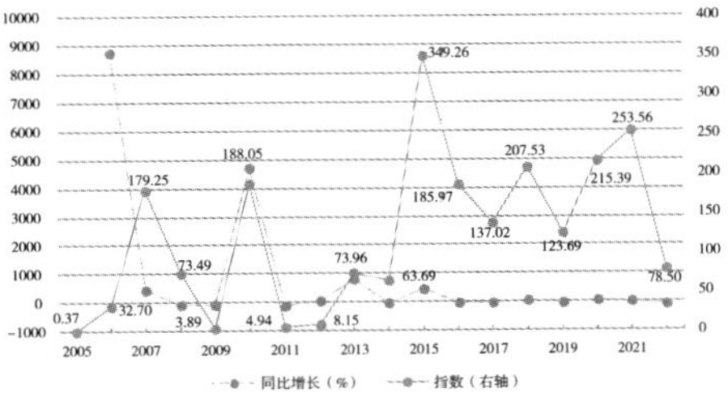

（2）广东金额别

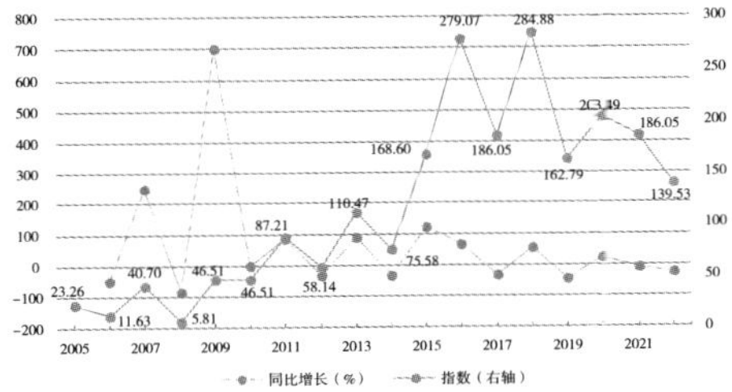

（3）其他（珠三角地区）数量别

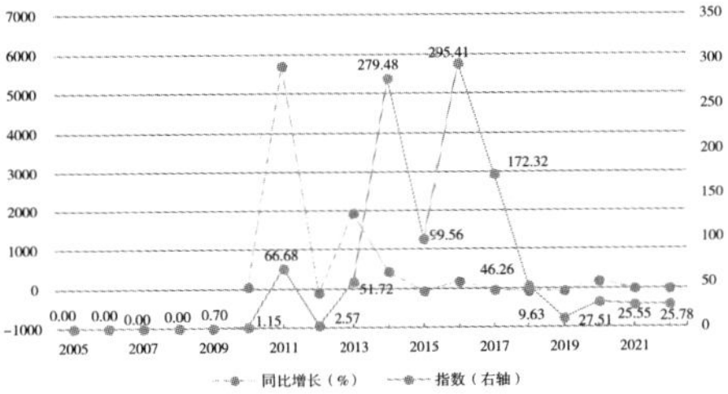

（4）其他（珠三角地区）金额别

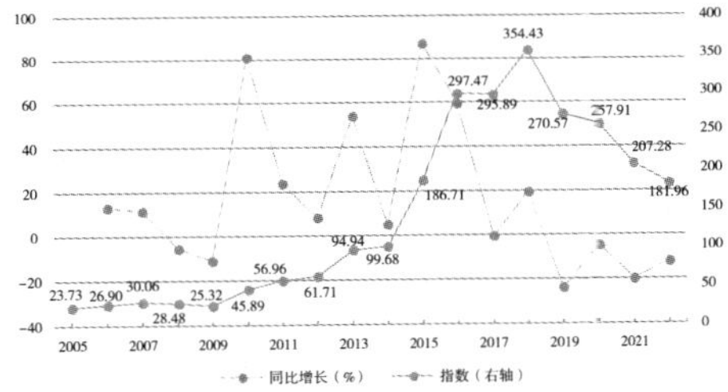

（5）珠三角地区小计数量别

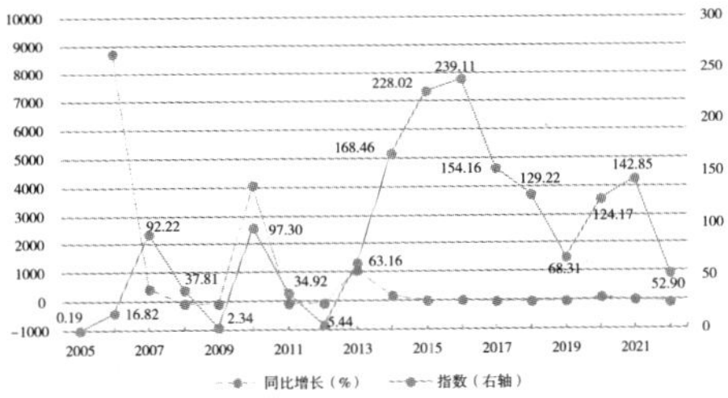

（6）珠三角地区小计金额别

图 3-2-3　2005—2022 年珠三角地区民营企业并购投资项目数量和金额指数变化图

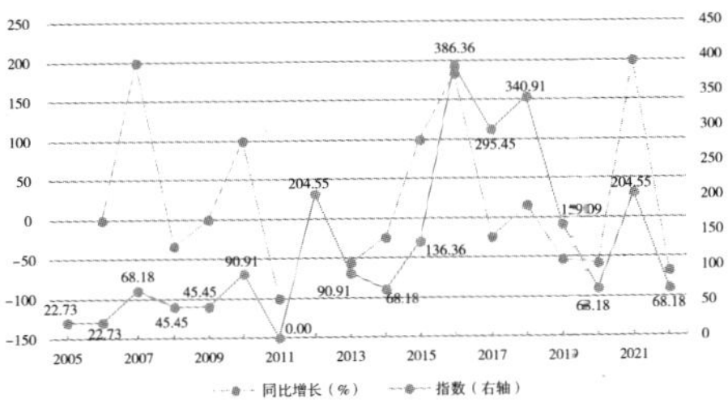

（1）华北东北数量别

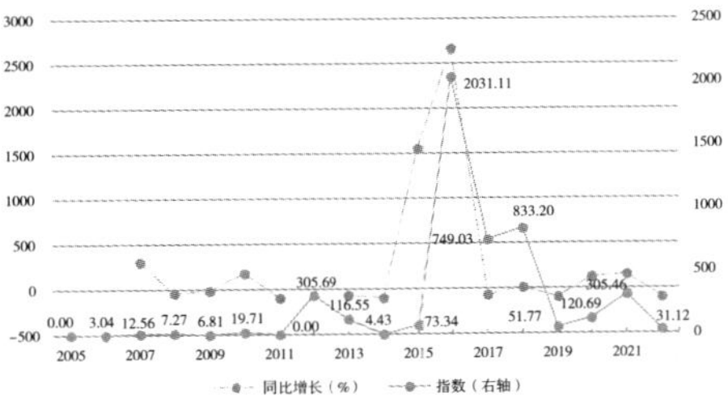

（2）华北东北金额别

（3）中原华中数量别

（4）中原华中金额别

（5）中部地区小计数量别

（6）中部地区小计金额别

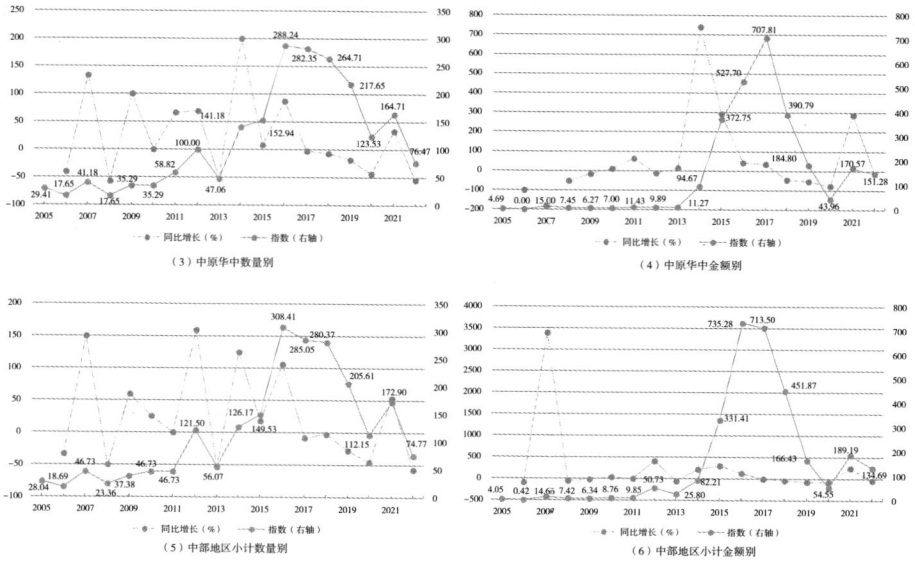

图 3-2-4　2005—2022 年中部地区民营企业并购投资项目数量和金额指数变化图

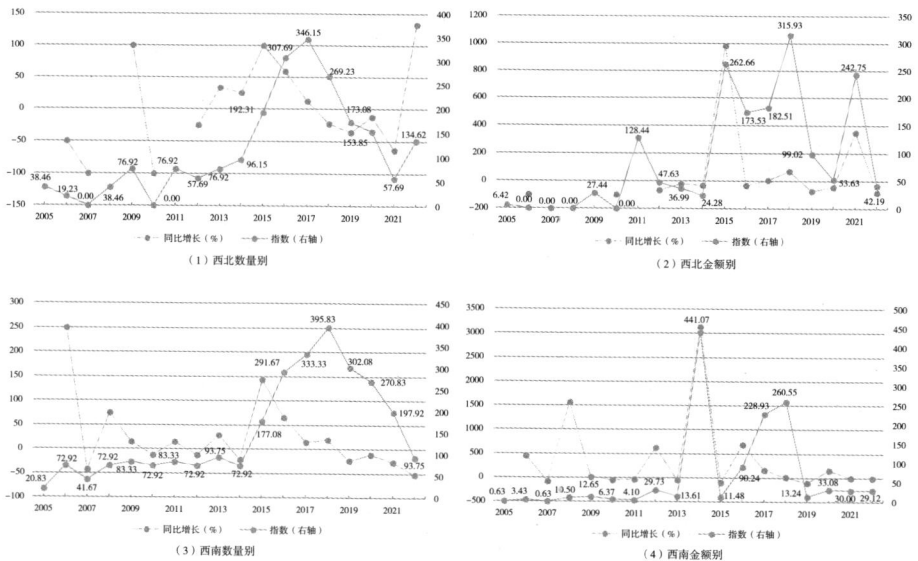

（1）西北数量别

（2）西北金额别

（3）西南数量别

（4）西南金额别

（5）西部地区小计数量别

（6）西部地区小计金额别

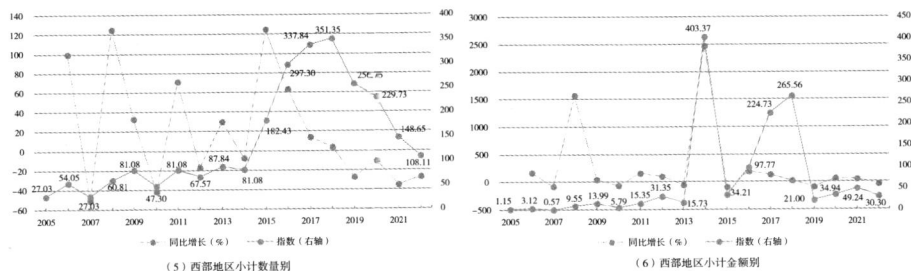

图 3-2-5　2005—2022 年西部地区民营企业并购投资项目数量和金额指数变化图

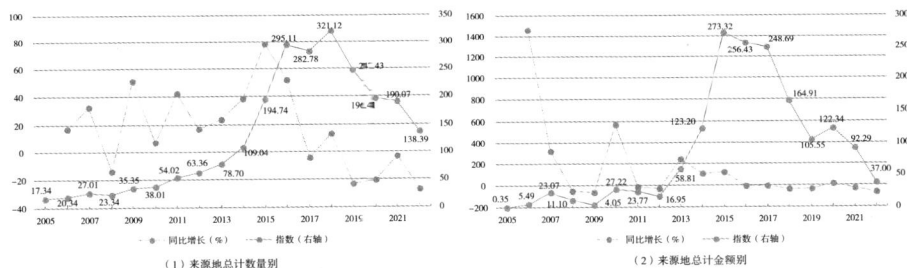

（1）来源地总计数量别

（2）来源地总计金额别

图 3-2-6　2005—2022 年来源地民营企业并购投资项目数量和金额指数变化图

第三节　民营企业对外并购投资
标的国（地区）别指数

本节对中国民营企业对外并购投资项目数量与金额规模按照投资标的国（地区）进行划分，其中根据标的国（地区）的经济发展水平不同，将标的国（地区）分为发达经济体、发展中经济体和转型经济体三大类型。

一、民营企业并购项目数量在标的国（地区）的分布

如 2005—2022 年中国民营企业并购 OFDI 数量表所示，为了进一步明晰我国民营企业对外并购直接投资活动的来源地特征，本书将对外并购直接投资活动标的国（地区）分为发达经济体、发展中经济体、转型经济体。按照并购 OFDI 项目数量累积量排名，我国民营企业对外直接投资活

动主要集中在发达经济体，累计对外直接投资项目数量为 7240 件，占比 85.83%；排在第二是发展中经济体，累计对外直接投资项目数量为 1050 件，占比 12.45%；排在第三的是转型经济体，累计对外直接投资项目数量为 145 件，占比 1.72%。

表 3-3-1　中国民营企业并购投资项目数量在不同经济体的分布及指数汇总表

（单位：件）

年份	发达经济体							
	欧洲				北美洲			
	项目数	同比增长（%）	占比（%）	指数	项目数	同比增长（%）	占比（%）	指数
2005	16	—	20.78	20.94	7	—	9.09	9.92
2006	10	-37.50	10.42	13.09	17	142.86	17.71	24.08
2007	14	40.00	11.86	18.32	21	23.53	17.80	29.75
2008	21	50.00	11.05	27.49	14	-33.33	7.37	19.83
2009	18	-14.29	10.98	23.56	20	42.86	12.20	28.33
2010	14	-22.22	6.73	18.32	25	25.00	12.02	35.41
2011	36	157.14	16.07	47.12	34	36.00	15.18	48.16
2012	63	75.00	25.82	82.46	40	17.65	16.39	56.66
2013	60	-4.76	21.20	78.53	51	27.50	18.02	72.24
2014	96	60.00	24.49	125.65	101	98.04	25.77	143.06
2015	127	32.29	21.24	166.23	127	25.74	21.24	179.89
2016	178	40.16	20.48	232.98	199	56.69	22.90	281.87
2017	160	-10.11	20.36	209.42	170	-14.57	21.63	240.79
2018	149	-6.88	16.67	195.03	196	15.29	21.92	277.62
2019	130	-12.75	18.60	170.16	131	-33.16	18.74	185.55
2020	86	-33.85	15.41	112.57	106	-19.08	19.00	150.14
2021	95	10.47	17.34	124.35	94	-11.32	17.15	133.14
2022	42	-55.79	14.38	54.97	50	-46.81	17.12	70.82
合计	1315	—	18.16	—	1403	—	19.38	—
2011—2015年均值	76.4	—	—	100.00	70.6	—	—	100.00

续表

年份	发达经济体							
	其他发达经济体				小计			
	项目数	同比增长（%）	占比（%）	指数	项目数	同比增长（%）	占比（%）	指数
2005	54	—	70.13	26.84	77	—	78.57	22.11
2006	69	27.78	71.88	34.29	96	24.68	77.42	27.57
2007	83	20.29	70.34	41.25	118	22.92	82.52	33.89
2008	155	86.75	81.58	77.04	190	61.02	87.96	54.57
2009	126	-18.71	76.83	62.62	164	-13.68	86.32	47.10
2010	169	34.13	81.25	84.00	208	26.83	91.63	59.74
2011	154	-8.88	68.75	76.54	224	7.69	87.16	64.33
2012	141	-8.44	57.79	70.08	244	8.93	85.92	70.07
2013	172	21.99	60.78	85.49	283	15.98	91.00	81.28
2014	195	13.37	49.74	96.92	392	38.52	89.91	112.58
2015	344	76.41	57.53	170.97	598	52.55	88.07	171.74
2016	492	43.02	56.62	244.53	869	45.32	88.67	249.57
2017	456	-7.32	58.02	226.64	786	-9.55	84.33	225.73
2018	549	20.39	61.4	272.86	894	13.74	84.34	256.75
2019	438	-20.22	62.66	217.69	699	-21.81	83.41	200.75
2020	366	-16.44	65.59	181.91	558	-20.17	83.53	160.25
2021	359	-1.91	65.51	178.43	548	-1.79	83.66	157.38
2022	200	-44.29	68.49	99.40	292	-46.72	86.65	83.86
合计	4522	—	62.45	—	7240	—	85.83	—
2011—2015年均值	201.2	—	—	100.00	348.2	—	—	100.00

年份	发展中经济体							
	非洲				亚洲			
	项目数	同比增长（%）	占比（%）	指数	项目数	同比增长（%）	占比（%）	指数
2005	2	—	11.76	28.57	11	—	64.71	53.40
2006	6	200.00	26.09	85.71	14	27.27	60.87	67.96

年份	发展中经济体							
	非洲				亚洲			
	项目数	同比增长（%）	占比（%）	指数	项目数	同比增长（%）	占比（%）	指数
2007	1	−83.33	4.76	14.29	15	7.14	71.43	72.82
2008	7	600.00	29.17	100.00	14	−6.67	58.33	67.96
2009	1	−85.71	6.25	14.29	8	−42.86	50.00	38.83
2010	4	300.00	26.67	57.14	4	−50.00	26.67	19.42
2011	4	0.00	17.39	57.14	12	200.00	52.17	58.25
2012	4	0.00	12.50	57.14	21	75.00	65.63	101.94
2013	3	−25.00	14.29	42.86	12	−42.86	57.14	58.25
2014	10	233.33	29.41	142.86	19	58.33	55.88	92.23
2015	14	40.00	20.59	200.00	39	105.26	57.35	189.32
2016	15	7.14	14.85	214.29	64	64.10	63.37	310.68
2017	17	13.33	13.82	242.86	90	40.63	73.17	436.89
2018	22	29.41	14.10	314.29	105	16.67	67.31	509.71
2019	16	−27.27	12.70	228.57	92	−12.38	73.02	446.60
2020	13	−18.75	12.38	185.71	76	−17.39	72.38	368.93
2021	17	30.77	16.67	242.86	71	−6.58	69.61	344.66
2022	4	−76.47	9.30	57.14	33	−53.52	76.74	160.19
合计	160	—	15.24	—	700	—	66.67	—
2011—2015年均值	7	—	—	100.00	20.6	—	—	100.00

年份	发展中经济体											
	拉丁美洲和加勒比海地区				大洋洲				小计			
	项目数	同比增长（%）	占比（%）	指数	项目数	同比增长（%）	占比（%）	指数	项目数	同比增长（%）	占比（%）	指数
2005	3	—	17.65	44.12	1	—	5.88	83.33	17	—	17.35	47.75
2006	3	0.00	13.04	44.12	0	−100.00	0.00	0.00	23	35.29	18.55	64.61
2007	4	33.33	19.05	58.82	1	—	4.76	83.33	21	−8.70	14.69	58.99

年份	发展中经济体											
	拉丁美洲和加勒比海地区				大洋洲				小计			
	项目数	同比增长（%）	占比（%）	指数	项目数	同比增长（%）	占比（%）	指数	项目数	同比增长（%）	占比（%）	指数
2008	3	-25.00	12.50	44.12	0	-100.00	0.00	0.00	24	14.29	11.11	67.42
2009	7	133.33	43.75	102.94	0	—	0.00	0.00	16	-33.33	8.42	44.94
2010	4	-42.86	26.67	58.82	3	—	20.00	250.00	15	-6.25	6.61	42.13
2011	7	75.00	30.43	102.94	0	-100.00	0.00	0.00	23	53.33	8.95	64.61
2012	4	-42.86	12.50	58.82	3	—	9.38	250.00	32	39.13	11.27	89.89
2013	6	50.00	28.57	88.24	0	-100.00	0.00	0.00	21	-34.38	6.75	58.99
2014	4	-33.33	11.76	58.82	1	—	2.94	83.33	34	61.90	7.80	95.51
2015	13	225.00	19.12	191.18	2	100.00	2.94	166.67	68	100.00	10.01	191.01
2016	19	46.15	18.81	279.41	3	50.00	2.97	250.00	101	48.53	10.31	283.71
2017	14	-26.32	11.38	205.88	2	-33.33	1.63	166.67	123	21.78	13.20	345.51
2018	24	71.43	15.38	352.94	5	150.00	3.21	416.67	156	26.83	14.72	438.20
2019	18	-25.00	14.29	264.71	0	-100.00	0.00	0.00	126	-19.23	15.04	353.93
2020	10	-44.44	9.52	147.06	6	—	5.71	500.00	105	-16.67	15.72	294.94
2021	12	20.00	11.76	176.47	2	-66.67	1.96	166.67	102	-2.86	15.57	286.52
2022	6	-50.00	13.95	88.24	0	-100.00	0.00	0.00	43	-57.84	12.76	120.79
合计	161	—	15.33	—	29	—	2.76	—	1050	—	12.45	—
2011—2015年均值	6.8	—	—	100.00	1.2	—	—	100.00	35.6	—	—	100.00

年份	转型经济体											
	东南欧				独联体国家				小计			
	项目数	同比增长（%）	占比（%）	指数	项目数	同比增长（%）	占比（%）	指数	项目数	同比增长（%）	占比（%）	指数
2005	0	—	0.00	0.00	4	—	100.00	44.44	4	—	4.08	41.67
2006	0	—	0.00	0.00	5	25.00	100.00	55.56	5	25.00	4.03	52.08

续表

年份	转型经济体											
	东南欧				独联体国家				小计			
	项目数	同比增长（%）	占比（%）	指数	项目数	同比增长（%）	占比（%）	指数	项目数	同比增长（%）	占比（%）	指数
2007	0	—	0.00	0.00	4	-20.00	100.00	44.44	4	-20.00	2.80	41.67
2008	0		0.00	0.00	2	-50.00	100.00	22.22	2	-50.00	0.93	20.83
2009	2	—	20.00	333.33	8	300.00	80.00	88.89	10	400.00	5.26	104.17
2010	1	-50.00	25.00	166.67	3	-62.50	75.00	33.33	4	-60.00	1.76	41.67
2011	0	-100.00	0.00	0.00	10	233.33	100.00	111.11	10	150.00	3.89	104.17
2012	1	—	12.50	166.67	7	-30.00	87.50	77.78	8	-20.00	2.82	83.33
2013	1	0.00	14.29	166.67	6	-14.29	85.71	66.67	7	-12.50	2.25	72.92
2014	1	0.00	10.00	166.67	9	50.00	90.00	100.00	10	42.86	2.29	104.17
2015	0	-100.00	0.00	0.00	13	44.44	100.00	144.44	13	30.00	1.91	135.42
2016	1	—	10.00	166.67	9	-30.77	90.00	100.00	10	-23.08	1.02	104.17
2017	1	0.00	4.35	166.67	22	144.44	95.65	244.44	23	130.00	2.47	239.58
2018	1	0.00	10.00	166.67	9	-59.09	90.00	100.00	10	-56.52	0.94	104.17
2019	3	200.00	23.08	500.00	10	11.11	76.92	111.11	13	30.00	1.55	135.42
2020	1	-66.67	20.00	166.67	4	-60.00	80.00	44.44	5	-61.54	0.75	52.08
2021	1	0.00	20.00	166.67	4	0.00	80.00	44.44	5	0.00	0.76	52.08
2022	0	-100.00	0.00	0.00	2	-50.00	100.00	22.22	2	-60.00	0.59	20.83
合计	14	—	9.66	—	131	—	90.34	—	145	—	1.72	—
2011—2015年均值	0.6	—	—	100.00	9	—	—	100.00	9.6	—	—	100.00

年份	总计			
	项目数	同比增长（%）	占比（%）	指数
2005	98	—	100.00	24.91
2006	124	26.53	100.00	31.52
2007	143	15.32	100.00	36.35

续表

年份	总计			
	项目数	同比增长（%）	占比（%）	指数
2008	216	51.05	100.00	54.90
2009	190	-12.04	100.00	48.29
2010	227	19.47	100.00	57.70
2011	257	13.22	100.00	65.33
2012	284	10.51	100.00	72.19
2013	311	9.51	100.00	79.05
2014	436	40.19	100.00	110.82
2015	679	55.73	100.00	172.59
2016	980	44.33	100.00	249.10
2017	932	-4.90	100.00	236.90
2018	1060	13.73	100.00	269.43
2019	838	-20.94	100.00	213.01
2020	668	-20.29	100.00	169.79
2021	655	-1.95	100.00	166.49
2022	337	-48.55	100.00	85.66
合计	8435	—	100.00	—
2011—2015年均值	393.4	—	—	100.00

注：1. 此处存在重复统计问题，故总计部分与表3-1-1、表3-1-2所示不一致，重复统计的处理方式与第二章相应部分的处理一致，详见表2-2-1脚注。

二、民营企业并购金额在标的国（地区）的分布

根据2005—2022年中国民营企业并购OFDI金额表显示，从并购OFDI项目金额看，在2005—2022年间，我国民营企业对外直接投资活动主要集中在发达经济体，累计对外直接投资项目金额为11030.72亿美元，占比91.18%；排在第二是发展中经济体，累计对外直接投资项目金额为797.91亿美元，占比6.60%；排在第三的是转型经济体，累计对外直接投

资项目金额为 268.86 亿美元，占比 2.22%。

表3-3-2　中国民营企业并购投资金额在不同经济体的分布及指数汇总表

（单位：百万美元）

年份	发达经济体							
	欧洲				北美洲			
	金额	同比增长（%）	占比（%）	指数	金额	同比增长（%）	占比（%）	指数
2005	843.98	—	38.28	2.46	17.55	—	0.80	0.15
2006	1039.10	23.12	22.93	3.03	2829.32	16021.48	62.42	24.94
2007	11207.53	978.58	75.08	32.64	2498.40	-11.70	16.74	22.02
2008	6970.75	-37.80	78.47	20.30	406.51	-83.73	4.58	3.58
2009	298.62	-95.72	10.10	0.87	478.02	17.59	16.17	4.21
2010	15411.22	5060.81	82.68	44.88	362.34	-24.20	1.94	3.19
2011	6735.59	-56.29	42.40	19.61	2410.59	565.28	15.17	21.25
2012	4077.04	-39.47	31.09	11.87	4008.93	66.30	30.57	35.34
2013	20721.94	408.26	36.69	60.34	5944.88	48.29	10.53	52.41
2014	63906.67	208.40	66.51	186.09	2810.10	-52.73	2.92	24.77
2015	76264.10	19.34	40.22	222.08	41543.24	1378.35	21.91	366.23
2016	80717.20	5.84	43.05	235.05	42035.96	1.19	22.42	370.57
2017	65923.67	-18.33	49.86	191.97	25586.52	-39.13	19.35	225.56
2018	25560.28	-61.23	25.90	74.43	11944.56	-53.32	12.10	105.30
2019	12316.76	-51.81	16.08	35.87	15191.37	27.18	19.83	133.92
2020	71877.52	483.57	72.92	209.30	4653.29	-69.37	4.72	41.02
2021	17582.32	-75.54	24.22	51.20	5653.53	21.50	7.79	49.84
2022	2151.01	-87.77	15.89	6.26	1592.00	-71.84	11.76	14.03
合计	483605.31	—	43.84	—	169967.11	—	15.41	—
2011—2015年均值	34341.07	—	—	100	11343.55	—	—	100

续表

年份	发达经济体							
	其他发达经济体				小计			
	金额	同比增长（%）	占比（%）	指数	金额	同比增长（%）	占比（%）	指数
2005	1342.99	—	60.92	4.70	2204.52	—	96.44	2.97
2006	664.18	-50.54	14.65	2.33	4532.60	105.60	95.77	6.11
2007	1221.47	83.91	8.13	4.28	14927.40	229.33	97.45	20.11
2008	1505.65	23.27	16.95	5.27	8882.91	-40.49	85.20	11.97
2009	2179.95	44.78	73.73	7.64	2956.59	-66.72	93.37	3.98
2010	2866.02	31.47	15.38	10.04	18639.58	530.44	93.33	25.11
2011	6740.47	135.19	42.43	23.61	15886.65	-14.77	89.91	21.40
2012	5026.47	-25.43	38.33	17.61	13112.44	-17.46	90.82	17.66
2013	29806.89	493.00	52.75	104.40	56473.71	330.69	87.96	76.08
2014	29376.06	-1.45	30.57	102.90	96092.83	70.15	99.10	129.45
2015	71797.05	144.41	37.37	251.48	189604.39	97.31	94.70	255.41
2016	64755.85	-9.81	34.53	226.82	187509.01	-1.11	92.63	252.59
2017	40704.87	-37.14	30.79	142.58	132215.06	-29.49	81.79	178.11
2018	61196.07	50.34	62.09	214.35	98700.91	-25.35	86.10	132.96
2019	49111.60	-19.75	64.10	172.02	76619.73	-22.37	94.21	103.21
2020	22045.36	-55.11	22.35	77.22	98576.17	28.66	91.88	132.79
2021	49365.61	123.93	68.09	172.91	72601.46	-26.35	93.17	97.80
2022	9793.12	-80.16	72.35	34.30	13536.13	-81.36	89.72	18.23
合计	449499.68	—	40.75	—	1103072.09	—	91.18	—
2011—2015年均值	28549.39	—	—	100	74234.00	—	—	100

年份	发展中经济体							
	非洲				亚洲			
	金额	同比增长（%）	占比（%）	指数	金额	同比增长（%）	占比（%）	指数
2005	0.00	—	0.00	0.00	80.20	—	98.77	6.26
2006	30.00	—	23.41	14.17	48.44	-39.60	37.81	3.78

续表

年份	发展中经济体							
	非洲				亚洲			
	金额	同比增长（%）	占比（%）	指数	金额	同比增长（%）	占比（%）	指数
2007	0.00	-100.00	0.00	0.00	221.70	357.68	94.21	17.30
2008	346.15	—	22.44	163.46	788.10	255.48	51.09	61.50
2009	0.00	-100.00	0.00	0.00	53.31	-93.24	37.42	4.16
2010	125.00	—	9.39	59.03	789.90	1381.71	59.34	61.64
2011	1.50	-98.80	0.19	0.71	744.32	-5.77	93.08	58.08
2012	66.36	4324.00	8.76	31.34	683.45	-8.18	90.17	53.33
2013	143.05	115.57	45.78	67.55	94.51	-86.17	30.25	7.38
2014	458.13	220.26	63.42	216.34	213.91	126.34	29.61	16.69
2015	389.77	-14.92	4.41	184.06	4671.24	2083.74	52.88	364.52
2016	230.92	-40.75	1.68	109.05	8128.69	74.02	59.08	634.32
2017	116.18	-49.69	0.76	54.86	7443.89	-8.42	48.70	580.88
2018	262.90	126.29	1.66	124.15	7248.14	-2.63	45.84	565.60
2019	541.23	105.87	11.86	255.58	3755.10	-48.19	82.25	293.03
2020	205.29	-62.07	2.36	96.94	3125.31	-16.77	35.94	243.88
2021	654.01	218.58	12.31	308.84	2117.28	-32.25	39.86	165.22
2022	23.90	-96.35	1.62	11.29	359.87	-83.00	24.38	28.08
合计	3594.39	—	4.50	—	40567.36	—	50.84	—
2011—2015年均值	211.76	—	—	100.00	1281.49	—	—	100.00

年份	发展中经济体											
	拉丁美洲和加勒比海地区				大洋洲				小计			
	金额	同比增长（%）	占比（%）	指数	金额	同比增长（%）	占比（%）	指数	金额	同比增长（%）	占比（%）	指数
2005	0.00	—	0.00	0.00	1.00	—	1.23	102.67	81.20	—	3.55	3.55
2006	49.69	—	38.78	6.28	0.00	-100.00	0.00	0.00	128.13	57.80	2.71	5.61
2007	13.14	-73.56	5.58	1.66	0.48	—	0.20	49.28	235.32	83.66	1.54	10.30

续表

年份	发展中经济体											
	拉丁美洲和加勒比海地区				大洋洲				小计			
	金额	同比增长(%)	占比(%)	指数	金额	同比增长(%)	占比(%)	指数	金额	同比增长(%)	占比(%)	指数
2008	408.39	3007.99	26.47	51.63	0.00	-100.00	0.00	0.00	1542.64	555.55	14.80	67.51
2009	89.14	-78.17	62.58	11.27	0.00	—	0.00	0.00	142.45	-90.77	4.50	6.23
2010	404.39	353.66	30.38	51.13	11.95	—	0.90	1226.90	1331.24	834.53	6.67	58.26
2011	53.80	-86.70	6.73	6.80	0.00	-100.00	0.00	0.00	799.62	-39.93	4.53	34.99
2012	4.05	-92.47	0.53	0.51	4.10	—	0.54	420.94	757.96	-5.21	5.25	33.17
2013	74.90	1749.38	23.97	9.47	0.00	-100.00	0.00	0.00	312.46	-58.78	0.49	13.67
2014	49.54	-33.86	6.86	6.26	0.77	—	0.11	79.06	722.35	131.18	0.74	31.61
2015	3772.38	7514.82	42.71	476.95	0.00	-100.00	0.00	0.00	8833.39	1122.87	4.41	386.56
2016	5278.18	39.92	38.36	667.34	120.33	—	0.87	12354.21	13758.12	55.75	6.80	602.06
2017	7725.98	46.38	50.54	976.82	0.00	-100.00	0.00	0.00	15286.05	11.11	9.46	668.93
2018	8163.44	5.66	51.63	1032.13	137.27	—	0.87	14093.43	15811.75	3.44	13.79	691.93
2019	268.96	-96.71	5.89	34.01	0.00	-100.00	0.00	0.00	4565.29	-71.13	5.61	199.78
2020	2283.56	749.03	26.26	288.72	3081.00	—	35.43	316324.44	8695.16	90.46	8.10	380.51
2021	2529.15	10.75	47.62	319.77	11.18	-99.64	0.21	1147.84	5311.62	-38.91	6.82	232.44
2022	1092.51	-56.80	74.00	138.13	0.00	-100.00	0.00	0.00	1476.28	-72.21	9.79	64.60
合计	32261.20	—	40.43	—	3368.08	—	4.22	—	79791.03	—	6.60	—
2011—2015年均值	790.93	—	—	100.00	0.97	—	—	100.00	2285.16	—	—	100.00

年份	转型经济体											
	东南欧				独联体国家				小计			
	金额	同比增长(%)	占比(%)	指数	金额	同比增长(%)	占比(%)	指数	金额	同比增长(%)	占比(%)	指数
2005	0.00	—	0.00	—	0.13	—	100.00	0.01	0.13	—	0.01	0.01
2006	0.00	—	0.00	—	72.30	55515.38	100.00	3.32	72.30	55515.38	1.53	3.32
2007	0.00	—	0.00	—	154.96	114.33	100.00	7.11	154.96	114.33	1.01	7.11

续表

年份	转型经济体											
	东南欧				独联体国家				小计			
	金额	同比增长（%）	占比（%）	指数	金额	同比增长（%）	占比（%）	指数	金额	同比增长（%）	占比（%）	指数
2008	0.00	—	—	—	0.00	-100.00	—	0.00	0.00	-100.00	0.00	0.00
2009	0.00	—	0.00	—	67.50	—	100.00	3.10	67.50	—	2.13	3.10
2010	0.00	—	0.00	—	0.00	-100.00	—	0.00	0.00	-100.00	0.00	0.00
2011	0.00	—	0.00	—	983.84	—	100.00	45.11	983.84	—	5.57	45.11
2012	0.00	—	0.00	—	568.05	-42.26	100.00	26.05	568.05	-42.26	3.93	26.05
2013	0.00	—	0.00	—	7418.65	1205.99	100.00	340.18	7418.65	1205.99	11.55	340.18
2014	0.00	—	0.00	—	151.87	-97.95	100.00	6.96	151.87	-97.95	0.16	6.96
2015	0.00	—	0.00	—	1781.45	1073.01	100.00	81.69	1781.45	1073.01	0.89	81.69
2016	42.15	—	3.62	—	1122.66	-36.98	96.38	51.48	1164.81	-34.61	0.58	53.41
2017	3.30	-92.17	0.02	—	14152.73	1160.64	99.98	648.98	14156.03	1115.31	8.76	649.13
2018	20.84	531.52	16.33	—	106.80	-99.25	83.67	4.90	127.64	-99.10	0.11	5.85
2019	14.02	-32.73	9.98	—	126.52	18.46	90.02	5.80	140.54	10.11	0.17	6.44
2020	0.54	-96.15	3.25	—	16.05	-87.31	96.75	0.74	16.59	-88.20	0.02	0.76
2021	0.01	-98.15	0.13	—	7.61	-52.59	99.87	0.35	7.62	-54.07	0.01	0.35
2022	0.00	-100.00	0.00	—	73.95	871.75	100.00	3.39	73.95	870.48	0.49	3.39
合计	80.86	—	0.30	—	26805.07	—	99.70	—	26885.93	—	2.22	—
2011—2015年均值	0.00	—	—	100.00	2180.77	—	—	100.00	2180.77	—	—	100.00

年份	总计			
	项目数	同比增长（%）	占比（%）	指数
2005	2285.85	—	100.00	2.90
2006	4733.03	107.06	100.00	6.00
2007	15317.68	223.63	100.00	19.43
2008	10425.55	-31.94	100.00	13.23

续表

年份	总计			
	项目数	同比增长（%）	占比（%）	指数
2009	3166.54	-69.63	100.00	4.02
2010	19970.82	530.68	100.00	25.34
2011	17670.11	-11.52	100.00	22.42
2012	14438.45	-18.29	100.00	18.32
2013	64204.82	344.68	100.00	81.46
2014	96967.05	51.03	100.00	123.02
2015	200219.23	106.48	100.00	254.01
2016	202431.94	1.11	100.00	256.82
2017	161657.14	-20.14	100.00	205.09
2018	114640.30	-29.08	100.00	145.44
2019	81325.56	-29.06	100.00	103.18
2020	107287.92	31.92	100.00	136.11
2021	77920.70	-27.37	100.00	98.86
2022	15086.37	-80.64	100.00	19.14
合计	1209749.06	—	100.00	—
2011—2015年均值	78699.93	—	—	100.00

注：1. 此处存在重复统计问题，故总计部分与表3-1-1、表3-1-2所示不一致，重复统计的处理
方式与第二章相应部分的处理一致，详见表2-2-1脚注。

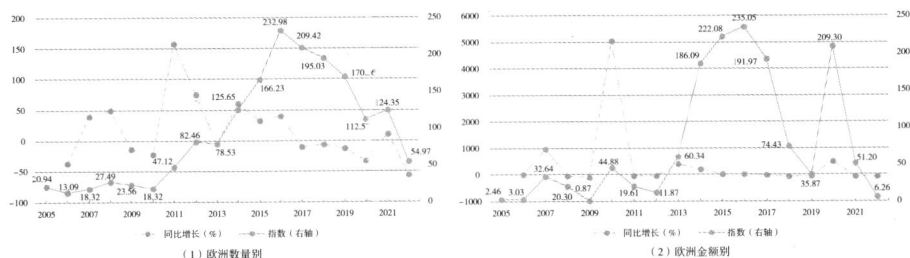

（1）欧洲数量别

（2）欧洲金额别

（3）北美洲数量别

（4）北美洲金额别

（5）其他发达经济体数量别

（6）其他发达经济体金额别

（7）发达经济体小计数量别

（8）发达经济体小计金额别

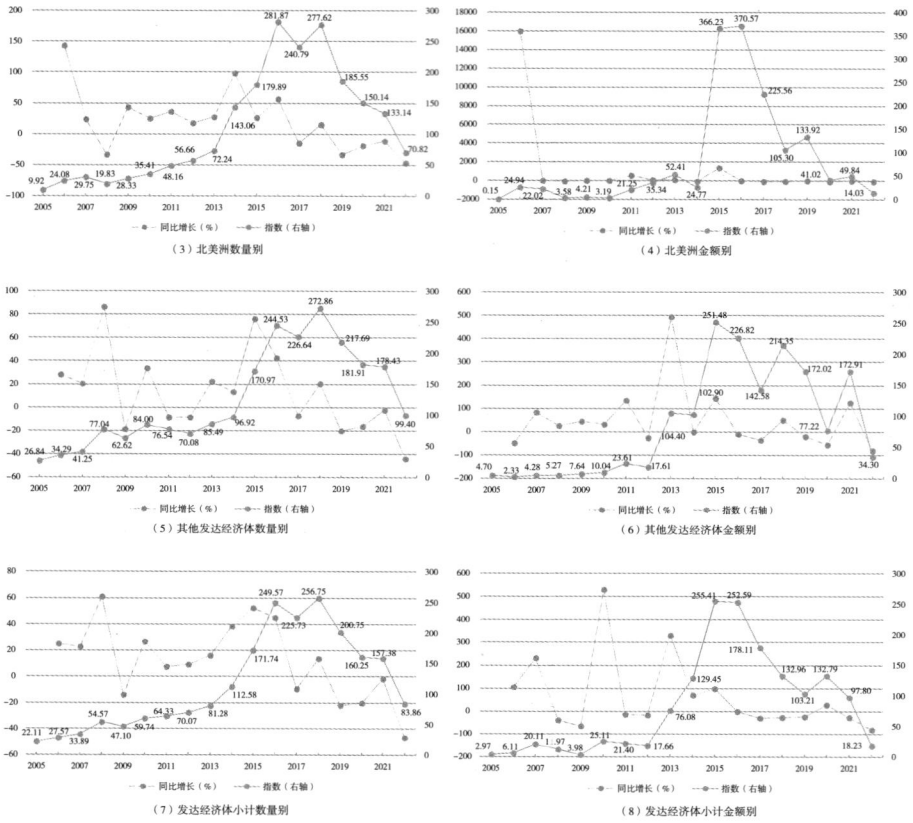

图 3-3-1　2005—2022 年民营企业并购投资发达经济体项目数量与金额指数变化图

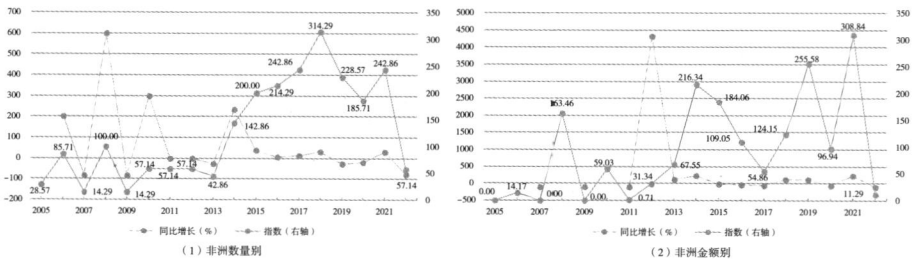

（1）非洲数量别

（2）非洲金额别

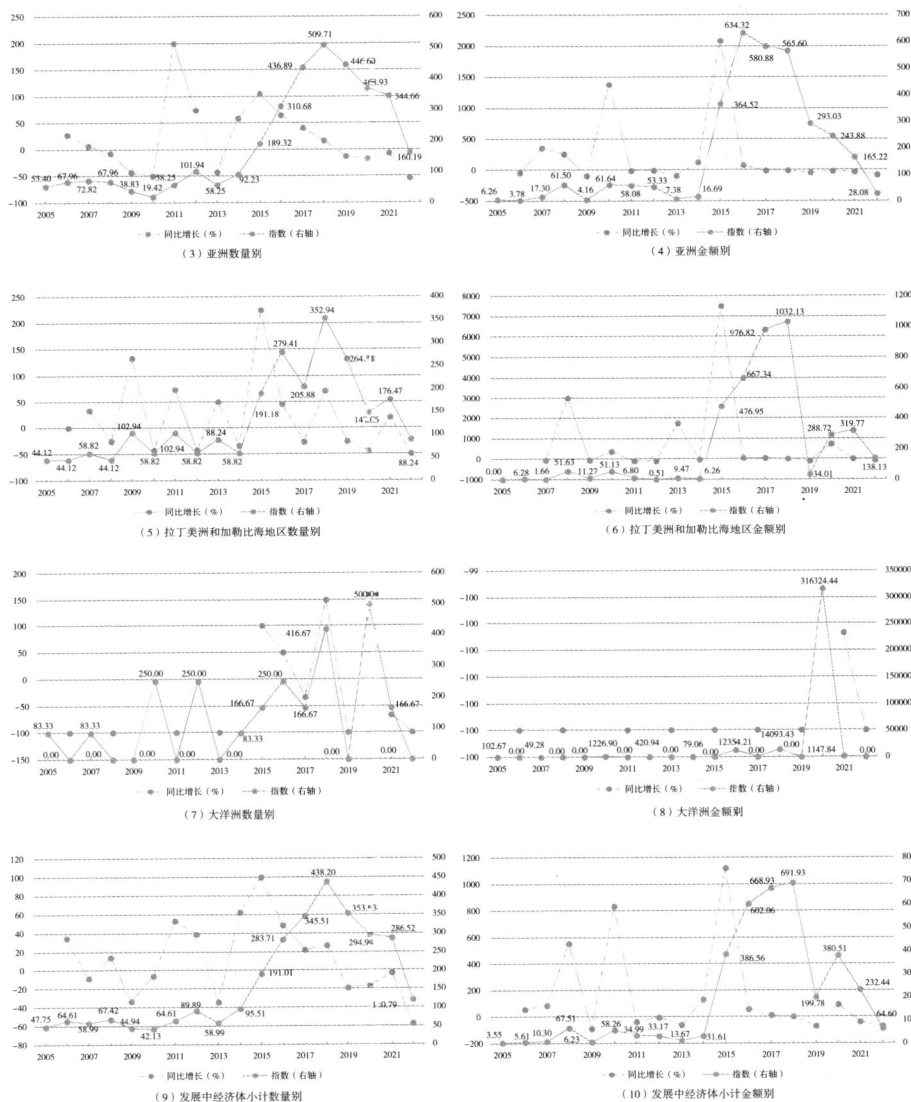

（3）亚洲数量别

（4）亚洲金额别

（5）拉丁美洲和加勒比海地区数量别

（6）拉丁美洲和加勒比海地区金额别

（7）大洋洲数量别

（8）大洋洲金额别

（9）发展中经济体小计数量别

（10）发展中经济体小计金额别

图 3-3-2　2005—2022 年民营企业并购投资发展中经济体项目数量与金额指数变化图

（1）东南欧数量别

（2）东南欧金额别

（3）独联体国家数量别

（4）独联体国家金额别

（5）转型经济体小计数量别

（6）转型经济体小计金额别

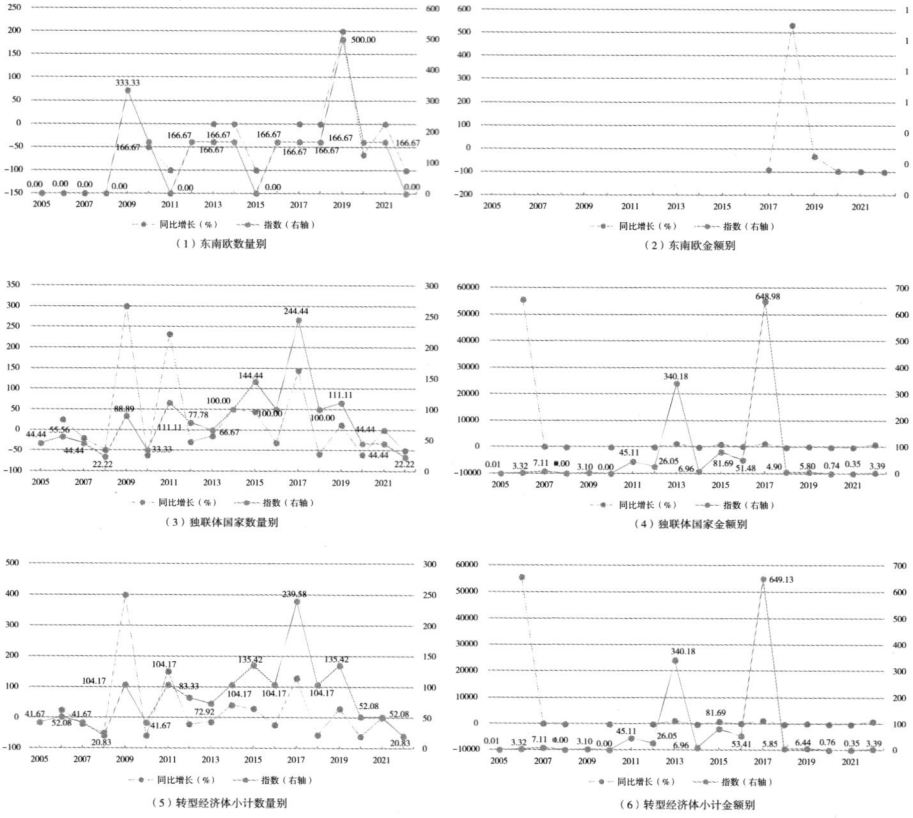

图 3-3-3　2005—2022 年民营企业并购投资转型经济体项目数量与金额指数变化图

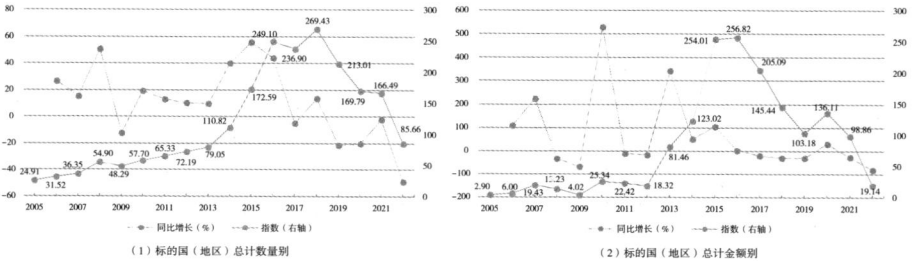

（1）标的国（地区）总计数量别

（2）标的国（地区）总计金额别

图 3-3-4　2005—2022 年民营企业并购投资标的国（地区）项目数量与金额指数变化图

从 2005—2022 年中国民营企业并购 OFDI 数量标的国（地区）别图表可以看出，在 2005—2022 年，流向发达经济体的其他发达经济体的 OFDI 数量在 2015 年出现最显著的增长，从 195 件增长到 344 件。流向发达经济体中的北美洲的 OFDI 在 2018—2022 年实现了民营企业对外直接投资项目数量连续 3 年的下降。总体来看，流向发达经济体的民营企业对外直接投资数量主要集中在其他发达经济体地区，2005—2022 年的平均占比为 62.46%。总体来看，流向转型经济体的民营企业对外直接投资数量主要集中在独联体国家地区，2005—2022 年的平均占比为 90.34%。

如 2005—2022 年中国民营企业并购 OFDI 金额标的国（地区）别图表所示，在 2005—2022 年，流向发达经济体中的其他发达经济体的并购 OFDI 项目金额增长最为显著，从 2005 年的 13.43 亿美元增加到 97.93 亿美元。流向转型经济体中的东南欧的 OFDI 在 2016 年实现了民营企业对外直接投资项目金额零的突破，为 0.42 亿美元。总体来看，流向发达经济体的民营企业对外直接投资金额主要集中在欧洲地区，2005—2022 年的平均占比为 43.84%。总体来看，流向转型经济体的民营企业对外直接投资金额主要集中在独联体国家地区，2005—2022 年的平均占比为 99.70%。

第四节　民营企业对外并购投资行业别指数

本节按照投资标的行业的不同对中国民营企业对外并购投资项目数量和金额分布情况进行分析，将投资标的行业分为制造业和非制造业两大部分。其中制造业按照 OECD 技术划分标准分为四大类，分别是高技术、中高技术、中低技术和低技术制造业；非制造业则划分为服务业，农、林、牧、渔业，采矿业，电力、热力、燃气及水生产和供应业，建筑业五大部类。

一、民营企业并购项目数量在标的行业的分布

根据 2005—2022 年中国民营企业并购 OFDI 数量表显示，从并购 OFDI

项目数量看，在2005—2022年间，我国民营企业对外直接投资活动主要集中在非制造业，累计对外直接投资项目数量为5558件，占比67.15%；排在第二位的是制造业，累计对外直接投资项目数量为2719件，占比32.85%。

根据2005—2022年中国民营企业并购OFDI数量行业别图表显示，流向非制造业的服务业的OFDI数量在2022年出现最显著的缩减，从397件缩减到171件。流向制造业中的低技术的OFDI在2013—2018年实现了民营企业对外直接投资项目数量连续4年的增长。流向非制造业中的服务业的OFDI在2012—2016年实现了民营企业对外直接投资项目数量连续5年的增长。总体来看，流向制造业的民营企业对外直接投资数量主要集中在中高技术，2005—2022年的平均占比为35.26%。总体来看，流向非制造业的民营企业对外直接投资数量主要集中在服务业，2005—2022年的平均占比为88.90%。

表3-4-1　中国民营企业并购投资项目数量在标的行业的分布及指数汇总表

（单位：件）

年份	制造业											
	高技术				中高技术				中低技术			
	项目数	同比增长（%）	占比（%）	指数	项目数	同比增长（%）	占比（%）	指数	项目数	同比增长（%）	占比（%）	指数
2005	9	—	23.08	18.52	13	—	33.33	27.66	6	—	15.38	33.71
2006	11	22.22	25.58	22.63	18	38.46	41.86	38.30	5	-16.67	11.63	28.09
2007	12	9.09	24.49	24.69	21	16.67	42.86	44.68	5	0.00	10.20	28.09
2008	8	-33.33	11.27	16.46	29	38.10	40.85	61.70	6	20.00	8.45	33.71
2009	12	50.00	18.18	24.69	24	-17.24	36.36	51.06	11	83.33	16.67	61.80
2010	17	41.67	30.36	34.98	13	-45.83	23.21	27.66	11	0.00	19.64	61.80
2011	33	94.12	35.48	67.90	44	238.46	47.31	93.62	10	-9.09	10.75	56.18
2012	29	-12.12	28.71	59.67	36	-18.18	35.64	76.60	14	40.00	13.86	78.65
2013	45	55.17	45.45	92.59	27	-25.00	27.27	57.45	11	-21.43	11.11	61.80
2014	58	28.89	35.15	119.34	52	92.59	31.52	110.64	29	163.64	17.58	162.92

续表

年份	制造业											
---	高技术				中高技术				中低技术			
	项目数	同比增长（%）	占比（%）	指数	项目数	同比增长（%）	占比（%）	指数	项目数	同比增长（%）	占比（%）	指数
2015	78	34.48	37.14	160.49	76	46.15	36.19	161.70	25	-13.79	11.90	140.45
2016	105	34.62	36.71	216.05	106	39.47	37.06	225.53	36	44.00	12.59	202.25
2017	100	-4.76	33.33	205.76	120	13.21	40.00	255.32	35	-2.78	11.67	196.63
2018	123	23.00	37.96	253.09	109	-9.17	33.64	231.91	43	22.86	13.27	241.57
2019	91	-26.02	34.34	187.24	88	-19.27	33.21	187.23	40	-6.98	15.09	224.72
2020	78	-14.29	37.32	160.49	67	-23.86	32.06	142.55	27	-32.50	12.92	151.69
2021	78	0.00	38.05	160.49	54	-19.40	26.34	114.89	32	18.52	15.61	179.78
2022	34	-56.41	24.64	69.96	56	3.70	40.58	119.15	20	-37.50	14.49	112.36
合计	921	—	33.64	—	953	—	35.26	—	366	—	13.46	—
2011—2015年均值	48.6	—	—	100.00	47	—	—	100.00	17.8	—	—	100.00

年份	制造业							
---	低技术				小计			
	项目数	同比增长（%）	占比（%）	指数	项目数	同比增长（%）	占比（%）	指数
2005	11	—	28.21	54.46	39	—	39.80	29.19
2006	9	-18.18	20.93	44.55	43	10.26	35.25	32.19
2007	11	22.22	22.45	54.46	49	13.95	34.51	36.68
2008	28	154.55	39.44	138.61	71	44.90	32.87	53.14
2009	19	-32.14	28.79	94.06	66	-7.04	35.11	49.40
2010	15	-21.05	26.79	74.26	56	-15.15	24.56	41.92
2011	6	-60.00	6.45	29.70	93	66.07	37.35	69.61
2012	22	266.67	21.78	108.91	101	8.60	36.73	75.60
2013	16	-27.27	16.16	79.21	99	-1.98	32.57	74.10
2014	26	62.50	15.76	128.71	165	66.67	38.02	123.50

续表

| 年份 | 制造业 | | | | | | | |
| | 低技术 | | | | 小计 | | | |
	项目数	同比增长（%）	占比（%）	指数	项目数	同比增长（%）	占比（%）	指数
2015	31	19.23	14.76	153.47	210	27.27	30.70	157.19
2016	39	25.81	13.64	193.07	286	36.19	29.45	214.07
2017	45	15.38	15.00	222.77	300	4.90	32.79	224.55
2018	49	8.89	15.12	242.57	324	8.00	31.70	242.51
2019	46	-6.12	17.36	227.72	265	-18.21	32.36	198.35
2020	37	-19.57	17.70	183.17	209	-21.13	32.50	156.44
2021	41	10.81	20.00	202.97	205	-1.91	32.23	153.44
2022	28	-31.71	20.29	138.61	138	-32.68	41.69	103.29
合计	479	—	17.62	—	2719	—	32.85	—
2011—2015年均值	20.2	—	—	100.00	133.6	—	—	100.00

| 年份 | 非制造业 | | | | | | | |
| | 服务业 | | | | 农、林、牧、渔业 | | | |
	项目数	同比增长（%）	占比（%）	指数	项目数	同比增长（%）	占比（%）	指数
2005	52	—	88.14	23.99	1	—	1.69	21.74
2006	70	34.62	88.61	32.29	0	-100.00	0.00	0.00
2007	79	12.86	84.95	36.44	1	—	1.08	21.74
2008	124	56.96	85.52	57.20	0	-100.00	0.00	0.00
2009	95	-23.39	77.87	43.82	3	—	2.46	65.22
2010	138	45.26	80.23	63.65	1	-66.67	0.58	21.74
2011	132	-4.35	84.62	60.89	1	0.00	0.64	21.74
2012	140	6.06	80.46	64.58	3	200.00	1.72	65.22
2013	167	19.29	81.46	77.03	1	-66.67	0.49	21.74
2014	227	35.93	84.39	104.70	13	1200.00	4.83	282.61

续表

年份	非制造业							
	服务业				农、林、牧、渔业			
	项目数	同比增长（%）	占比（%）	指数	项目数	同比增长（%）	占比（%）	指数
2015	418	84.14	88.19	192.80	5	-61.54	1.05	108.70
2016	628	50.24	91.68	289.67	11	120.00	1.61	239.13
2017	557	-11.31	90.57	256.92	8	-27.27	1.30	173.91
2018	643	15.44	92.12	296.59	9	12.50	1.29	195.65
2019	503	-21.77	90.79	232.01	7	-22.22	1.26	152.17
2020	400	-20.48	92.17	184.50	5	-28.57	1.16	108.70
2021	397	-0.75	92.11	183.12	4	-20.00	0.93	86.96
2022	171	-56.93	88.60	78.87	5	25	2.59	108.70
合计	4941	—	88.90	—	78	—	1.40	—
2011—2015年均值	216.8	—	—	100.00	4.6	—	—	100.00

年份	非制造业							
	采矿业				电力、热力、燃气及水生产和供应业			
	项目数	同比增长（%）	占比（%）	指数	项目数	同比增长（%）	占比（%）	指数
2005	1	—	1.69	4.95	3	—	5.08	34.09
2006	7	600.00	8.86	34.65	0	-100.00	0.00	0.00
2007	7	0.00	7.53	34.65	3	—	3.23	34.09
2008	15	114.29	11.34	74.26	4	33.33	2.76	45.45
2009	17	13.33	13.93	84.16	4	0.00	3.28	45.45
2010	25	47.06	14.53	123.76	4	0.00	2.33	45.45
2011	16	-36.00	10.26	79.21	5	25.00	3.21	56.82
2012	24	50.00	13.79	118.81	3	-40.00	1.72	34.09
2013	22	-8.33	10.73	108.91	11	266.67	5.37	125.00
2014	12	-45.45	4.46	59.41	11	0.00	4.09	125.00

年份	非制造业							
	采矿业				电力、热力、燃气及水生产和供应业			
	项目数	同比增长（%）	占比（%）	指数	项目数	同比增长（%）	占比（%）	指数
2015	27	125.00	5.70	133.66	14	27.27	2.95	159.09
2016	22	-18.52	3.21	108.91	15	7.14	2.19	170.45
2017	27	22.73	4.39	133.66	14	-6.67	2.28	159.09
2018	23	-14.81	3.30	113.86	10	-28.57	1.43	113.64
2019	21	-8.70	3.79	103.96	4	-60.00	0.72	45.45
2020	15	-28.57	3.46	74.26	4	0.00	0.92	45.45
2021	18	20.00	4.18	89.11	4	0.00	0.93	45.45
2022	12	-33.33	6.22	59.41	1	-75	0.52	11.36
合计	311	—	5.60	—	114	—	2.05	—
2011—2015年均值	20.00	—	—	100.00	8.60	—	—	100.00

年份	非制造业								总计			
	建筑业				小计							
	项目数	同比增长（%）	占比（%）	指数	项目数	同比增长（%）	占比（%）	指数	项目数	同比增长（%）	占比（%）	指数
2005	2	—	3.39	38.46	59	—	60.20	23.08	98	—	100.00	25.18
2006	2	0.00	2.53	38.46	79	33.90	64.75	30.91	122	24.49	100.00	31.35
2007	3	50.00	3.23	57.69	93	17.72	65.49	36.38	142	16.39	100.00	36.49
2008	2	-33.33	1.38	38.46	145	55.91	67.13	56.73	216	52.11	100.00	55.50
2009	3	50.00	2.46	57.69	122	-15.86	64.89	47.73	188	-12.96	100.00	48.30
2010	4	33.33	2.33	76.92	172	40.98	75.44	67.29	228	21.28	100.00	58.58
2011	2	-50.00	1.28	38.46	156	-9.30	62.65	61.03	249	9.21	100.00	63.98
2012	4	100.00	2.30	76.92	174	11.54	63.27	68.08	275	10.44	100.00	70.66
2013	4	0.00	1.95	76.92	205	17.82	67.43	80.20	304	10.55	100.00	78.11
2014	6	50.00	2.23	115.38	269	31.22	61.98	105.24	434	42.76	100.00	111.51

续表

年份	非制造业								总计			
	建筑业				小计							
	项目数	同比增长（％）	占比（％）	指数	项目数	同比增长（％）	占比（％）	指数	项目数	同比增长（％）	占比（％）	指数
2015	10	66.67	2.11	192.31	474	76.21	69.30	185.45	684	57.60	100.00	175.75
2016	9	-10.00	1.31	173.08	685	44.51	70.55	268.00	971	41.96	100.00	249.49
2017	9	0.00	1.46	173.08	615	-10.22	67.21	240.61	915	-5.77	100.00	235.10
2018	13	44.44	1.86	250.00	698	13.50	68.30	273.08	1022	11.69	100.00	262.59
2019	19	46.15	3.43	365.38	554	-20.49	67.56	215.96	819	-19.47	100.00	211.46
2020	10	-47.37	2.32	192.31	434	-21.80	67.34	168.62	643	-21.87	100.00	165.21
2021	8	-20.00	1.86	153.85	431	-0.23	68.46	174.10	636	-1.09	100.00	163.41
2022	4	-50	2.07	76.92	193	-55.43	58.31	75.51	331	-47.96	100.00	85.05
合计	114	—	2.05	—	5558	—	67.15	—	8277	—	100.00	—
2011—2015年均值	5.2	—	—	100.00	255.6	—	—	100.00	389.2	—	—	100.00

注：此处存在重复统计问题，故总计部分与表 3-1-1、表 3-1-2 所示不一致，重复统计的处理方式与第二章相应部分的处理一致，详见表 2-2-1 脚注。

二、民营企业对外并购投资金额在标的行业的分布

根据 2005—2022 年中国民营企业并购 OFDI 金额表所示，按照并购 OFDI 项目金额累积量排名，我国民营企业对外直接投资活动主要集中在非制造业，累计对外直接投资项目金额为 7507.69 亿美元，占比 61.91%；排在第二位的是制造业，累计对外直接投资项目金额为 4618.37 亿美元，占比 38.09%。

如 2005—2022 年中国民营企业并购 OFDI 金额行业别图表所示，流向制造业中的中高技术的 OFDI 在 2005—2010 年实现了民营企业对外直接投资项目金额连续 6 年的增长。流向非制造业中的服务业的 OFDI 在 2017—2020 年实现了民营企业对外直接投资项目金额连续 4 年的下降。总体来

看，流向制造业的民营企业对外直接投资金额主要集中在中高技术，2005—2022 年的平均占比为 50.15%。总体来看，流向非制造业的民营企业对外直接投资金额主要集中在服务业，2005—2022 年的平均占比为 89.32%。

表 3-4-2　中国民营企业并购投资金额在标的行业的分布及指数汇总表

（单位：百万美元）

年份	制造业											
	高技术				中高技术				中低技术			
	金额	同比增长(%)	占比(%)	指数	金额	同比增长(%)	占比(%)	指数	金额	同比增长(%)	占比(%)	指数
2005	22.59	—	14.94	0.15	48.93	—	32.35	0.73	29.92	—	19.78	2.26
2006	248.74	1001.11	54.66	1.67	154.04	214.82	33.85	2.29	12.96	-56.68	2.85	0.98
2007	115.33	-53.63	17.41	0.77	240.10	55.87	36.23	3.57	119.52	822.22	18.04	9.05
2008	114.97	-0.31	10.14	0.77	736.68	206.82	65.00	10.94	1.34	-98.88	0.12	0.10
2009	123.95	7.81	8.62	0.83	1006.39	36.61	69.99	14.95	175.00	12959.70	12.17	13.24
2010	129.80	4.72	4.23	0.87	2600.66	158.41	84.69	38.63	179.19	2.39	5.84	13.56
2011	2420.96	1765.15	44.70	16.26	2155.42	-17.12	39.80	32.02	827.59	361.85	15.28	62.64
2012	434.30	-82.06	12.31	2.92	1758.03	-18.44	49.85	26.12	713.64	-13.77	20.23	54.01
2013	5040.06	1060.50	25.54	33.86	697.27	-60.34	3.53	10.36	536.61	-24.81	2.72	40.61
2014	13703.46	171.89	45.79	92.06	1252.54	79.63	4.19	18.61	656.54	22.35	2.19	49.69
2015	52828.02	285.51	61.43	354.90	27795.17	2119.10	32.32	412.90	3871.93	489.75	4.50	293.05
2016	20289.00	-61.59	44.57	136.30	16773.37	-39.65	36.85	249.17	3010.09	-22.26	6.61	227.82
2017	11664.66	-42.51	16.88	78.36	52898.27	215.37	76.55	785.81	2149.01	-28.61	3.11	162.65
2018	14941.59	28.09	30.90	100.38	21631.67	-59.11	44.74	321.34	8771.90	308.18	18.14	663.90
2019	13745.75	-8.00	39.67	92.34	8193.43	-62.12	23.65	121.71	11075.76	26.26	31.96	838.27
2020	2395.98	-82.57	2.88	16.10	77994.76	851.92	93.68	1158.62	1898.86	-82.86	2.28	143.72
2021	6373.13	165.99	25.77	42.81	14466.43	-81.45	58.49	214.90	2281.28	20.14	9.22	172.66
2022	1032.32	-83.80	22.03	6.94	1203.24	-91.68	25.68	17.87	1419.53	-37.77	30.30	107.44
合计	145624.61	—	31.53	—	231606.4	—	50.15	—	37730.67	—	8.17	—
2011—2015年均值	14885.36	—	—	100.00	6731.69	—	—	100.00	1321.26	—	—	100.00

续表

年份	制造业							
	低技术				小计			
	金额	同比增长（%）	占比（%）	指数	金额	同比增长（%）	占比（%）	指数
2005	49.80	—	32.93	0.83	151.24	—	6.62	0.52
2006	39.36	-20.96	8.65	0.66	455.1	200.91	9.84	1.57
2007	187.67	376.80	28.32	3.14	662.62	45.60	4.33	2.29
2008	280.38	49.40	24.74	4.69	1133.37	71.04	10.87	3.92
2009	132.66	-52.69	9.23	2.22	1438	26.88	45.41	4.97
2010	161.19	21.51	5.25	2.69	3070.84	113.55	15.38	10.62
2011	12.29	-92.38	0.23	0.21	5416.26	76.38	31.60	18.73
2012	620.95	4952.48	17.61	10.38	3526.92	-34.88	26.46	12.20
2013	13458.48	2067.40	62.20	224.97	19732.42	459.48	30.80	68.23
2014	14314.83	6.36	47.83	239.29	29927.37	51.67	31.05	103.48
2015	1504.51	-89.49	1.75	25.15	85999.63	187.36	42.80	297.37
2016	5446.55	262.01	11.97	91.05	45519.01	-47.07	22.24	157.39
2017	2389.34	-56.13	3.46	39.94	69101.28	51.81	43.91	238.94
2018	3008.09	25.90	6.22	50.28	48353.25	-30.03	40.88	167.19
2019	1636.81	-45.59	4.72	27.36	34651.75	-28.34	41.70	119.82
2020	962.85	-41.18	2.16	16.10	83252.45	140.25	80.03	287.87
2021	1611.64	67.38	6.52	26.94	24732.48	-70.29	29.83	85.52
2022	1030.55	-36.06	21.99	17.23	4685.64	-81.05	32.04	16.20
合计	46874.95	—	10.14	—	461836.63	—	38.09	—
2011—2015年均值	5982.21	—	—	100.00	28920.52	—	—	100.00

年份	非制造业							
	服务业				农、林、牧、渔业			
	金额	同比增长（%）	占比（%）	指数	金额	同比增长（%）	占比（%）	指数
2005	1329.61	—	52.29	3.07	0.00	—	0.00	0.00
2006	3312.55	149.14	79.43	7.64	0.00	—	0.00	0.00

年份	非制造业							
	服务业				农、林、牧、渔业			
	金额	同比增长（%）	占比（%）	指数	金额	同比增长（%）	占比（%）	指数
2007	14555.15	339.39	99.40	33.58	0.19	—	0.00	0.05
2008	7056.77	-51.52	75.94	16.28	0.00	-100.00	0.00	0.00
2009	1339.44	-81.02	77.49	3.09	14.97	—	0.87	3.67
2010	16328.22	1119.03	96.61	37.68	4.29	-71.34	0.03	1.05
2011	10420.84	-36.18	88.88	24.04	10.49	144.52	0.09	2.57
2012	7745.98	-25.67	79.02	17.87	500.00	4666.44	5.10	122.51
2013	29089.88	275.55	65.61	67.12	50.00	-90.00	0.11	12.25
2014	63144.57	117.07	95.00	145.70	1364.04	2628.08	2.05	334.20
2015	106296.00	68.34	92.50	245.26	115.20	-91.48	0.10	28.47
2016	144403.86	35.85	90.75	333.19	202.81	74.54	0.13	49.69
2017	72338.96	-49.91	81.96	166.91	253.33	24.91	0.29	62.07
2018	65169.69	-9.91	93.21	150.37	152.05	-39.98	0.22	37.25
2019	43424.79	-33.37	89.62	100.20	304.69	100.39	0.63	74.65
2020	20449.02	-52.91	98.43	47.18	42.18	-86.16	0.20	10.33
2021	56507.60	176.33	97.12	130.38	192.07	355.36	0.33	47.06
2022	7709.12	-86.36	77.56	17.79	25.60	-86.67	0.26	6.27
合计	670622.05	—	89.32	—	3232.91	—	0.43	—
2011—2015年均值	43339.45	—	—	100.00	408.15	—	—	100.00

年份	非制造业							
	采矿业				电力、热力、燃气及水生产和供应业			
	金额	同比增长（%）	占比（%）	指数	金额	同比增长（%）	占比（%）	指数
2005	4.00	—	0.19	0.15	800.34	—	37.49	32.20
2006	857.88	21347.00	20.57	33.09	0.00	-100.00	0.00	0.00

续表

年份	非制造业							
	采矿业				电力、热力、燃气及水生产和供应业			
	金额	同比增长(%)	占比(%)	指数	金额	同比增长(%)	占比(%)	指数
2007	24.08	-97.19	0.16	0.93	47.15	—	0.32	1.90
2008	2212.46	9087.96	23.31	85.33	22.18	-52.96	0.24	0.89
2009	289.80	-86.90	16.77	11.18	54.02	143.55	3.13	2.17
2010	345.91	19.36	2.05	13.34	35.25	-34.75	0.21	1.42
2011	932.00	169.43	7.95	35.95	360.36	922.30	3.07	14.50
2012	1291.37	38.56	13.17	49.81	7.84	-97.82	0.08	0.32
2013	5270.26	308.11	11.39	203.27	8193.08	104403.57	18.48	329.68
2014	532.40	-89.90	0.80	20.53	569.73	-93.05	0.86	22.92
2015	4937.44	827.39	4.30	190.44	3294.95	478.34	2.87	132.58
2016	7820.93	58.40	4.52	301.65	3098.39	-5.97	1.95	124.67
2017	2659.29	-66.00	3.01	102.57	12727.45	310.78	14.42	512.13
2018	2677.50	0.58	3.83	103.27	1548.13	-87.84	2.21	62.29
2019	572.63	-78.61	1.18	22.09	3636.52	134.90	7.51	146.33
2020	84.51	-85.24	0.41	3.26	10.88	-99.70	0.05	0.44
2021	1308.65	1448.51	2.25	50.47	10.99	1.01	0.02	0.44
2022	2119.83	61.99	21.33	81.76	1.00	-90.90	0.01	0.04
合计	33940.94	—	4.52	—	34418.26	—	4.58	—
2011—2015年均值	2592.69	—	—	100.00	2485.19	—	—	100.00

年份	非制造业								总计			
	建筑业				小计							
	金额	同比增长(%)	占比(%)	指数	金额	同比增长(%)	占比(%)	指数	金额	同比增长(%)	占比(%)	指数
2005	0.66	—	0.03	0.11	2134.61	—	93.38	4.32	2285.85	—	100.00	2.92
2006	0.00	-100.00	0.00	0.00	4170.43	95.37	90.16	8.43	4625.53	102.35	100.00	5.91
2007	16.24	—	0.11	2.60	14642.81	251.11	95.67	29.61	15305.43	230.89	100.00	19.55
2008	0.77	-95.26	0.01	0.12	9292.18	-36.54	89.13	18.79	10425.55	-31.88	100.00	13.32

续表

| 年份 | 非制造业 | | | | | | | | 总计 | | | |
| | 建筑业 | | | | 小计 | | | | | | | |
	金额	同比增长（%）	占比（%）	指数	金额	同比增长（%）	占比（%）	指数	金额	同比增长（%）	占比（%）	指数
2009	30.31	3836.36	1.75	4.85	1728.54	-81.40	54.59	3.50	3166.54	-69.63	100.00	4.05
2010	187.86	519.80	1.11	30.09	16901.53	877.79	84.62	34.18	19972.37	530.73	100.00	25.51
2011	0.44	-99.77	0.00	0.07	11724.13	-30.63	68.40	23.71	17140.39	-14.18	100.00	21.90
2012	256.82	58268.18	2.62	41.13	9802.01	-16.39	73.54	19.82	13328.93	-22.24	100.00	17.03
2013	1734.44	575.35	3.91	277.79	44337.66	352.33	69.20	89.66	64070.08	380.68	100.00	81.84
2014	856.51	-50.62	1.29	137.18	66467.25	49.91	68.95	134.41	96394.62	50.45	100.00	123.14
2015	273.63	-68.05	0.24	43.83	114918.22	72.89	57.20	232.39	200917.85	108.43	100.00	256.66
2016	3595.38	1213.96	2.26	575.84	159121.37	38.46	77.76	321.78	204640.38	1.85	100.00	261.41
2017	279.27	-92.23	0.32	44.73	88258.3	-44.53	56.09	178.48	157359.58	-23.10	100.00	201.01
2018	369.48	32.30	0.53	59.18	69916.85	-20.78	59.12	141.39	118270.10	-24.84	100.00	151.08
2019	515.52	39.53	1.06	82.57	48454.15	-30.70	58.30	97.99	83105.90	-29.73	100.00	106.21
2020	189.23	-63.29	0.91	30.31	20775.82	-57.12	19.97	42.01	104028.27	25.18	100.00	133.75
2021	164.41	-13.12	0.28	26.33	58183.72	180.05	70.17	117.66	82916.20	-20.29	100.00	98.20
2022	83.44	-49.25	0.84	13.36	9938.99	-82.92	67.96	20.10	14624.63	-82.36	100.00	18.68
合计	8554.41	—	1.14	—	750768.57	—	61.91	—	1212605.2	—	100.00	100.00
2011—2015年均值	624.37			100.00	2134.61			100.00	78370.37			100.00

注：此处存在重复统计问题，故总计部分与表3-1-1、表3-1-2所示不一致，重复统计的处理方式与第二章相应部分的处理一致，详见表2-2-1脚注。

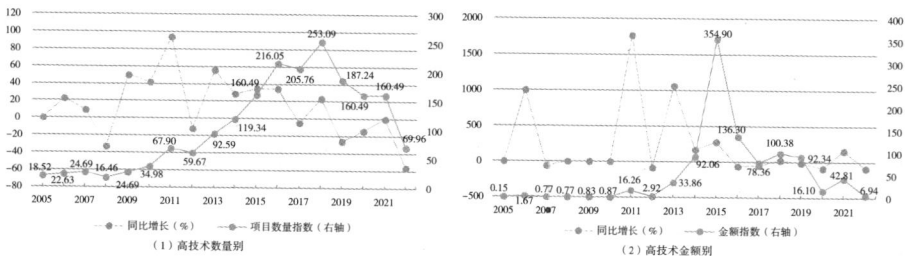

（1）高技术数量别

（2）高技术金额别

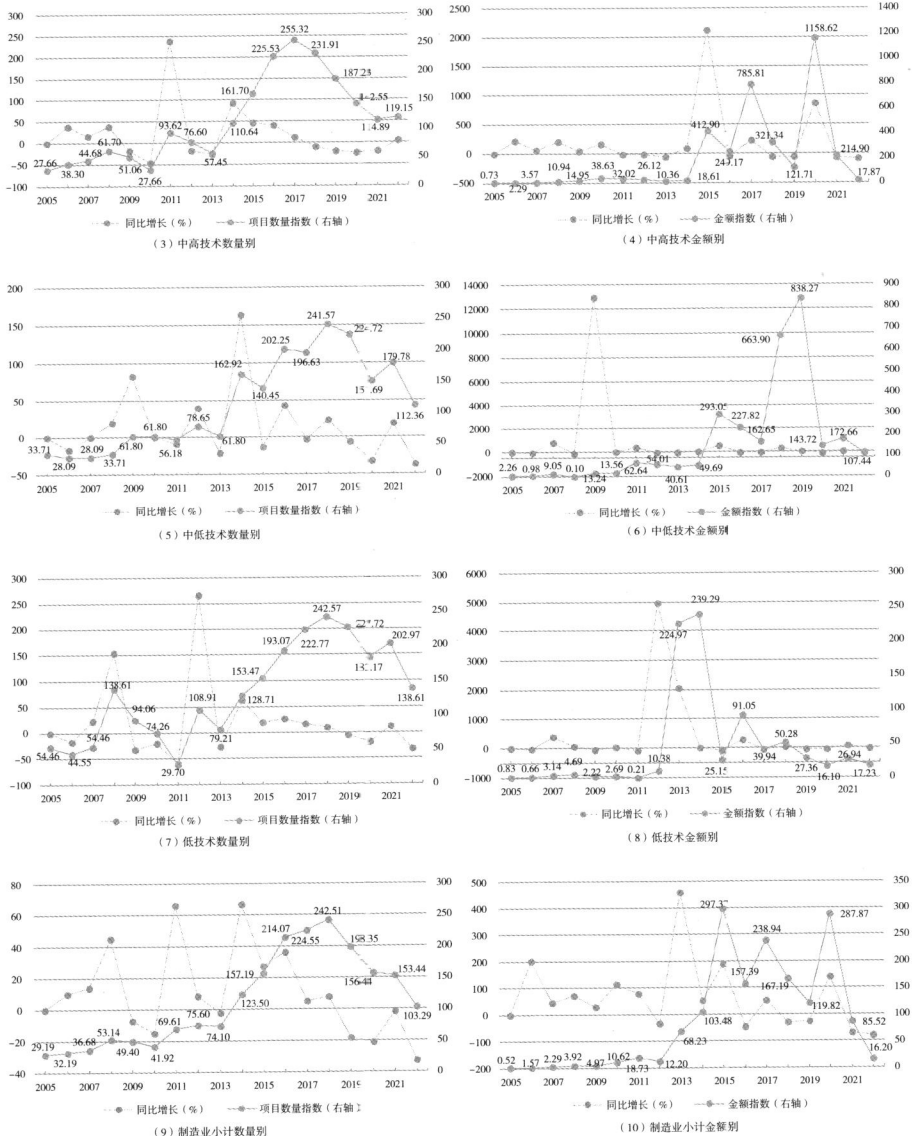

图 3-4-1 2005—2022 年对外并购投资制造业项目数量和金额指数变化图

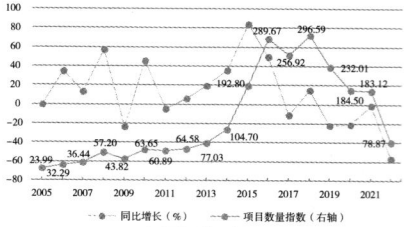

（1）服务业数量别

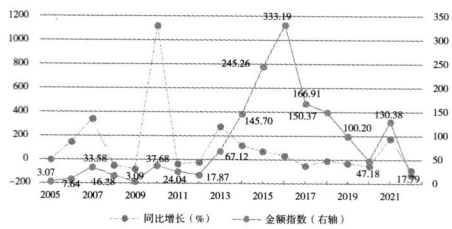

（2）服务业金额别

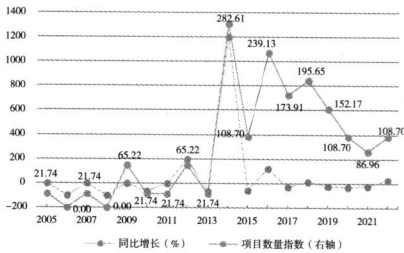

（3）农、林、牧、渔业数量别

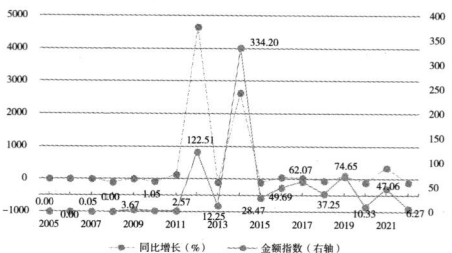

（4）农、林、牧、渔业金额别

（5）采矿业数量别

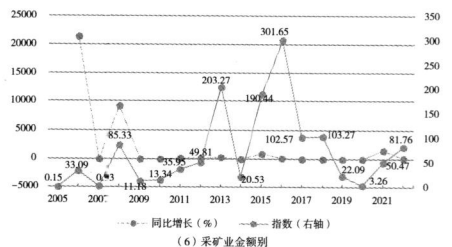

（6）采矿业金额别

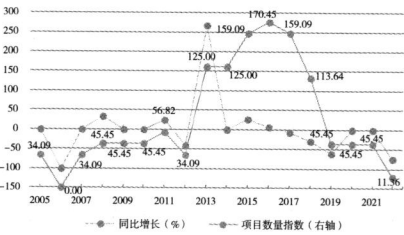

（7）电力、热力、燃气及水生产和供应业数量别

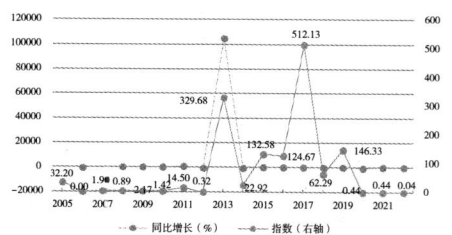

（8）电力、热力、燃气及水生产和供应业金额别

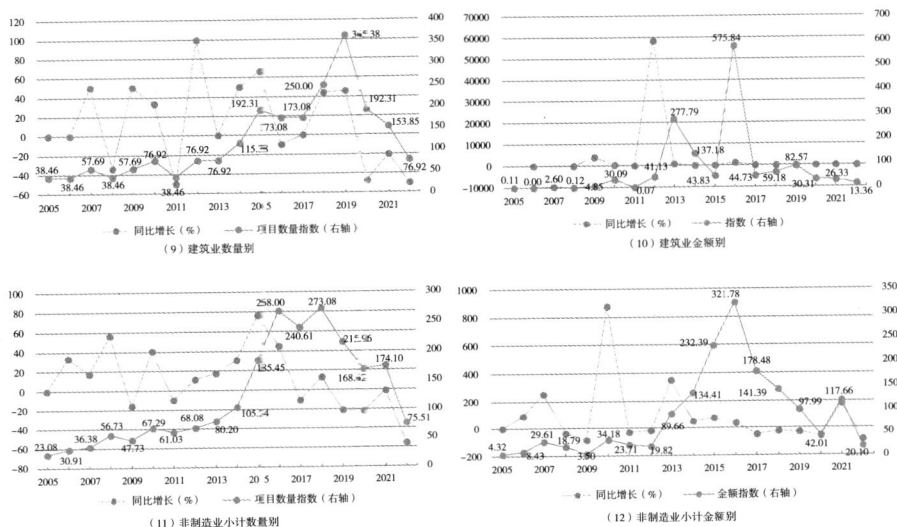

图 3-4-2 2005—2022 年对外并购投资非制造业项目数量和金额指数变化图

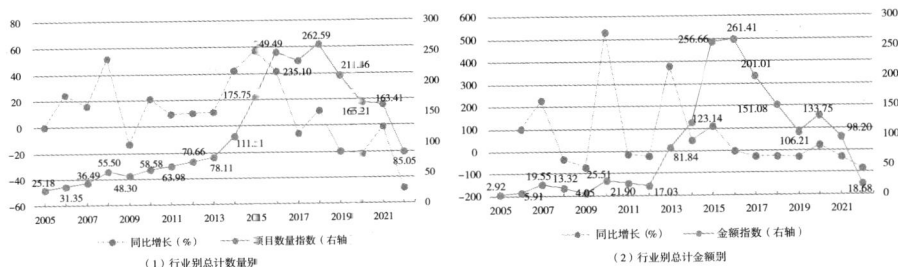

图 3-4-3 2005—2022 年对外并购投资行业别项目数量和金额指数变化图

第五节 民营企业对外并购投资融资模式别指数

本节筛选中国民营企业对外直接投资的并购部分的融资渠道相关数据，分析中国民营企业对外并购融资模式。

按照并购投资时的两种融资类型，本节计算了单一渠道融资指数和多渠道融资指数，以及包含于其中的各种具体融资渠道的指数。

一、对外并购融资渠道的总体情况

表 3-5-1　2005—2022 年中国民营企业对外并购投资的融资渠道汇总

融资模式	并购项目（件）	并购金额（百万美元）	并购金额涉及的并购项目（件）
天使投资	415	8.8	378
增资	2159	1	2102
增资—可转债	107	3.74	105
增资—卖方配售	215	33.33	180
注资	2063	1	1997
增资—发行可转债	57	30.93	55
企业风险投资	947	13	856
众筹	3	2	3
开发资金	595	109.16	469
开发资金—第 1 轮-第 8 轮	1064	51	969
开发资金—种子轮	270	15	226
家族办公室	56	498.59	51
对冲基金	64	97	64
杠杆	45	1800	43
杠杆收购	32	2643.3	29
夹层融资	2	316.61	1
新银行信贷便利	131	0	121
通道融资	96	19.4	95
增资—配售	100	7.18	97
私募股权	1135	146.16	974
增资—私人配售	2046	1314.69	1946
增资—公募	11	430.36	11
增资—新股发行	23	20	23
风险资本	1158	15	981
总计	12794	7578.25	11776

注：存在重复统计的情况，处理方式和行业别统计一致。

对外并购融资渠道，按照国内大多数研究采用的标准，分为内源融资和外源融资，而外源融资又可以分为四类，债务融资方式、股权融资方式、混合融资方式和特殊融资方式[①]。为了保证数据的一致性，本书采用了 BvD-Zephyr 数据库的分类标准，将对外并购融资渠道分为 24 种，分别为：天使投资（Angel Investment）、增资（Capital increase）、增资—可转债（Capital increase—converted debt）、增资—卖方配售（Capital increase—vendor placing）、注资（Capital injection）、增资—发行可转债（Convertible bonds）、企业风险投资（Corporate venturing）、众筹（Crowd funding）、开发资金（Development capital）、开发资金—第 1 轮 - 第 8 轮（Development capital-1st round-8th round）、开发资金—种子轮（Development capital-seed）、家族办公室（Family office）、对冲基金（Hedge fund）、杠杆（leveraged）、杠杆收购（leveraged buy out）、夹层融资（Mezzanine）、新银行信贷便利（New bank facilities）、通道融资（PIPE）、增资—配售（Placing）、私募股权（Private equity）、增资—私人配售（Private placing）、增资—公募（Public offer）、增资—新股发行（Rights issue）、风险资本（Venture capital）。按照这个标准，本节统计了 BvD-Zephyr 数据库中有明确融资渠道信息的中国民营对外并购交易样本，共 12794 件。

通过这些民营企业数据可以看出，中国民营企业对外并购融资模式有三个显著的特征：第一，从并购投资项目数量上看，以增资、注资、私募股权和私人配售四种融资方式为主；第二，从并购投资项目金额上看，杠杆收购、杠杆和增资—私人配售三个融资渠道涉及的资金明显大于其他几种融资渠道；第三，随着国内金融市场的发展，对冲基金、杠杆收购、杠杆、家族办公室、众筹和夹层融资等融资模式开始出现。

[①]　刘坪：《不同类型中国企业的海外并购融资方式研究》，北京交通大学硕士学位论文，2014 年。

表 3-5-2　2005—2022 年中国民营企业对外并购融资渠道的数量分布

（单位：件、%）

年份	天使投资				增资				增资—可转债			
	数量	同比增长（%）	占比（%）	指数	数量	同比增长（%）	占比（%）	指数	数量	同比增长（%）	占比（%）	指数
2005	0	—	0.00	0.00	2	—	3.64	2.94	2	—	3.64	58.82
2006	1	—	0.90	6.67	8	300.00	7.21	11.76	1	−50.00	0.90	29.41
2007	1	0.00	0.72	6.67	4	−50.00	2.90	5.88	3	200.00	2.17	88.24
2008	0	−100.00	0.00	0.00	5	25.00	3.18	7.35	1	−66.67	0.64	29.41
2009	0	—	0.00	0.00	13	160.00	5.42	19.12	5	400.00	2.08	147.06
2010	2	—	0.78	13.33	22	69.23	8.59	32.35	4	−20.00	1.56	117.65
2011	1	−50.00	0.30	6.67	55	150.00	16.47	80.88	4	0.00	1.20	117.65
2012	6	500.00	1.97	40.00	50	−9.09	16.39	73.53	3	−25.00	0.98	88.24
2013	12	100.00	3.05	80.00	67	34.00	17.01	98.53	4	33.33	1.02	117.65
2014	27	125.00	4.63	180.00	69	2.99	11.84	101.47	3	−25.00	0.51	88.24
2015	29	7.41	3.13	193.33	99	43.48	10.67	145.59	3	0.00	0.32	88.24
2016	44	51.72	3.49	293.33	240	142.42	19.02	352.94	11	266.67	0.87	323.53
2017	35	−20.45	2.63	233.33	248	3.33	18.65	364.71	7	−36.36	0.53	205.88
2018	45	28.57	2.63	300.00	363	46.37	21.23	533.82	11	57.14	0.64	323.53
2019	43	−4.44	3.01	286.67	315	−13.22	22.03	463.24	15	36.36	1.05	441.18
2020	31	−27.91	2.61	206.67	253	−19.68	21.28	372.06	9	−40.00	0.76	264.71
2021	70	125.81	5.11	466.67	216	−14.62	15.77	317.65	11	22.22	0.80	323.53
2022	68	−2.86	6.79	453.33	130	−39.81	12.97	191.18	10	−9.09	1.00	294.12

年份	增资—卖方配售				注资				增资—发行可转债			
	数量	同比增长（%）	占比（%）	指数	数量	同比增长（%）	占比（%）	指数	数量	同比增长（%）	占比（%）	指数
2005	4	—	7.27	45.45	2	—	3.64	3.38	2	—	3.64	52.63
2006	8	100.00	7.21	90.91	7	250.00	6.31	11.82	3	50.00	2.70	78.95
2007	9	12.50	6.52	102.27	5	−28.57	3.62	8.45	1	−66.67	0.72	26.32
2008	4	−55.56	2.55	45.45	10	100.00	6.37	16.89	5	400.00	3.18	131.58

续表

年份	增资—卖方配售				注资				增资—发行可转债			
	数量	同比增长（%）	占比（%）	指数	数量	同比增长（%）	占比（%）	指数	数量	同比增长（%）	占比（%）	指数
2009	5	25.00	2.08	56.82	16	60.00	6.67	27.03	4	-20.00	1.67	105.26
2010	3	-40.00	1.17	34.09	25	56.25	9.77	42.23	1	-75.00	0.39	26.32
2011	5	66.67	1.50	56.82	47	88.00	14.07	79.39	4	300.00	1.20	105.26
2012	5	0.00	1.64	56.82	45	-4.26	14.75	76.01	2	-50.00	0.66	52.63
2013	11	120.00	2.79	125.00	59	31.11	14.97	99.66	5	150.00	1.27	131.58
2014	4	-63.64	0.69	45.45	59	0.00	10.12	99.66	4	-20.00	0.69	105.26
2015	19	375.00	2.05	215.91	35	45.76	9.27	145.27	4	0.00	0.43	105.26
2016	25	31.58	1.98	284.09	222	158.14	17.59	375.00	5	25.00	0.40	131.58
2017	38	52.00	2.86	431.82	241	8.56	18.12	407.09	5	0.00	0.38	131.58
2018	35	-7.89	2.05	397.73	357	48.13	20.88	603.04	4	-20.00	0.23	105.26
2019	15	-57.14	1.05	170.45	307	-14.01	21.47	518.58	1	-75.00	0.07	26.32
2020	16	6.67	1.35	181.82	250	-18.57	21.03	422.30	2	100.00	0.17	52.63
2021	7	-56.25	0.50	79.55	216	-13.60	15.46	364.86	2	0.00	0.14	52.63
2022	2	-71.43	0.20	22.73	113	-46.70	11.28	190.88	3	50.00	0.30	78.95

年份	企业风险投资				众筹				开发资金			
	数量	同比增长（%）	占比（%）	指数	数量	同比增长（%）	占比（%）	指数	数量	同比增长（%）	占比（%）	指数
2005	1	—	1.82	3.82	0	—	0.00	0.00	4	—	7.27	15.87
2006	5	400.00	4.50	19.08	0	—	0.00	0.00	3	-25.00	2.70	11.90
2007	5	0.00	3.62	19.08	0	—	0.00	0.00	6	100.00	4.35	23.81
2008	4	-20.00	2.55	15.27	0	—	0.00	0.00	7	16.67	4.46	27.78
2009	5	25.00	2.08	19.08	0	—	0.00	0.00	13	85.71	5.42	51.59
2010	9	80.00	3.52	34.35	0	—	0.00	0.00	12	-7.69	4.69	47.62
2011	7	-22.22	2.10	26.72	0	—	0.00	0.00	21	75.00	6.29	83.33
2012	8	14.29	2.62	30.53	0	—	0.00	0.00	12	-42.86	3.93	47.62
2013	11	37.50	2.79	41.98	0	—	0.00	0.00	17	41.67	4.31	67.46
2014	26	136.36	4.46	99.24	0	—	0.00	0.00	26	52.94	4.46	103.17

年份	企业风险投资				众筹				开发资金			
	数量	同比增长（%）	占比（%）	指数	数量	同比增长（%）	占比（%）	指数	数量	同比增长（%）	占比（%）	指数
2015	79	203.85	8.51	301.53	1	—	0.11	500.00	50	92.31	5.39	198.41
2016	72	-8.86	5.71	274.81	0	-100.00	0.00	0.00	49	-2.00	3.88	194.44
2017	90	25.00	6.77	343.51	0	—	0.00	0.00	56	14.29	4.21	222.22
2018	142	57.78	8.30	541.98	0	—	0.00	0.00	73	30.36	4.27	289.68
2019	114	-19.72	7.97	435.11	1	—	0.07	500.00	66	-9.59	4.62	261.90
2020	100	-12.28	8.41	381.68	0	-100.00	0.00	0.00	44	-33.33	3.70	174.60
2021	146	46.00	10.45	557.25	1	—	0.07	500.00	72	63.64	5.15	285.71
2022	127	-10.56	12.67	484.73	0	-100	0	0	66	-5.71	6.59	261.90

年份	开发资金—第1轮-第8轮				开发资金—种子轮				家族办公室			
	数量	同比增长（%）	占比（%）	指数	数量	同比增长（%）	占比（%）	指数	数量	同比增长（%）	占比（%）	指数
2005	4	—	7.27	10.00	0	—	0.00	0.00	0	—	0.00	0.00
2006	14	250.00	12.61	35.00	0	—	0.00	0.00	0	—	0.00	0.00
2007	13	-7.14	9.42	32.50	1	—	0.72	10.20	0	—	0.00	0.00
2008	11	-15.38	7.01	27.50	0	-100.00	0.00	0.00	0	—	0.00	0.00
2009	15	36.36	6.25	37.50	0	—	0.00	0.00	0	—	0.00	0.00
2010	15	0.00	5.86	37.50	1	—	0.39	10.20	0	—	0.00	0.00
2011	15	0.00	4.49	37.50	1	0.00	0.30	10.20	0	—	0.00	0.00
2012	10	-33.33	3.28	25.00	3	200.00	0.98	30.61	1	—	0.33	166.67
2013	20	100.00	5.08	50.00	7	133.33	1.78	71.43	1	0.00	0.25	166.67
2014	61	205.00	10.46	152.50	15	114.29	2.57	153.06	0	-100.00	0.00	0.00
2015	94	54.10	10.13	235.00	23	53.33	2.48	234.69	1	—	0.11	166.67
2016	82	-12.77	6.50	205.00	32	39.13	2.54	326.53	2	100.00	0.16	333.33
2017	104	26.83	7.82	260.00	24	-25.00	1.80	244.90	1	-50.00	0.08	166.67
2018	144	38.46	8.42	360.00	36	50.00	2.11	367.35	7	600.00	0.41	1166.67
2019	119	-17.36	8.32	297.50	21	-41.67	1.47	214.29	5	-28.57	0.35	833.33

年份	开发资金—第1轮-第8轮				开发资金—种子轮				家族办公室			
	数量	同比增长（%）	占比（%）	指数	数量	同比增长（%）	占比（%）	指数	数量	同比增长（%）	占比（%）	指数
2020	106	-10.92	8.92	265.00	23	9.52	1.93	234.69	10	100.00	0.84	1666.67
2021	147	38.68	10.52	367.50	36	56.52	2.58	367.35	18	80.00	1.29	3000.00
2022	93	-35.42	9.28	232.50	48	37.14	4.79	489.80	10	-44.44	1.00	1666.67

年份	对冲基金				杠杆				杠杆收购			
	数量	同比增长（%）	占比（%）	指数	数量	同比增长（%）	占比（%）	指数	数量	同比增长（%）	占比（%）	指数
2005	0	—	0.00	0.00	0	—	0.00	0.00	0	—	0.00	0.00
2006	0	—	0.00	0.00	0	—	0.00	0.00	0	—	0.00	0.00
2007	0	—	0.00	0.00	0	—	0.00	0.00	0	—	0.00	0.00
2008	0	—	0.00	0.00	0	—	0.00	0.00	0	—	0.00	0.00
2009	0	—	0.00	0.00	0	—	0.00	0.00	0	—	0.00	0.00
2010	0	—	0.00	0.00	0	—	0.00	0.00	0	—	0.00	0.00
2011	0	—	0.00	0.00	0	—	0.00	0.00	0	—	0.00	0.00
2012	0	—	0.00	0.00	0	—	0.00	0.00	0	—	0.00	0.00
2013	0	—	0.00	0.00	0	—	0.00	0.00	0	—	0.00	0.00
2014	0	—	0.00	0.00		—	0.00	0.00	1		0.17	62.50
2015	1	—	0.11	500.00	1	—	0.11	500.00	7	600.00	0.75	437.50
2016	0	-100.00	0.00	0.00	5	400.00	0.40	2500.00	11	57.14	0.87	687.50
2017	1	—	0.08	500.00	8	60.00	0.60	4000.00	7	-36.36	0.53	437.50
2018	7	600.00	0.41	3500.00	8	0.00	0.47	4000.00	2	-71.43	0.12	125.00
2019	5	-28.57	0.35	2500.00	5	-37.50	0.35	2500.00	2	0.00	0.14	125.00
2020	11	120.00	0.93	5500.00	7	40.00	0.59	3500.00	0	-100.00	0.00	0.00
2021	26	136.36	1.86	13000.00	7	0.00	0.50	3500.00	2	—	0.14	125.00
2022	13	-50.00	1.30	6500.00	4	-42.86	0.40	2000	0	-100.00	0.00	0.00

续表

年份	夹层融资				新银行信贷便利				通道融资			
	数量	同比增长（%）	占比（%）	指数	数量	同比增长（%）	占比（%）	指数	数量	同比增长（%）	占比（%）	指数
2005	0	—	0.00	0.00	0	—	0.00	0.00	1	—	1.82	19.23
2006	0	—	0.00	0.00	1	—	0.90	13.89	1	0.00	0.90	19.23
2007	0	—	0.00	0.00	3	200.00	2.17	41.67	2	100.00	1.45	38.46
2008	0	—	0.00	0.00	3	0.00	1.91	41.67	1	-50.00	0.64	19.23
2009	0	—	0.00	0.00	7	133.33	2.92	97.22	8	700.00	3.33	153.85
2010	0	—	0.00	0.00	2	-71.43	0.78	27.78	1	-87.50	0.39	19.23
2011	0	—	0.00	0.00	7	250.00	2.10	97.22	4	300.00	1.20	76.92
2012	0	—	0.00	0.00	3	-57.14	0.98	41.67	1	-75.00	0.33	19.23
2013	1	—	0.25	500.00	7	133.33	1.78	97.22	2	100.00	0.51	38.46
2014	0	-100.00	0.00	0.00	7	0.00	1.20	97.22	10	400.00	1.72	192.31
2015	0	—	0.00	0.00	12	71.43	1.29	156.67	9	-10.00	0.97	173.08
2016	1	—	0.08	500.00	18	50.00	1.43	250.00	9	0.00	0.71	173.08
2017	0	-100.00	0.00	0.00	17	-5.56	1.28	236.11	12	33.33	0.90	230.77
2018	0	—	0.00	0.00	11	-35.29	0.64	152.78	15	25.00	0.88	288.46
2019	0	—	0.00	0.00	7	-36.36	0.49	97.22	1	-93.33	0.07	19.23
2020	0	—	0.00	0.00	9	28.57	0.76	125.00	7	600.00	0.59	134.62
2021	0	—	0.00	0.00	10	11.11	0.72	138.89	11	57.14	0.79	211.54
2022	0	—	0.00	0.00	7	-30.00	0.70	97.22	1	-90.91	0.10	19.23

年份	增资—配售				私募股权				增资—私人配售			
	数量	同比增长（%）	占比（%）	指数	数量	同比增长（%）	占比（%）	指数	数量	同比增长（%）	占比（%）	指数
2005	1	—	1.82	26.32	9	—	16.36	19.48	21	—	38.18	16.01
2006	2	100	1.80	52.63	12	33.33	10.81	25.97	35	66.67	31.53	26.68
2007	6	200	4.35	157.89	11	-8.33	7.97	23.81	54	54.29	39.13	41.16
2008	10	66.67	6.37	263.16	22	100	14.01	47.62	66	22.22	42.04	50.30
2009	2	-80	0.83	52.63	15	-31.82	6.25	32.47	110	66.67	45.83	83.84

年份	增资—配售				私募股权				增资—私人配售			
	数量	同比增长（%）	占比（%）	指数	数量	同比增长（%）	占比（%）	指数	数量	同比增长（%）	占比（%）	指数
2010	8	300	3.13	210.53	20	33.33	7.81	43.29	117	6.36	45.70	89.18
2011	1	-87.50	0.30	26.32	27	35.00	8.08	58.44	108	-7.69	32.34	82.32
2012	4	300	1.31	105.26	21	-22.22	6.89	45.45	113	4.63	37.05	86.13
2013	2	-50	0.51	52.63	29	38.10	7.36	62.77	103	-8.85	26.14	78.51
2014	6	200	1.03	157.89	56	93.10	9.61	121.21	137	33.01	23.50	104.42
2015	6	0.00	0.65	157.89	98	75.00	10.56	212.12	195	42.34	21.01	148.63
2016	5	-16.67	0.40	131.58	132	34.69	10.46	285.71	202	3.59	16.01	153.96
2017	10	100	0.75	263.16	99	-25.00	7.44	214.29	194	-3.96	14.59	147.87
2018	9	-10	0.53	236.84	129	30.30	7.54	279.22	155	-20.10	9.06	118.14
2019	12	33.33	0.84	315.79	135	4.65	9.44	292.21	130	-16.13	9.09	99.09
2020	4	-66.67	0.34	105.26	89	-34.07	7.49	192.64	117	-10.00	9.84	89.18
2021	6	50.00	0.43	157.89	147	65.17	10.52	318.18	110	-5.98	7.87	83.84
2022	6	0.00	0.60	157.89	88	-38.46	8.78	190.48	79	-28.18	7.88	60.21

年份	增资—公募				增资—新股发行			
	数量	同比增长（%）	占比（%）	指数	数量	同比增长（%）	占比（%）	指数
2005	0	—	0.00	0.00	0	—	0.00	0.00
2006	0	—	0.00	0.00	1	—	0.90	41.67
2007	0	—	0.00	0.00	0	-100.00	0.00	0.00
2008	1	—	0.64	166.67	1	—	0.64	41.67
2009	3	200.00	1.25	500.00	4	300.00	1.67	166.67
2010	1	-66.67	0.39	166.67	0	-100.00	0.00	0.00
2011	1	0.00	0.30	166.67	5	—	1.50	208.33
2012	0	-100.00	0.00	0.00	0	-100.00	0.00	0.00
2013	1	—	0.25	166.67	5	—	1.27	208.33
2014	0	-100.00	0.00	0.00	2	-60.00	0.34	83.33

续表

年份	增资—公募				增资—新股发行			
	数量	同比增长（%）	占比（%）	指数	数量	同比增长（%）	占比（%）	指数
2015	1	—	0.11	166.67	0	-100.00	0.00	0.00
2016	0	-100.00	0.00	0.00	2	—	0.16	83.33
2017	1	—	0.08	166.67	2	0.00	0.15	83.33
2018	1	0.00	0.06	166.67	0	-100.00	0.00	0.00
2019	0	-100.00	0.00	0.00	0	—	0.00	0.00
2020	0	—	0.00	0.00	0	—	0.00	0.00
2021	1	—	0.07	166.67	0	—	0.00	0.00
2022	0	-100	0.00	0.00	1	—	0.10	41.67

年份	风险资本				小计			
	数量	同比增长（%）	占比（%）	指数	数量	同比增长（%）	占比（%）	指数
2005	2	—	3.64	4.02	55	—	100.00	10.81
2006	9	350.00	8.11	18.07	111	101.82	100.00	21.82
2007	14	55.56	10.14	28.11	138	24.32	100.00	27.12
2008	6	-57.14	3.82	12.05	157	13.77	100.00	30.86
2009	15	150.00	6.25	30.12	240	52.87	100.00	47.17
2010	13	-13.33	5.08	26.10	256	6.67	100.00	50.31
2011	21	61.54	6.29	42.17	334	30.47	100.00	65.64
2012	18	-14.29	5.90	36.14	305	-8.68	100.00	59.94
2013	30	66.67	7.61	60.24	394	29.18	100.00	77.44
2014	70	133.33	12.01	140.56	583	47.97	100.00	114.58
2015	110	57.14	11.85	220.88	928	59.18	100.00	182.39
2016	93	-15.45	7.37	186.75	1262	35.99	100.00	248.03
2017	130	39.78	9.77	261.04	1330	5.39	100.00	261.40
2018	156	20.00	9.12	313.25	1710	28.57	100.00	336.08
2019	111	-28.85	7.76	222.89	1430	-16.37	100.00	281.05
2020	101	-9.01	8.49	202.81	1189	-16.85	100.00	233.69
2021	130	28.71	9.31	261.04	1397	17.49	100.00	274.57
2022	133	5.56	13.27	267.07	1002	-26.86	100.00	196.93

注：存在重复统计的情况，处理方式和行业别统计一致。

表3-5-3　2005—2022年中国民营企业对外并购融资渠道的金额分布

（单位：百万美元、%）

年份	天使投资				增资				增资—可转债			
	金额	同比增长（%）	占比（%）	指数	金额	同比增长（%）	占比（%）	指数	金额	同比增长（%）	占比（%）	指数
2005	0.00	—	0.00	0.00	..00	—	0.06	0.02	3.74	—	0.21	0.43
2006	8.80	—	0.14	3.31	33..42	33042.00	5.18	7.54	1.27	-66.04	0.02	0.15
2007	1.37	-84.43	0.00	0.51	100.66	-69.63	0.31	2.29	6.39	403.15	0.02	0.74
2008	0.00	-100.00	0.00	0.00	102.12	1.45	0.64	2.32	5.00	-21.75	0.03	0.58
2009	0.00	—	0.00	0.00	824.85	707.73	2.43	18.78	60.70	1114.00	0.18	6.99
2010	0.00	—	0.00	0.00	3458.14	324.09	9.86	79.63	20.07	-66.94	0.06	2.31
2011	2.50	—	0.01	0.94	3277.44	-6.31	8.08	74.60	166.32	728.70	0.41	19.14
2012	61.15	2346.00	0.13	22.98	2762.18	-15.72	5.95	62.87	16.66	-89.98	0.04	1.92
2013	52.97	-13.38	0.07	19.91	2377.21	-13.94	3.31	54.11	2260.88	13470.71	3.15	260.21
2014	427.00	706.12	0.41	160.48	3997.27	68.15	3.83	90.99	959.79	-57.55	0.92	110.47
2015	786.74	84.25	0.38	295.69	9551.70	138.96	4.66	217.42	940.63	-2.00	0.46	108.26
2016	767.65	-2.43	0.37	288.51	17259.02	80.80	8.25	393.09	3763.59	300.11	1.80	433.17
2017	498.25	-35.09	0.29	187.26	11404.44	-33.96	6.60	259.60	1358.38	-63.91	0.79	156.34
2018	1329.96	166.93	0.71	499.85	15297.71	34.14	8.19	348.22	3812.94	180.70	2.04	438.85
2019	774.00	-41.80	0.51	290.90	13756.03	-10.01	9.03	313.35	1323.54	-65.29	0.87	152.33
2020	245.59	-68.27	0.26	92.30	15330.73	11.73	16.33	350.11	3259.02	146.24	3.46	375.09
2021	3253.99	1224.97	1.75	1222.97	13537.19	-11.99	7.26	308.14	448.98	-86.22	0.24	51.67
2022	2323.85	-28.58	3.60	873.39	9980.60	-26.27	15.45	227.19	149.33	-66.74	0.23	17.19

年份	增资—卖方配售				注资				增资—发行可转债			
	金额	同比增长（%）	占比（%）	指数	金额	同比增长（%）	占比（%）	指数	金额	同比增长（%）	占比（%）	指数
2005	33.33	—	1.91	1.12	1.00	—	0.06	0.03	30.93	—	1.77	15.68
2006	2766.86	8201.41	43.26	92.72	60.06	5906.00	0.94	1.78	6.29	-79.66	0.10	3.19
2007	2703.24	-2.30	8.40	90.59	553.17	821.03	1.72	16.39	5600.00	88930.21	17.41	2838.32
2008	522.65	-80.67	3.28	17.51	321.93	-41.80	2.02	9.54	1602.65	-71.38	10.05	812.29

续表

年份	增资—卖方配售				注资				增资—发行可转债			
	金额	同比增长（%）	占比（%）	指数	金额	同比增长（%）	占比（%）	指数	金额	同比增长（%）	占比（%）	指数
2009	363.87	-30.38	1.07	12.19	1407.66	337.26	4.15	41.71	3220.53	100.95	9.50	1632.30
2010	7242.21	1890.33	20.41	242.69	943.68	-32.96	2.66	27.96	12.00	-99.63	0.03	6.08
2011	775.54	-89.29	1.91	25.99	3157.14	234.56	7.78	93.54	565.86	4615.50	1.39	286.80
2012	874.14	12.71	1.88	29.29	2541.70	-19.49	5.48	75.31	18.10	-96.80	0.04	9.17
2013	2214.03	153.28	3.09	74.19	2198.21	-13.51	3.06	65.13	157.44	769.83	0.22	79.80
2014	2117.98	-4.34	2.03	70.98	3642.46	65.70	3.49	107.92	55.72	-64.61	0.05	28.24
2015	8938.81	322.04	4.36	299.55	5336.35	46.50	2.60	158.11	189.38	239.88	0.09	95.99
2016	6908.15	-22.72	3.30	231.50	15950.00	198.89	7.62	472.57	187.87	-0.80	0.09	95.22
2017	17216.63	149.22	9.96	576.95	11080.04	-30.53	6.41	328.28	114.16	-39.23	0.07	57.86
2018	21380.35	24.18	11.45	716.48	15952.11	43.97	8.54	472.63	156.90	37.44	0.08	79.52
2019	15632.19	-26.89	10.26	523.85	14259.13	-10.61	9.36	422.47	7.46	-95.25	0.00	3.78
2020	12957.07	-17.11	13.76	434.20	16875.48	18.35	17.92	499.99	31.23	318.63	0.03	15.83
2021	686.55	-94.70	0.36	23.01	13782.39	-18.33	7.18	408.35	53.00	69.71	0.03	26.86
2022	50.65	-92.62	0.08	1.70	2714.38	-78.12	4.20	80.42	117.37	121.45	0.18	59.49

年份	企业风险投资				众筹				开发资金			
	金额	同比增长（%）	占比（%）	指数	金额	同比增长（%）	占比（%）	指数	金额	同比增长（%）	占比（%）	指数
2005	13.00	—	0.74	0.50	0.00	—	0.00	0.00	109.16	—	6.25	4.14
2006	85.80	560.00	1.34	3.33	0.00	—	0.00	0.00	18.00	-83.51	0.28	0.68
2007	80.50	-6.18	0.25	3.12	0.00	—	0.00	0.00	79.37	340.94	0.25	3.01
2008	776.28	864.32	4.87	30.11	0.00	—	0.00	0.00	874.70	1002.05	5.49	33.14
2009	38.92	-94.99	0.11	1.51	0.00	—	0.00	0.00	233.27	-73.33	0.69	8.84
2010	287.63	639.03	0.81	11.16	0.00	—	0.00	0.00	350.54	50.27	0.99	13.28
2011	1191.50	314.25	2.94	46.22	0.00	—	0.00	0.00	1349.14	284.87	3.33	51.11
2012	2166.25	81.81	4.67	84.03	0.00	—	0.00	0.00	2230.54	65.33	4.81	84.50

年份	企业风险投资				众筹				开发资金			
	金额	同比增长(%)	占比(%)	指数	金额	同比增长(%)	占比(%)	指数	金额	同比增长(%)	占比(%)	指数
2013	143.61	-93.37	0.20	5.57	0.00	—	0.00	0.00	270.07	-87.39	0.38	10.23
2014	1010.52	603.66	0.97	39.20	0.00	—	0.00	0.00	3252.16	1104.19	3.12	123.20
2015	8377.17	729.00	4.09	324.97	2.00	—	0.00	500.00	6097.10	87.48	2.98	230.97
2016	15972.42	90.67	7.63	619.61	0.00	-100.00	0.00	0.00	7987.79	31.01	3.82	302.59
2017	9828.96	-38.46	5.69	381.29	0.00	—	0.00	0.00	4189.58	-47.55	2.42	158.71
2018	20409.88	107.65	10.93	791.75	0.00	—	0.00	0.00	8861.20	111.51	4.75	335.68
2019	20421.62	0.06	13.40	792.21	1.69	—	0.00	422.50	8651.76	-2.36	5.68	327.74
2020	4237.63	-79.25	4.50	164.39	0.00	-100.00	0.00	0.00	1940.55	-77.57	2.06	73.51
2021	18716.78	341.68	10.04	726.07	1.82	—	0.00	455.00	5336.32	174.99	2.86	202.15
2022	5131.69	-72.58	7.94	199.07	—	-100.00	0.00		2636.61	-50.59	4.08	99.88

年份	开发资金—第1轮-第8轮				开发资金—种子轮				家族办公室			
	金额	同比增长(%)	占比(%)	指数	金额	同比增长(%)	占比(%)	指数	金额	同比增长(%)	占比(%)	指数
2005	51.00	—	2.92	4.12	0.00	—	0.00	0.00	0.00	—	0.00	0.00
2006	159.30	212.35	2.49	12.87	0.00	—	0.00	0.00	0.00	—	0.00	0.00
2007	181.20	13.75	0.56	14.64	15.00	—	0.05	94.00	0.00	—	0.00	0.00
2008	231.78	27.91	1.45	18.72	0.00	-100.00	0.00	0.00	0.00	—	0.00	0.00
2009	167.32	-27.81	0.49	13.52	0.00	—	0.00	0.00	0.00	—	0.00	0.00
2010	279.45	67.02	0.79	22.58	0.00	—	0.00	0.00	0.00	—	0.00	0.00
2011	364.70	30.51	0.90	29.46	1.00	—	0.00	6.27	0.00	—	0.00	0.00
2012	238.50	-34.60	0.51	19.27	1.55	55.00	0.00	9.71	498.59	—	1.07	227.84
2013	382.37	60.32	0.53	30.89	7.97	414.19	0.01	49.94	498.59	0.00	0.70	227.84
2014	1347.66	252.45	1.29	108.87	22.59	183.44	0.02	141.56	0.00	-100.00	0.00	0.00
2015	3856.06	186.13	1.88	311.51	45.68	106.64	0.02	292.52	97.00	—	0.05	44.33
2016	10203.34	164.61	4.87	824.27	30.85	73.20	0.04	506.64	42.00	-56.70	0.02	19.19

续表

年份	开发资金—第1轮-第8轮				开发资金—种子轮				家族办公室			
	金额	同比增长（%）	占比（%）	指数	金额	同比增长（%）	占比（%）	指数	金额	同比增长（%）	占比（%）	指数
2017	7489.67	-26.60	4.33	605.05	34.40	-57.45	0.02	215.57	28.00	-33.33	0.02	12.79
2018	14265.55	90.47	7.64	1152.44	232.26	575.17	0.12	1455.45	246.19	779.25	0.13	112.50
2019	15188.42	6.47	9.97	1226.99	76.12	-67.23	0.05	477.00	1595.81	548.20	1.05	729.23
2020	5216.13	-65.66	5.54	421.38	77.32	1.58	0.08	484.52	498.34	-68.77	0.53	227.72
2021	18534.51	255.33	9.95	1497.31	206.93	167.63	0.11	1296.72	2416.44	384.90	1.30	1104.22
2022	4588.24	-75.24	7.10	370.66	303.57	46.70	0.47	1902.29	754.38	-68.78	1.17	344.72

年份	对冲基金				杠杆				杠杆收购			
	金额	同比增长（%）	占比（%）	指数	金额	同比增长（%）	占比（%）	指数	金额	同比增长（%）	占比（%）	指数
2005	0.00	—	0.00	0.00	0.00	—	0.00	0.00	0.00	—	0.00	0.00
2006	0.00	—	0.00	0.00	0.00	—	0.00	0.00	0.00	—	0.00	0.00
2007	0.00	—	0.00	0.00	0.00	—	0.00	0.00	0.00	—	0.00	0.00
2008	0.00	—	0.00	0.00	0.00	—	0.00	0.00	0.00	—	0.00	0.00
2009	0.00	—	0.00	0.00	0.00	—	0.00	0.00	0.00	—	0.00	0.00
2010	0.00	—	0.00	0.00	0.00	—	0.00	0.00	0.00	—	0.00	0.00
2011	0.00	—	0.00	0.00	0.00	—	0.00	0.00	0.00	—	0.00	0.00
2012	0.00	—	0.00	0.00	0.00	—	0.00	0.00	0.00	—	0.00	0.00
2013	0.00	—	0.00	0.00	0.00	—	0.00	0.00	0.00	—	0.00	0.00
2014	0.00	—	0.00	0.00	0.00	—	0.00	0.00	2643.30	—	2.53	46.95
2015	97.00	—	0.05	500.00	1800.00	—	0.88	500.00	25509.02	865.04	12.45	453.05
2016	0.00	-100.00	0.00	0.00	12739.11	607.73	6.09	3538.64	3449.06	-86.48	1.65	61.26
2017	67.00	—	0.04	345.36	15835.40	24.31	9.16	4398.72	4252.55	23.30	2.46	75.53
2018	563.13	740.49	0.30	2902.73	4694.65	-70.35	2.51	1304.07	1238.29	-70.88	0.66	21.99
2019	539.00	-4.28	0.35	2778.35	1825.67	-61.11	1.20	507.13	944.07	-23.76	0.62	16.77
2020	2056.50	281.54	2.18	10600.52	3401.00	86.29	3.61	944.72	0.00	-100.00	0.00	0.00
2021	5350.20	160.16	2.87	27578.35	5688.44	67.26	3.05	1530.12	4226.40	—	2.27	75.06
2022	1908.52	-64.33	2.95	9837.72	160.00	-97.19	0.25	44.45	—	-100.00	—	—

续表

年份	夹层融资				新银行信贷便利				通道融资			
	金额	同比增长(%)	占比(%)	指数	金额	同比增长(%)	占比(%)	指数	金额	同比增长(%)	占比(%)	指数
2005	0.00	—	0.00	0.00	0.00	—	0.00	0.00	19.40	—	1.11	0.66
2006	0.00	—	0.00	0.00	0.00	—	0.00	0.00	18.05	-6.96	0.28	0.62
2007	0.00	—	0.00	0.00	237.65	—	0.74	1.79	8.80	-51.25	0.03	0.30
2008	0.00	—	0.00	0.00	1208.29	408.43	7.58	9.11	9.16	4.09	0.06	0.31
2009	0.00	—	0.00	0.00	3827.03	216.73	11.28	28.87	4229.88	46077.73	12.47	144.17
2010	0.00	—	0.00	0.00	201.29	-94.74	0.57	1.52	8.14	-99.81	0.02	0.28
2011	0.00	—	0.00	0.00	6625.06	3191.30	16.33	49.97	154.22	1794.59	0.38	5.26
2012	0.00	—	0.00	0.00	762.81	-88.49	1.64	5.75	34.65	-77.53	0.07	1.18
2013	316.61	—	0.44	500.00	14905.03	1853.96	20.78	112.42	3489.73	9971.37	4.86	118.94
2014	0.00	-100.00	0.00	0.00	15669.44	5.13	15.01	118.19	7536.50	115.96	7.22	256.87
2015	0.00	—	0.00	0.00	28326.63	80.78	13.82	213.66	3454.74	-54.16	1.69	117.75
2016	0.00	—	0.00	0.00	16987.46	-40.03	8.12	128.13	832.56	-75.90	0.40	28.38
2017	0.00	—	0.00	0.00	20258.21	19.25	11.72	152.80	2250.63	170.33	1.30	76.71
2018	0.00	—	0.00	0.00	5937.24	-70.69	3.18	44.78	1427.93	-36.55	0.76	48.67
2019	0.00	—	0.00	0.00	2759.74	-53.35	1.82	20.89	218.62	-84.69	0.14	7.45
2020	0.00	—	0.00	0.00	3677.67	32.78	3.90	27.74	433.48	98.28	0.46	14.77
2021	0.00	—	0.00	0.00	10162.84	176.34	5.29	76.66	1825.57	321.14	0.95	62.22
2022	—	—	—	—	1387.11	-86.35	2.15	10.46	60.19	-95.94	0.09	2.05

年份	增资—配售				私募股权				增资—私人配售			
	金额	同比增长(%)	占比(%)	指数	金额	同比增长(%)	占比(%)	指数	金额	同比增长(%)	占比(%)	指数
2005	7.18	—	0.41	6.23	146.16	—	8.37	0.40	1314.69	—	75.27	9.94
2006	14.97	108.50	0.23	12.98	2373.36	1523.81	37.11	6.49	402.71	-69.37	6.30	3.04
2007	224.14	1397.26	0.70	194.37	2718.48	14.54	8.45	7.44	19438.85	4727.01	60.43	146.93
2008	636.19	183.84	3.99	551.70	2021.37	-25.64	12.68	5.53	7085.88	-63.55	44.44	53.56
2009	7.02	-98.90	0.02	6.09	2493.40	23.35	7.35	6.82	11146.76	57.31	32.87	84.25

续表

年份	增资—配售				私募股权				增资—私人配售			
	金额	同比增长（%）	占比（%）	指数	金额	同比增长（%）	占比（%）	指数	金额	同比增长（%）	占比（%）	指数
2010	1633.13	23163.96	4.60	1416.25	4956.74	98.79	13.97	13.56	15358.54	37.78	43.29	116.09
2011	2.58	-99.84	0.01	2.24	9029.78	82.17	22.26	24.70	13392.40	-12.80	33.01	101.23
2012	145.04	5521.71	0.31	125.78	23348.54	158.57	50.32	53.86	10430.70	-22.11	22.48	78.84
2013	28.75	-80.18	0.04	24.93	28373.87	21.52	39.55	77.60	7664.36	-26.52	10.68	57.93
2014	240.21	735.51	0.23	208.31	42133.67	48.49	40.36	115.24	15190.32	98.19	14.55	114.82
2015	159.99	-33.40	0.08	138.74	79925.67	89.70	39.00	218.60	19472.18	28.19	9.50	147.18
2016	791.09	394.46	0.38	686.03	77591.23	-2.92	37.07	212.22	16321.42	-16.18	7.80	123.37
2017	376.82	-52.37	0.22	326.78	48520.29	-37.47	28.08	132.71	15176.27	-7.02	8.78	114.71
2018	815.48	116.41	0.44	707.18	53627.71	10.53	28.72	146.67	12493.54	-17.68	6.69	94.43
2019	101.14	-87.60	0.07	87.71	43226.43	-19.40	28.36	118.23	8743.41	-30.02	5.74	66.09
2020	256.81	153.92	0.27	222.70	17164.65	-60.29	18.23	46.95	3924.58	-55.11	4.17	29.66
2021	198.59	-22.67	0.11	172.22	67182.65	291.40	36.05	183.75	9642.11	145.69	5.17	72.88
2022	379.41	91.05	0.59	329.02	27107.67	-59.65	41.96	74.14	2198.61	-77.20	3.40	16.62

年份	增资—公募				增资—新股发行			
	金额	同比增长（%）	占比（%）	指数	金额	同比增长（%）	占比（%）	指数
2005	0.00	—	0.00	0.00	0.00	—	0.00	0.00
2006	0.00	—	0.00	0.00	20.00	—	0.31	1.80
2007	0.00	—	0.00	0.00	0.00	-100.00	0.00	0.00
2008	430.36	—	2.70	63.39	20.00	—	0.13	1.80
2009	5524.70	1183.74	16.29	813.75	262.87	1214.35	0.78	23.60
2010	430.36	-92.21	1.21	63.39	0.00	-100.00	0.00	0.00
2011	10.94	-97.46	0.03	1.61	160.15	—	0.39	14.38
2012	0.00	-100.00	0.00	0.00	0.00	-100.00	0.00	0.00
2013	3281.71	—	4.57	483.37	2723.77	—	3.80	244.52
2014	0.00	-100.00	0.00	0.00	2685.64	-1.40	2.57	241.10
2015	101.93	—	0.05	15.01	0.00	-100.00	0.00	0.00

年份	增资—公募				增资—新股发行			
	金额	同比增长(%)	占比(%)	指数	金额	同比增长(%)	占比(%)	指数
2016	0.00	-100.00	0.00	0.00	86.90	—	0.04	7.80
2017	7.56	—	0.00	1.11	270.79	211.61	0.16	24.31
2018	189.33	2404.37	0.10	27.89	0.00	-100.00	0.00	0.00
2019	0.00	-100.00	0.00	0.00	0.00	—	0.00	0.00
2020	0.00	—	0.00	0.00	0.00	—	0.00	0.00
2021	28.13	—	0.02	4.14	—	—	—	—
2022	—	-100.00	—	—	79.92	—	0.12	7.17

年份	风险资本				小计			
	金额	同比增长(%)	占比(%)	指数	金额	同比增长(%)	占比(%)	指数
2005	16.00	—	0.92	1.85	1746.59	—	100.00	1.87
2006	128.50	703.13	2.01	14.84	6395.39	266.16	100.00	6.83
2007	218.07	69.70	0.68	25.19	32166.89	402.97	100.00	34.36
2008	96.00	-55.98	0.60	11.09	15944.36	-50.43	100.00	17.03
2009	107.19	11.66	0.32	12.38	33915.97	112.71	100.00	36.23
2010	256.50	139.29	0.72	29.63	35478.42	4.61	100.00	37.90
2011	346.84	35.22	0.85	40.07	40573.11	14.36	100.00	43.34
2012	273.29	-21.21	0.59	31.57	46404.39	14.37	100.00	49.57
2013	392.24	43.53	0.55	45.31	71739.42	54.60	100.00	76.64
2014	1456.42	271.31	1.40	168.24	104388.60	45.51	100.00	111.52
2015	1859.55	27.68	0.91	214.81	204926.33	96.31	100.00	218.92
2016	1392.60	-25.11	0.67	160.87	209324.11	2.15	100.00	223.62
2017	2558.55	83.72	1.48	295.56	172816.58	-17.44	100.00	184.62
2018	3767.38	47.25	2.02	435.20	186699.73	8.03	100.00	199.45
2019	2338.22	-37.94	1.53	270.11	152404.07	-18.37	100.00	162.81
2020	2545.25	8.85	2.70	294.02	94179.03	-38.20	100.00	100.61
2021	6779.99	166.38	3.64	783.21	186343.64	97.86	100.00	199.07
2022	2578.84	-61.96	3.99	297.90	64610.92	-65.33	100.00	69.02

注：存在重复统计的情况，处理方式和行业别统计一致。

数据来源：BvD-Zephyr。

二、单一渠道融资和多渠道融资的选择

表 3-5-4　2005—2022 年中国民营企业对外并购中单一渠道融资和多渠道融资的汇总

渠道类型	融资模式	并购项目（件）	并购金额（百万美元）	并购金额涉及的并购项目（件）
单一渠道融资	天使投资	1	0.00	0
	增资	168	19761.15	151
	增资—可转债	88	13689.13	86
	增资—卖方配售	214	103195.79	179
	注资	49	3193.53	47
	增资—发行可转债	25	9091.81	25
	企业风险投资	10	451.00	5
	开发资金	6	566.13	3
	开发资金—第 1 轮-第 8 轮	7	463.69	7
	家族办公室	7	1507.39	6
	杠杆	1	5.00	1
	新银行信贷便利	39	30908.64	36
	通道融资	2	302.58	2
	增资—配售	63	3434.87	61
	私募股权	309	355730.98	242
	增资—私人配售	1848	157172.53	1754
	增资—公募	2	35.69	2
	增资—新股发行	13	502.45	13
	风险资本	2	0.00	0
	总计	2854	700012.36	2620
多种融资渠道	天使投资+注资+开发资金—种子轮+风险资本	1	20.00	1
	天使投资+增资—发行可转债+开发资金—种子轮+风险资本	2	1.54	2
	天使投资+企业风险投资+开发资金	1	50.00	1
	天使投资+企业风险投资+开发资金+开发资金—第 1 轮-第 8 轮+风险资本	1	1.45	1

渠道类型	融资模式	并购项目（件）	并购金额（百万美元）	并购金额涉及的并购项目（件）
多种融资渠道	天使投资+企业风险投资+开发资金+开发资金—种子轮+私募股权	1	1.30	1
	天使投资+企业风险投资+开发资金+家族办公室+对冲基金+私募股权	1	434.21	1
	天使投资+企业风险投资+开发资金+家族办公室+私募股权	1	55.00	1
	天使投资+企业风险投资+开发资金+家族办公室+风险资本	2	186.70	2
	天使投资+企业风险投资+开发资金+对冲基金+私募股权	2	884.21	2
	天使投资+企业风险投资+开发资金+对冲基金+风险资本	1	12.00	1
	天使投资+企业风险投资+开发资金+私募股权	13	427.93	12
	天使投资+企业风险投资+开发资金+私募股权+风险资本	1	18.60	1
	天使投资+企业风险投资+开发资金+风险资本	36	1015.21	34
	天使投资+企业风险投资+开发资金—第1轮-第8轮+家族办公室+对冲基金+私募股权	1	28.00	1
	天使投资+企业风险投资+开发资金—第1轮-第8轮+家族办公室+增资—私人配售	1	18.00	1
	天使投资+企业风险投资+开发资金—第1轮-第8轮+家族办公室+风险资本	3	116.75	3
	天使投资+企业风险投资+开发资金—第1轮-第8轮+对冲基金+私募股权	3	1062.00	3
	天使投资+企业风险投资+开发资金—第1轮-第8轮+对冲基金+风险资本	3	213.00	3
	天使投资+企业风险投资+开发资金—第1轮-第8轮+私募股权	30	1776.70	28
	天使投资+企业风险投资+开发资金—第1轮-第8轮+私募股权+风险资本	1	50.00	1
	天使投资+企业风险投资+开发资金—第1轮-第8轮+风险资本	53	1332.86	50
	天使投资+企业风险投资+开发资金—种子轮+家族办公室+风险资本	3	11.80	3

续表

渠道类型	融资模式	并购项目（件）	并购金额（百万美元）	并购金额涉及的并购项目（件）
多种融资渠道	天使投资+企业风险投资+开发资金—种子轮+私募股权	1	6.50	1
	天使投资+企业风险投资+开发资金—种子轮+风险资本	40	207.63	37
	天使投资+企业风险投资+对冲基金+风险资本	1	6.80	1
	天使投资+企业风险投资+私募股权	1	8.00	1
	天使投资+众筹+开发资金+风险资本	2	3.51	2
	天使投资+众筹+开发资金—种子轮+风险资本	1	2.00	1
	天使投资+开发资金+开发资金—种子轮+风险资本	1	5.00	1
	天使投资+开发资金+私募股权	15	255.18	13
	天使投资+开发资金+风险资本	43	428.19	33
	天使投资+开发资金—第1轮-第8轮+开发资金—种子轮+风险资本	1	3.50	1
	天使投资+开发资金—第1轮-第8轮+家族办公室+私募股权	2	152.00	2
	天使投资+开发资金—第1轮-第8轮+家族办公室+风险资本	2	29.95	2
	天使投资+开发资金—第1轮-第8轮+对冲基金+私募股权	1	150.00	1
	天使投资+开发资金—第1轮-第8轮+私募股权	15	570.85	15
	天使投资+开发资金—第1轮-第8轮+风险资本	44	740.14	41
	天使投资+开发资金—种子轮	1	25.00	1
	天使投资+开发资金—种子轮+私募股权	3	11.30	3
	天使投资+开发资金—种子轮+风险资本	79	209.02	71

续表

渠道类型	融资模式	并购项目（件）	并购金额（百万美元）	并购金额涉及的并购项目（件）
多种融资渠道	增资+增资—可转债+注资	4	202.95	4
	增资+注资	1941	98834.97	1928
	增资+注资+企业风险投资	3	8.23	3
	增资+注资+杠杆+新银行信贷便利	4	348.77	4
	增资+注资+杠杆收购+新银行信贷便利	2	136.00	2
	增资+注资+新银行信贷便利	2	85.08	2
	增资+注资+通道融资	1	40.00	1
	增资+注资+私募股权	6	1248.17	6
	增资+注资+增资—私人配售	2	160.00	2
	增资+企业风险投资	1	0.46	1
	增资+企业风险投资+私募股权	1	1.78	1
	增资+开发资金—第1轮-第8轮+私募股权	1	0.00	0
	增资+开发资金—第1轮-第8轮+风险资本	1	22.04	1
	增资+开发资金—种子轮+风险资本	1	10.00	1
	增资+通道融资	1	12.57	1
	增资+增资—配售	1	64.21	1
	增资+增资—配售+增资—公募	1	101.93	1
	增资+增资—配售+增资—新股发行	1	266.45	1
	增资+私募股权	4	350.21	2
	增资+增资—私人配售	13	473.81	13
	增资—可转债+注资	7	2963.80	7
	增资—可转债+企业风险投资+开发资金—第1轮-第8轮+对冲基金+私募股权	1	130.00	1
	增资—可转债+开发资金+风险资本	1	7.00	1
	增资—可转债+对冲基金	1	19.64	1
	增资—可转债+通道融资	1	8.65	1
	增资—可转债+私募股权	1	1221.40	1

渠道类型	融资模式	并购项目（件）	并购金额（百万美元）	并购金额涉及的并购项目（件）
多种融资渠道	增资—可转债+增资—私人配售	3	230.13	3
	增资—卖方配售+杠杆+新银行信贷便利+私募股权	1	188.46	1
	注资+开发资金+私募股权+风险资本	1	15.00	1
	注资+开发资金—第1轮-第8轮+风险资本	1	37.40	1
	注资+增资—配售	2	70.00	2
	注资+私募股权	1	2.97	1
	注资+增资—私人配售	36	2452.55	32
	增资—发行可转债+企业风险投资+开发资金+私募股权	4	111.80	4
	增资—发行可转债+开发资金+私募股权	4	144.00	3
	增资—发行可转债+开发资金+风险资本	3	30.00	2
	增资—发行可转债+通道融资	2	211.94	2
	增资—发行可转债+通道融资+增资—私人配售	6	116.33	6
	增资—发行可转债+私募股权	2	2200.10	2
	增资—发行可转债+私募股权+增资—私人配售	1	12.00	1
	增资—发行可转债+增资—私人配售	8	207.37	8
	企业风险投资+开发资金	1	18.90	1
	企业风险投资+开发资金+开发资金—种子轮+风险资本	1	20.06	1
	企业风险投资+开发资金+家族办公室+私募股权	3	315.19	3
	企业风险投资+开发资金+对冲基金+私募股权	3	710.00	3
	企业风险投资+开发资金+对冲基金+风险资本	1	10.10	1
	企业风险投资+开发资金+私募股权	109	37154.24	94
	企业风险投资+开发资金+私募股权+风险资本	1	26.75	1
	企业风险投资+开发资金+风险资本	92	2396.37	73
	企业风险投资+开发资金—第1轮-第8轮	3	334.44	3
	企业风险投资+开发资金—第1轮-第8轮+家族办公室+对冲基金+风险资本	2	157.50	2

渠道类型	融资模式	并购项目（件）	并购金额（百万美元）	并购金额涉及的并购项目（件）
多种融资渠道	企业风险投资+开发资金—第1轮-第8轮+家族办公室+私募股权	5	1056.54	4
	企业风险投资+开发资金—第1轮-第8轮+家族办公室+风险资本	4	79.50	4
	企业风险投资+开发资金—第1轮-第8轮+对冲基金+私募股权	12	3020.13	12
	企业风险投资+开发资金—第1轮-第8轮+对冲基金+风险资本	9	1081.00	9
	企业风险投资+开发资金—第1轮-第8轮+新银行信贷便利+风险资本	2	8.60	2
	企业风险投资+开发资金—第1轮-第8轮+私募股权	208	44748.88	197
	企业风险投资+开发资金—第1轮-第8轮+风险资本	212	8350.74	193
	企业风险投资+开发资金—种子轮	1	0.00	0
	企业风险投资+开发资金—种子轮+风险资本	48	350.47	45
	企业风险投资+私募股权	4	542.51	4
	企业风险投资+私募股权+增资—私人配售	1	200.00	1
	企业风险投资+私募股权+增资—私人配售+风险资本	1	5.67	1
	企业风险投资+私募股权+风险资本	1	6.00	1
	企业风险投资+风险资本	2	9.20	2
	开发资金+家族办公室+私募股权	1	200.00	1
	开发资金+家族办公室+风险资本	1	0.00	0
	开发资金+对冲基金+私募股权	1	4.50	1
	开发资金+对冲基金+风险资本	1	550.50	1
	开发资金+新银行信贷便利+私募股权	2	276.67	2
	开发资金+私募股权	126	6908.42	95
	开发资金+增资—私人配售	2	31.06	2
	开发资金+风险资本	110	1536.79	76
	开发资金—第1轮-第8轮+开发资金—种子轮	1	2.25	1

续表

渠道类型	融资模式	并购项目（件）	并购金额（百万美元）	并购金额涉及的并购项目（件）
多种融资渠道	开发资金—第1轮-第8轮+家族办公室+对冲基金+私募股权	1	172.00	1
	开发资金—第1轮-第8轮+家族办公室+对冲基金+风险资本	3	342.00	3
	开发资金—第1轮-第8轮+家族办公室+私募股权	4	246.00	3
	开发资金—第1轮-第8轮+家族办公室+风险资本	6	224.00	6
	开发资金—第1轮-第8轮+对冲基金+私募股权	8	751.50	8
	开发资金—第1轮-第8轮+对冲基金+风险资本	5	701.00	5
	开发资金—第1轮-第8轮+私募股权	165	8146.14	146
	开发资金—第1轮-第8轮+风险资本	242	6329.66	210
	开发资金—种子轮+私募股权	2	7.00	1
	开发资金—种子轮+风险资本	82	203.47	55
	家族办公室+通道融资+增资—私人配售	2	225.00	2
	家族办公室+私募股权	1	1117.81	1
	对冲基金+通道融资+增资—私人配售	2	121.00	2
	对冲基金+私募股权+增资—私人配售	1	20.26	1
	杠杆+新银行信贷便利	35	39269.66	34
	杠杆+新银行信贷便利+私募股权	4	6455.60	4
	杠杆收购+夹层融资+新银行信贷便利+私募股权	1	0.00	0
	杠杆收购+新银行信贷便利	10	4283.90	10
	杠杆收购+新银行信贷便利+私募股权	19	37842.79	17
	夹层融资+私募股权	1	316.61	1
	新银行信贷便利+私募股权	9	11043.07	8
	新银行信贷便利+增资—公募	1	2232.05	1
	通道融资+增资—配售	3	430.98	3
	通道融资+私募股权	1	10.65	1
	通道融资+私募股权+增资—私人配售	1	18.05	1

续表

渠道类型	融资模式	并购项目（件）	并购金额（百万美元）	并购金额涉及的并购项目（件）
多种融资渠道	通道融资+增资—私人配售	72	17609.30	71
	通道融资+增资—公募	2	6563.42	2
	增资—配售+私募股权	2	106.08	2
	增资—配售+增资—私人配售	26	1354.69	25
	增资—配售+增资—公募	1	189.33	1
	私募股权+增资—私人配售	7	2063.10	7
	私募股权+风险资本	1	3.00	1
	增资—私人配售+增资—公募	4	882.60	4
	增资—私人配售+增资—新股发行	9	5541.14	9
总计		4196	388215.82	3918

2005—2022 年我国民营企业通过各种渠道融资的并购对外直接投资整体呈现增长趋势。通过各种渠道融资的并购对外直接投资项目数量从 2005 年的 55 件增长到 2022 年的 1002 件，金额从 2005 年的 17.47 亿美元增长到 2022 年的 646.11 亿美元。其中，2022 年，我国民营企业通过各种渠道融资的并购 OFDI 项目数量为 1002 件，同比下降 26.86%；通过各种渠道融资并购 OFDI 金额为 646.11 亿美元，同比下降 65.33%。

通过进一步地展开分析，可以发现很多特点，以下列举其中四个特点：第一，从 OFDI 项目数量看，在民营企业跨国并购的融资渠道方面，单一渠道和多渠道的使用上并没有太大的偏向性，单一渠道的为 2854 件并购项目，多渠道的为 4196 件并购案件（涉及年份的重复统计，处理方式和本书前文一致）。第二，从并购 OFDI 项目金额看，在 2005—2022 年间，我国民营企业对外并购直接投资活动主要集中在单一渠道融资，累计对外直接投资项目金额为 7000.12 亿美元，占比 64.33%；其次是多种渠道融资，累计对外直接投资项目金额为 3882.16 亿美元，占比 35.67%。第三，流向多种渠道融资中的"杠杆+新银行信贷便利"的并购 OFDI 在 2005—2022 年 18 年间民营企业对外直接投资项目金额指数波动程度最大。第四，流向单一渠道融资的增资—私人配售的 OFDI 数量在 2006 年出现最显著的缩减，从 20 件缩减到 0 件。流向多种渠道融资的"杠杆+新银行信贷便利"的 OFDI 金额在 2016 年出现最显著的增长，从 0 亿美元增长到 92.73 亿美元。

表 3-5-5　2005—2022 年中国民营企业对外并购投资中单一渠道融资的数量分布

（单位：件、%）

年份	天使投资				增资				增资—可转债			
	数量	同比增长（%）	占比（%）	指数	数量	同比增长（%）	占比（%）	指数	数量	同比增长（%）	占比（%）	指数
2005	0	—	0.00	—	0	—	0.00	—	2	—	6.45	—
2006	0	—	0.00	—	2	—	50.00	—	0	-100.00	0.00	—
2007	0	—	0.00	—	0	-100.00	0.00	—	0	—	0.00	—
2008	0	—	0.00	—	0	—	0.00	—	0	—	0.00	—
2009	0	—	0.00	—	0	—	0.00	—	0	—	0.00	—
2010	0	—	0.00	—	0	—	0.00	—	0	—	0.00	—
2011	0	—	0.00	—	0	—	0.00	—	0	—	0.00	—
2012	0	—	0.00	—	0	—	0.00	—	0	—	0.00	—
2013	0	—	0.00	—	0	—	0.00	—	0	—	0.00	—
2014	0	—	0.00	—	0	—	0.00	—	0	—	0.00	—
2015	0	—	0.00	—	0	—	0.00	—	0	—	0.00	—
2016	0	—	0.00	—	0	—	0.00	—	0	—	0.00	—
2017	0	—	0.00	—	0	—	0.00	—	0	—	0.00	—
2018	0	—	0.00	—	0	—	0.00	—	0	—	0.00	—
2019	0	—	0.00	—	0	—	0.00	—	0	—	0.00	—
2020	0	—	0.00	—	0	—	0.00	—	0	—	0.00	—
2021	1	—	4.55	—	0	—	0.00	—	0	—	0.00	—
2022	0	-100	0.00	—	0	—	0.00	—	0	—	0.00	—

续表

年份	增资—卖方配售				注资				增资—发行可转债			
	数量	同比增长（%）	占比（%）	指数	数量	同比增长（%）	占比（%）	指数	数量	同比增长（%）	占比（%）	指数
2005	4	—	12.90	—	0	—	0.00	—	1	—	3.23	—
2006	0	-100.00	0.00	—	0	—	0.00	—	0	-100.00	0.00	—
2007	0	—	0.00	—	0	—	0.00	—	0	—	0.00	—
2008	0	—	0.00	—	0	—	0.00	—	0	—	0.00	—
2009	0	—	0.00	—	0	—	0.00	—	0	—	0.00	—
2010	0	—	0.00	—	0	—	0.00	—	0	—	0.00	—
2011	0	—	0.00	—	0	—	0.00	—	0	—	0.00	—
2012	0	—	0.00	—	0	—	0.00	—	0	—	0.00	—
2013	0	—	0.00	—	0	—	0.00	—	0	—	0.00	—
2014	0	—	0.00	—	0	—	0.00	—	0	—	0.00	—
2015	0	—	0.00	—	0	—	0.00	—	0	—	0.00	—
2016	0	—	0.00	—	0	—	0.00	—	0	—	0.00	—
2017	0	—	0.00	—	0	—	0.00	—	0	—	0.00	—
2018	0	—	0.00	—	0	—	0.00	—	0	—	0.00	—
2019	0	—	0.00	—	0	—	0	—	0	—	0.00	—
2020	0	—	0.00	—	1	—	100.00	—	0	—	0.00	—
2021	0	—	0.00	—	0	-100.00	0	—	0	—	0.00	—
2022	0	—	0.00	—	0	—	0	—	0	—	0.00	—

年份	家族办公室				新银行信贷便利				通道融资			
	数量	同比增长（%）	占比（%）	指数	数量	同比增长（%）	占比（%）	指数	数量	同比增长（%）	占比（%）	指数
2005	0	—	0.00	—	0	—	0.00	—	0	—	0.00	—
2006	0	—	0.00	—	1	—	25.00	—	0	—	0.00	—
2007	0	—	0.00	—	0	-100.00	0.00	—	0	—	0.00	—
2008	0	—	0.00	—	0	—	0.00	—	0	—	0.00	—
2009	0	—	0.00	—	0	—	0.00	—	0	—	0.00	—

年份	家族办公室				新银行信贷便利				通道融资			
	数量	同比增长（%）	占比（%）	指数	数量	同比增长（%）	占比（%）	指数	数量	同比增长（%）	占比（%）	指数
2010	0	—	0.00	—	0	—	0.00	—	0	—	0.00	—
2011	0	—	0.00	—	0	—	0.00	—	0	—	0.00	—
2012	1	—	100	500.00	0	—	0.00	—	0	—	0.00	—
2013	0	-100.00	0.00	—	0	—	0.00	—	0	—	0.00	—
2014	0	—	0.00	—	0	—	0.00	—	0	—	0.00	—
2015	0	—	0.00	—	0	—	0.00	—	0	—	0.00	—
2016	0	—	0.00	—	0	—	0.00	—	0	—	0.00	—
2017	0	—	0.00	—	0	—	0.00	—	0	—	0.00	—
2018	0	—	0.00	—	0	—	0.00	—	0	—	0.00	—
2019	0	—	0.00	—	0	—	0.00	—	0	—	0.00	—
2020	0	—	0.00	—	0	—	0.00	—	0	—	0.00	—
2021	0	—	0.00	—	0	—	0.00	—	2	—	9.09	—
2022	0	—	0.00	—	0	—	0.00	—	0	-100.00	0.00	—

年份	增资—配售				私募股权			
	数量	同比增长（%）	占比（%）	指数	数量	同比增长（%）	占比（%）	指数
2005	1	—	3.23	—	3	—	9.68	—
2006	0	-100.00	0.00	—	0	-100.00	0.00	—
2007	0	—	0.00	—	0	—	0.00	—
2008	0	—	0.00	—	0	—	0.00	—
2009	0	—	0.00	—	0	—	0.00	—
2010	0	—	0.00	—	0	—	0.00	—
2011	0	—	0.00	—	0	—	0.00	—
2012	0	—	0.00	—	0	—	0.00	—
2013	0	—	0.00	—	0	—	0.00	—
2014	0	—	0.00	—	0	—	0.00	—

年份	增资一配售				私募股权			
	数量	同比增长（%）	占比（%）	指数	数量	同比增长（%）	占北（%）	指数
2015	0	—	0.00	—	0	—	0.00	—
2016	0	—	0.00	—	0	—	0.00	—
2017	0	—	0.00	—	0	—	0.00	—
2018	0	—	0.00	—	0	—	0.00	—
2019	0	—	0.00	—	0	—	0.00	—
2020	0	—	0.00	—	0	—	0.00	—
2021	0	—	0.00	—	0	—	0.00	—
2022	0	—	0.00	—	0	—	0.00	—

年份	增资一私人配售				增资一公募			
	数量	同比增长（%）	占比（%）	指数	数量	同比增长（%）	占比（%）	指数
2005	20	—	64.52	—	0	—	0.00	—
2006	0	-100.00	0.00	—	0	—	0.00	—
2007	0	—	0.00	—	0	—	0.00	—
2008	0	—	0.00	—	0	—	0.00	—
2009	0	—	0.00	—	0	—	0.00	—
2010	0	—	0.00	—	0	—	0.00	—
2011	0	—	0.00	—	0	—	0.00	—
2012	0	—	0.00	—	0	—	0.00	—
2013	0	—	0.00	—	0	—	0.00	—
2014	0	—	0.00	—	0	—	0.00	—
2015	0	—	0.00	—	0	—	0.00	—
2016	0	—	0.00	—	0	—	0.00	—
2017	0	—	0.00	—	1	—	100.00	—
2018	0	—	0.00	—	0	-100.00	0.00	—
2019	0	—	0.00	—	0	—	0.00	—

年份	增资—私人配售				增资—公募			
	数量	同比增长（%）	占比（%）	指数	数量	同比增长（%）	占比（%）	指数
2020	0	—	0.00	—	0	—	0.00	—
2021	0	—	0.00	—	0	—	0.00	—
2022	0	—	0.00	—	0	—	0.00	—

年份	增资—新股发行				小计			
	数量	同比增长（%）	占比（%）	指数	数量	同比增长（%）	占比（%）	指数
2005	0	—	0.00	—	31	—	100.00	15500.00
2006	1	—	25.00	—	4	−87.10	100.00	2000.00
2007	0	−100.00	0.00	—	0	−100.00	0.00	0.00
2008	0	—	0.00	—	0	—	0.00	0.00
2009	0	—	0.00	—	0	—	0.00	0.00
2010	0	—	0.00	—	0	—	0.00	0.00
2011	0	—	0.00	—	0	—	0.00	0.00
2012	0	—	0.00	—	1	—	100.00	500.00
2013	0	—	0.00	—	0	−100.00	0.00	0.00
2014	0	—	0.00	—	0	—	0.00	0.00
2015	0	—	0.00	—	0	—	0.00	0.00
2016	0	—	0.00	—	0	—	0.00	0.00
2017	0	—	0.00	—	1	—	100.00	500.00
2018	0	—	0.00	—	0	−100.00	0.00	0.00
2019	0	—	0.00	—	0	—	0.00	0.00
2020	0	—	0.00	—	1	—	100.00	500.00
2021	0	—	0.00	—	22	2100.00	100.00	11000.00
2022	0	—	0.00	—	2	−90.91	100.00	1000.00

注：存在重复统计的情况，处理方式和行业别统计一致。

表 3-5-6　2005—2022 年中国民营企业对外并购投资中单一渠道融资的金额分布

（单位：百万美元、%）

年份	增资				增资—可转债				增资—卖方配售			
	金额	同比增长(%)	占比(%)	指数	金额	同比增长(%)	占比(%)	指数	金额	同比增长(%)	占比(%)	指数
2005	0.00	—	0.00	—	3.74	—	0.28	—	33.33	—	2.48	—
2006	321.36	—	94.14	—	0.00	-100.00	0.00	—	0.00	-100.00	0.00	—
2007	0.00	-100.00	0.00	—	0.00	—	0.00	—	0.00	—	0.00	—
2008	0.00	—	0.00	—	0.00	—	0.00	—	0.00	—	0.00	—
2009	0.00	—	0.00	—	0.00	—	0.00	—	0.00	—	0.00	—
2010	0.00	—	0.00	—	0.00	—	0.00	—	0.00	—	0.00	—
2011	0.00	—	0.00	—	0.00	—	0.00	—	0.00	—	0.00	—
2012	0.00	—	0.00	—	0.00	—	0.00	—	0.00	—	0.00	—
2013	0.00	—	0.00	—	0.00	—	0.00	—	0.00	—	0.00	—
2014	0.00	—	0.00	—	0.00	—	0.00	—	0.00	—	0.00	—
2015	0.00	—	0.00	—	0.00	—	0.00	—	0.00	—	0.00	—
2016	0.00	—	0.00	—	0.00	—	0.00	—	0.00	—	0.00	—
2017	0.00	—	0.00	—	0.00	—	0.00	—	0.00	—	0.00	—
2018	0.00	—	0.00	—	0.00	—	0.00	—	0.00	—	0.00	—
2019	0.00	—	0.00	—	0.00	—	0.00	—	0.00	—	0.00	—
2020	0.00	—	0.00	—	0.00	—	0.00	—	0.00	—	0.00	—
2021	0.00	—	0.00	—	0.00	—	0.00	—	0.00	—	0.00	—
2022	0.00	—	0.00	—	0.00	—	0.00	—	0.00	—	0.00	—

年份	注资				增资—发行可转债				家族办公室			
	金额	同比增长(%)	占比(%)	指数	金额	同比增长(%)	占比(%)	指数	金额	同比增长(%)	占比(%)	指数
2005	0.00	—	0.00	—	1.93	—	0.14	—	0.00	—	0.00	0.00
2006	0.00	—	0.00	—	0.00	-100.00	0.00	—	0.00	—	0.00	0.00
2007	0.00	—	0.00	—	0.00	—	0.00	—	0.00	—	0.00	0.00
2008	0.00	—	0.00	—	0.00	—	0.00	—	0.00	—	0.00	0.00

续表

年份	注资				增资—发行可转债				家族办公室			
	金额	同比增长（%）	占比（%）	指数	金额	同比增长（%）	占比（%）	指数	金额	同比增长（%）	占比（%）	指数
2009	0.00	—	0.00	—	0.00	—	0.00	—	0.00	—	0.00	0.00
2010	0.00	—	0.00	—	0.00	—	0.00	—	0.00	—	0.00	0.00
2011	0.00	—	0.00	—	0.00	—	0.00	—	0.00	—	0.00	0.00
2012	0.00	—	0.00	—	0.00	—	0.00	—	498.59	—	100	500.00
2013	0.00	—	0.00	—	0.00	—	0.00	—	0.00	-100.00	0.00	0.00
2014	0.00	—	0.00	—	0.00	—	0.00	—	0.00	—	0.00	0.00
2015	0.00	—	0.00	—	0.00	—	0.00	—	0.00	—	0.00	0.00
2016	0.00	—	0.00	—	0.00	—	0.00	—	0.00	—	0.00	0.00
2017	0.00	—	0.00	—	0.00	—	0.00	—	0.00	—	0.00	0.00
2018	0.00	—	0.00	—	0.00	—	0.00	—	0.00	—	0.00	0.00
2019	0.00	—	0.00	—	0.00	—	0.00	—	0.00	—	0.00	0.00
2020	1152.03	—	100.00	—	0.00	—	0.00	—	0.00	—	0.00	0.00
2021	0.00	-100.00	0.00	—	0.00	—	0.00	—	0.00	—	0.00	0.00
2022	0.00	—	0.00	—	0.00	—	0.00	—	0.00	—	0.00	0.00

年份	新银行信贷便利				增资—配售				私募股权			
	金额	同比增长（%）	占比（%）	指数	金额	同比增长（%）	占比（%）	指数	金额	同比增长（%）	占比（%）	指数
2005	0.00	—	0.00	—	0.00	—	0.00	—	7.18	—	0.53	—
2006	0.00	—	0.00	—	0.00	—	0.00	—	0.00	-100.00	0.00	—
2007	0.00	—	0.00	—	0.00	—	0.00	—	0.00	—	0.00	—
2008	0.00	—	0.00	—	0.00	—	0.00	—	0.00	—	0.00	—
2009	0.00	—	0.00	—	0.00	—	0.00	—	0.00	—	0.00	—
2010	0.00	—	0.00	—	0.00	—	0.00	—	0.00	—	0.00	—
2011	0.00	—	0.00	—	0.00	—	0.00	—	0.00	—	0.00	—
2012	0.00	—	0.00	—	0.00	—	0.00	—	0.00	—	0.00	—
2013	0.00	—	0.00	—	0.00	—	0.00	—	0.00	—	0.00	—

续表

年份	新银行信贷便利				增资—配售				私募股权			
	金额	同比增长（%）	占比（%）	指数	金额	同比增长（%）	占比（%）	指数	金额	同比增长（%）	占比（%）	指数
2014	0.00	—	0.00	—	0.00	—	0.00	—	0.00	—	0.00	—
2015	0.00	—	0.00	—	0.00	—	0.00	—	0.00	—	0.00	—
2016	0.00	—	0.00	—	0.00	—	0.00	—	0.00	—	0.00	—
2017	0.00	—	0.00	—	0.00	—	0.00	—	0.00	—	0.00	—
2018	0.00	—	0.00	—	0.00	—	0.00	—	0.00	—	0.00	—
2019	0.00	—	0.00	—	0.00	—	0.00	—	0.00	—	0.00	—
2020	0.00	—	0.00	—	0.00	—	0.00	—	0.00	—	0.00	—
2021	0.00	—	0.00	—	302.58	—	16.92	—	0.00	—	0.00	—
2022	0.00	—	0.00	—	0.00	-100.00	0.00	—	0.00	—	0.00	—

年份	私募股权				增资—私人配售				增资—公募			
	金额	同比增长（%）	占比（%）	指数	金额	同比增长（%）	占比（%）	指数	金额	同比增长（%）	占比（%）	指数
2005	2.00	—	0.15	—	1295.29	—	96.41	—	0.00	—	0.00	—
2006	0.00	-100.00	0.00	—	0.00	-100.00	0.00	—	0.00	—	0.00	—
2007	0.00	—	0.00	—	0.00	—	0.00	—	0.00	—	0.00	—
2008	0.00	—	0.00	—	0.00	—	0.00	—	0.00	—	0.00	—
2009	0.00	—	0.00	—	0.00	—	0.00	—	0.00	—	0.00	—
2010	0.00	—	0.00	—	0.00	—	0.00	—	0.00	—	0.00	—
2011	0.00	—	0.00	—	0.00	—	0.00	—	0.00	—	0.00	—
2012	0.00	—	0.00	—	0.00	—	0.00	—	0.00	—	0.00	—
2013	0.00	—	0.00	—	0.00	—	0.00	—	0.00	—	0.00	—
2014	0.00	—	0.00	—	0.00	—	0.00	—	0.00	—	0.00	—
2015	0.00	—	0.00	—	0.00	—	0.00	—	0.00	—	0.00	—
2016	0.00	—	0.00	—	0.00	—	0.00	—	0.00	—	0.00	—
2017	0.00	—	0.00	—	0.00	—	0.00	—	7.56	—	100.00	—
2018	0.00	—	0.00	—	0.00	—	0.00	—	0.00	-100.00	0.00	—

年份	私募股权				增资—私人配售				增资—公募			
	金额	同比增长（%）	占比（%）	指数	金额	同比增长（%）	占比（%）	指数	金额	同比增长（%）	占比（%）	指数
2019	0.00	—	0.00	—	0.00	—	0.00	—	0.00	—	0.00	—
2020	0.00	—	0.00	—	0.00	—	0.00	—	0.00	—	0.00	—
2021	0.00	—	0.00	—	0.00	—	0.00	—	0.00	—	0.00	—
2022	0.00	—	0.00	—	0.00	—	0.00	—	0.00	—	0.00	—

年份	增资—新股发行				小计			
	金额	同比增长（%）	占比（%）	指数	金额	同比增长（%）	占比（%）	指数
2005	0.00	—	0.00	—	1343.47	—	100.00	1347.27
2006	20.00	—	5.86	—	341.36	-74.59	100.00	342.33
2007	0.00	-100.00	0.00	—	0.00	-100.00	0.00	0.00
2008	0.00	—	0.00	—	0.00	—	0.00	0.00
2009	0.00	—	0.00	—	0.00	—	0.00	0.00
2010	0.00	—	0.00	—	0.00	—	0.00	0.00
2011	0.00	—	0.00	—	0.00	—	0.00	0.00
2012	0.00	—	0.00	—	498.59	—	100.00	500.00
2013	0.00	—	0.00	—	0.00	-100.00	0.00	0.00
2014	0.00	—	0.00	—	0.00	—	0.00	0.00
2015	0.00	—	0.00	—	0.00	—	0.00	0.00
2016	0.00	—	0.00	—	0.00	—	0.00	0.00
2017	0.00	—	0.00	—	7.55	—	100.00	7.58
2018	0.00	—	0.00	—	0.00	-100.00	0.00	0.00
2019	0.00	—	0.00	—	0.00	—	0.00	0.00
2020	0.00	—	0.00	—	1152.03	—	100.00	1155.29
2021	0.00	—	0.00	—	1788.4	55.24	100.00	1793.46
2022	0.00	—	0.00	—	0.00	-100.00	0.00	0.00

注：存在重复统计的情况，处理方式和行业别统计一致。

表 3-5-7　2005—2022 年中国民营企业对外并购投资中多渠道融资的数量分布

（单位：件、%）

| 年份 | 天使投资+增资—发行可转债+开发资金—种子轮+风险资本 | | | | 天使投资+企业风险投资+开发资金+家族办公室+风险资本 | | | | 天使投资+企业风险投资+开发资金+私募股权 | | | |
	数量	同比增长（%）	占比（%）	指数	数量	同比增长（%）	占比（%）	指数	数量	同比增长（%）	占比（%）	指数
2005	0	—	0.00	—	0	—	0.00	—	0	—	0.00	—
2006	0	—	0.00	—	0	—	0.00	—	0	—	0.00	—
2007	0	—	0.00	—	0	—	0.00	—	0	—	0.00	—
2008	0	—	0.00	—	0	—	0.00	—	0	—	0.00	—
2009	0	—	0.00	—	0	—	0.00	—	0	—	0.00	—
2010	0	—	0.00	—	0	—	0.00	—	0	—	0.00	—
2011	0	—	0.00	—	0	—	0.00	—	0	—	0.00	—
2012	0	—	0.00	—	0	—	0.00	—	0	—	0.00	—
2013	1	—	16.67	500.00	0	—	0.00	—	0	—	0.00	—
2014	0	-100.00	0.00	—	0	—	0.00	—	0	—	0.00	—
2015	0	—	0.00	—	0	—	0.00	—	2	—	16.67	500.00
2016	0	—	0.00	—	0	—	0.00	—	0	-100.00	0.00	—
2017	0	—	0.00	—	0	—	0.00	—	0	—	0.00	—
2018	0	—	0.00	—	0	—	0.00	—	0	—	0.00	—
2019	0	—	0.00	—	1	—	12.50	—	0	—	0.00	—
2020	0	—	0.00	—	0	-100.00	0.00	—	0	—	0.00	—
2021	0	—	0.00	—	0	—	0.00	—	0	—	0.00	—
2022	0	—	0.00	—	0	—	0.00	—	0	—	0.00	—

| 年份 | 天使投资+企业风险投资+开发资金+对冲基金+风险资本 | | | | 天使投资+企业风险投资+开发资金+私募股权 | | | | 天使投资+企业风险投资+开发资金+风险资本 | | | |
	数量	同比增长（%）	占比（%）	指数	数量	同比增长（%）	占比（%）	指数	数量	同比增长（%）	占比（%）	指数
2005	0	—	0.00	—	0	—	0.00	0.00	0	—	0.00	—
2006	0	—	0.00	—	0	—	0.00	0.00	0	—	0.00	—
2007	0	—	0.00	—	0	—	0.00	0.00	0	—	0.00	—

续表

年份	天使投资+企业风险投资+开发资金+对冲基金+风险资本				天使投资+企业风险投资+开发资金+私募股权				天使投资+企业风险投资+开发资金+风险资本			
	数量	同比增长（%）	占比（%）	指数	数量	同比增长（%）	占比（%）	指数	数量	同比增长（%）	占比（%）	指数
2008	0	—	0.00	—	0	—	0.00	0.00	0	—	0.00	—
2009	0	—	0.00	—	0	—	0.00	0.00	0	—	0.00	—
2010	0	—	0.00	—	0	—	0.00	0.00	0	—	0.00	—
2011	0	—	0.00	—	0	—	0.00	0.00	0	—	0.00	—
2012	0	—	0.00	—	0	—	0.00	0.00	0	—	0.00	—
2013	0	—	0.00	—	0	—	0.00	0.00	1	—	16.67	500.00
2014	0	—	0.00	—	0	—	0.00	0.00	0	−100.00	0.00	—
2015	0	—	0.00	—	2	—	16.67	500.00	0	—	0.00	—
2016	0	—	0.00	—	0	−100.00	0.00	0.00	0	—	0.00	—
2017	0	—	0.00	—	0	—	0.00	0.00	0	—	0.00	—
2018	0	—	0.00	—	0	—	0.00	0.00	0	—	0.00	—
2019	0	—	0.00	—	0	—	0.00	0.00	0	—	0.00	—
2020	0	—	0.00	—	0	—	0.00	0.00	0	—	0.00	—
2021	1	—	1.96	—	0	—	0.00	0.00	0	—	0.00	—
2022	0	−100.00	0.00	—	0	—	0.00	0.00	0	—	0.00	—

年份	天使投资+企业风险投资+开发资金—第1轮-第8轮+家族办公室+对冲基金+私募股权				天使投资+企业风险投资+开发资金—第1轮-第8轮+家族办公室+风险资本				天使投资+企业风险投资+开发资金—第1轮-第8轮+对冲基金+私募股权			
	数量	同比增长（%）	占比（%）	指数	数量	同比增长（%）	占比（%）	指数	数量	同比增长（%）	占比（%）	指数
2005	0	—	0.00	—	0	—	0.00	—	0	—	0.00	—
2006	0	—	0.00	—	0	—	0.00	—	0	—	0.00	—
2007	0	—	0.00	—	0	—	0.00	—	0	—	0.00	—
2008	0	—	0.00	—	0	—	0.00	—	0	—	0.00	—
2009	0	—	0.00	—	0	—	0.00	—	0	—	0.00	—
2010	0	—	0.00	—	0	—	0.00	—	0	—	0.00	—

续表

年份	天使投资+企业风险投资+开发资金—第1轮-第8轮+家族办公室+对冲基金+私募股权				天使投资+企业风险投资+开发资金—第1轮-第8轮+家族办公室+风险资本				天使投资+企业风险投资+开发资金—第1轮-第8轮+对冲基金+私募股权			
	数量	同比增长（%）	占比（%）	指数	数量	同比增长（%）	占比（%）	指数	数量	同比增长（%）	占比（%）	指数
2011	0	—	0.00	—	0	—	0.00	—	0	—	0.00	—
2012	0	—	0.00	—	0	—	0.00	—	0	—	0.00	—
2013	0	—	0.00	—	0	—	0.00	—	0	—	0.00	—
2014	0	—	0.00	—	0	—	0.00	—	0	—	0.00	—
2015	0	—	0.00	—	0	—	0.00	—	0	—	0.00	—
2016	0	—	0.00	—	0	—	0.00	—	0	—	0.00	—
2017	0	—	0.00	—	1	—	11.11	—	0	—	0.00	—
2018	0	—	0.00	—	0	-100.00	0.00	—	0	—	0.00	—
2019	0	—	0.00	—	0	—	0.00	—	1	—	12.50	—
2020	0	—	0.00	—	0	—	0.00	—	0	-100.00	0.00	—
2021	0	—	0.00	—	0	—	0.00	—	0	—	0.00	—
2022	1	—	10.00	—	0	—	0.00	—	0	—	0.00	—

年份	天使投资+企业风险投资+开发资金—第1轮-第8轮+对冲基金+风险资本				天使投资+企业风险投资+开发资金—第1轮-第8轮+私募股权				天使投资+企业风险投资+开发资金—第1轮-第8轮+风险资本			
	数量	同比增长（%）	占比（%）	指数	数量	同比增长（%）	占比（%）	指数	数量	同比增长（%）	占比（%）	指数
2005	0	—	0.00	—	0	—	0.00	—	0	—	0.00	0.00
2006	0	—	0.00	—	1	—	16.67	—	0	—	0.00	0.00
2007	0	—	0.00	—	0	-100.00	0.00	—	0	—	0.00	0.00
2008	0	—	0.00	—	0	—	0.00	—	0	—	0.00	0.00
2009	0	—	0.00	—	0	—	0.00	—	0	—	0.00	0.00
2010	0	—	0.00	—	0	—	0.00	—	0	—	0.00	0.00
2011	0	—	0.00	—	0	—	0.00	—	0	—	0.00	0.00
2012	0	—	0.00	—	0	—	0.00	—	0	—	0.00	0.00
2013	0	—	0.00	—	0	—	0.00	—	0	—	0.00	0.00

续表

年份	天使投资+企业风险投资+开发资金—第1轮-第8轮+对冲基金+风险资本				天使投资+企业风险投资+开发资金—第1轮-第8轮+私募股权				天使投资+企业风险投资+开发资金—第1轮-第8轮+风险资本			
	数量	同比增长（%）	占比（%）	指数	数量	同比增长（%）	占比（%）	指数	数量	同比增长（%）	占比（%）	指数
2014	0	—	0.00	—	0	—	0.00	—	3	—	33.33	500.00
2015	0	—	0.00	—	0	—	0.00	—	0	-100.00	0.00	0.00
2016	0	—	0.00	—	0	—	0.00	—	0	—	0.00	—
2017	0	—	0.00	—	0	—	0.00	—	0	—	0.00	—
2018	0	—	0.00	—	0	—	0.00	—	0	—	0.00	—
2019	0	—	0.00	—	0	—	0.00	—	0	—	0.00	—
2020	0	—	0.00	—	0	—	0.00	—	0	—	0.00	—
2021	2	—	3.92	—	0	—	0.00	—	0	—	0.00	—

年份	天使投资+企业风险投资+开发资金—种子轮+家族办公室+风险资本				天使投资+企业风险投资+开发资金—种子轮+对冲基金+风险资本				天使投资+企业风险投资+开发资金—种子轮+私募股权			
	数量	同比增长（%）	占比（%）	指数	数量	同比增长（%）	占比（%）	指数	数量	同比增长（%）	占比（%）	指数
2005	0	—	0.00	—	0	—	0.00	—	0	—	0.00	—
2006	0	—	0.00	—	0	—	0.00	—	0	—	0.00	—
2007	0	—	0.00	—	0	—	0.00	—	0	—	0.00	—
2008	0	—	0.00	—	0	—	0.00	—	0	—	0.00	—
2009	0	—	0.00	—	0	—	0.00	—	0	—	0.00	—
2010	0	—	0.00	—	0	—	0.00	—	0	—	0.00	—
2011	0	—	0.00	—	0	—	0.00	—	0	—	0.00	—
2012	0	—	0.00	—	0	—	0.00	—	0	—	0.00	—
2013	0	—	0.00	—	0	—	0.00	—	0	—	0.00	—
2014	0	—	0.00	—	0	—	0.00	—	0	—	0.00	—
2015	0	—	0.00	—	0	—	0.00	—	0	—	0.00	—
2016	0	—	0.00	—	0	—	0.00	—	0	—	0.00	—
2017	0	—	0.00	—	0	—	0.00	—	0	—	0.00	—

年份	天使投资+企业风险投资+开发资金一种子轮+家族办公室+风险资本				天使投资+企业风险投资+开发资金一种子轮+对冲基金+风险资本				天使投资+企业风险投资+开发资金一种子轮+私募股权			
	数量	同比增长(%)	占比(%)	指数	数量	同比增长(%)	占比(%)	指数	数量	同比增长(%)	占比(%)	指数
2018	0	—	0.00	—	0	—	0.00	—	0	—	0.00	—
2019	0	—	0.00	—	0	—	0.00	—	1	—	12.50	—
2020	1	—	14.29	—	0	—	0.00	—	0	-100.00	0.00	—
2021	0	-100.00	0.00	—	0	—	6.25	—	0	—	0.00	—
2022	0	—	0.00	—	0	—	0.00	—	0	—	0.00	—

年份	天使投资+企业风险投资+开发资金一种子轮+风险资本				天使投资+众筹+开发资金+风险资本				天使投资+众筹+开发资金一种子轮+风险资本			
	数量	同比增长(%)	占比(%)	指数	数量	同比增长(%)	占比(%)	指数	数量	同比增长(%)	占比(%)	指数
2005	0	—	0.00	—	0	—	0.00	—	0	—	0.00	—
2006	0	—	0.00	—	0	—	0.00	—	0	—	0.00	—
2007	0	—	0.00	—	0	—	0.00	—	0	—	0.00	—
2008	0	—	0.00	—	0	—	0.00	—	0	—	0.00	—
2009	0	—	0.00	—	0	—	0.00	—	0	—	0.00	—
2010	0	—	0.00	—	0	—	0.00	—	0	—	0.00	—
2011	0	—	0.00	—	0	—	0.00	—	0	—	0.00	—
2012	0	—	0.00	—	0	—	0.00	—	0	—	0.00	—
2013	1	—	16.67	—	0	—	0.00	—	0	—	0.00	—
2014	0	-100.00	0.00	—	0	—	0.00	—	0	—	0.00	—
2015	0	—	0.00	—	0	—	0.00	—	1	—	8.33	—
2016	0	—	0.00	—	0	—	0.00	—	0	-100.00	0.00	—
2017	0	—	0.00	—	0	—	0.00	—	0	—	0.00	—
2018	0	—	0.00	—	0	—	0.00	—	0	—	0.00	—
2019	0	—	0.00	—	1	—	12.50	—	0	—	0.00	—
2020	0	—	0.00	—	0	-100.00	0.00	—	0	—	0.00	—
2021	0	—	0.00	—	0	—	0.00	—	0	—	0.00	—
2022	0	—	0.00	—	0	—	0.00	—	0	—	0.00	—

续表

年份	天使投资+开发资金+私募股权				天使投资+开发资金+风险资本				天使投资+开发资金—第1轮-第8轮+家族办公室+风险资本			
	数量	同比增长（%）	占比（%）	指数	数量	同比增长（%）	占比（%）	指数	数量	同比增长（%）	占比（%）	指数
2005	0	—	0.00	—	0	—	0.00	—	0	—	0.00	—
2006	0	—	0.00	—	0	—	0.00	—	0	—	0.00	—
2007	0	—	0.00	—	1	0.00	16.67	—	0	—	0.00	—
2008	0	—	0.00	—	—	-100.00	0.00	—	0	—	0.00	—
2009	0	—	0.00	—	—	0.00	0.00	—	0	—	0.00	—
2010	0	—	0.00	—	—	0.00	0.00	—	0	—	0.00	—
2011	0	—	0.00	—	—	0.00	0.00	—	0	—	0.00	—
2012	0	—	0.00	—	—	0.00	0.00	—	0	—	0.00	—
2013	0	—	0.00	—	—	0.00	0.00	—	0	—	0.00	—
2014	0	—	0.00	—	—	0.00	0.00	—	0	—	0.00	—
2015	0	—	0.00	—	—	0.00	0.00	—	0	—	0.00	—
2016	2	—	13.33	—	—	0.00	0.00	—	0	—	0.00	—
2017	0	-100.00	0.00	—	—	0.00	0.00	—	0	—	0.00	—
2018	0	—	0.00	—	—	0.00	0.00	—	0	—	0.00	—
2019	0	—	0.00	—	—	0.00	0.00	—	0	—	0.00	—
2020	0	—	0.00	—	—	0.00	0.00	—	0	—	0.00	—
2021	0	—	0.00	—	—	0.00	0.00	—	1	—	1.96	—
2022	0	—	0.00	—	—	0.00	0.00	—	0	-100.00	0.00	—

年份	天使投资+开发资金—第1轮-第8轮+对冲基金+私募股权				天使投资+开发资金—第1轮-第8轮+私募股权				天使投资+开发资金—第1轮-第8轮+风险资本			
	数量	同比增长（%）	占比（%）	指数	数量	同比增长（%）	占比（%）	指数	数量	同比增长（%）	占比（%）	指数
2005	0	—	0.00	—	0	—	0.00	—	0	—	0.00	—
2006	0	—	0.00	—	0	—	0.00	—	0	—	0.00	—
2007	0	—	0.00	—	0	—	0.00	—	0	—	0.00	—

续表

年份	天使投资+开发资金—第1轮-第8轮+对冲基金+私募股权				天使投资+开发资金—第1轮-第8轮+私募股权				天使投资+开发资金—第1轮-第8轮+风险资本			
	数量	同比增长(%)	占比(%)	指数	数量	同比增长(%)	占比(%)	指数	数量	同比增长(%)	占比(%)	指数
2008	0	—	0.00	—	0	—	0.00	—	0	—	0.00	—
2009	0	—	0.00	—	0	—	0.00	—	0	—	0.00	—
2010	0	—	0.00	—	0	—	0.00	—	1	—	16.67	—
2011	0	—	0.00	—	0	—	0.00	—	0	-100.00	0.00	—
2012	0	—	0.00	—	0	—	0.00	—	0	—	0.00	—
2013	0	—	0.00	—	0	—	0.00	—	0	—	0.00	—
2014	0	—	0.00	—	1	—	11.11	—	0	—	0.00	—
2015	0	—	0.00	—	0	-100.00	0.00	—	0	—	0.00	—
2016	0	—	0.00	—	0	—	0.00	—	0	—	0.00	—
2017	0	—	0.00	—	0	—	0.00	—	0	—	0.00	—
2018	0	—	0.00	—	0	—	0.00	—	0	—	0.00	—
2019	0	—	0.00	—	0	—	0.00	—	0	—	0.00	—
2020	0	—	0.00	—	0	—	0.00	—	0	—	0.00	—
2021	1	—	1.96	—	0	—	0.00	—	0	—	0.00	—
2022	0	-100.00	0.00	—	0	—	0.00	—	0	—	0.00	—

年份	天使投资+开发资金—种子轮+私募股权				天使投资+开发资金—种子轮+风险资本				增资+增资—可转债+注资			
	数量	同比增长(%)	占比(%)	指数	数量	同比增长(%)	占比(%)	指数	数量	同比增长(%)	占比(%)	指数
2005	0	—	0.00	—	0	—	0.00	—	0	—	0.00	—
2006	0	—	0.00	—	0	—	0.00	—	0	—	0.00	—
2007	0	—	0.00	—	0	—	0.00	—	0	—	0.00	—
2008	0	—	0.00	—	0	—	0.00	—	0	—	0.00	—
2009	0	—	0.00	—	0	—	0.00	—	0	—	0.00	—
2010	0	—	0.00	—	1	—	16.67	—	0	—	0.00	—

续表

年份	天使投资+开发资金—种子轮+私募股权				天使投资+开发资金—种子轮+风险资本				增资+增资—可转债+注资			
	数量	同比增长（%）	占比（%）	指数	数量	同比增长（%）	占比（%）	指数	数量	同比增长（%）	占比（%）	指数
2011	0	—	0.00	—	0	-100.00	0.00	—	0	—	0.00	—
2012	0	—	0.00	—	0	—	0.00	—	0	—	0.00	—
2013	0	—	0.00	—	0	—	0.00	—	0	—	0.00	—
2014	0	—	0.00	—	0	—	0.00	—	0	—	0.00	—
2015	1	—	8.33	500.00	0	—	0.00	—	0	—	0.00	—
2016	0	-100.00	0.00	—	0	—	0.00	—	1	—	6.67	
2017	0	—	0.00	—	0	—	0.00	—	0	-100.00	0.00	
2018	0	—	0.00	—	0	—	0.00	—	0	—	0.00	
2019	0	—	0.00	—	0	—	0.00	—	0	—	0.00	
2020	0	—	0.00	—	0	—	0.00	—	0	—	0.00	
2021	0	—	0.00	—	0	—	0.00	—	0	—	0.00	
2022	0	—	0.00	—	0	—	0.00	—	0	—	0.00	

年份	增资+注资				增资+注资+杠杆+新银行信贷便利				增资+注资+杠杆收购+新银行信贷便利			
	数量	同比增长（%）	占比（%）	指数	数量	同比增长（%）	占比（%）	指数	数量	同比增长（%）	占比（%）	指数
2005	2	—	18.18	—	0	—	0.00	—	0	—	0.00	—
2006	0	-100.00	0.00	—	0	—	0.00	—	0	—	0.00	—
2007	0	—	0.00	—	0	—	0.00	—	0	—	0.00	—
2008	0	—	0.00	—	0	—	0.00	—	0	—	0.00	—
2009	0	—	0.00	—	0	—	0.00	—	0	—	0.00	—
2010	0	—	0.00	—	0	—	0.00	—	0	—	0.00	—
2011	0	—	0.00	—	0	—	0.00	—	0	—	0.00	—
2012	0	—	0.00	—	0	—	0.00	—	0	—	0.00	—
2013	0	—	0.00	—	0	—	0.00	—	0	—	0.00	—
2014	0	—	0.00	—	0	—	0.00	—	0	—	0.00	—

续表

年份	增资+注资				增资+注资+杠杆+新银行信贷便利				增资+注资+杠杆收购+新银行信贷便利			
	数量	同比增长（%）	占比（%）	指数	数量	同比增长（%）	占比（%）	指数	数量	同比增长（%）	占比（%）	指数
2015	0	—	0.00	—	0	—	0.00	—	0	—	0.00	—
2016	0	—	0.00	—	0	—	0.00	—	1	—	6.67	—
2017	0	—	0.00	—	0	—	0.00	—	0	-100.00	0.00	—
2018	0	—	0.00	—	0	—	0.00	—	0	—	0.00	—
2019	0	—	0.00	—	2		25.00		0	—	0.00	—
2020	0	—	0.00	—	0	-100.00	0.00	—	0	—	0.00	—
2021	0	—	0.00	—	0	—	0.00	—	0	—	0.00	—
2022	0	—	0.00	—	0	—	0.00	—	0	—	0.00	—

年份	增资+注资+新银行信贷便利				增资+注资+私募股权				增资+注资+增资—私人配售			
	数量	同比增长（%）	占比（%）	指数	数量	同比增长（%）	占比（%）	指数	数量	同比增长（%）	占比（%）	指数
2005	0	—	0.00	—	0	—	0.00	0.00	0	—	0.00	—
2006	0	—	0.00	—	0	—	0.00	0.00	0	—	0.00	—
2007	0	—	0.00	—	0	—	0.00	0.00	0	—	0.00	—
2008	0	—	0.00	—	0	—	0.00	0.00	0	—	0.00	—
2009	0	—	0.00	—	0	—	0.00	0.00	0	—	0.00	—
2010	0	—	0.00	—	0	—	0.00	0.00	0	—	0.00	—
2011	0	—	0.00	—	0	—	0.00	0.00	0	—	0.00	—
2012	0	—	0.00	—	0	—	0.00	0.00	0	—	0.00	—
2013	1	—	16.67	500.00	0	—	0.00	0.00	0	—	0.00	—
2014	0	-100.00	0.00	—	0	—	0.00	0.00	0	—	0.00	—
2015	0	—	0.00	—	1	—	8.33	500.00	0	—	0.00	—
2016	0	—	0.00	—	0	-100.00	0.00	0.00	0	—	0.00	—
2017	0	—	0.00	—	0	—	0.00	0.00	0	—	0.00	—
2018	0	—	0.00	—	0	—	0.00	0.00	1	—	7.14	

续表

年份	增资+注资+新银行信贷便利				增资+注资+私募股权				增资+注资+增资—私人配售			
	数量	同比增长（%）	占比（%）	指数	数量	同比增长（%）	占比（%）	指数	数量	同比增长（%）	占比（%）	指数
2019	0	—	0.00	—	0	—	0.00	0.00	0	-100.00	0.00	—
2020	0	—	0.00	—	0	—	0.00	0.00	0	—	0.00	—
2021	0	—	0.00	—	0	—	0.00	—	0	—	0.00	—
2022	0	—	0.00	—	0	—	0.00	—	0	—	0.00	—

年份	增资+开发资金—种子轮+风险资本				增资+通道融资				增资+增资—配售+增资—公募			
	数量	同比增长（%）	占比（%）	指数	数量	同比增长（%）	占比（%）	指数	数量	同比增长（%）	占比（%）	指数
2005	0	—	0.00	—	0	—	0.00	—	0	—	0.00	—
2006	0	—	0.00	—	0	—	0.00	—	0	—	0.00	—
2007	0	—	0.00	—	0	—	0.00	—	0	—	0.00	—
2008	0	—	0.00	—	0	—	0.00	—	0	—	0.00	—
2009	0	—	0.00	—	0	—	0.00	—	0	—	0.00	—
2010	0	—	0.00	—	0	—	0.00	—	0	—	0.00	—
2011	0	—	0.00	—	0	—	0.00	—	0	—	0.00	—
2012	0	—	0.00	—	0	—	0.00	—	0	—	0.00	—
2013	0	—	0.00	—	0	—	0.00	—	0	—	0.00	—
2014	0	—	0.00	—	0	—	0.00	—	0	—	0.00	—
2015	0	—	0.00	—	0	—	0.00	—	1	—	8.33	500.00
2016	0	—	0.00	—	0	—	0.00	—	0	-100.00	0.00	—
2017	0	—	0.00	—	0	—	0.00	—	0	—	0.00	—
2018	1	—	7.14	—	1	—	7.14	—	0	—	0.00	—
2019	0	-100.00	0.00	—	0	-100.00	0.00	—	0	—	0.00	—
2020	0	—	0.00	—	0	—	0.00	—	0	—	0.00	—
2021	0	—	0.00	—	0	—	0.00	—	0	—	0.00	—
2022	0	—	0.00	—	0	—	0.00	—	0	—	0.00	—

续表

年份	增资+增资—配售+增资—新股发行				增资+私募股权				增资+增资—私人配售			
	数量	同比增长(%)	占比(%)	指数	数量	同比增长(%)	占比(%)	指数	数量	同比增长(%)	占比(%)	指数
2005	0	—	0.00	—	0	—	0.00	—	0	—	0.00	—
2006	0	—	0.00	—	0	—	0.00	—	0	—	0.00	—
2007	0	—	0.00	—	0	—	0.00	—	0	—	0.00	—
2008	0	—	0.00	—	0	—	0.00	—	0	—	0.00	—
2009	0	—	0.00	—	0	—	0.00	—	0	—	0.00	—
2010	0	—	0.00	—	0	—	0.00	—	0	—	0.00	—
2011	0	—	0.00	—	0	—	0.00	—	1	—	100.00	500.00
2012	0	—	0.00	—	0	—	0.00	—	0	-100.00	0.00	—
2013	0	—	0.00	—	0	—	0.00	—	0	—	0.00	—
2014	0	—	0.00	—	0	—	0.00	—	0	—	0.00	—
2015	0	—	0.00	—	0	—	0.00	—	0	—	0.00	—
2016	0	—	0.00	—	1	—	6.67	—	0	—	0.00	—
2017	1	—	11.11	—	0	-100.00	0.00	—	0	—	0.00	—
2018	0	-100.00	0.00	—	0	—	0.00	—	0	—	0.00	—
2019	0	—	0.00	—	0	—	0.00	—	0	—	0.00	—
2020	0	—	0.00	—	0	—	0.00	—	0	—	0.00	—
2021	0	—	0.00	—	0	—	0.00	—	0	—	0.00	—
2022	0	—	0.00	—	0	—	0.00	—	0	—	0.00	—

年份	增资—可转债+注资				增资—可转债+企业风险投资+开发资金—第1轮-第8轮+对冲基金+私募股权				增资—可转债+开发资金+风险资本			
	数量	同比增长(%)	占比(%)	指数	数量	同比增长(%)	占比(%)	指数	数量	同比增长(%)	占比(%)	指数
2005	0	—	0.00	—	0	—	0.00	—	0	—	0.00	—
2006	0	—	0.00	—	0	—	0.00	—	0	—	0.00	—
2007	0	—	0.00	—	0	—	0.00	—	0	—	0.00	—

年份	增资—可转债+注资				增资—可转债+企业风险投资+开发资金—第1轮-第8轮+对冲基金+私募股权				增资—可转债+开发资金+风险资本			
	数量	同比增长（%）	占比（%）	指数	数量	同比增长（%）	占比（%）	指数	数量	同比增长（%）	占比（%）	指数
2008	0	—	0.00	—	0	—	0.00	—	0	—	0.00	—
2009	0	—	0.00	—	0	—	0.00	—	0	—	0.00	—
2010	0	—	0.00	—	0	—	0.00	—	0	—	0.00	—
2011	0	—	0.00	—	0	—	0.00	—	0	—	0.00	—
2012	0	—	0.00	—	0	—	0.00	—	0	—	0.00	—
2013	0	—	0.00	—	0	—	0.00	—	1	—	16.67	500.00
2014	0	—	0.00	—	0	—	0.00	—	0	-100.00	0.00	—
2015	0	—	0.00	—	0	—	0.00	—	0	—	0.00	—
2016	0	—	0.00	—	0	—	0.00	—	0	—	0.00	—
2017	2	—	22.22	—	0	—	0.00	—	0	—	0.00	—
2018	0	-100.00	0.00	—	0	—	0.00	—	0	—	0.00	—
2019	0	—	0.00	—	0	—	0.00	—	0	—	0.00	—
2020	0	—	0.00	—	1	—	14.29	—	0	—	0.00	—
2021	0	—	0.00	—	0	-100.00	0.00	—	0	—	0.00	—
2022	0	—	0.00	—	0	—	0.00	—	0	—	0.00	—

年份	增资—可转债+对冲基金				增资—可转债+通道融资				增资—可转债+私募股权			
	数量	同比增长（%）	占比（%）	指数	数量	同比增长（%）	占比（%）	指数	数量	同比增长（%）	占比（%）	指数
2005	0	—	0.00	—	0	—	0.00	—	0	—	0.00	—
2006	0	—	0.00	—	0	—	0.00	—	0	—	0.00	—
2007	0	—	0.00	—	0	—	0.00	—	0	—	0.00	—
2008	0	—	0.00	—	0	—	0.00	—	0	—	0.00	—
2009	0	—	0.00	—	0	—	0.00	—	0	—	0.00	—
2010	0	—	0.00	—	0	—	0.00	—	0	—	0.00	—

续表

年份	增资—可转债+对冲基金				增资—可转债+通道融资				增资—可转债+私募股权			
	数量	同比增长(%)	占比(%)	指数	数量	同比增长(%)	占比(%)	指数	数量	同比增长(%)	占比(%)	指数
2011	0	—	0.00	—	0	—	0.00	—	0	—	0.00	—
2012	0	—	0.00	—	0	—	0.00	—	0	—	0.00	—
2013	0	—	0.00	—	0	—	0.00	—	0	—	0.00	—
2014	0	—	0.00	—	0	—	0.00	—	0	—	0.00	—
2015	0	—	0.00	—	0	—	0.00	—	0	—	0.00	—
2016	0	—	0.00	—	0	—	0.00	—	1	—	6.67	—
2017	0	—	0.00	—		—	11.11	—	0	-100.00	0.00	—
2018	0	—	0.00	—	0	-100.00	0.00	—	0	—	0.00	—
2019	0	—	0.00	—	0	—	0.00	—	0	—	0.00	—
2020	0	—	0.00	—	0	—	0.00	—	0	—	0.00	—
2021	1	—	1.96	—	0	—	0.00	—	0	—	0.00	—
2022	0	-100.00	0.00	—	0	—	0.00	—	0	—	0.00	—

年份	增资—可转债+增资—私人配售				增资—卖方配售+杠杆+新银行信贷便利+私募股权				注资+增资—配售			
	数量	同比增长(%)	占比(%)	指数	数量	同比增长(%)	占比(%)	指数	数量	同比增长(%)	占比(%)	指数
2005	0	—	0.00	—	0	—	0.00	—	0	—	0.00	—
2006	0	—	0.00	—	0	—	0.00	—	0	—	0.00	—
2007	0	—	0.00	—	0	—	0.00	—	0	—	0.00	—
2008	0	—	0.00	—	0	—	0.00	—	0	—	0.00	—
2009	0	—	0.00	—	0	—	0.00	—	0	—	0.00	—
2010	0	—	0.00	—	0	—	0.00	—	1	—	16.67	—
2011	0	—	0.00	—	0	—	0.00	—	0	-100	0.00	—
2012	0	—	0.00	—	0	—	0.00	—	0	—	0.00	—
2013	0	—	0.00	—	0	—	0.00	—	0	—	0.00	—
2014	0	—	0.00	—	0	—	0.00	—	0	—	0.00	—

续表

年份	增资—可转债+增资—私人配售				增资—卖方配售+杠杆+新银行信贷便利+私募股权				注资+增资—配售			
	数量	同比增长（%）	占比（%）	指数	数量	同比增长（%）	占比（%）	指数	数量	同比增长（%）	占比（%）	指数
2015	0	—	0.00	—	0	—	0.00	—	0	—	0.00	—
2016	0	—	0.00	—	0	—	0.00	—	0	—	0.00	—
2017	1	—	11.11	—	1	—	11.11	—	0	—	0.00	—
2018	0	-100	0.00	—	0	-100	0.00	—	0	—	0.00	—
2019	0	—	0.00	—	0	—	0.00	—	0	—	0.00	—
2020	0	—	0.00	—	0	—	0.00	—	0	—	0.00	—
2021	0	—	0.00	—	0	—	0.00	—	0	—	0.00	—
2022	0	—	0.00	—	0	—	0.00	—	0	—	0.00	—

年份	注资+增资—私人配售				增资—发行可转债+企业风险投资+开发资金+私募股权				增资—发行可转债+开发资金+私募股权			
	数量	同比增长（%）	占比（%）	指数	数量	同比增长（%）	占比（%）	指数	数量	同比增长（%）	占比（%）	指数
2005	0	—	0.00	—	0	—	0.00	—	1	—	9.09	—
2006	1	—	16.67	—	0	—	0.00	—	0	-100	0.00	—
2007	0	-100	0.00	—	0	—	0.00	—	0	—	0.00	—
2008	0	—	0.00	—	0	—	0.00	—	0	—	0.00	—
2009	0	—	0.00	—	0	—	0.00	—	0	—	0.00	—
2010	0	—	0.00	—	0	—	0.00	—	0	—	0.00	—
2011	0	—	0.00	—	0	—	0.00	—	0	—	0.00	—
2012	0	—	0.00	—	0	—	0.00	—	0	—	0.00	—
2013	0	—	0.00	—	0	—	0.00	—	0	—	0.00	—
2014	0	—	0.00	—	0	—	0.00	—	0	—	0.00	—
2015	0	—	0.00	—	0	—	0.00	—	0	—	0.00	—
2016	0	—	0.00	—	1	—	6.67	—	0	—	0.00	—
2017	0	—	0.00	—	0	-100	0.00	—	0	—	0.00	—
2018	0	—	0.00	—	0	—	0.00	—	0	—	0.00	—

续表

年份	注资+增资—私人配售				增资—发行可转债+企业风险投资+开发资金+私募股权				增资—发行可转债+开发资金+私募股权			
	数量	同比增长(%)	占比(%)	指数	数量	同比增长(%)	占比(%)	指数	数量	同比增长(%)	占比(%)	指数
2019	0	—	0.00	—	0	—	0.00	—	0	—	0.00	—
2020	0	—	0.00	—	0	—	0.00	—	0	—	0.00	—
2021	0	—	0.00	—	0	—	0.00	—	0	—	0.00	—
2022	0	—	0.00	—	0	—	0.00	—	0	—	0.00	—

年份	增资—发行可转债+开发资金+风险资本				增资—发行可转债+通道融资				企业风险投资+开发资金+风险资本			
	数量	同比增长(%)	占比(%)	指数	数量	同比增长(%)	占比(%)	指数	数量	同比增长(%)	占比(%)	指数
2005	0	—	0.00	—	0	—	0.00	—	0	—	0.00	—
2006	0	—	0.00	—	0	—	0.00	—	0	—	0.00	—
2007	0	—	0.00	—	0	—	0.00	—	0	—	0.00	—
2008	0	—	0.00	—	0	—	0.00	—	0	—	0.00	—
2009	0	—	0.00	—	0	—	0.00	—	0	—	0.00	—
2010	0	—	0.00	—	0	—	0.00	—	0	—	0.00	—
2011	0	—	0.00	—	0	—	0.00	—	0	—	0.00	—
2012	0	—	0.00	—	0	—	0.00	—	0	—	0.00	—
2013	0	—	0.00	—	0	—	0.00	—	0	—	0.00	—
2014	1	—	11.11	500.00	0	—	0.00	—	2	—	22.22	500.00
2015	0	-100	0.00	—	0	—	0.00	—	0	-100	0.00	—
2016	0	—	0.00	—	0	—	6.67	—	0	—	0.00	—
2017	0	—	0.00	—	0	-100	0.00	—	0	—	0.00	—
2018	0	—	0.00	—	0	—	0.00	—	0	—	0.00	—
2019	0	—	0.00	—	0	—	0.00	—	0	—	0.00	—
2020	0	—	0.00	—	0	—	0.00	—	0	—	0.00	—
2021	0	—	0.00	—	0	—	0.00	—	0	—	0.00	—
2022	0	—	0.00	—	0	—	0.00	—	0	—	0.00	—

年份	增资—发行可转债+私募股权				增资—发行可转债+私募股权+增资—私人配售				增资—发行可转债+增资—私人配售			
	数量	同比增长（%）	占比（%）	指数	数量	同比增长（%）	占比（%）	指数	数量	同比增长（%）	占比（%）	指数
2005	0	—	0.00	—	0	—	0.00	—	0	—	0.00	—
2006	0	—	0.00	—	0	—	0.00	—	0	—	0.00	—
2007	0	—	0.00	—	0	—	0.00	—	0	—	0.00	—
2008	0	—	0.00	—	0	—	0.00	—	1	—	25.00	—
2009	1	—	25.00	—	0	—	0.00	—	0	-100	0.00	—
2010	0	-100	0.00	—	1	—	16.67	—	0	—	0.00	—
2011	0	—	0.00	—	0	-100	0.00	—	0	—	0.00	—
2012	0	—	0.00	—	0	—	0.00	—	0	—	0.00	—
2013	0	—	0.00	—	0	—	0.00	—	0	—	0.00	—
2014	0	—	0.00	—	0	—	0.00	—	0	—	0.00	—
2015	0	—	0.00	—	0	—	0.00	—	0	—	0.00	—
2016	0	—	0.00	—	0	—	0.00	—	0	—	0.00	—
2017	0	—	0.00	—	0	—	0.00	—	0	—	0.00	—
2018	0	—	0.00	—	0	—	0.00	—	0	—	0.00	—
2019	0	—	0.00	—	0	—	0.00	—	0	—	0.00	—
2020	0	—	0.00	—	0	—	0.00	—	0	—	0.00	—
2021	0	—	0.00	—	0	—	0.00	—	0	—	0.00	—
2022	0	—	0.00	—	0	—	0.00	—	0	—	0.00	—

年份	企业风险投资+开发资金+家族办公室+私募股权				企业风险投资+开发资金+对冲基金+私募股权				企业风险投资+开发资金+私募股权			
	数量	同比增长（%）	占比（%）	指数	数量	同比增长（%）	占比（%）	指数	数量	同比增长（%）	占比（%）	指数
2005	0	—	0.00	—	0	—	0.00	—	0	—	0.00	—
2006	0	—	0.00	—	0	—	0.00	—	1	—	16.67	—
2007	0	—	0.00	—	0	—	0.00	—	0	-100	0.00	—
2008	0	—	0.00	—	0	—	0.00	—	0	—	0.00	—

续表

年份	企业风险投资+开发资金+家族办公室+私募股权				企业风险投资+开发资金+对冲基金+私募股权				企业风险投资+开发资金+私募股权			
	数量	同比增长（%）	占比（%）	指数	数量	同比增长（%）	占比（%）	指数	数量	同比增长（%）	占比（%）	指数
2009	0	—	0.00	—	0	—	0.00	—	0	—	0.00	—
2010	0	—	0.00	—	0	—	0.00	—	0	—	0.00	—
2011	0	—	0.00	—	0	—	0.00	—	0	—	0.00	—
2012	0	—	0.00	—	0	—	0.00	—	0	—	0.00	—
2013	0	—	0.00	—	0	—	0.00	—	0	—	0.00	—
2014	0	—	0.00	—	0	—	0.00	—	0	—	0.00	—
2015	0	—	0.00	—	0	—	0.00	—	0	—	0.00	—
2016	0	—	0.00	—	0	—	0.00	—	0	—	0.00	—
2017	0	—	0.00	—	0	—	0.00	—	0	—	0.00	—
2018	1	—	7.14	—	0	—	0.00	—	0	—	0.00	—
2019	0	−100	0.00	—	1	—	12.50	—	0	—	0.00	—
2020	0	—	0.00	—	0	−100	—	—	0	—	0.00	—
2021	0	—	0.00	—	0	—	0.00	—	0	—	0.00	—
2022	0	—	0.00	—	0	—	0.00	—	0	—	0.00	—

年份	企业风险投资+开发资金+风险资本				企业风险投资+开发资金—第1轮-第8轮				企业风险投资+开发资金—第1轮-第8轮+家族办公室+对冲基金+风险资本			
	数量	同比增长（%）	占比（%）	指数	数量	同比增长（%）	占比（%）	指数	数量	同比增长（%）	占比（%）	指数
2005	0	—	0.00	—	0	—	0.00	—	0	—	0.00	—
2006	0	—	0.00	—	1	—	16.67	—	0	—	0.00	—
2007	0	—	0.00	—	0	−100	—	—	0	—	0.00	—
2008	1	—	25.00	—	0	—	0.00	—	0	—	0.00	—
2009	0	−100	0.00	—	0	—	0.00	—	0	—	0.00	—
2010	0	—	0.00	—	0	—	0.00	—	0	—	0.00	—
2011	0	—	0.00	—	0	—	0.00	—	0	—	0.00	—

年份	企业风险投资+开发资金+风险资本				企业风险投资+开发资金—第1轮-第8轮				企业风险投资+开发资金—第1轮-第8轮+家族办公室+对冲基金+风险资本			
	数量	同比增长（%）	占比（%）	指数	数量	同比增长（%）	占比（%）	指数	数量	同比增长（%）	占比（%）	指数
2012	0	—	0.00	—	0	—	0.00	—	0	—	0.00	—
2013	0	—	0.00	—	0	—	0.00	—	0	—	0.00	—
2014	0	—	0.00	—	0	—	0.00	—	0	—	0.00	—
2015	0	—	0.00	—	0	—	0.00	—	0	—	0.00	—
2016	0	—	0.00	—	0	—	0.00	—	0	—	0.00	—
2017	0	—	0.00	—	0	—	0.00	—	0	—	0.00	—
2018	0	—	0.00	—	0	—	0.00	—	1	—	7.14	—
2019	0	—	0.00	—	0	—	0.00	—	0	−100	0.00	—
2020	0	—	0.00	—	0	—	0.00	—	0	—	0.00	—
2021	0	—	0.00	—	0	—	0.00	—	0	—	0.00	—
2022	0	—	0.00	—	0	—	0.00	—	0	—	0.00	—

年份	企业风险投资+开发资金第1轮-第8轮+家族办公室+私募股权				企业风险投资+开发资金第1轮-第8轮+家族办公室+风险资本				企业风险投资+开发资金第1轮-第8轮+对冲基金+私募股权			
	数量	同比增长（%）	占比（%）	指数	数量	同比增长（%）	占比（%）	指数	数量	同比增长（%）	占比（%）	指数
2005	0	—	0.00	—	0	—	0.00	—	0	—	0.00	—
2006	0	—	0.00	—	0	—	0.00	—	0	—	0.00	—
2007	0	—	0.00	—	0	—	0.00	—	0	—	0.00	—
2008	0	—	0.00	—	0	—	0.00	—	0	—	0.00	—
2009	0	—	0.00	—	0	—	0.00	—	0	—	0.00	—
2010	0	—	0.00	—	0	—	0.00	—	0	—	0.00	—
2011	0	—	0.00	—	0	—	0.00	—	0	—	0.00	—
2012	0	—	0.00	—	0	—	0.00	—	0	—	0.00	—
2013	0	—	0.00	—	0	—	0.00	—	0	—	0.00	—
2014	0	—	0.00	—	0	—	0.00	—	0	—	0.00	—

年份	企业风险投资+开发资金—第1轮-第8轮+家族办公室+私募股权				企业风险投资+开发资金—第1轮-第8轮+家族办公室+风险资本				企业风险投资+开发资金—第1轮-第8轮+对冲基金+私募股权			
	数量	同比增长(%)	占比(%)	指数	数量	同比增长(%)	占比(%)	指数	数量	同比增长(%)	占比(%)	指数
2015	0	—	0.00	—	0	—	0.00	—	0	—	0.00	—
2016	0	—	0.00	—	0	—	0.00	—	0	—	0.00	—
2017	0	—	0.00	—	0	—	0.00	—	1	—	11.11	—
2018	0	—	0.00	—	2	—	14.29	—	0	-100	0.00	—
2019	0	—	0.00	—	0	-100	0.00	—	0	—	0.00	—
2020	2	—	28.57	—	0	—	0.00	—	0	—	0.00	—
2021	0	-100	0.00	—	0	—	0.00	—	0	—	0.00	—
2022	0	—	0.00	—	0	—	0.00	—	0	—	0.00	—

年份	企业风险投资+开发资金—第1轮-第8轮+对冲基金+风险资本				企业风险投资+开发资金—第1轮-第8轮+新银行信贷便利+风险资本				企业风险投资+开发资金—第1轮-第8轮+私募股权			
	数量	同比增长(%)	占比(%)	指数	数量	同比增长(%)	占比(%)	指数	数量	同比增长(%)	占比(%)	指数
2005	0	—	0.00	—	0	—	0.00	—	0	—	0.00	—
2006	0	—	0.00	—	0	—	0.00	—	1	—	16.67	—
2007	0	—	0.00	—	0	—	0.00	—	0	-100	0.00	—
2008	0	—	0.00	—	0	—	0.00	—	0	—	0.00	—
2009	0	—	0.00	—	0	—	0.00	—	0	—	0.00	—
2010	0	—	0.00	—	0	—	0.00	—	0	—	0.00	—
2011	0	—	0.00	—	0	—	0.00	—	0	—	0.00	—
2012	0	—	0.00	—	0	—	0.00	—	0	—	0.00	—
2013	0	—	0.00	—	0	—	0.00	—	0	—	0.00	—
2014	0	—	0.00	—	0	—	0.00	—	0	—	0.00	—
2015	0	—	0.00	—	0	—	0.00	—	0	—	0.00	—
2016	0	—	0.00	—	0	—	0.00	—	0	—	0.00	—
2017	0	—	0.00	—	1	—	11.11	—	0	—	0.00	—

续表

年份	企业风险投资+开发资金—第1轮-第8轮+对冲基金+风险资本				企业风险投资+开发资金—第1轮-第8轮+新银行信贷便利+风险资本				企业风险投资+开发资金—第1轮-第8轮+私募股权			
	数量	同比增长（%）	占比（%）	指数	数量	同比增长（%）	占比（%）	指数	数量	同比增长（%）	占比（%）	指数
2018	2	—	14.29	—	0	-100	0.00	—	0	—	0.00	—
2019	0	-100	0.00	—	0	—	0.00	—	0	—	0.00	—
2020	0	—	0.00	—	0	—	0.00	—	0	—	0.00	—
2021	0	—	0.00	—	0	—	0.00	—	0	—	0.00	—
2022	0	—	0.00	—	0	—	0.00	—	0	—	0.00	—

年份	企业风险投资+开发资金—第1轮-第8轮+风险资本				企业风险投资+开发资金—种子轮+风险资本				企业风险投资+私募股权			
	数量	同比增长（%）	占比（%）	指数	数量	同比增长（%）	占比（%）	指数	数量	同比增长（%）	占比（%）	指数
2005	1	—	9.09	—	0	—	0.00	—	0	—	0.00	—
2006	0	-100	0.00	—	0	—	0.00	—	0	—	0.00	—
2007	0	—	0.00	—	0	—	0.00	—	0	—	0.00	—
2008	0	—	0.00	—	0	—	0.00	—	0	—	0.00	—
2009	0	—	0.00	—	0	—	0.00	—	0	—	0.00	—
2010	0	—	0.00	—	0	—	0.00	—	1	—	16.67	—
2011	0	—	0.00	—	0	—	0.00	—	0	-100	0.00	—
2012	0	—	0.00	—	1	—	100.00	500.00	0	—	0.00	—
2013	0	—	0.00	—	0	-100	0.00	—	0	—	0.00	—
2014	0	—	0.00	—	0	—	0.00	—	0	—	0.00	—
2015	0	—	0.00	—	0	—	0.00	—	0	—	0.00	—
2016	0	—	0.00	—	0	—	0.00	—	0	—	0.00	—
2017	0	—	0.00	—	0	—	0.00	—	0	—	0.00	—
2018	0	—	0.00	—	0	—	0.00	—	0	—	0.00	—
2019	0	—	0.00	—	0	—	0.00	—	0	—	0.00	—
2020	0	—	0.00	—	0	—	0.00	—	0	—	0.00	—
2021	0	—	0.00	—	0	—	0.00	—	0	—	0.00	—
2022	0	—	0.00	—	0	—	0.00	—	0	—	0.00	—

续表

年份	企业风险投资+私募股权+增资—私人配售				开发资金+家族办公室+私募股权				开发资金+对冲基金+风险资本			
	数量	同比增长（%）	占比（%）	指数	数量	同比增长（%）	占比（%）	指数	数量	同比增长（%）	占比（%）	指数
2005	0	—	0.00	—	0	—	0.00	—	0	—	0.00	—
2006	0	—	0.00	—	0	—	0.00	—	0	—	0.00	—
2007	0	—	0.00	—	0	—	0.00	—	0	—	0.00	—
2008	0	—	0.00	—	0	—	0.00	—	0	—	0.00	—
2009	0	—	0.00	—	0	—	0.00	—	0	—	0.00	—
2010	0	—	0.00	—	0	—	0.00	—	0	—	0.00	—
2011	0	—	0.00	—	0	—	0.00	—	0	—	0.00	—
2012	0	—	0.00	—	0	—	0.00	—	0	—	0.00	—
2013	0	—	0.00	—	0	—	0.00	—	0	—	0.00	—
2014	0	—	0.00	—	0	—	0.00	—	0	—	0.00	—
2015	0	—	0.00	—	0	—	0.00	—	0	—	0.00	—
2016	1	—	6.67	—	0	—	0.00	—	0	—	0.00	—
2017	0	-100	0.00	—	0	—	0.00	—	0	—	0.00	—
2018	0	—	0.00	—	0	—	0.00	—	0	—	0.00	—
2019	0	—	0.00	—	0	—	0.00	—	0	—	0.00	—
2020	0	—	0.00	—	0	—	0.00	—	0	—	0.00	—
2021	0	—	0.00	—	1	—	1.96	—	1	—	1.96	—
2022	0	—	0.00	—	0	-100	0.00	—	0	-100	0.00	—

年份	开发资金+新银行信贷便利+私募股权				开发资金+私募股权				开发资金+风险资本			
	数量	同比增长（%）	占比（%）	指数	数量	同比增长（%）	占比（%）	指数	数量	同比增长（%）	占比（%）	指数
2005	0	—	0.00	—	3	—	27.27	—	0	—	0.00	—
2006	0	—	0.00	—	0	-100	0.00	—	0	—	0.00	—
2007	0	—	0.00	—	0	—	0.00	—	2	—	33.33	—
2008	0	—	0.00	—	0	—	0.00	—	0	-100	0.00	—

年份	开发资金+新银行信贷便利+私募股权				开发资金+私募股权				开发资金+风险资本			
	数量	同比增长（%）	占比（%）	指数	数量	同比增长（%）	占比（%）	指数	数量	同比增长（%）	占比（%）	指数
2009	0	—	0.00	—	0	—	0.00	—	0	—	0.00	—
2010	0	—	0.00	—	0	—	0.00	—	0	—	0.00	—
2011	0	—	0.00	—	0	—	0.00	—	0	—	0.00	—
2012	0	—	0.00	—	0	—	0.00	—	0	—	0.00	—
2013	0	—	0.00	—	0	—	0.00	—	0	—	0.00	—
2014	1	—	11.11	500.00	0	—	0.00	—	0	—	0.00	—
2015	0	−100	0.00	—	0	—	0.00	—	0	—	0.00	—
2016	0	—	0.00	—	0	—	0.00	—	0	—	0.00	—
2017	0	—	0.00	—	0	—	0.00	—	0	—	0.00	—
2018	0	—	0.00	—	0	—	0.00	—	0	—	0.00	—
2019	0	—	0.00	—	0	—	0.00	—	0	—	0.00	—
2020	0	—	0.00	—	0	—	0.00	—	0	—	0.00	—
2021	0	—	0.00	—	0	—		—	0	—	0.00	—
2022	0	—	0.00	—	0	—		—	0	—	0.00	—

年份	开发资金—第1轮-第8轮+家族办公室+对冲基金+私募股权				开发资金—第1轮-第8轮+家族办公室+对冲基金+风险资本				开发资金—第1轮-第8轮+家族办公室+私募股权			
	数量	同比增长（%）	占比（%）	指数	数量	同比增长（%）	占比（%）	指数	数量	同比增长（%）	占比（%）	指数
2005	0	—	0.00	—	0	—	0.00	—	0	—	0.00	—
2006	0	—	0.00	—	0	—	0.00	—	0	—	0.00	—
2007	0	—	0.00	—	0	—	0.00	—	0	—	0.00	—
2008	0	—	0.00	—	0	—	0.00	—	0	—	0.00	—
2009	0	—	0.00	—	0	—	0.00	—	0	—	0.00	—
2010	0	—	0.00	—	0	—	0.00	—	0	—	0.00	—
2011	0	—	0.00	—	0	—	0.00	—	0	—	0.00	—
2012	0	—	0.00	—	0	—	0.00	—	0	—	0.00	—

年份	开发资金—第1轮-第8轮+家族办公室+对冲基金+私募股权				开发资金—第1轮-第8轮+家族办公室+对冲基金+风险资本				开发资金—第1轮-第8轮+家族办公室+私募股权			
	数量	同比增长（%）	占比（%）	指数	数量	同比增长（%）	占比（%）	指数	数量	同比增长（%）	占比（%）	指数
2013	0	—	0.00	—	0	—	0.00	—	0	—	0.00	—
2014	0	—	0.00	—	0	—	0.00	—	0	—	0.00	—
2015	0	—	0.00	—	1	—	8.33	500.00	0	—	0.00	—
2016	0	—	0.00	—	0	-100	0.00	—	0	—	0.00	—
2017	0	—	0.00	—	0	—	0.00	—	0	—	0.00	—
2018	0	—	0.00	—	0	—	0.00	—	0	—	0.00	—
2019	0	—	0.00	—	0	—	0.00	—	0	—	0.00	—
2020	0	—	0.00	—	0	—	0.00	—	2	—	28.57	—
2021	1	—	1.96	—	0	—	0.00	—	0	-100	0.00	—
2022	0	-100	0.00	—	0	—	0.00	—	0	—	0.00	—

年份	开发资金—第1轮-第8轮+家族办公室+风险资本				开发资金—第1轮-第8轮+对冲基金+私募股权				开发资金—第1轮-第8轮+对冲基金+风险资本			
	数量	同比增长（%）	占比（%）	指数	数量	同比增长（%）	占比（%）	指数	数量	同比增长（%）	占比（%）	指数
2005	0	—	0.00	—	0	—	0.00	—	0	—	0.00	—
2006	0	—	0.00	—	0	—	0.00	—	0	—	0.00	—
2007	0	—	0.00	—	0	—	0.00	—	0	—	0.00	—
2008	0	—	0.00	—	0	—	0.00	—	0	—	0.00	—
2009	0	—	0.00	—	0	—	0.00	—	0	—	0.00	—
2010	0	—	0.00	—	0	—	0.00	—	0	—	0.00	—
2011	0	—	0.00	—	0	—	0.00	—	0	—	0.00	—
2012	0	—	0.00	—	0	—	0.00	—	0	—	0.00	—
2013	0	—	0.00	—	0	—	0.00	—	0	—	0.00	—
2014	0	—	0.00	—	0	—	0.00	—	0	—	0.00	—
2015	0	—	0.00	—	0	—	0.00	—	0	—	0.00	—
2016	0	—	0.00	—	0	—	0.00	—	0	—	0.00	—

续表

年份	开发资金—第1轮-第8轮+家族办公室+风险资本				开发资金—第1轮-第8轮+对冲基金+私募股权				开发资金—第1轮-第8轮+对冲基金+风险资本			
	数量	同比增长（%）	占比（%）	指数	数量	同比增长（%）	占比（%）	指数	数量	同比增长（%）	占比（%）	指数
2017	0	—	0.00	—	0	—	0.00	—	0	—	0.00	—
2018	2	—	14.29	—	0	—	0.00	—	1	—	7.14	—
2019	0	-100	0.00	—	0	—	0.00	—	0	-100	0.00	—
2020	0	—	0.00	—	1	—	14.29	—	0	—	0.00	—
2021	0	—	0.00	—	0	-100	0.00	—	0	—	0.00	—
2022	0	—	0.00	—	0	—	0.00	—	0	—	0.00	—

年份	开发资金—第1轮-第8轮+私募股权				开发资金—第1轮-第8轮+风险资本				开发资金—种子轮+私募股权			
	数量	同比增长（%）	占比（%）	指数	数量	同比增长（%）	占比（%）	指数	数量	同比增长（%）	占比（%）	指数
2005	2	—	18.18	—	1	—	9.09	—	0	—	0.00	—
2006	0	-100	0.00	—	0	-100	0.00	—	0	—	0.00	—
2007	0	—	0.00	—	0	—	0.00	—	0	—	0.00	—
2008	0	—	0.00	—	0	—	0.00	—	0	—	0.00	—
2009	0	—	0.00	—	0	—	0.00	—	0	—	0.00	—
2010	0	—	0.00	—	0	—	0.00	—	0	—	0.00	—
2011	0	—	0.00	—	0	—	0.00	—	0	—	0.00	—
2012	0	—	0.00	—	0	—	0.00	—	0	—	0.00	—
2013	0	—	0.00	—	0	—	0.00	—	0	—	0.00	—
2014	0	—	0.00	—	0	—	0.00	—	0	—	0.00	—
2015	0	—	0.00	—	0	—	0.00	—	0	—	0.00	—
2016	0	—	0.00	—	0	—	0.00	—	0	—	0.00	—
2017	0	—	0.00	—	0	—	0.00	—	0	—	0.00	—
2018	0	—	0.00	—	0	—	0.00	—	1	—	7.14	—
2019	0	—	0.00	—	0	—	0.00	—	0	-100	0.00	—
2020	0	—	0.00	—	0	—	0.00	—	0	—	0.00	—
2021	0	—	0.00	—	0	—	0.00	—	0	—	0.00	—
2022	0	—	0.00	—	0	—	0.00	—	0	—	0.00	—

年份	开发资金—种子轮+风险资本				家族办公室+通道融资+增资—私人配售				家族办公室+私募股权			
	数量	同比增长（%）	占比（%）	指数	数量	同比增长（%）	占比（%）	指数	数量	同比增长（%）	占比（%）	指数
2005	0	—	0.00	—	0	—	0.00	—	0	—	0.00	—
2006	0	—	0.00	—	0	—	0.00	—	0	—	0.00	—
2007	1	—	16.67	—	0	—	0.00	—	0	—	0.00	—
2008	0	−100	0.00	—	0	—	0.00	—	0	—	0.00	—
2009	0	—	0.00	—	0	—	0.00	—	0	—	0.00	—
2010	0	—	0.00	—	0	—	0.00	—	0	—	0.00	—
2011	0	—	0.00	—	0	—	0.00	—	0	—	0.00	—
2012	0	—	0.00	—	0	—	0.00	—	0	—	0.00	—
2013	0	—	0.00	—	0	—	0.00	—	0	—	0.00	—
2014	0	—	0.00	—	0	—	0.00	—	0	—	0.00	—
2015	0	—	0.00	—	0	—	0.00	—	0	—	0.00	—
2016	0	—	0.00	—	3	—	0.00	—	0	—	0.00	—
2017	0	—	0.00	—	3	—	0.00	—	0	—	0.00	—
2018	0	—	0.00	—	3	—	0.00	—	0	—	0.00	—
2019	0	—	0.00	—	3	—	0.00	—	1	—	12.50	—
2020	0	—	0.00	—	3	—	0.00	—	0	−100	0.00	—
2021	0	—	0.00	—	2	—	12.50	—	0	—	0.00	—
2022	0	—	0.00	—	3	−100	0.00	—	0	—	0.00	—

年份	对冲基金+通道融资+增资—私人配售				杠杆+新银行信贷便利				杠杆+新银行信贷便利+私募股权			
	数量	同比增长（%）	占比（%）	指数	数量	同比增长（%）	占比（%）	指数	数量	同比增长（%）	占比（%）	指数
2005	0	—	0.00	—	0	—	0.00	—	0	—	0.00	—
2006	0	—	0.00	—	0	—	0.00	—	0	—	0.00	—
2007	0	—	0.00	—	0	—	0.00	—	0	—	0.00	—
2008	0	—	0.00	—	0	—	0.00	—	0	—	0.00	—

年份	对冲基金+通道融资+增资—私人配售				杠杆+新银行信贷便利				杠杆+新银行信贷便利+私募股权			
	数量	同比增长（%）	占比（%）	指数	数量	同比增长（%）	占比（%）	指数	数量	同比增长（%）	占比（%）	指数
2009	0	—	0.00	—	0	—	0.00	—	0	—	0.00	—
2010	0	—	0.00	—	0	—	0.00	—	0	—	0.00	—
2011	0	—	0.00	—	0	—	0.00	—	0	—	0.00	—
2012	0	—	0.00	—	0	—	0.00	—	0	—	0.00	—
2013	0	—	0.00	—	0	—	0.00	—	0	—	0.00	—
2014	0	—	0.00	—	0	—	0.00	—	0	—	0.00	—
2015	0	—	0.00	—	0	—	0.00	—	1	—	8.33	
2016	0	—	0.00	—	4	—	26.67	—	0	-100	0.00	—
2017	0	—	0.00	—	0	-100	0.00	—	0	—	0.00	—
2018	0	—	0.00	—	0	—	0.00	—	0	—	0.00	—
2019	0	—	0.00	—	0	—	0.00	—	0	—	0.00	—
2020	0	—	0.00	—	0	—	0.00	—	0	—	0.00	—
2021	2	—	12.50	—	0	—	0.00	—	0	—	0.00	—
2022	0	-100	0.00	—	0	—	0.00	—	0	—	0.00	—

年份	杠杆收购+夹层融资+新银行信贷便利+私募股权				杠杆收购+新银行信贷便利				杠杆收购+新银行信贷便利+私募股权			
	数量	同比增长（%）	占比（%）	指数	数量	同比增长（%）	占比（%）	指数	数量	同比增长（%）	占比（%）	指数
2005	0	—	0.00	—	0	—	0.00	—	0	—	0.00	—
2006	0	—	0.00	—	0	—	0.00	—	0	—	0.00	—
2007	0	—	0.00	—	0	—	0.00	—	0	—	0.00	—
2008	0	—	0.00	—	0	—	0.00	—	0	—	0.00	—
2009	0	—	0.00	—	0	—	0.00	—	0	—	0.00	—
2010	0	—	0.00	—	0	—	0.00	—	0	—	0.00	—
2011	0	—	0.00	—	0	—	0.00	—	0	—	0.00	—
2012	0	—	0.00	—	0	—	0.00	—	0	—	0.00	—
2013	0	—	0.00	—	0	—	0.00	—	0	—	0.00	—

续表

年份	杠杆收购+夹层融资+新银行信贷便利+私募股权				杠杆收购+新银行信贷便利				杠杆收购+新银行信贷便利+私募股权			
	数量	同比增长（%）	占比（%）	指数	数量	同比增长（%）	占比（%）	指数	数量	同比增长（%）	占比（%）	指数
2014	0	—	0.00	—	0	—	0.00	—	1	—	11.11	500.00
2015	0	—	0.00	—	2	—	33.33	500.00	0	-100	0.00	—
2016	1	—	6.67	—	0	-100	0.00	—	0	—	0.00	—
2017	0	-100	0.00	—	0	—	0.00	—	0	—	0.00	—
2018	0	—	0.00	—	0	—	0.00	—	0	—	0.00	—
2019	0	—	0.00	—	0	—	0.00	—	0	—	0.00	—
2020	0	—	0.00	—	0	—	0.00	—	0	—	0.00	—
2021	0	—	0.00	—	0	—	0.00	—	0	—	0.00	—
2022	0	—	0.00	—	0	—	0.00	—	0	—	0.00	—

年份	夹层融资+私募股权				新银行信贷便利+私募股权				新银行信贷便利+增资一公募			
	数量	同比增长（%）	占比（%）	指数	数量	同比增长（%）	占比（%）	指数	数量	同比增长（%）	占比（%）	指数
2005	0	—	0.00	—	0	—	0.00	—	0	—	0.00	—
2006	0	—	0.00	—	0	—	0.00	—	0	—	0.00	—
2007	0	—	0.00	—	1	—	16.67	—	0	—	0.00	—
2008	0	—	0.00	—	0	-100	0.00	—	0	—	0.00	—
2009	0	—	0.00	—	0	—	0.00	—	1	—	25.00	—
2010	0	—	0.00	—	0	—	0.00	—	0	-100	0.00	—
2011	0	—	0.00	—	0	—	0.00	—	0	—	0.00	—
2012	0	—	0.00	—	0	—	0.00	—	0	—	0.00	—
2013	1	—	16.67	500.00	0	—	0.00	—	0	—	0.00	—
2014	0	-100	0.00	—	0	—	0.00	—	0	—	0.00	—
2015	0	—	0.00	—	0	—	0.00	—	0	—	0.00	—
2016	0	—	0.00	—	0	—	0.00	—	0	—	0.00	—
2017	0	—	0.00	—	0	—	0.00	—	0	—	0.00	—

年份	夹层融资+私募股权				新银行信贷便利+私募股权				新银行信贷便利+增资—公募			
	数量	同比增长（%）	占比（%）	指数	数量	同比增长（%）	占比（%）	指数	数量	同比增长（%）	占比（%）	指数
2018	0	—	0.00	—	0	—	0.00	—	0	—	0.00	—
2019	0	—	0.00	—	0	—	0.00	—	0	—	0.00	—
2020	0	—	0.00	—	0	—	0.00	—	0	—	0.00	—
2021	0	—	0.00	—	0	—	0.00	—	0	—	0.00	—
2022	0	—	0.00	—	0	—	0.00	—	0	—	0.00	—

年份	通道融资+增资—配售				通道融资+私募股权+增资—私人配售				通道融资+增资—私人配售			
	数量	同比增长（%）	占比（%）	指数	数量	同比增长（%）	占比（%）	指数	数量	同比增长（%）	占比（%）	指数
2005	0	—	—	0.00	0	—	—	0.00	1	—	9.09	—
2006	0	—	—	0.00	1	—	16.67	—	0	-100	0.00	—
2007	0	—	—	0.00	0	-100	0.00	—	0	—	0.00	—
2008	0	—	—	0.00	0	—	—	—	0	—	0.00	—
2009	0	—	—	0.00	0	—	—	—	0	—	0.00	—
2010	0	—	—	0.00	0	—	0.00	—	0	—	0.00	—
2011	0	—	—	0.00	0	—	—	—	0	—	0.00	—
2012	0	—	—	0.00	0	—	—	—	0	—	0.00	—
2013	0	—	—	0.00	0	—	0.00	—	0	—	0.00	—
2014	0	—	—	0.00	0	—	—	—	0	—	0.00	—
2015	0	—	—	0.00	0	—	—	—	0	—	0.00	—
2016	1	—	—	0.00	0	—	—	—	0	—	0.00	—
2017	0	-100	—	0.00	0	—	0.00	—	0	—	0.00	—
2018	0	—	—	0.00	0	—	0.00	—	0	—	0.00	—
2019	0	—	—	0.00	0	—	—	—	0	—	0.00	—
2020	0	—	—	0.00	0	—	0.00	—	0	—	0.00	—
2021	0	—	—	0.00	0	—	0.00	—	0	—	0.00	—
2022	0	—	—	0.00	0	—	0.00	—	0	—	0.00	—

续表

年份	通道融资+增资—公募				增资—配售+私募股权				增资—配售+ 增资—私人配售			
	数量	同比增长（%）	占比（%）	指数	数量	同比增长（%）	占比（%）	指数	数量	同比增长（%）	占比（%）	指数
2005	0	—	0.00	—	0	—	0.00	—	0	—	0.00	—
2006	0	—	0.00	—	0	—	0.00	—	0	—	0.00	—
2007	0	—	0.00	—	0	—	0.00	—	1	—	16.67	—
2008	0	—	0.00	—	0	—	0.00	—	0	-100	0.00	—
2009	1	—	25.00	—	0	—	0.00	—	0	—	0.00	—
2010	0	-100	0.00	—	1	—	16.67	—	0	—	0.00	—
2011	0	—	0.00	—	0	-100	0.00	—	0	—	0.00	—
2012	0	—	0.00	—	0	—	0.00	—	0	—	0.00	—
2013	0	—	0.00	—	0	—	0.00	—	0	—	0.00	—
2014	0	—	0.00	—	0	—	0.00	—	0	—	0.00	—
2015	0	—	0.00	—	0	—	0.00	—	0	—	0.00	—
2016	0	—	0.00	—	0	—	0.00	—	0	—	0.00	—
2017	0	—	0.00	—	0	—	0.00	—	0	—	0.00	—
2018	0	—	0.00	—	0	—	0.00	—	0	—	0.00	—
2019	0	—	0.00	—	0	—	0.00	—	0	—	0.00	—
2020	0	—	0.00	—	0	—	0.00	—	0	—	0.00	—
2021	0	—	0.00	—	0	—	0.00	—	0	—	0.00	—
2022	0	—	0.00	—	0	—	0.00	—	0	—	0.00	—

年份	增资—配售+增资—公募				私募股权+增资—私人配售				增资—私人配售+ 增资—公募			
	数量	同比增长（%）	占比（%）	指数	数量	同比增长（%）	占比（%）	指数	数量	同比增长（%）	占比（%）	指数
2005	0	—	0.00	—	0	—	0.00	—	0	—	0.00	—
2006	0	—	0.00	—	0	—	0.00	—	0	—	0.00	—
2007	0	—	0.00	—	0	—	0.00	—	0	—	0.00	—
2008	0	—	0.00	—		—	25.00	—	1	—	25.00	—

续表

年份	增资—配售+增资—公募				私募股权+增资—私人配售				增资—私人配售+增资—公募			
	数量	同比增长(%)	占比(%)	指数	数量	同比增长(%)	占比(%)	指数	数量	同比增长(%)	占比(%)	指数
2009	0	—	0.00	—	0	-100	0.00	—	0	-100	0.00	—
2010	0	—	0.00	—	0	—	0.00	—	0	—	0.00	—
2011	0	—	0.00	—	0	—	0.00	—	0	—	0.00	—
2012	0	—	0.00	—	0	—	0.00	—	0	—	0.00	—
2013	0	—	0.00	—	0	—	0.00	—	0	—	0.00	—
2014	0	—	0.00	—	0	—	0.00	—	0	—	0.00	—
2015	0	—	0.00	—	0	—	0.00	—	0	—	0.00	—
2016	0	—	0.00	—	0	—	0.00	—	0	—	0.00	—
2017	0	—	0.00	—	0	—	0.00	—	0	—	0.00	—
2018	1	—	7.14	—	0	—	0.00	—	0	—	0.00	—
2019	0	-100	0.00	—	0	—	0.00	—	0	—	0.00	—
2020	0	—	0.00	—	0	—	0.00	—	0	—	0.00	—
2021	0	—	0.00	—	0	—	0.00	—	0	—	0.00	—
2022	0	—	0.00	—	0	—	0.00	—	0	—	0.00	—

年份	增资—私人配售+增资—新股发行				小计			
	数量	同比增长(%)	占比(%)	指数	数量	同比增长(%)	占比(%)	指数
2005	0	—	0.00	—	11.00	—	100.00	189.66
2006	0	—	0.00	—	6.00	-45.45	100.00	103.45
2007	0	—	0.00	—	6.00	0.00	100.00	103.45
2008	0	—	0.00	—	4.00	-33.33	100.00	68.97
2009	1	—	25.00	—	4.00	0.00	100.00	68.97
2010	0	-100	0.00	—	6.00	50.00	100.00	103.45
2011	0	—	0.00	—	1.00	-83.33	100.00	17.24
2012	0	—	0.00	—	1.00	0.00	100.00	17.24

年份	增资—私人配售+增资—新股发行				小计			
	数量	同比增长（%）	占比（%）	指数	数量	同比增长（%）	占比（%）	指数
2013	0	—	0.00	—	6.00	500.00	100.00	103.45
2014	0	—	0.00	—	9.00	50.00	100.00	155.17
2015	0	—	0.00	—	12.00	33.33	100.00	206.90
2016	0	—	0.00	—	15.00	25.00	100.00	258.62
2017	0	—	0.00	—	9.00	-40.00	100.00	155.17
2018	0	—	0.00	—	14.00	55.56	100.00	241.38
2019	0	—	0.00	—	8.00	-42.86	100.00	137.93
2020	0	—	0.00	—	7.00	-12.50	100.00	120.69
2021	0	—	0.00	—	51.00	628.57	100.00	879.31
2022	0	—	0.00	—	10.00	-80.39	100.00	172.41

注：存在重复统计的情况，处理方式和行业别统计一致。

表 3-5-8　2005—2022 年中国民营企业对外并购投资中多渠道融资的金额分布

（单位：百万美元、%）

年份	天使投资+增资—发行可转债+开发资金—种子轮+风险资本				天使投资+企业风险投资+开发资金+家族办公室+私募股权				天使投资+企业风险投资+开发资金+家族办公室+风险资本			
	金额	同比增长（%）	占比（%）	指数	金额	同比增长（%）	占比（%）	指数	金额	同比增长（%）	占比（%）	指数
2005	0.00	—	0.00	—	0.00	—	0.00	—	0.00	—	0.00	—
2006	0.00	—	0.00	—	0.00	—	0.00	—	0.00	—	0.00	—
2007	0.00	—	0.00	—	0.00	—	0.00	—	0.00	—	0.00	—
2008	0.00	—	0.00	—	0.00	—	0.00	—	0.00	—	0.00	—
2009	0.00	—	0.00	—	0.00	—	0.00	—	0.00	—	0.00	—
2010	0.00	—	0.00	—	0.00	—	0.00	—	0.00	—	0.00	—
2011	0.00	—	0.00	—	0.00	—	0.00	—	0.00	—	0.00	—
2012	0.00	—	—	—	0.00	—	0.00	—	0.00	—	0.00	—
2013	0.77	—	0.19	500.00	0.00	—	0.00	—	0.00	—	0.00	—

续表

年份	天使投资+增资—发行可转债+开发资金—种子轮+风险资本				天使投资+企业风险投资+开发资金+家族办公室+私募股权				天使投资+企业风险投资+开发资金+家族办公室+风险资本			
	金额	同比增长（%）	占比（%）	指数	金额	同比增长（%）	占比（%）	指数	金额	同比增长（%）	占比（%）	指数
2014	0.00	-100.00	0.00	—	0.00	—	0.00	—	0.00	—	0.00	—
2015	0.00	—	0.00	—	0.00	—	0.00	—	0.00	—	0.00	—
2016	0.00	—	0.00	—	0.00	—	0.00	—	0.00	—	0.00	—
2017	0.00	—	0.00	—	0.00	—	0.00	—	0.00	—	0.00	—
2018	0.00	—	0.00	—	0.00	—	0.00	—	0.00	—	0.00	—
2019	0.00	—	0.00	—	0.00	—	0.00	—	182.5	—	11.21	—
2020	0.00	—	0.00	—	0.00	—	0.00	—	0	-100	0	—
2021	0.00	—	0.00	—	55	—	3.23	—	0.00	—	0.00	—
2022	0	—	0.00	—	0	-100	0.00	—	0	—	0.00	—

年份	天使投资+企业风险投资+开发资金+对冲基金+风险资本				天使投资+企业风险投资+开发资金+私募股权				天使投资+企业风险投资+开发资金+风险资本			
	金额	同比增长（%）	占比（%）	指数	金额	同比增长（%）	占比（%）	指数	金额	同比增长（%）	占比（%）	指数
2005	0.00	—	0.00	—	0.00	—	0.00	—	0.00	—	0.00	—
2006	0.00	—	0.00	—	0.00	—	0.00	—	0.00	—	0.00	—
2007	0.00	—	0.00	—	0.00	—	0.00	—	0.00	—	0.00	—
2008	0.00	—	0.00	—	0.00	—	0.00	—	0.00	—	0.00	—
2009	0.00	—	0.00	—	0.00	—	0.00	—	0.00	—	0.00	—
2010	0.00	—	0.00	—	0.00	—	0.00	—	0.00	—	0.00	—
2011	0.00	—	0.00	—	0.00	—	0.00	—	0.00	—	0.00	—
2012	0.00	—	0.00	—	0.00	—	0.00	—	0.00	—	0.00	—
2013	0.00	—	0.00	—	0.00	—	0.00	—	0.00	—	0.00	—
2014	0.00	—	0.00	—	0.00	—	0.00	—	0.00	—	0.00	—
2015	0.00	—	0.00	—	29	—	0.71	500.00	0.00	—	0.00	—
2016	0.00	—	0.00	—	0.00	-100	0.00	—	0.00	—	0.00	—
2017	0.00	—	0.00	—	0.00	—	0.00	—	0.00	—	0.00	—

续表

年份	天使投资+企业风险投资+开发资金+对冲基金+风险资本				天使投资+企业风险投资+开发资金+私募股权				天使投资+企业风险投资+开发资金+风险资本			
	金额	同比增长（%）	占比（%）	指数	金额	同比增长（%）	占比（%）	指数	金额	同比增长（%）	占比（%）	指数
2018	0.00	—	0.00	—	0.00	—	0.00	—	0.00	—	0.00	—
2019	0.00	—	0.00	—	0.00	—	0.00	—	0.00	—	0.00	—
2020	0.00	—	0.00	—	0.00	—	0.00	—	0.00	—	0.00	—
2021	12.00	—	0.54	—	0	—	0.00	—	0	—	0.00	—
2022	0	−100	0.00	—	0	—	0.00	—	0	—	0.00	—

年份	天使投资+企业风险投资+开发资金—第1轮-第8轮+家族办公室+私募股权				天使投资+企业风险投资+开发资金—第1轮-第8轮+家族办公室+风险资本				天使投资+企业风险投资+开发资金—第1轮-第8轮+对冲基金+私募股权			
	金额	同比增长（%）	占比（%）	指数	金额	同比增长（%）	占比（%）	指数	金额	同比增长（%）	占比（%）	指数
2005	0.00	—	0.00	—	0.00	—	0.00	—	0.00	—	0.00	—
2006	0.00	—	0.00	—	0.00	—	0.00	—	0.00	—	0.00	—
2007	0.00	—	0.00	—	0.00	—	0.00	—	0.00	—	0.00	—
2008	0.00	—	0.00	—	0.00	—	0.00	—	0.00	—	0.00	—
2009	0.00	—	0.00	—	0.00	—	0.00	—	0.00	—	0.00	—
2010	0.00	—	0.00	—	0.00	—	0.00	—	0.00	—	0.00	—
2011	0.00	—	0.00	—	0.00	—	0.00	—	0.00	—	0.00	—
2012	0.00	—	0.00	—	0.00	—	0.00	—	0.00	—	0.00	—
2013	0.00	—	0.00	—	0.00	—	0.00	—	0.00	—	0.00	—
2014	0.00	—	0.00	—	0.00	—	0.00	—	0.00	—	0.00	—
2015	0.00	—	0.00	—	0.00	—	0.00	—	0.00	—	0.00	—
2016	0.00	—	0.00	—	0.00	—	0.00	—	0.00	—	0.00	—
2017	0.00	—	0.00	—	23	—	1.88	—	0.00	—	0.00	—
2018	0.00	—	0.00	—	0.00	−100	0.00	—	0.00	—	0.00	—
2019	0.00	—	0.00	—	0.00	—	0.00	—	62	—	3.81	—
2020	0.00	—	0.00	—	0.00	—	0.00	—	0.00	−100	0.00	—
2021	18	—	1.06	—	0.00	—	0.00	—	0.00	—	0.00	—
2022	0.00	−100	0.00	—	0.00	−100	0.00	—	0.00	—	0.00	—

年份	天使投资+企业风险投资+开发资金—第1轮-第8轮+对冲基金+风险资本				天使投资+企业风险投资+开发资金—第1轮-第8轮+私募股权				天使投资+企业风险投资+开发资金—第1轮-第8轮+风险资本			
	金额	同比增长（%）	占比（%）	指数	金额	同比增长（%）	占比（%）	指数	金额	同比增长（%）	占比（%）	指数
2005	0.00	—	0.00	—	0.00	—	0.00	—	0.00	—	0.00	—
2006	0.00	—	0.00	—	8.8	—	8.64	—	0.00	—	0.00	—
2007	0.00	—	0.00	—	0.00	−100	0.00	—	0.00	—	0.00	—
2008	0.00	—	0.00	—	0.00	—	0.00	—	0.00	—	0.00	—
2009	0.00	—	0.00	—	0.00	—	0.00	—	0.00	—	0.00	—
2010	0.00	—	0.00	—	0.00	—	0.00	—	0.00	—	0.00	—
2011	0.00	—	0.00	—	0.00	—	0.00	—	0.00	—	0.00	—
2012	0.00	—	0.00	—	0.00	—	0.00	—	0.00	—	0.00	—
2013	0.00	—	0.00	—	0.00	—	0.00	—	0.00	—	0.00	—
2014	0.00	—	0.00	—	0.00	—	0.00	—	24.62	—	0.90	500.00
2015	0.00	—	0.00	—	0.00	—	0.00	—	0.00	−100	0.00	—
2016	0.00	—	0.00	—	0.00	—	0.00	—	0.00	—	0.00	—
2017	0.00	—	0.00	—	0.00	—	0.00	—	0.00	—	0.00	—
2018	0.00	—	0.00	—	0.00	—	0.00	—	0.00	—	0.00	—
2019	0.00	—	0.00	—	0.00	—	0.00	—	0.00	—	0.00	—
2020	0.00	—	0.00	—	0.00	—	0.00	—	0.00	—	0.00	—
2021	168	—	9.86	—	0.00	—	0.00	—	0.00	—	0.00	—
2022	0.00	−100	0.00	—	0.00	—	0.00	—	0.00	—	0.00	—

年份	天使投资+企业风险投资+开发资金—种子轮+家族办公室+风险资本				天使投资+企业风险投资+开发资金—种子轮+对冲基金+风险资本				天使投资+企业风险投资+开发资金—种子轮+私募股权			
	金额	同比增长（%）	占比（%）	指数	金额	同比增长（%）	占比（%）	指数	金额	同比增长（%）	占比（%）	指数
2005	0.00	—	0.00	—	0.00	—	0.00	—	0.00	—	0.00	—
2006	0.00	—	0.00	—	0.00	—	0.00	—	0.00	—	0.00	—
2007	0.00	—	0.00	—	0.00	—	0.00	—	0.00	—	0.00	—

续表

年份	天使投资+企业风险投资+开发资金—种子轮+家族办公室+风险资本				天使投资+企业风险投资+开发资金—种子轮+对冲基金+风险资本				天使投资+企业风险投资+开发资金—种子轮+私募股权			
	金额	同比增长(%)	占比(%)	指数	金额	同比增长(%)	占比(%)	指数	金额	同比增长(%)	占比(%)	指数
2008	0.00	—	0.00	—	0.00	—	0.00	—	0.00	—	0.00	—
2009	0.00	—	0.00	—	0.00	—	0.00	—	0.00	—	0.00	—
2010	0.00	—	0.00	—	0.00	—	0.00	—	0.00	—	0.00	—
2011	0.00	—	0.00	—	0.00	—	0.00	—	0.00	—	0.00	—
2012	0.00	—	0.00	—	0.00	—	0.00	—	0.00	—	—	—
2013	0.00	—	0.00	—	0.00	—	0.00	—	0.00	—	0.00	—
2014	0.00	—	0.00	—	0.00	—	0.00	—	0.00	—	0.00	—
2015	0.00	—	0.00	—	0.00	—	0.00	—	0.00	—	0.00	—
2016	0.00	—	0.00	—	0.00	—	0.00	—	0.00	—	0.00	—
2017	0.00	—	0.00	—	0.00	—	0.00	—	0.00	—	0.00	—
2018	0.00	—	0.00	—	0.00	—	0.00	—	0.00	—	0.00	—
2019	0.00	—	0.00	—	0.00	—	0.00	—	6.50	—	0.40	—
2020	1.8	—	0.43	—	0.00	—	0.00	—	0.00	-100	0.00	—
2021	0.00	-100	0.00	—	6.3	—	0.40	—	0.00	—	0.00	—
2022	0.00	-100	0.00	—	0.00	-100	0.00	—	0.00	—	0.00	—

年份	天使投资+企业风险投资+开发资金—种子轮+风险资本				天使投资+众筹+开发资金+风险资本				天使投资+众筹+开发资金—种子轮+风险资本			
	金额	同比增长(%)	占比(%)	指数	金额	同比增长(%)	占比(%)	指数	金额	同比增长(%)	占比(%)	指数
2005	0.00	—	0.00	—	0.00	—	0.00	—	0.00	—	0.00	—
2006	0.00	—	0.00	—	0.00	—	0.00	—	0.00	—	0.00	—
2007	0.00	—	0.00	—	0.00	—	0.00	—	0.00	—	0.00	—
2008	0.00	—	0.00	—	0.00	—	0.00	—	0.00	—	0.00	—
2009	0.00	—	0.00	—	0.00	—	0.00	—	0.00	—	0.00	—
2010	0.00	—	0.00	—	0.00	—	0.00	—	0.00	—	0.00	—

续表

年份	天使投资+企业风险投资+开发资金—种子轮+风险资本				天使投资+众筹+开发资金+风险资本				天使投资+众筹+开发资金—种子轮+风险资本			
	金额	同比增长（%）	占比（%）	指数	金额	同比增长（%）	占比（%）	指数	金额	同比增长（%）	占比（%）	指数
2011	0.00	—	0.00	—	0.00	—	0.00	—	0.00	—	0.00	—
2012	0.00	—	—		0.00	—	0.00		0.00	—	0.00	
2013	0.65	—	0.16	500.00	0.00	—	0.00		0.00	—	0.00	
2014	0.00	−100	0.00		0.00	—	0.00		0.00	—	0.00	
2015	0.00	—	0.00		0.00	—	0.00		2.00	—	0.05	500.00
2016	0.00	—	0.00		0.00	—	0.00		0.00	−100	0.00	
2017	0.00	—	0.00		0.00	—	0.00		0.00	—	0.00	
2018	0.00	—	0.00		0.00	—	0.00		0.00	—	0.00	
2019	0.00	—	0.00		1.69	—	0.10		0.00	—	0.00	
2020	0.00	—	0.00		0.00	−100	0.00		0.00	—	0.00	
2021	0.00	—	0.00		0.00	—	0.00		0.00	—	0.00	
2022	0.00	—	0.00		0.00	—	0.00		0.00	—	0.00	

年份	天使投资+开发资金+私募股权				天使投资+开发资金+风险资本				天使投资+开发资金—第1轮-第8轮+家族办公室+风险资本			
	金额	同比增长（%）	占比（%）	指数	金额	同比增长（%）	占比（%）	指数	金额	同比增长（%）	占比（%）	指数
2005	0.00	—	0.00	—	0.00	—	0.00	—	0.00	—	0.00	—
2006	0.00	—	0.00		0.00	—	0.00		0.00	—	0.00	
2007	0.00	—	0.00		1.37	—	0.50		0.00	—	0.00	
2008	0.00	—	0.00		0.00	−100	0.00		0.00	—	0.00	
2009	0.00	—	0.00		0.00	—	0.00		0.00	—	0.00	
2010	0.00	—	0.00		0.00	—	0.00		0.00	—	0.00	
2011	0.00	—	0.00		0.00	—	0.00		0.00	—	0.00	
2012	0.00	—	—		0.00	—	—		0.00	—	—	
2013	0.00	—	0.00		0.00	—	0.00		0.00	—	0.00	
2014	0.00	—	0.00		0.00	—	0.00		0.00	—	0.00	

续表

年份	天使投资+开发资金+私募股权				天使投资+开发资金+风险资本				天使投资+开发资金—第8轮+家族办公室+风险资本			
	金额	同比增长(%)	占比(%)	指数	金额	同比增长(%)	占比(%)	指数	金额	同比增长(%)	占比(%)	指数
2015	0.00	—	0.00	—	0.00	—	0.00	—	0.00	—	0.00	—
2016	10.00	—	0.09	—	0.00	—	0.00	—	0.00	—	0.00	—
2017	0.00	−100	0.00	—	0.00	—	0.00	—	0.00	—	0.00	—
2018	0.00	—	0.00	—	0.00	—	0.00	—	0.00	—	0.00	—
2019	0.00	—	0.00	—	0.00	—	0.00	—	0.00	—	0.00	—
2020	0.00	—	0.00	—	0.00	—	0.00	—	0.00	—	0.00	—
2021	0.00	—	0.00	—	0.00	—	0.00	—	6.39	—	0.37	—
2022	0.00	—	0.00	—	0.00	—	0.00	—	0.00	−100	0.00	—

年份	天使投资+开发资金—第1轮-第8轮+对冲基金+私募股权				天使投资+开发资金—第1轮-第8轮+私募股权				天使投资+开发资金—第1轮-第8轮+风险资本			
	金额	同比增长(%)	占比(%)	指数	金额	同比增长(%)	占比(%)	指数	金额	同比增长(%)	占比(%)	指数
2005	0.00	—	0.00	—	0.00	—	0.00	—	0.00	—	0.00	—
2006	0.00	—	0.00	—	0.00	—	0.00	—	0.00	—	0.00	—
2007	0.00	—	0.00	—	0.00	—	0.00	—	0.00	—	0.00	—
2008	0.00	—	0.00	—	0.00	—	0.00	—	0.00	—	0.00	—
2009	0.00	—	0.00	—	0.00	—	0.00	—	0.00	—	0.00	—
2010	0.00	—	0.00	—	0.00	—	0.00	—	0.00	—	0.00	—
2011	0.00	—	0.00	—	0.00	—	0.00	—	0.00	—	0.00	—
2012	0.00	—	0.00	—	0.00	—	0.00	—	0.00	—	0.00	—
2013	0.00	—	0.00	—	0.00	—	0.00	—	0.00	—	0.00	—
2014	0.00	—	0.00	—	3.30	—	0.12	500.00	0.00	—	0.00	—
2015	0.00	—	0.00	—	0.00	−100	0.00	—	0.00	—	0.00	—
2016	0.00	—	0.00	—	0.00	—	0.00	—	0.00	—	0.00	—
2017	0.00	—	0.00	—	0.00	—	0.00	—	0.00	—	0.00	—
2018	0.00	—	0.00	—	0.00	—	0.00	—	0.00	—	0.00	—

续表

年份	天使投资+开发资金—第1轮-第8轮+对冲基金+私募股权				天使投资+开发资金—第1轮-第8轮+私募股权				天使投资+开发资金—第1轮-第8轮+风险资本			
	金额	同比增长(%)	占比(%)	指数	金额	同比增长(%)	占比(%)	指数	金额	同比增长(%)	占比(%)	指数
2019	0.00	—	0.00	—	0.00	—	0.00	—	0.00	—	0.00	—
2020	0.00	—	0.00	—	0.00	—	0.00	—	0.00	—	0.00	—
2021	150.00	—	8.80	—	0.00	—	0.00	—	0.00	—	0.00	—
2022	0.00	-100	0.00	—	0.00	—	0.00	—	0.00	—	0.00	—

年份	天使投资+开发资金—种子轮+私募股权				天使投资+开发资金—种子轮+风险资本				增资+增资—可转债+注资			
	金额	同比增长(%)	占比(%)	指数	金额	同比增长(%)	占比(%)	指数	金额	同比增长(%)	占比(%)	指数
2005	0.00	—	0.00	—	0.00	—	0.00	—	0.00	—	0.00	—
2006	0.00	—	0.00	—	0.00	—	0.00	—	0.00	—	0.00	—
2007	0.00	—	0.00	—	0.00	—	0.00	—	0.00	—	0.00	—
2008	0.00	—	0.00	—	0.00	—	0.00	—	0.00	—	0.00	—
2009	0.00	—	0.00	—	0.00	—	0.00	—	0.00	—	0.00	—
2010	0.00	—	0.00	—	0.00	—	0.00	—	0.00	—	0.00	—
2011	0.00	—	0.00	—	0.00	—	0.00	—	0.00	—	0.00	—
2012	0.00	—	0.00	—	0.00	—	0.00	—	0.00	—	—	—
2013	0.00	—	0.00	—	0.00	—	0.00	—	0.00	—	0.00	—
2014	0.00	—	0.00	—	0.00	—	0.00	—	0.00	—	0.00	—
2015	1.30	—	0.03	500.00	0.00	—	0.00	—	0.00	—	0.00	—
2016	0.00	-100	0.00	—	0.00	—	0.00	—	49.41	—	0.43	—
2017	0.00	—	0.00	—	0.00	—	0.00	—	0.00	-100.00	0.00	—
2018	0.00	—	0.00	—	0.00	—	0.00	—	0.00	—	0.00	—
2019	0.00	—	0.00	—	0.00	—	0.00	—	0.00	—	0.00	—
2020	0.00	—	0.00	—	0.00	—	0.00	—	0.00	—	0.00	—
2021	0.00	—	0.00	—	0.00	—	0.00	—	0.00	—	0.00	—
2022	0.00	—	0.00	—	0.00	—	0.00	—	0.00	—	0.00	—

年份	增资+注资				增资+注资+杠杆+新银行信贷便利				增资+注资+杠杆收购+新银行信贷便利			
	金额	同比增长(%)	占比(%)	指数	金额	同比增长(%)	占比(%)	指数	金额	同比增长(%)	占比(%)	指数
2005	1.00	—	0.55	—	0.00	—	0.00	—	0.00	—	0.00	—
2006	0.00	-100.00	0.00	—	0.00	—	0.00	—	0.00	—	0.00	—
2007	0.00	—	0.00	—	0.00	—	0.00	—	0.00	—	0.00	—
2008	0.00	—	0.00	—	0.00	—	0.00	—	0.00	—	0.00	—
2009	0.00	—	0.00	—	0.00	—	0.00	—	0.00	—	0.00	—
2010	0.00	—	0.00	—	0.00	—	0.00	—	0.00	—	0.00	—
2011	0.00	—	0.00	—	0.00	—	0.00	—	0.00	—	0.00	—
2012	0.00	—	—	—	0.00	—	0.00	—	0.00	—	—	—
2013	0.00	—	0.00	—	0.00	—	0.00	—	0.00	—	0.00	—
2014	0.00	—	0.00	—	0.00	—	0.00	—	0.00	—	0.00	—
2015	0.00	—	0.00	—	0.00	—	0.00	—	0.00	—	0.00	—
2016	0.00	—	0.00	—	0.00	—	0.00	—	68.00	—	0.59	—
2017	0.00	—	0.00	—	0.00	—	0.00	—	0.00	-100.00	0.00	—
2018	0.00	—	0.00	—	0.00	—	0.00	—	0.00	—	0.00	—
2019	0.00	—	0.00	—	172.54	—	10.60	—	0.00	—	0.00	—
2020	0.00	—	0.00	—	0.00	-100.00	0.00	—	0.00	—	0.00	—
2021	0.00	—	0.00	—	0.00	—	0.00	—	0.00	—	0.00	—
2022	0.00	—	0.00	—	0.00	—	0.00	—	0.00	—	0.00	—

年份	增资+注资+新银行信贷便利				增资+注资+私募股权				增资+注资+增资—私人配售			
	金额	同比增长(%)	占比(%)	指数	金额	同比增长(%)	占比(%)	指数	金额	同比增长(%)	占比(%)	指数
2005	0.00	—	0.00	—	0.00	—	0.00	—	0.00	—	0.00	—
2006	0.00	—	0.00	—	0.00	—	0.00	—	0.00	—	0.00	—
2007	0.00	—	0.00	—	0.00	—	0.00	—	0.00	—	0.00	—
2008	0.00	—	0.00	—	0.00	—	0.00	—	0.00	—	0.00	—

年份	增资+注资+ 新银行信贷便利				增资+注资+私募股权				增资+注资+增资— 私人配售			
	金额	同比 增长 （%）	占比 （%）	指数	金额	同比 增长 （%）	占比 （%）	指数	金额	同比 增长 （%）	占比 （%）	指数
2009	0.00	—	0.00	—	0.00	—	0.00	—	0.00	—	0.00	—
2010	0.00	—	0.00	—	0.00	—	0.00	—	0.00	—	0.00	—
2011	0.00	—	0.00	—	0.00	—	0.00	—	0.00	—	0.00	—
2012	0.00	—	0.00	—	0.00	—	0.00	—	0.00	—	0.00	—
2013	80.08	—	19.77	500.00	0.00	—	0.00	—	0.00	—	0.00	—
2014	0.00	−100.00	0.00	—	0.00	—	0.00	—	0.00	—	0.00	—
2015	0.00	—	0.00	—	193.42	—	4.77	500.00	0.00	—	0.00	—
2016	0.00	—	0.00	—	0.00	−100.00	0.00	—	0.00	—	0.00	—
2017	0.00	—	0.00	—	0.00	—	0.00	—	0.00	—	0.00	—
2018	0.00	—	0.00	—	0.00	—	0.00	—	80.00	—	11.61	—
2019	0.00	—	0.00	—	0.00	—	0.00	—	0.00	−100.00	0.00	—
2020	0.00	—	0.00	—	0.00	—	0.00	—	0.00	—	0.00	—
2021	0.00	—	0.00	—	0.00	—	0.00	—	0.00	—	0.00	—
2022	0.00	—	0.00	—	0.00	—	0.00	—	0.00	—	0.00	—

年份	增资+开发资金— 种子轮+风险资本				增资+通道融资				增资+增资— 配售+增资—公募			
	金额	同比 增长 （%）	占比 （%）	指数	金额	同比 增长 （%）	占比 （%）	指数	金额	同比 增长 （%）	占比 （%）	指数
2005	0.00	—	0.00	—	0.00	—	0.00	—	0.00	—	0.00	—
2006	0.00	—	0.00	—	0.00	—	0.00	—	0.00	—	0.00	—
2007	0.00	—	0.00	—	0.00	—	0.00	—	0.00	—	0.00	—
2008	0.00	—	0.00	—	0.00	—	0.00	—	0.00	—	0.00	—
2009	0.00	—	0.00	—	0.00	—	0.00	—	0.00	—	0.00	—
2010	0.00	—	0.00	—	0.00	—	0.00	—	0.00	—	0.00	—
2011	0.00	—	0.00	—	0.00	—	0.00	—	0.00	—	0.00	—
2012	0.00	—	0.00	—	0.00	—	0.00	—	0.00	—	0.00	—

续表

年份	增资+开发资金—种子轮+风险资本				增资+通道融资				增资+增资—配售+增资—公募			
	金额	同比增长(%)	占比(%)	指数	金额	同比增长(%)	占比(%)	指数	金额	同比增长(%)	占比(%)	指数
2013	0.00	—	0.00	—	0.00	—	0.00	—	0.00	—	0.00	—
2014	0.00	—	0.00	—	0.00	—	0.00	—	0.00	—	0.00	—
2015	0.00	—	0.00	—	0.00	—	0.00	—	101.93	—	2.51	500.00
2016	0.00	—	0.00	—	0.00	—	0.00	—	0.00	-100.00	0.00	—
2017	0.00	—	0.00	—	0.00	—	0.00	—	0.00	—	0.00	—
2018	10.00	—	1.45	—	12.57	—	1.82	—	0.00	—	0.00	—
2019	0.00	-100.00	0.00	—	0.00	-100.00	0.00	—	0.00	—	0.00	—
2020	0.00	—	0.00	—	0.00	—	0.00	—	0.00	—	0.00	—
2021	0.00	—	0.00	—	0.00	—	0.00	—	0.00	—	0.00	—
2022	0.00	—	0.00	—	0.00	—	0.00	—	0.00	—	0.00	—

年份	增资+增资—配售+增资—新股发行				增资+私募股权				增资+增资—私人配售			
	金额	同比增长(%)	占比(%)	指数	金额	同比增长(%)	占比(%)	指数	金额	同比增长(%)	占比(%)	指数
2005	0.00	—	0.00	—	0.00	—	0.00	—	0.00	—	0.00	—
2006	0.00	—	0.00	—	0.00	—	0.00	—	0.00	—	0.00	—
2007	0.00	—	0.00	—	0.00	—	0.00	—	0.00	—	0.00	—
2008	0.00	—	0.00	—	0.00	—	0.00	—	0.00	—	0.00	—
2009	0.00	—	0.00	—	0.00	—	0.00	—	0.00	—	0.00	—
2010	0.00	—	0.00	—	0.00	—	0.00	—	0.00	—	0.00	—
2011	0.00	—	0.00	—	0.00	—	0.00	—	0.43	—	100.00	500.00
2012	0.00	—	0.00	—	0.00	—	0.00	—	0.00	-100.00	0.00	—
2013	0.00	—	0.00	—	0.00	—	0.00	—	0.00	—	0.00	—
2014	0.00	—	0.00	—	0.00	—	0.00	—	0.00	—	0.00	—
2015	0.00	—	0.00	—	0.00	—	0.00	—	0.00	—	0.00	—
2016	0.00	—	0.00	—	350.00	—	3.03	—	0.00	—	0.00	—

续表

年份	增资+增资—配售+增资—新股发行				增资+私募股权				增资+增资—私人配售			
	金额	同比增长（%）	占比（%）	指数	金额	同比增长（%）	占比（%）	指数	金额	同比增长（%）	占比（%）	指数
2017	266.45	—	17.88	—	0.00	-100.00	0.00	—	0.00	—	0.00	—
2018	0.00	-100.00	0.00	—	0.00	—	0.00	—	0.00	—	0.00	—
2019	0.00	—	0.00	—	0.00	—	0.00	—	0.00	—	0.00	—
2020	0.00	—	0.00	—	0.00	—	0.00	—	0.00	—	0.00	—
2021	0.00	—	0.00	—	0.00	—	0.00	—	0.00	—	0.00	—
2022	0.00	—	0.00	—	0.00	—	0.00	—	0.00	—	0.00	—

年份	增资—可转债+注资				增资—可转债+企业风险投资+开发资金—第1轮-第8轮+对冲基金+私募股权				增资—可转债+开发资金+风险资本			
	金额	同比增长（%）	占比（%）	指数	金额	同比增长（%）	占比（%）	指数	金额	同比增长（%）	占比（%）	指数
2005	0.00	—	0.00	—	0.00	—	0.00	—	0.00	—	0.00	—
2006	0.00	—	0.00	—	0.00	—	0.00	—	0.00	—	0.00	—
2007	0.00	—	0.00	—	0.00	—	0.00	—	0.00	—	0.00	—
2008	0.00	—	0.00	—	0.00	—	0.00	—	0.00	—	0.00	—
2009	0.00	—	0.00	—	0.00	—	0.00	—	0.00	—	0.00	—
2010	0.00	—	0.00	—	0.00	—	0.00	—	0.00	—	0.00	—
2011	0.00	—	0.00	—	0.00	—	0.00	—	0.00	—	0.00	—
2012	0.00	—	0.00	—	0.00	—	0.00	—	0.00	—	0.00	—
2013	0.00	—	0.00	—	0.00	—	0.00	—	7.00	—	1.73	500.00
2014	0.00	—	0.00	—	0.00	—	0.00	—	0.00	-100.00	0.00	—
2015	0.00	—	0.00	—	0.00	—	0.00	—	0.00	—	0.00	—
2016	0.00	—	0.00	—	0.00	—	0.00	—	0.00	—	0.00	—
2017	813.94	—	54.62	—	0.00	—	0.00	—	0.00	—	0.00	—
2018	0.00	-100.00	0.00	—	0.00	—	0.00	—	0.00	—	0.00	—
2019	0.00	—	0.00	—	0.00	—	0.00	—	0.00	—	0.00	—
2020	0.00	—	0.00	—	130.00	—	31.22	—	0.00	—	0.00	—
2021	0.00	—	0.00	—	0.00	-100	0.00	—	0.00	—	0.00	—
2022	0.00	—	0.00	—	0.00	—	0.00	—	0.00	—	0.00	—

续表

年份	增资—可转债+对冲基金				增资—可转债+通道融资				增资—可转债+私募股权			
	金额	同比增长(%)	占比(%)	指数	金额	同比增长(%)	占比(%)	指数	金额	同比增长(%)	占比(%)	指数
2005	0.00	—	0.00	—	0.00	—	0.00	—	0.00	—	0.00	—
2006	0.00	—	0.00	—	0.00	—	0.00	—	0.00	—	0.00	—
2007	0.00	—	0.00	—	0.00	—	0.00	—	0.00	—	0.00	—
2008	0.00	—	0.00	—	0.00	—	0.00	—	0.00	—	0.00	—
2009	0.00	—	0.00	—	0.00	—	0.00	—	0.00	—	0.00	—
2010	0.00	—	0.00	—	0.00	—	0.00	—	0.00	—	0.00	—
2011	0.00	—	0.00	—	0.00	—	0.00	—	0.00	—	0.00	—
2012	0.00	—	0.00	—	0.00	—	0.00	—	0.00	—	0.00	—
2013	0.00	—	0.00	—	0.00	—	0.00	—	0.00	—	0.00	—
2014	0.00	—	0.00	—	0.00	—	0.00	—	0.00	—	0.00	—
2015	0.00	—	0.00	—	0.00	—	0.00	—	0.00	—	0.00	—
2016	0.00	—	0.00	—	0.00	—	0.00	—	1221.40	—	10.59	—
2017	0.00	—	0.00	—	8.65	—	0.58	—	0.00	-100.00	0.00	—
2018	0.00	—	0.00	—	0.00	-100.00	0.00	—	0.00	—	0.00	—
2019	0.00	—	0.00	—	0.00	—	0.00	—	0.00	—	0.00	—
2020	0.00	—	0.00	—	0.00	—	0.00	—	0.00	—	0.00	—
2021	19.64	—	1.15	—	0.00	—	0.00	—	0.00	—	0.00	—
2022	0.00	-100	0.00	—	0.00	—	0.00	—	0.00	—	0.00	—

年份	增资—可转债+增资—私人配售				增资—卖方配售+杠杆+新银行信贷便利+私募股权				注资+增资—配售			
	金额	同比增长(%)	占比(%)	指数	金额	同比增长(%)	占比(%)	指数	金额	同比增长(%)	占比(%)	指数
2005	0.00	—	0.00	—	0.00	—	0.00	—	0.00	—	0.00	—
2006	0.00	—	0.00	—	0.00	—	0.00	—	0.00	—	0.00	—
2007	0.00	—	0.00	—	0.00	—	0.00	—	0.00	—	0.00	—
2008	0.00	—	0.00	—	0.00	—	0.00	—	0.00	—	0.00	—

续表

年份	增资—可转债+增资—私人配售				增资—卖方配售+杠杆-新银行信贷便利+私募股权				注资+增资—配售			
	金额	同比增长（%）	占比（%）	指数	金额	同比增长（%）	占比（%）	指数	金额	同比增长（%）	占比（%）	指数
2009	0.00	—	0.00	—	0.00	—	0.00	—	0.00	—	0.00	—
2010	0.00	—	0.00	—	0.00	—	0.00	—	0.00	—	0.00	—
2011	0.00	—	0.00	—	0.00	—	0.00	—	35.00	—	22.48	—
2012	0.00	—	0.00	—	0.00	—	0.00	—	0.00	-100.00	0.00	—
2013	0.00	—	0.00	—	0.00	—	0.00	—	0.00	—	0.00	—
2014	0.00	—	0.00	—	0.00	—	0.00	—	0.00	—	0.00	—
2015	0.00	—	0.00	—	0.00	—	0.00	—	0.00	—	0.00	—
2016	0.00	—	0.00	—	0.00	—	0.00	—	0.00	—	0.00	—
2017	113.40	—	7.61	—	188.46	—	12.65	—	0.00	—	0.00	—
2018	0.00	-100.00	0.00	—	0.00	-100.00	0.00	—	0.00	—	0.00	—
2019	0.00	—	0.00	—	0.00	—	0.00	—	0.00	—	0.00	—
2020	0.00	—	0.00	—	0.00	—	0.00	—	0.00	—	0.00	—
2021	0.00	—	0.00	—	0.00	—	0.00	—	0.00	—	0.00	—
2022	0.00	—	0.00	—	0.00	—	0.00	—	0.00	—	0.00	—

年份	注资+增资—私人配售				增资—发行可转债+企业风险投资+开发资金+私募股权				增资—发行可转债+开发资金+私募股权			
	金额	同比增长（%）	占比（%）	指数	金额	同比增长（%）	占比（%）	指数	金额	同比增长（%）	占比（%）	指数
2005	0.00	—	0.00	—	0.00	—	0.00	—	29.00	—	16.06	—
2006	0.00	—	0.00	—	0.00	—	0.00	—	0.00	-100.00	0.00	—
2007	50.00	—	49.09	—	0.00	—	0.00	—	0.00	—	0.00	—
2008	0.00	-100.00	0.00	—	0.00	—	0.00	—	0.00	—	0.00	—
2009	0.00	—	0.00	—	0.00	—	0.00	—	0.00	—	0.00	—
2010	0.00	—	0.00	—	0.00	—	0.00	—	0.00	—	0.00	—
2011	0.00	—	0.00	—	0.00	—	0.00	—	0.00	—	0.00	—
2012	0.00	—	0.00	—	0.00	—	0.00	—	0.00	—	0.00	—

年份	注资+增资—私人配售				增资—发行可转债+企业风险投资+开发资金+私募股权				增资—发行可转债+开发资金+私募股权			
	金额	同比增长(%)	占比(%)	指数	金额	同比增长(%)	占比(%)	指数	金额	同比增长(%)	占比(%)	指数
2013	0.00	—	0.00	—	0.00	—	0.00	—	0.00	—	0.00	—
2014	0.00	—	0.00	—	0.00	—	0.00	—	0.00	—	0.00	—
2015	0.00	—	0.00	—	0.00	—	0.00	—	0.00	—	0.00	—
2016	0.00	—	0.00	—	0.00	—	0.00	—	0.00	—	0.00	—
2017	0.00	—	0.00	—	2.90	—	0.03	—	0.00	—	0.00	—
2018	0.00	—	0.00	—	0.00	-100.00	0.00	—	0.00	—	0.00	—
2019	0.00	—	0.00	—	0.00	—	0.00	—	0.00	—	0.00	—
2020	0.00	—	0.00	—	0.00	—	0.00	—	0.00	—	0.00	—
2021	0.00	—	0.00	—	0.00	—	0.00	—	0.00	—	0.00	—
2022	0.00	—	0.00	—	0.00	—	0.00	—	0.00	—	0.00	—

年份	增资—发行可转债+开发资金+风险资本				增资—发行可转债+通道融资				增资—发行可转债+通道融资+增资—私人配售			
	金额	同比增长(%)	占比(%)	指数	金额	同比增长(%)	占比(%)	指数	金额	同比增长(%)	占比(%)	指数
2005	0.00	—	0.00	—	0.00	—	0.00	—	0.00	—	0.00	—
2006	0.00	—	0.00	—	0.00	—	0.00	—	0.00	—	0.00	—
2007	0.00	—	0.00	—	0.00	—	0.00	—	0.00	—	0.00	—
2008	0.00	—	0.00	—	0.00	—	0.00	—	0.00	—	0.00	—
2009	0.00	—	0.00	—	0.00	—	0.00	—	0.00	—	0.00	—
2010	0.00	—	0.00	—	0.00	—	0.00	—	0.00	—	0.00	—
2011	0.00	—	0.00	—	0.00	—	0.00	—	0.00	—	0.00	—
2012	0.00	—	0.00	—	0.00	—	0.00	—	0.00	—	0.00	—
2013	0.00	—	0.00	—	0.00	—	0.00	—	0.00	—	0.00	—
2014	15.00	—	0.54	500.00	0.00	—	0.00	—	39.95	—	1.45	500.00
2015	0.00	-100.00	0.00	—	0.00	—	0.00	—	0.00	-100.00	0.00	—
2016	0.00	—	0.00	—	105.97	—	0.92	—	0.00	—	0.00	—

续表

年份	增资—发行可转债+开发资金+风险资本				增资—发行可转债+通道融资				增资—发行可转债+通道融资+增资—私人配售			
	金额	同比增长(%)	占比(%)	指数	金额	同比增长(%)	占比(%)	指数	金额	同比增长(%)	占比(%)	指数
2017	0.00	—	0.00	—	0.00	-100.00	0.00	—	0.00	—	0.00	—
2018	0.00	—	0.00	—	0.00	—	0.00	—	0.00	—	0.00	—
2019	0.00	—	0.00	—	0.00	—	0.00	—	0.00	—	0.00	—
2020	0.00	—	0.00	—	0.00	—	0.00	—	0.00	—	0.00	—
2021	0.00	—	0.00	—	0.00	—	0.00	—	0.00	—	0.00	—
2022	0.00	—	0.00	—	0.00	—	0.00	—	0.00	—	0.00	—

年份	增资—发行可转债+私募股权				增资—发行可转债+私募股权+增资—私人配售				增资—发行可转债+私募股权+增资—私人配售			
	金额	同比增长(%)	占比(%)	指数	金额	同比增长(%)	占比(%)	指数	金额	同比增长(%)	占比(%)	指数
2005	0.00	—	0.00	—	0.00	—	0.00	—	0.00	—	0.00	—
2006	0.00	—	0.00	—	0.00	—	0.00	—	0.00	—	0.00	—
2007	0.00	—	0.00	—	0.00	—	0.00	—	0.00	—	0.00	—
2008	0.00	—	0.00	—	0.00	—	0.00	—	0.00	—	0.00	—
2009	0.00	—	0.00	—	2200.00	—	28.02	—	0.00	—	0.00	—
2010	0.00	—	0.00	—	0.00	-100.00	0.00	—	12.00	—	7.71	—
2011	0.00	—	0.00	—	0.00	—	0.00	—	0.00	-100.00	0.00	—
2012	0.00	—	0.00	—	0.00	—	0.00	—	0.00	—	0.00	—
2013	0.00	—	0.00	—	0.00	—	0.00	—	0.00	—	0.00	—
2014	39.95	—	1.45	500.00	0.00	—	0.00	—	0.00	—	0.00	—
2015	0.00	-100.00	0.00	—	0.00	—	0.00	—	0.00	—	0.00	—
2016	0.00	—	0.00	—	0.00	—	0.00	—	0.00	—	0.00	—
2017	0.00	—	0.00	—	0.00	—	0.00	—	0.00	—	0.00	—
2018	0.00	—	0.00	—	0.00	—	0.00	—	0.00	—	0.00	—
2019	0.00	—	0.00	—	0.00	—	0.00	—	0.00	—	0.00	—
2020	0.00	—	0.00	—	0.00	—	0.00	—	0.00	—	0.00	—

续表

年份	增资—发行可转债+ 私募股权				增资—发行可转债+ 私募股权+增资—私人配售				增资—发行可转债+ 私募股权+增资—私人配售			
	金额	同比 增长 （%）	占比 （%）	指数	金额	同比 增长 （%）	占比 （%）	指数	金额	同比 增长 （%）	占比 （%）	指数
2021	0.00	—	0.00	—	0.00	—	0.00	—	0.00	—	0.00	—
2022	0.00	—	0.00	—	0.00	—	0.00	—	0.00	—	0.00	—

年份	增资—发行可转债+ 增资—私人配售				企业风险投资+开发资金+ 家族办公室+私募股权				企业风险投资+开发资金+ 对冲基金+私募股权			
	金额	同比 增长 （%）	占比 （%）	指数	金额	同比 增长 （%）	占比 （%）	指数	金额	同比 增长 （%）	占比 （%）	指数
2005	0.00	—	0.00	—	0.00	—	0.00	—	0.00	—	0.00	—
2006	0.00	—	0.00	—	0.00	—	0.00	—	0.00	—	0.00	—
2007	0.00	—	0.00	—	0.00	—	0.00	—	0.00	—	0.00	—
2008	100.00	—	18.70	—	0.00	—	0.00	—	0.00	—	0.00	—
2009	0.00	-100.00	0.00	—	0.00	—	0.00	—	0.00	—	0.00	—
2010	0.00	—	0.00	—	0.00	—	0.00	—	0.00	—	0.00	—
2011	0.00	—	0.00	—	0.00	—	0.00	—	0.00	—	0.00	—
2012	0.00	—	0.00	—	0.00	—	0.00	—	0.00	—	0.00	—
2013	0.00	—	0.00	—	0.00	—	0.00	—	0.00	—	0.00	—
2014	0.00	—	0.00	—	0.00	—	0.00	—	0.00	—	0.00	—
2015	0.00	—	0.00	—	0.00	—	0.00	—	0.00	—	0.00	—
2016	0.00	—	0.00	—	0.00	—	0.00	—	0.00	—	0.00	—
2017	0.00	—	0.00	—	0.00	—	0.00	—	0.00	—	0.00	—
2018	0.00	—	0.00	—	15.19	—	2.20	—	0.00	—	0.00	—
2019	0.00	—	0.00	—	0.00	-100.00	0.00	—	85.00	—	5.22	—
2020	0.00	—	0.00	—	0.00	—	0.00	—	0.00	-100	0.00	—
2021	0.00	—	0.00	—	0.00	—	0.00	—	0.00	—	0.00	—
2022	0.00	—	0.00	—	0.00	—	0.00	—	0.00	—	0.00	—

续表

年份	企业风险投资+开发资金+私募股权				企业风险投资+开发资金+风险资本				企业风险投资+开发资金—第1轮-第8轮			
	金额	同比增长（%）	占比（%）	指数	金额	同比增长（%）	占比（%）	指数	金额	同比增长（%）	占比（%）	指数
2005	0.00	—	0.00	—	0.00	—	0.00	—	0.00	—	0.00	—
2006	15.00	—	14.73	—	0.00	—	0.00	—	1.00	—	0.98	—
2007	0.00	-100.00	0.00	—	0.00	—	0.00	—	0.00	-100.00	0.00	—
2008	0.00	—	0.00	—	0.00	—	0.00	—	0.00	—	0.00	—
2009	0.00	—	0.00	—	0.00	—	0.00	—	0.00	—	0.00	—
2010	0.00	—	0.00	—	0.00	—	0.00	—	0.00	—	0.00	—
2011	0.00	—	0.00	—	0.00	—	0.00	—	0.00	—	0.00	—
2012	0.00	—	0.00	—	0.00	—	0.00	—	0.00	—	0.00	—
2013	0.00	—	0.00	—	0.00	—	0.00	—	0.00	—	0.00	—
2014	0.00	—	0.00	—	0.00	—	0.00	—	0.00	—	0.00	—
2015	0.00	—	0.00	—	0.00	—	0.00	—	0.00	—	0.00	—
2016	0.00	—	0.00	—	0.00	—	0.00	—	0.00	—	0.00	—
2017	0.00	—	0.00	—	0.00	—	0.00	—	0.00	—	0.00	—
2018	0.00	—	0.00	—	0.00	—	0.00	—	0.00	—	0.00	—
2019	0.00	—	0.00	—	0.00	—	0.00	—	0.00	—	0.00	—
2020	0.00	—	0.00	—	0.00	—	0.00	—	0.00	—	0.00	—
2021	0.00	—	0.00	—	0.00	—	0.00	—	0.00	—	0.00	—
2022	0.00	—	0.00	—	0.00	—	0.00	—	0.00	—	0.00	—

年份	企业风险投资+开发资金—第1轮-第8轮+家族办公室+对冲基金+风险资本				企业风险投资+开发资金—第1轮-第8轮+家族办公室+私募股权				企业风险投资+开发资金—第1轮-第8轮+家族办公室+风险资本			
	金额	同比增长（%）	占比（%）	指数	金额	同比增长（%）	占比（%）	指数	金额	同比增长（%）	占比（%）	指数
2005	0.00	—	0.00	—	0.00	—	0.00	—	0.00	—	0.00	—
2006	0.00	—	0.00	—	0.00	—	0.00	—	0.00	—	0.00	—
2007	0.00	—	0.00	—	0.00	—	0.00	—	0.00	—	0.00	—

续表

年份	企业风险投资+开发资金—第1轮-第8轮+家族办公室+对冲基金+风险资本				企业风险投资+开发资金—第1轮-第8轮+家族办公室+私募股权				企业风险投资+开发资金—第1轮-第8轮+家族办公室+风险资本			
	金额	同比增长（%）	占比（%）	指数	全额	同比增长（%）	占比（%）	指数	金额	同比增长（%）	占比（%）	指数
2008	0.00	—	0.00	—	0.00	—	0.00	—	0.00	—	0.00	—
2009	0.00	—	0.00	—	0.00	—	0.00	—	0.00	—	0.00	—
2010	0.00	—	0.00	—	0.00	—	0.00	—	0.00	—	0.00	—
2011	0.00	—	0.00	—	0.00	—	0.00	—	0.00	—	0.00	—
2012	0.00	—	0.00	—	0.00	—	0.00	—	0.00	—	0.00	—
2013	0.00	—	0.00	—	0.00	—	0.00	—	0.00	—	0.00	—
2014	0.00	—	0.00	—	0.00	—	0.00	—	0.00	—	0.00	—
2015	0.00	—	0.00	—	0.00	—	0.00	—	0.00	—	0.00	—
2016	0.00	—	0.00	—	0.00	—	0.00	—	0.00	—	0.00	—
2017	0.00	—	0.00	—	0.00	—	0.00	—	0.00	—	0.00	—
2018	66.00	—	9.58	—	0.00	—	0.00	—	22.00	—	3.19	—
2019	0.00	−100	0.00	—	0.00	—	0.00	—	0.00	−100	0.00	—
2020	0.00	—	0.00	—	54.54	—	13.10	—	0.00	—	0.00	—
2021	0.00	—	0.00	—	0.00	−100	0.00	—	0.00	—	0.00	—
2022	0.00	—	0.00	—	0.00	—	0.00	—	0.00	—	0.00	—

年份	企业风险投资+开发资金—第1轮-第8轮+对冲基金+私募股权				企业风险投资+开发资金—第1轮-第8轮+对冲基金+风险资本				企业风险投资+开发资金—第1轮-第8轮+新银行信贷便利+风险资本			
	金额	同比增长（%）	占比（%）	指数	全额	同比增长（%）	占比（%）	指数	金额	同比增长（%）	占比（%）	指数
2005	0.00	—	0.00	—	0.00	—	0.00	—	0.00	—	0.00	—
2006	0.00	—	0.00	—	0.00	—	0.00	—	0.00	—	0.00	—
2007	0.00	—	0.00	—	0.00	—	0.00	—	0.00	—	0.00	—
2008	0.00	—	0.00	—	0.00	—	0.00	—	0.00	—	0.00	—
2009	0.00	—	0.00	—	0.00	—	0.00	—	0.00	—	0.00	—
2010	0.00	—	0.00	—	0.00	—	0.00	—	0.00	—	0.00	—

续表

年份	企业风险投资+开发资金—第1轮-第8轮+对冲基金+私募股权				企业风险投资+开发资金—第1轮-第8轮+对冲基金+风险资本				企业风险投资+开发资金—第1轮-第8轮+新银行信贷便利+风险资本			
	金额	同比增长（%）	占比（%）	指数	金额	同比增长（%）	占比（%）	指数	金额	同比增长（%）	占比（%）	指数
2011	0.00	—	0.00	—	0.00	—	0.00	—	0.00	—	0.00	—
2012	0.00	—	0.00	—	0.00	—	0.00	—	0.00	—	0.00	—
2013	0.00	—	0.00	—	0.00	—	0.00	—	0.00	—	0.00	—
2014	0.00	—	0.00	—	0.00	—	0.00	—	0.00	—	0.00	—
2015	0.00	—	0.00	—	0.00	—	0.00	—	0.00	—	0.00	—
2016	0.00	—	0.00	—	0.00	—	0.00	—	0.00	—	0.00	—
2017	67.00	—	4.50	—	0.00	—	0.00	—	4.30	—	0.29	—
2018	0.00	−100.00	0.00	—	105.00	—	15.24	—	0.00	−100.00	0.00	—
2019	0.00	—	0.00	—	0.00	−100.00	0.00	—	0.00	—	0.00	—
2020	0.00	—	0.00	—	0.00	—	0.00	—	0.00	—	0.00	—
2021	0.00	—	0.00	—	0.00	—	0.00	—	0.00	—	0.00	—
2022	0.00	—	0.00	—	0.00	—	0.00	—	0.00	—	0.00	—

年份	企业风险投资+开发资金—第1轮-第8轮+私募股权				企业风险投资+开发资金—第1轮-第8轮+风险资本				企业风险投资+开发资金—种子轮+风险资本			
	金额	同比增长（%）	占比（%）	指数	金额	同比增长（%）	占比（%）	指数	金额	同比增长（%）	占比（%）	指数
2005	0.00	—	0.00	—	13.00	—	7.20	—	0.00	—	0.00	—
2006	9.00	—	8.84	—	0.00	−100.00	0.00	—	0.00	—	0.00	—
2007	0.00	−100.00	0.00	—	0.00	—	0.00	—	0.00	—	0.00	—
2008	0.00	—	0.00	—	0.00	—	0.00	—	0.00	—	0.00	—
2009	0.00	—	0.00	—	0.00	—	0.00	—	0.00	—	0.00	—
2010	0.00	—	0.00	—	0.00	—	0.00	—	0.00	—	0.00	—
2011	0.00	—	0.00	—	0.00	—	0.00	—	0.00	—	0.00	—
2012	0.00	—	0.00	—	0.00	—	0.00	—	0.00	—	0.00	—
2013	0.00	—	0.00	—	0.00	—	0.00	—	0.00	—	0.00	—

年份	企业风险投资+开发资金—第1轮-第8轮+私募股权				企业风险投资+开发资金—第1轮-第8轮+风险资本				企业风险投资+开发资金—种子轮+风险资本			
	金额	同比增长（%）	占比（%）	指数	金额	同比增长（%）	占比（%）	指数	金额	同比增长（%）	占比（%）	指数
2014	0.00	—	0.00	—	0.00	—	0.00	—	0.00	—	0.00	—
2015	0.00	—	0.00	—	0.00	—	0.00	—	0.00	—	0.00	—
2016	0.00	—	0.00	—	0.00	—	0.00	—	0.00	—	0.00	—
2017	0.00	—	0.00	—	0.00	—	0.00	—	0.00	—	0.00	—
2018	0.00	—	0.00	—	0.00	—	0.00	—	0.00	—	0.00	—
2019	0.00	—	0.00	—	0.00	—	0.00	—	0.00	—	0.00	—
2020	0.00	—	0.00	—	0.00	—	0.00	—	0.00	—	0.00	—
2021	0.00	—	0.00	—	0.00	—	0.00	—	0.00	—	0.00	—
2022	0.00	—	0.00	—	0.00	—	0.00	—	0.00	—	0.00	—

年份	企业风险投资+私募股权				企业风险投资+私募股权+增资—私人配售				开发资金+新银行信贷便利+私募股权			
	金额	同比增长（%）	占比（%）	指数	金额	同比增长（%）	占比（%）	指数	金额	同比增长（%）	占比（%）	指数
2005	0.00	—	0.00	—	0.00	—	0.00	—	0.00	—	0.00	—
2006	0.00	—	0.00	—	0.00	—	0.00	—	0.00	—	0.00	—
2007	0.00	—	0.00	—	0.00	—	0.00	—	0.00	—	0.00	—
2008	0.00	—	0.00	—	0.00	—	0.00	—	0.00	—	0.00	—
2009	0.00	—	0.00	—	0.00	—	0.00	—	0.00	—	0.00	—
2010	55.63	—	35.74	—	0.00	—	0.00	—	0.00	—	0.00	—
2011	0.00	-100.00	0.00	—	0.00	—	0.00	—	0.00	—	0.00	—
2012	0.00	—	0.00	—	0.00	—	0.00	—	0.00	—	0.00	—
2013	0.00	—	0.00	—	0.00	—	0.00	—	0.00	—	0.00	—
2014	0.00	—	0.00	—	0.00	—	0.00	—	27.00	—	0.98	500.00
2015	0.00	—	0.00	—	0.00	—	0.00	—	0.00	-100.00	0.00	—
2016	0.00	—	0.00	—	200.00	—	1.73	—	0.00	—	0.00	—
2017	0.00	—	0.00	—	0.00	-100.00	0.00	—	0.00	—	0.00	—

续表

年份	企业风险投资+私募股权				企业风险投资+私募股权+增资—私人配售				开发资金+新银行信贷便利+私募股权			
	金额	同比增长（%）	占比（%）	指数	金额	同比增长（%）	占比（%）	指数	金额	同比增长（%）	占比（%）	指数
2018	0.00	—	0.00	—	0.00	—	0.00	—	0.00	—	0.00	—
2019	0.00	—	0.00	—	0.00	—	0.00	—	0.00	—	0.00	—
2020	0.00	—	0.00	—	0.00	—	0.00	—	0.00	—	0.00	—
2021	0.00	—	0.00	—	0.00	—	0.00	—	0.00	—	0.00	—
2022	0.00	—	0.00	—	0.00	—	0.00	—	0.00	—	0.00	—

年份	开发资金+家族办公室+私募股权				开发资金+对冲基金+风险资本				开发资金—第1轮-第8轮+家族办公室+对冲基金+私募股权			
	金额	同比增长（%）	占比（%）	指数	金额	同比增长（%）	占比（%）	指数	金额	同比增长（%）	占比（%）	指数
2005	0.00	—	0.00	—	0.00	—	0.00	—	0.00	—	0.00	—
2006	0.00	—	0.00	—	0.00	—	0.00	—	0.00	—	0.00	—
2007	0.00	—	0.00	—	0.00	—	0.00	—	0.00	—	0.00	—
2008	0.00	—	0.00	—	0.00	—	0.00	—	0.00	—	0.00	—
2009	0.00	—	0.00	—	0.00	—	0.00	—	0.00	—	0.00	—
2010	0.00	—	0.00	—	0.00	—	0.00	—	0.00	—	0.00	—
2011	0.00	—	0.00	—	0.00	—	0.00	—	0.00	—	0.00	—
2012	0.00	—	0.00	—	0.00	—	0.00	—	0.00	—	0.00	—
2013	0.00	—	0.00	—	0.00	—	0.00	—	0.00	—	0.00	—
2014	0.00	—	0.00	—	0.00	—	0.00	—	0.00	—	0.00	—
2015	0.00	—	0.00	—	0.00	—	0.00	—	0.00	—	0.00	—
2016	0.00	—	0.00	—	0.00	—	0.00	—	0.00	—	0.00	—
2017	0.00	—	0.00	—	0.00	—	0.00	—	0.00	—	0.00	—
2018	0.00	—	0.00	—	0.00	—	0.00	—	0.00	—	0.00	—
2019	0.00	—	0.00	—	0.00	—	0.00	—	0.00	—	0.00	—
2020	0.00	—	0.00	—	0.00	—	0.00	—	0.00	—	0.00	—
2021	200.00	—	11.73	—	550.50	—	32.30	—	172.00	—	10.09	—
2022	0.00	-100	0.00	—	0.00	-100	0.00	—	0.00	-100	0.00	—

年份	开发资金+私募股权				开发资金+风险资本				开发资金—第1轮-第8轮+家族办公室+对冲基金+风险资本			
	金额	同比增长（%）	占比（%）	指数	金额	同比增长（%）	占比（%）	指数	金额	同比增长（%）	占比（%）	指数
2005	80.16	—	44.40	—	0.00	—	0.00	—	0.00	—	0.00	—
2006	0.00	-100.00	0.00	—	0.00	—	0.00	—	0.00	—	0.00	—
2007	0.00	—	0.00	—	32.00	—	11.71	—	0.00	—	0.00	—
2008	0.00	—	0.00	—	0.00	-100.00	0.00	—	0.00	—	0.00	—
2009	0.00	—	0.00	—	0.00	—	0.00	—	0.00	—	0.00	—
2010	0.00	—	0.00	—	0.00	—	0.00	—	0.00	—	0.00	—
2011	0.00	—	0.00	—	0.00	—	0.00	—	0.00	—	0.00	—
2012	0.00	—	0.00	—	0.00	—	0.00	—	0.00	—	0.00	—
2013	0.00	—	0.00	—	0.00	—	0.00	—	0.00	—	0.00	—
2014	0.00	—	0.00	—	0.00	—	0.00	—	0.00	—	0.00	—
2015	0.00	—	0.00	—	0.00	—	0.00	—	97.00	—	2.39	500.00
2016	0.00	—	0.00	—	0.00	—	0.00	—	0.00	-100.00	0.00	—
2017	0.00	—	0.00	—	0.00	—	0.00	—	0.00	—	0.00	—
2018	0.00	—	0.00	—	0.00	—	0.00	—	0.00	—	0.00	—
2019	0.00	—	0.00	—	0.00	—	0.00	—	0.00	—	0.00	—
2020	0.00	—	0.00	—	0.00	—	0.00	—	0.00	—	0.00	—
2021	0.00	—	0.00	—	0.00	—	0.00	—	0.00	—	0.00	—
2022	0.00	—	0.00	—	0.00	—	0.00	—	0.00	—	0.00	—

年份	开发资金—第1轮-第8轮+家族办公室+私募股权				开发资金—第1轮-第8轮+家族办公室+风险资本				开发资金—第1轮-第8轮+对冲基金+私募股权			
	金额	同比增长（%）	占比（%）	指数	金额	同比增长（%）	占比（%）	指数	金额	同比增长（%）	占比（%）	指数
2005	0.00	—	0.00	—	0.00	—	0.00	—	0.00	—	0.00	—
2006	0.00	—	0.00	—	0.00	—	0.00	—	0.00	—	0.00	—
2007	0.00	—	0.00	—	0.00	—	0.00	—	0.00	—	0.00	—
2008	0.00	—	0.00	—	0.00	—	0.00	—	0.00	—	0.00	—

续表

年份	开发资金—第1轮-第8轮+家族办公室+私募股权				开发资金—第1轮-第8轮+家族办公室+风险资本				开发资金—第1轮-第8轮+对冲基金+私募股权			
	金额	同比增长（%）	占比（%）	指数	金额	同比增长（%）	占比（%）	指数	金额	同比增长（%）	占比（%）	指数
2009	0.00	—	0.00	—	0.00	—	0.00	—	0.00	—	0.00	—
2010	0.00	—	0.00	—	0.00	—	0.00	—	0.00	—	0.00	—
2011	0.00	—	0.00	—	0.00	—	0.00	—	0.00	—	0.00	—
2012	0.00	—	0.00	—	0.00	—	0.00	—	0.00	—	0.00	—
2013	0.00	—	0.00	—	0.00	—	0.00	—	0.00	—	0.00	—
2014	0.00	—	0.00	—	0.00	—	0.00	—	0.00	—	0.00	—
2015	0.00	—	0.00	—	0.00	—	0.00	—	0.00	—	0.00	—
2016	0.00	—	0.00	—	0.00	—	0.00	—	0.00	—	0.00	—
2017	0.00	—	0.00	—	0.00	—	0.00	—	0.00	—	0.00	—
2018	0.00		0.00		115.00		16.69		0.00		0.00	
2019	0.00		0.00		0.00	-100	0.00		0.00		0.00	
2020	109.00	—	26.18		0.00		0.00		121.00	—	29.06	
2021	0.00	-100	0.00		0.00		0.00		0.00	-100	0.00	
2022	0.00		0.00		0.00		0.00		0.00		0.00	

年份	开发资金—第1轮-第8轮+对冲基金+风险资本				开发资金—第1轮-第8轮+家族办公室+风险资本				开发资金—第1轮-第8轮+对冲基金+私募股权			
	金额	同比增长（%）	占比（%）	指数	金额	同比增长（%）	占比（%）	指数	金额	同比增长（%）	占比（%）	指数
2005	0.00	—	0.00	—	0.00	—	0.00	—	0.00	—	0.00	—
2006	0.00	—	0.00	—	0.00	—	0.00	—	0.00	—	0.00	—
2007	0.00	—	0.00	—	0.00	—	0.00	—	0.00	—	0.00	—
2008	0.00	—	0.00	—	0.00	—	0.00	—	0.00	—	0.00	—
2009	0.00	—	0.00	—	0.00	—	0.00	—	0.00	—	0.00	—
2010	0.00	—	0.00	—	0.00	—	0.00	—	0.00	—	0.00	—
2011	0.00	—	0.00	—	0.00	—	0.00	—	0.00	—	0.00	—
2012	0.00	—	0.00	—	0.00	—	0.00	—	0.00	—	0.00	—

年份	开发资金—第1轮-第8轮+对冲基金+风险资本				开发资金—第1轮-第8轮+家族办公室+风险资本				开发资金—第1轮-第8轮+对冲基金+私募股权			
	金额	同比增长（%）	占比（%）	指数	金额	同比增长（%）	占比（%）	指数	金额	同比增长（%）	占比（%）	指数
2013	0.00	—	0.00	—	0.00	—	0.00	—	0.00	—	0.00	—
2014	0.00	—	0.00	—	0.00	—	0.00	—	0.00	—	0.00	—
2015	0.00	—	0.00	—	0.00	—	0.00	—	0.00	—	0.00	—
2016	0.00	—	0.00	—	0.00	—	0.00	—	0.00	—	0.00	—
2017	0.00	—	0.00	—	0.00	—	0.00	—	0.00	—	0.00	—
2018	67.00	—	9.72	—	115.00	—	16.69	—	0.00	—	0.00	—
2019	0.00	-100	0.00	—	0.00	-100	0.00	—	0.00	—	0.00	—
2020	0.00	—	0.00	—	0.00	—	0.00	—	121.00	—	29.06	—
2021	0.00	—	0.00	—	0.00	—	0.00	—	0.00	-100	0.00	—
2022	0.00	—	0.00	—	0.00	—	0.00	—	0.00	—	0.00	—

年份	企业风险投资+开发资金—第1轮-第8轮+家族办公室+对冲基金+风险资本				企业风险投资+开发资金—第1轮-第8轮+家族办公室+私募股权				企业风险投资+开发资金—第1轮-第8轮+家族办公室+风险资本			
	金额	同比增长（%）	占比（%）	指数	金额	同比增长（%）	占比（%）	指数	金额	同比增长（%）	占比（%）	指数
2005	0.00	—	0.00	—	0.00	—	0.00	—	0.00	—	0.00	—
2006	0.00	—	0.00	—	0.00	—	0.00	—	0.00	—	0.00	—
2007	0.00	—	0.00	—	0.00	—	0.00	—	0.00	—	0.00	—
2008	0.00	—	0.00	—	0.00	—	0.00	—	0.00	—	0.00	—
2009	0.00	—	0.00	—	0.00	—	0.00	—	0.00	—	0.00	—
2010	0.00	—	0.00	—	0.00	—	0.00	—	0.00	—	0.00	—
2011	0.00	—	0.00	—	0.00	—	0.00	—	0.00	—	0.00	—
2012	0.00	—	0.00	—	0.00	—	0.00	—	0.00	—	0.00	—
2013	0.00	—	0.00	—	0.00	—	0.00	—	0.00	—	0.00	—
2014	0.00	—	0.00	—	0.00	—	0.00	—	0.00	—	0.00	—
2015	0.00	—	0.00	—	0.00	—	0.00	—	0.00	—	0.00	—

续表

年份	企业风险投资+开发资金—第1轮-第8轮+家族办公室+对冲基金+风险资本				企业风险投资+开发资金—第1轮-第8轮+家族办公室+私募股权				企业风险投资+开发资金—第1轮-第8轮+家族办公室+风险资本			
	金额	同比增长（%）	占比（%）	指数	金额	同比增长（%）	占比（%）	指数	金额	同比增长（%）	占比（%）	指数
2016	0.00	—	0.00	—	0.00	—	0.00	—	0.00	—	0.00	—
2017	0.00	—	0.00	—	0.00	—	0.00	—	0.00	—	0.00	—
2018	0.00	—	0.00	—	115.00	—	16.69	—	0.00	—	0.00	—
2019	0.00	—	0.00	—	0.00	-100.00	0.00	—	0.00	—	0.00	—
2020	109.00	—	26.18	—	0.00	—	0.00	—	121.00	—	29.06	—
2021	0.00	-100	0.00	—	0.00	—	0.00	—	0.00	-100	0.00	—
2022	0.00	—	0.00	—	0.00	—	0.00	—	0.00	—	0.00	—

年份	开发资金—第1轮-第8轮+家族办公室+私募股权				开发资金—第1轮-第8轮+私募股权				开发资金—第1轮-第8轮+风险资本			
	金额	同比增长（%）	占比（%）	指数	金额	同比增长（%）	占比（%）	指数	金额	同比增长（%）	占比（%）	指数
2005	0.00	—	0.00	—	35.00	—	19.38	—	3.00	—	1.66	—
2006	0.00	—	0.00	—	0.00	-100	0.00	—	0.00	-100.00	0.00	—
2007	0.00	—	0.00	—	0.00	—	0.00	—	0.00	—	0.00	—
2008	0.00	—	0.00	—	0.00	—	0.00	—	0.00	—	0.00	—
2009	0.00	—	0.00	—	0.00	—	0.00	—	0.00	—	0.00	—
2010	0.00	—	0.00	—	0.00	—	0.00	—	0.00	—	0.00	—
2011	0.00	—	0.00	—	0.00	—	0.00	—	0.00	—	0.00	—
2012	0.00	—	0.00	—	0.00	—	0.00	—	0.00	—	0.00	—
2013	0.00	—	0.00	—	0.00	—	0.00	—	0.00	—	0.00	—
2014	0.00	—	0.00	—	0.00	—	0.00	—	0.00	—	0.00	—
2015	0.00	—	0.00	—	0.00	—	0.00	—	0.00	—	0.00	—
2016	0.00	—	0.00	—	0.00	—	0.00	—	0.00	—	0.00	—
2017	0.00	—	0.00	—	0.00	—	0.00	—	0.00	—	0.00	—
2018	67.00	—	9.72	—	0.00	—	0.00	—	0.00	—	0.00	—

年份	开发资金—第1轮-第8轮+家族办公室+私募股权				开发资金—第1轮-第8轮+私募股权				开发资金—第1轮-第8轮+风险资本			
	金额	同比增长(%)	占比(%)	指数	金额	同比增长(%)	占比(%)	指数	金额	同比增长(%)	占比(%)	指数
2019	0.00	-100.00	0.00	—	0.00	—	0.00	—	0.00	—	0.00	—
2020	0.00	—	0.00	—	0.00	—	0.00	—	0.00	—	0.00	—
2021	0.00	—	0.00	—	0.00	—	0.00	—	0.00	—	0.00	—
2022	0.00	—	0.00	—	0.00	—	0.00	—	0.00	—	0.00	—

年份	开发资金—种子轮+私募股权				开发资金—种子轮+风险资本				家族办公室+私募股权			
	金额	同比增长(%)	占比(%)	指数	金额	同比增长(%)	占比(%)	指数	金额	同比增长(%)	占比(%)	指数
2005	0.00	—	0.00	—	0.00	—	0.00	—	0.00	—	0.00	—
2006	0.00	—	0.00	—	0.00	—	0.00	—	0.00	—	0.00	—
2007	0.00	—	0.00	—	15.00	—	5.49	—	0.00	—	0.00	—
2008	0.00	—	0.00	—	0.00	-100.00	0.00	—	0.00	—	0.00	—
2009	0.00	—	0.00	—	0.00	—	0.00	—	0.00	—	0.00	—
2010	0.00	—	0.00	—	0.00	—	0.00	—	0.00	—	0.00	—
2011	0.00	—	0.00	—	0.00	—	0.00	—	0.00	—	0.00	—
2012	0.00	—	0.00	—	0.00	—	0.00	—	0.00	—	0.00	—
2013	0.00	—	0.00	—	0.00	—	0.00	—	0.00	—	0.00	—
2014	0.00	—	0.00	—	0.00	—	0.00	—	0.00	—	0.00	—
2015	0.00	—	0.00	—	0.00	—	0.00	—	0.00	—	0.00	—
2016	0.00	—	0.00	—	0.00	—	0.00	—	0.00	—	0.00	—
2017	0.00	—	0.00	—	0.00	—	0.00	—	0.00	—	0.00	—
2018	7.00	—	1.02	—	0.00	—	0.00	—	0.00	—	0.00	—
2019	0.00	-100.00	0.00	—	0.00	—	0.00	—	1117.81	—	68.66	—
2020	0.00	—	0.00	—	0.00	—	0.00	—	0.00	-100.00	0.00	—
2021	0.00	—	0.00	—	0.00	—	0.00	—	0.00	—	0.00	—
2022	0.00	—	0.00	—	0.00	—	0.00	—	0.00	—	0.00	—

续表

年份	家族办公室+通道融资+增资—私人配售				对冲基金+通道融资+增资—私人配售				增资—私人配售+增资—新股发行			
	金额	同比增长（%）	占比（%）	指数	金额	同比增长（%）	占比（%）	指数	金额	同比增长（%）	占比（%）	指数
2005	0.00	—	0.00	—	0.00	—	0.00	—	0.00	—	0.00	—
2006	0.00	—	0.00	—	0.00	—	0.00	—	0.00	—	0.00	—
2007	0.00	—	0.00	—	0.00	—	0.00	—	0.00	—	0.00	—
2008	0.00	—	0.00	—	0.00	—	0.00	—	0.00	—	0.00	—
2009	0.00	—	0.00	—	0.00	—	0.00	—	138.60	—	1.77	—
2010	0.00	—	0.00	—	0.00	—	0.00	—	0.00	-100.00	0.00	—
2011	0.00	—	0.00	—	0.00	—	0.00	—	0.00	—	0.00	—
2012	0.00	—	0.00	—	0.00	—	0.00	—	0.00	—	0.00	—
2013	0.00	—	0.00	—	0.00	—	0.00	—	0.00	—	0.00	—
2014	0.00	—	0.00	—	0.00	—	0.00	—	0.00	—	0.00	—
2015	0.00	—	0.00	—	0.00	—	0.00	—	0.00	—	0.00	—
2016	0.00	—	0.00	—	0.00	—	0.00	—	0.00	—	0.00	—
2017	0.00	—	0.00	—	0.00	—	0.00	—	0.00	—	0.00	—
2018	0.00	—	0.00	—	0.00	—	0.00	—	0.00	—	0.00	—
2019	0.00	—	0.00	—	0.00	—	0.00	—	0.00	—	0.00	—
2020	0.00	—	0.00	—	0.00	—	0.00	—	0.00	—	0.00	—
2021	225.00	—	13.20	—	121.00	—	7.10	—	0.00	—	0.00	—
2022	0.00	-100	0.00	—	0.00	-100	0.00	—	0.00	—	0.00	—

年份	杠杆+新银行信贷便利				杠杆+新银行信贷便利+私募股权				杠杆收购+夹层融资+新银行信贷便利+私募股权			
	金额	同比增长（%）	占比（%）	指数	金额	同比增长（%）	占比（%）	指数	金额	同比增长（%）	占比（%）	指数
2005	0.00	—	0.00	—	0.00	—	0.00	—	0.00	—	0.00	—
2006	0.00	—	0.00	—	0.00	—	0.00	—	0.00	—	0.00	—
2007	0.00	—	0.00	—	0.00	—	0.00	—	0.00	—	0.00	—
2008	0.00	—	0.00	—	0.00	—	0.00	—	0.00	—	0.00	—

续表

年份	杠杆+新银行信贷便利				杠杆+新银行信贷便利+私募股权				杠杆收购+夹层融资+新银行信贷便利+私募股权			
	金额	同比增长（%）	占比（%）	指数	金额	同比增长（%）	占比（%）	指数	金额	同比增长（%）	占比（%）	指数
2009	0.00	—	0.00	—	0.00	—	0.00	—	0.00	—	0.00	—
2010	0.00	—	0.00	—	0.00	—	0.00	—	0.00	—	0.00	—
2011	0.00	—	0.00	—	0.00	—	0.00	—	0.00	—	0.00	—
2012	0.00	—	0.00	—	0.00	—	0.00	—	0.00	—	0.00	—
2013	0.00	—	0.00	—	0.00	—	0.00	—	0.00	—	0.00	—
2014	0.00	—	0.00	—	0.00	—	0.00	—	0.00	—	0.00	—
2015	0.00	—	0.00	—	1800.00	—	44.36	500.00	0.00	—	0.00	—
2016	9272.64	—	80.36	—	0.00	-100.00	0.00	—	0.00	—	0.00	—
2017	0.00	-100.00	0.00	—	0.00	—	0.00	—	0.00	—	0.00	—
2018	0.00	—	0.00	—	0.00	—	0.00	—	0.00	—	0.00	—
2019	0.00	—	0.00	—	0.00	—	0.00	—	0.00	—	0.00	—
2020	0.00	—	0.00	—	0.00	—	0.00	—	0.00	—	0.00	—
2021	0.00	—	0.00	—	0.00	—	0.00	—	0.00	—	0.00	—
2022	0.00	—	0.00	—	0.00	—	0.00	—	0.00	—	0.00	—

年份	杠杆收购+新银行信贷便利				杠杆收购+新银行信贷便利+私募股权				夹层融资+私募股权			
	金额	同比增长（%）	占比（%）	指数	金额	同比增长（%）	占比（%）	指数	金额	同比增长（%）	占比（%）	指数
2005	0.00	—	0.00	—	0.00	—	0.00	—	0.00	—	0.00	—
2006	0.00	—	0.00	—	0.00	—	0.00	—	0.00	—	0.00	—
2007	0.00	—	0.00	—	0.00	—	0.00	—	0.00	—	0.00	—
2008	0.00	—	0.00	—	0.00	—	0.00	—	0.00	—	0.00	—
2009	0.00	—	0.00	—	0.00	—	0.00	—	0.00	—	0.00	—
2010	0.00	—	0.00	—	0.00	—	0.00	—	0.00	—	0.00	—
2011	0.00	—	0.00	—	0.00	—	0.00	—	0.00	—	0.00	—
2012	0.00	—	0.00	—	0.00	—	0.00	—	0.00	—	0.00	—

续表

年份	杠杆收购+新银行信贷便利				杠杆收购+新银行信贷便利+私募股权				夹层融资+私募股权			
	金额	同比增长（%）	占比（%）	指数	金额	同比增长（%）	占比（%）	指数	金额	同比增长（%）	占比（%）	指数
2013	0.00	—	0.00	—	0.00	—	0.00	—	316.61	—	78.15	500.00
2014	0.00	—	0.00	—	2643.30	—	96.01	500.00	0.00	-100.00	0.00	—
2015	1832.68	—	45.17	500.00	0.00	-100.00	0.00	—	0.00	—	0.00	—
2016	0.00	-100.00	0.00	—	0.00	—	0.00	—	0.00	—	0.00	—
2017	0.00	—	0.00	—	0.00	—	0.00	—	0.00	—	0.00	—
2018	0.00	—	0.00	—	0.00	—	0.00	—	0.00	—	0.00	—
2019	0.00	—	0.00	—	0.00	—	0.00	—	0.00	—	0.00	—
2020	0.00	—	0.00	—	0.00	—	0.00	—	0.00	—	0.00	—
2021	0.00	—	0.00	—	0.00	—	0.00	—	0.00	—	0.00	—
2022	0.00	—	0.00	—	0.00	—	0.00	—	0.00	—	0.00	—

年份	新银行信贷便利+私募股权				新银行信贷便利+增资—公募				通道融资+增资—配售			
	金额	同比增长（%）	占比（%）	指数	金额	同比增长（%）	占比（%）	指数	金额	同比增长（%）	占比（%）	指数
2005	0.00	—	0.00	—	0.00	—	0.00	—	0.00	—	0.00	—
2006	0.00	—	0.00	—	0.00	—	0.00	—	0.00	—	0.00	—
2007	217.65	—	79.64	—	0.00	—	0.00	—	0.00	—	0.00	—
2008	0.00	-100.00	0.00	—	0.00	—	0.00	—	0.00	—	0.00	—
2009	0.00	—	0.00	—	2232.05	—	28.43	—	0.00	—	0.00	—
2010	0.00	—	0.00	—	0.00	-100.00	0.00	—	0.00	—	0.00	—
2011	0.00	—	0.00	—	0.00	—	0.00	—	0.00	—	0.00	—
2012	0.00	—	0.00	—	0.00	—	0.00	—	0.00	—	0.00	—
2013	0.00	—	0.00	—	0.00	—	0.00	—	0.00	—	0.00	—
2014	0.00	—	0.00	—	0.00	—	0.00	—	0.00	—	0.00	—
2015	0.00	—	0.00	—	0.00	—	0.00	—	0.00	—	0.00	—
2016	0.00	—	0.00	—	0.00	—	0.00	—	258.56	—	2.24	—

年份	新银行信贷便利+私募股权				新银行信贷便利+增资—公募				通道融资+增资—配售			
	金额	同比增长（%）	占比（%）	指数	金额	同比增长（%）	占比（%）	指数	金额	同比增长（%）	占比（%）	指数
2017	0.00	—	0.00	—	0.00	—	0.00	—	0.00	-100.00	0.00	—
2018	0.00	—	0.00	—	0.00	—	0.00	—	0.00	—	0.00	—
2019	0.00	—	0.00	—	0.00	—	0.00	—	0.00	—	0.00	—
2020	0.00	—	0.00	—	0.00	—	0.00	—	0.00	—	0.00	—
2021	0.00	—	0.00	—	0.00	—	0.00	—	0.00	—	0.00	—
2022	0.00	—	0.00	—	0.00	—	0.00	—	0.00	—	0.00	—

年份	通道融资+私募股权+增资—私人配售				通道融资+增资—私人配售				通道融资+增资—公募			
	金额	同比增长（%）	占比（%）	指数	金额	同比增长（%）	占比（%）	指数	金额	同比增长（%）	占比（%）	指数
2005	0.00	—	0.00	—	19.40	—	10.74	—	0.00	—	0.00	—
2006	18.05	—	17.72	—	0.00	-100.00	0.00	—	0.00	—	0.00	—
2007	0.00	-100.00	0.00	—	0.00	—	0.00	—	0.00	—	0.00	—
2008	0.00	—	0.00	—	0.00	—	0.00	—	0.00	—	0.00	—
2009	0.00	—	0.00	—	0.00	—	0.00	—	3281.71	—	41.79	—
2010	0.00	—	0.00	—	0.00	—	0.00	—	0.00	-100.00	0.00	—
2011	0.00	—	0.00	—	0.00	—	0.00	—	0.00	—	0.00	—
2012	0.00	—	0.00	—	0.00	—	0.00	—	0.00	—	0.00	—
2013	0.00	—	0.00	—	0.00	—	0.00	—	0.00	—	0.00	—
2014	0.00	—	0.00	—	0.00	—	0.00	—	0.00	—	0.00	—
2015	0.00	—	0.00	—	0.00	—	0.00	—	0.00	—	0.00	—
2016	0.00	—	0.00	—	0.00	—	0.00	—	0.00	—	0.00	—
2017	0.00	—	0.00	—	0.00	—	0.00	—	0.00	—	0.00	—
2018	0.00	—	0.00	—	0.00	—	0.00	—	0.00	—	0.00	—
2019	0.00	—	0.00	—	0.00	—	0.00	—	0.00	—	0.00	—
2020	0.00	—	0.00	—	0.00	—	0.00	—	0.00	—	0.00	—
2021	0.00	—	0.00	—	0.00	—	0.00	—	0.00	—	0.00	—
2022	0.00	—	0.00	—	0.00	—	0.00	—	0.00	—	0.00	—

续表

年份	增资—配售+私募股权				增资—配售+增资—私人配售				增资—配售+增资—公募			
	金额	同比增长（%）	占比（%）	指数	金额	同比增长（%）	占比（%）	指数	金额	同比增长（%）	占比（%）	指数
2005	0.00	—	0.00	—	0.00	—	0.00	—	0.00	—	0.00	—
2006	0.00	—	0.00	—	0.00	—	0.00	—	0.00	—	0.00	—
2007	0.00	—	0.00	—	7.28	—	2.66	—	0.00	—	0.00	—
2008	0.00	—	0.00	—	0.00	-100.00	0.00	—	0.00	—	0.00	—
2009	0.00	—	0.00	—	0.00	—	0.00	—	0.00	—	0.00	—
2010	53.04	—	34.07	—	0.00	—	0.00	—	0.00	—	0.00	—
2011	0.00	-100.00	0.00	—	0.00	—	0.00	—	0.00	—	0.00	—
2012	0.00	—	0.00	—	0.00	—	0.00	—	0.00	—	0.00	—
2013	0.00	—	0.00	—	0.00	—	0.00	—	0.00	—	0.00	—
2014	0.00	—	0.00	—	0.00	—	0.00	—	0.00	—	0.00	—
2015	0.00	—	0.00	—	0.00	—	0.00	—	0.00	—	0.00	—
2016	0.00	—	0.00	—	0.00	—	0.00	—	0.00	—	0.00	—
2017	0.00	—	0.00	—	0.00	—	0.00	—	0.00	—	0.00	—
2018	0.00	—	0.00	—	0.00	—	0.00	—	189.33	—	27.48	—
2019	0.00	—	0.00	—	0.00	—	0.00	—	0.00	-100.00	0.00	—
2020	0.00	—	0.00	—	0.00	—	0.00	—	0.00	—	0.00	—
2021	0.00	—	0.00	—	0.00	—	0.00	—	0.00	—	0.00	—
2022	0.00	—	0.00	—	0.00	—	0.00	—	0.00	—	0.00	—

年份	私募股权+增资—私人配售				增资—私人配售+增资—公募				小计			
	金额	同比增长（%）	占比（%）	指数	金额	同比增长（%）	占比（%）	指数	金额	同比增长（%）	占比（%）	指数
2005	0.00	—	0.00	—	0.00	—	0.00	—	180.56	—	100.00	12.51
2006	0.00	—	0.00	—	0.00	—	0.00	—	101.85	-43.59	100.00	7.06
2007	0.00	—	0.00	—	0.00	—	0.00	—	273.30	168.34	100.00	18.94
2008	4.37	—	0.82	—	430.36	—	80.48	—	534.73	95.66	100.00	37.05

续表

年份	私募股权+增资—私人配售				增资—私人配售+增资—公募				小计			
	金额	同比增长（%）	占比（%）	指数	金额	同比增长（%）	占比（%）	指数	金额	同比增长（%）	占比（%）	指数
2009	0.00	-100.00	0.00	—	0.00	-100.00	0.00	—	7852.36	1368.47	100.00	544.09
2010	0.00	—	0.00	—	0.00	—	0.00	—	155.67	-98.02	100.00	10.79
2011	0.00	—	0.00	—	0.00	—	0.00	—	0.43	-99.72	100.00	0.03
2012	0.00	—	0.00	—	0.00	—	0.00	—	0.00	-100.00	—	0.00
2013	0.00	—	0.00	—	0.00	—	0.00	—	405.11	Inf	100.00	28.07
2014	0.00	—	0.00	—	0.00	—	0.00	—	2753.17	579.61	100.00	190.77
2015	0.00	—	0.00	—	0.00	—	0.00	—	4057.33	47.37	100.00	281.13
2016	0.00	—	0.00	—	0.00	—	0.00	—	11538.88	184.40	100.00	799.53
2017	0.00	—	0.00	—	0.00	—	0.00	—	1490.20	-87.09	100.00	103.26
2018	0.00	—	0.00	—	0.00	—	0.00	—	689.09	-53.76	100.00	47.75
2019	0.00	—	0.00	—	0.00	—	0.00	—	1628.04	136.26	100.00	112.81
2020	0.00	—	0.00	—	0.00	—	0.00	—	416.34	-74.43	100.00	28.85
2021	0.00	—	0.00	—	0.00	—	0.00	—	2233.07	436.36	100.00	154.73
2022	0.00	—	0.00	—	0.00	—	0.00	—	1513.02	-32.24	100.00	104.84

注：存在重复统计的情况，处理方式和行业别统计一致。

三、对外并购投资的融资渠道和支付方式指数

表 3-5-9　2005—2022 中国民营企业对外并购投资的融资指数

	融资指数					
	融资渠道汇总指数		单一渠道融资指数		多种渠道融资指数	
	数量	金额	数量	金额	数量	金额
2005	10.81	1.87	15500	1347.27	189.66	12.51
2006	21.82	6.83	2000	342.33	103.45	7.06

	融资指数					
	融资渠道汇总指数		单一渠道融资指数		多种渠道融资指数	
	数量	金额	数量	金额	数量	金额
2007	27.12	34.36	0	0.00	103.45	18.94
2008	30.86	17.03	0	0.00	68.97	37.05
2009	47.17	36.23	0	0.00	68.97	544.09
2010	50.31	37.90	0	0.00	103.45	10.79
2011	65.64	43.34	0	0.00	17.24	0.03
2012	59.94	49.57	500	500.00	17.24	0.00
2013	77.44	76.64	0	0.00	103.45	28.07
2014	114.58	111.52	0	0.00	155.17	190.77
2015	182.39	218.92	0	0.00	206.90	281.13
2016	248.03	223.62	0	0.00	258.62	799.53
2017	261.40	184.62	500	7.58	155.17	103.26
2018	336.08	199.45	0	0.00	241.38	47.75
2019	281.05	162.81	0	0.00	137.93	112.81
2020	233.69	100.61	500	1155.29	120.69	28.85
2021	269.26	199.07	11000	1793.46	879.31	154.73
2022	196.93	69.02	1000	0.00	172.41	104.84

注：指数以 2011—2015 年均值为基期计算得出。

通过对指数的分析，我们发现：第一，无论是融资渠道汇总数量指数还是融资渠道汇总金额指数，都在 2005 年后保持了 10 多年的持续增长。融资渠道汇总数量指数从 2005 年的 10.81 增长到 2018 年的 336.08，融资渠道汇总金额指数从 2005 年的 1.87 增长到 2016 年的 223.62。第二，在10 多年的持续增长后，融资渠道汇总数量指数、金额指数的增长都出现了一定程度的放缓甚至衰退。第三，单一融资渠道的数量和金额在 2022 年均再次下降。单一融资渠道的数量指数从 2021 年的 11000 减少到 2022 年的

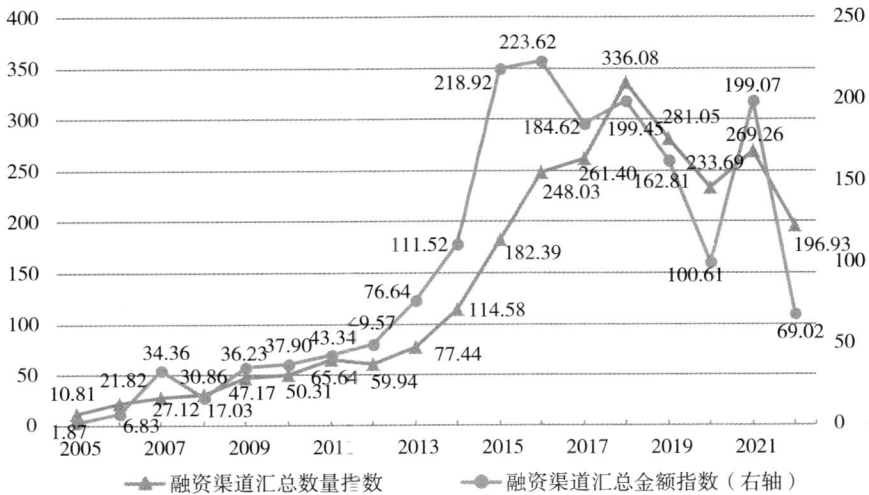

图 3-5-1 2005—2022 年中国民营企业对外并购投资的融资渠道指数

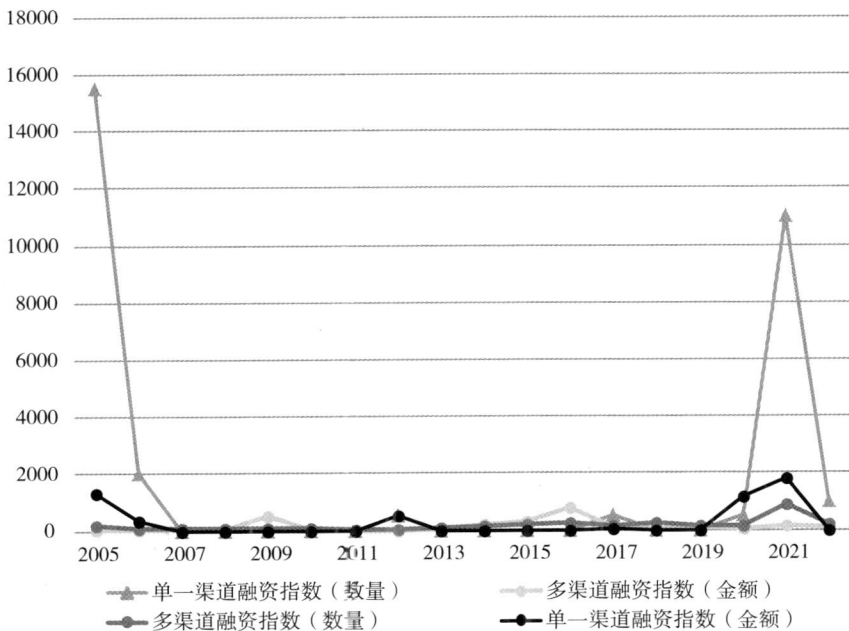

图 3-5-2 2005—2022 年中国民营企业对外并购投资的单一渠道和多渠道指数

1000。单一融资渠道的金额指数从 2021 年的 1793.46 下降到 2022 年的 0。第四，多种融资渠道的数量、金额指数在 2022 年下降，多种融资渠道的数量指数从 2021 年的 879.31 减少到 2022 年的 172.41，多种融资渠道的金额指数从 2021 年的 154.73 减少到 2022 年的 104.84。

本章小结

一、民企并购投资增长放缓，趋于理性

2022 年，我国民营企业并购 OFDI 项目数量为 507 件，同比下降 21.88%；并购 OFDI 项目金额为 215.63 亿美元，同比下降 72.00%。综合来看，民营企业对外并购投资项目数量指数、金额指数均出现大幅下降，可见近年来民营企业对于对外并购投资表现更加理性。

二、民企针对长三角地区中其他地区的并购投资增长亮眼

2005—2022 年间，我国民营企业对外直接投资活动主要集中在长三角地区，累计对外直接投资项目数量为 2514 件，占比 35.94%。

三、民企对外并购投资重点投向发达经济体

按照并购 OFDI 累积量排名，我国民营企业对外直接投资活动主要集中在发达经济体，累计对外直接投资项目数量为 7240 件，占比 85.83%；累计对外直接投资项目金额为 11030.72 亿美元，占比 91.18%。其中，数量主要集中在其他发达经济体地区，金额则主要集中在欧洲地区。

四、民企对外并购投资主要集中在非制造业

在 2005—2022 年间，我国民营企业对外并购直接投资活动主要集中在非制造业，累计对外直接投资项目数量为 5558 件，占比 67.15%；累计对外直接投资项目金额为 7507.69 亿美元，占比 61.91%。

五、2022 年民企对外并购融资指数总体呈上升趋势

2022 年，融资渠道汇总数量指数从 2021 年的 269.26 下降到 196.93，融资渠道汇总金额指数从 2021 年的 199.07 下降到 69.02。从具体融资模式来看，多融资渠道、单一融资渠道均呈下降趋势，即多种融资渠道的数量指数从 2021 年的 879.31 减少到 2022 年的 172.41，多种融资渠道的金额指数从 2021 年的 154.73 减少到 2022 年的 104.84；单一融资渠道的数量指数从 2021 年的 11000 减少到 2022 年的 1000，单一融资渠道的金额指数从 2021 年的 1793.46 下降到 2022 年的 0.00。

第四章　中国民营企业对外直接投资
指数：绿地投资分析

本章以民营企业对外绿地投资活动为研究主体，基于中国民营企业对外直接投资六级指标体系，分别从总投资、投资来源地、投资标的国（地区）、投资标的行业角度测算中国企业对外绿地投资指数，从多角度描述2005—2022年民营企业对外绿地投资的发展特征。

第一节　民营企业对外绿地投资指数

本节对民营企业对外绿地投资进行总体分析。

一、民营企业对外绿地投资与全国对外绿地投资的比较

根据2005—2022年中国民营企业绿地OFDI数量和金额表显示，2022年，我国民营企业绿地对外直接投资项目数量为303件，同比增长16.54%；绿地对外直接投资项目金额为270.83亿美元，同比增长8.54%。整体来看，我国民营企业绿地对外直接投资在2005—2022年呈现增长趋势。绿地对外直接投资项目数量从2005年的52件增长到2022年的303件，并在2018年出现峰值534件；绿地对外投资项目金额从2005年的18.55亿美元增长到2022年的270.83亿美元，并在2016年达到最大规模593.64亿美元。

表 4-1-1 2005—2022 年民营企业对外绿地投资项目
数量和金额汇总及与全国对外绿地的比较

年份	民营企业对外绿地投资				全国对外绿地投资			
	项目数量（件）	同比增长（%）	金额（亿美元）	同比增长（%）	项目数量（件）	同比增长（%）	金额（亿美元）	同比增长（%）
2005	52		18.55		126		83.51	
2006	46	−11.54	37.30	101.12	123	−2.38	158.10	89.33
2007	107	132.61	50.51	35.42	220	78.86	311.70	97.15
2008	123	14.95	74.12	46.74	276	25.45	475.63	52.59
2009	158	28.46	24.21	−67.33	340	23.19	261.62	−45.00
2010	173	9.49	67.41	178.38	354	4.12	198.00	−24.32
2011	194	12.14	131.39	94.92	430	21.47	389.01	96.47
2012	185	−4.64	68.02	−48.23	353	−17.91	114.96	−70.45
2013	173	−6.49	43.73	−35.71	322	−8.78	131.63	14.50
2014	194	12.14	231.27	428.40	378	17.39	538.79	309.31
2015	248	27.84	268.29	16.02	483	27.78	530.77	−1.49
2016	366	47.58	593.54	121.44	632	30.85	1103.46	107.90
2017	341	−6.83	245.82	−58.59	576	−8.86	526.77	−52.26
2018	534	56.60	397.55	61.72	842	46.18	924.86	75.57
2019	456	−14.61	421.76	6.09	668	−20.67	615.54	−33.44
2020	250	−45.18	310.68	−26.34	385	−42.37	462.38	−24.88
2021	260	4.00	249.51	−19.69	372	−3.38	312.32	−32.45
2022	303	16.54	270.83	8.54	404	8.60	384.81	23.21
2011—2015 年均值	199	—	148.46	—	393	—	341.03	—

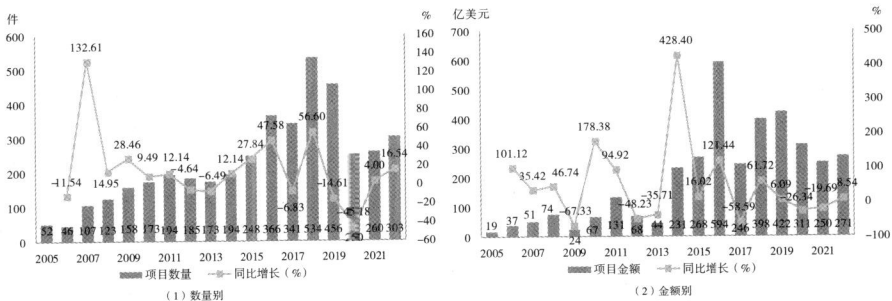

图 4-1-1 2005—2022 年民营企业绿地项目数量和金额的增长变化图

二、民营企业对外绿地投资项目数量指数和金额指数

从表4-1-2和图4-1-2可以看出，绿地投资项目数量指数总体呈现稳步上升的态势，在政策限制以及国内外经济环境变动影响下，2018年开始出现不同程度的下降，2021年我国民营企业绿地投资项目数量指数有所回升，出现4%的增长；绿地项目金额指数总体变化趋势与项目数量指数相近，但2018年和2019年仍保持了上升的趋势，2021年与2022年较上年分别同比下降19.69%、上升8.54%。

表4-1-2　2005—2022年民营企业对外绿地投资项目数量及金额指数

年份	项目数量指数	金额指数
2005	26.16	12.49
2006	23.14	25.12
2007	53.82	34.02
2008	61.87	49.93
2009	79.48	16.31
2010	87.02	45.40
2011	97.59	88.50
2012	93.06	45.81
2013	87.02	29.46
2014	97.59	155.65
2015	124.75	180.58
2016	184.10	399.87
2017	171.53	165.58
2018	268.61	267.78
2019	229.38	284.09
2020	125.75	209.27
2021	130.78	168.07

年份	项目数量指数	金额指数
2022	152.41	182.42
2011—2015 年均值	100.00	100.00

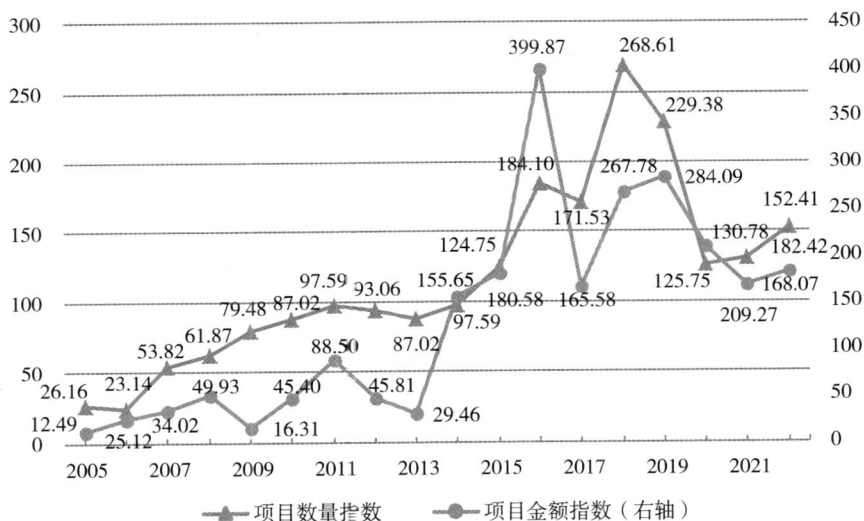

图 4-1-2　2005—2022 年民营企业对外绿地投资项目数量及金额指数变化图

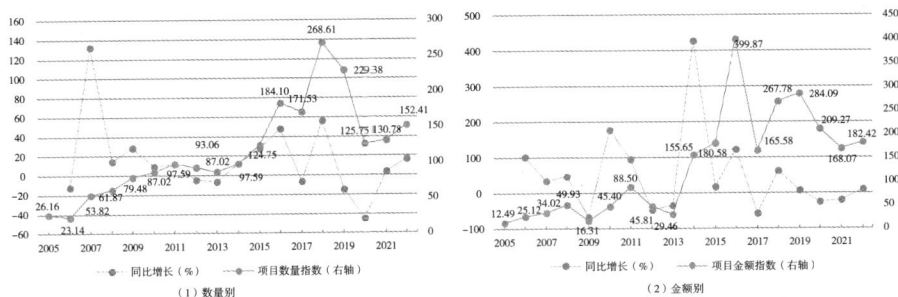

图 4-1-3　2005—2022 年民营企业对外绿地投资项目数量金额指数及同比增长率变化图

第二节　民营企业对外绿地投资来源地别指数

本节对民营企业对外绿地投资的项目数量与金额按照投资来源地进行统计分析，主要划分为环渤海地区、长三角地区、珠三角地区、中部地区与西部地区五大区域。

一、民营企业绿地项目数量在来源地的分布

根据 2005—2022 年中国民营企业绿地 OFDI 数量表显示，从绿地 OFDI 项目数量看，在 2005—2022 年间，我国民营企业对外绿地直接投资活动主要集中在长三角地区，累计对外直接投资项目数量为 1324 件，占比 32.01%；其次是珠三角地区，累计对外直接投资项目数量为 1266 件，占比 30.61%；再次是环渤海地区，累计对外直接投资项目数量为 1148 件，占比 27.76%；复次是中部地区，累计对外直接投资项目数量为 241 件，占比 5.83%；最后是西部地区，累计对外直接投资项目数量为 157 件，占比 3.80%。

从 2005—2022 年中国民营企业绿地 OFDI 数量来源地别图表可以看出，在 2005—2022 年，来自环渤海地区的京津冀的 OFDI 数量在 2018 年出现最显著的增长，从 65 件增长到 137 件。来自珠三角地区中的其他的 OFDI 在 2019—2022 年实现了民营企业对外直接投资项目数量连续 2 年的下降。来自西部地区中的西北的 OFDI 在 2018—2021 年实现了民营企业对外直接投资项目数量连续 2 年的下降。总体来看，来自长三角地区的民营企业对外直接投资数量集中来自其他地区，2005—2022 年的平均占比为72.13%。总体来看，来自珠三角地区的民营企业对外直接投资数量集中来自广东地区，2005—2022 年的平均占比为 91.86%。

表 4-2-1　中国民营企业绿地投资项目数量在不同投资
来源地的分布及指数汇总表

（单位：件）

| 年份 | 环渤海地区 | | | | | | | | | | | |
| | 京津冀 | | | | 其他 | | | | 小计 | | | |
	项目数	同比增长（%）	占比（%）	指数	项目数	同比增长（%）	占比（%）	指数	项目数	同比增长（%）	占比（%）	指数
2005	9	—	42.86	26.01	12	—	57.14	57.69	21	—	42.00	37.91
2006	5	-44.44	62.50	14.45	3	-75.00	37.50	14.42	8	-61.90	17.78	14.44
2007	12	140.00	52.17	34.68	11	266.67	47.83	52.88	23	187.50	21.90	41.52
2008	10	-16.67	76.92	28.90	3	-72.73	23.08	14.42	13	-43.48	10.57	23.47
2009	25	150.00	59.52	72.25	17	466.67	40.48	81.73	42	223.08	26.92	75.81
2010	38	52.00	73.08	109.83	14	-17.65	26.92	67.31	52	23.81	30.06	93.86
2011	34	-10.53	64.15	98.27	19	35.71	35.85	91.35	53	1.92	27.46	95.67
2012	38	11.76	64.41	109.83	21	10.53	35.59	100.96	59	11.32	31.89	106.50
2013	34	-10.53	73.91	98.27	12	-42.86	26.09	57.69	46	-22.03	26.59	83.03
2014	25	-26.47	45.45	72.25	30	150.00	54.55	144.23	55	19.57	28.35	99.28
2015	42	68.00	65.63	121.39	22	-26.67	34.38	105.77	64	16.36	26.02	115.52
2016	57	35.71	73.08	164.74	21	-4.55	26.92	100.96	78	21.88	21.37	140.79
2017	65	14.04	72.22	187.86	25	19.05	27.78	120.19	90	15.38	26.55	162.45
2018	137	110.77	82.04	395.95	30	20.00	17.96	144.23	167	85.56	31.33	301.44
2019	112	-18.25	80.00	323.70	28	-6.67	20.00	134.62	140	-16.17	31.04	252.71
2020	57	-49.11	85.07	164.74	10	-64.29	14.93	48.08	67	-52.14	26.80	120.94
2021	67	17.54	87.01	193.64	10	0.00	12.99	48.08	77	14.93	30.31	138.99
2022	77	14.43	82.80	222.54	16	60.00	17.20	76.92	93	20.78	30.90	167.87
合计	844	—	73.52	—	304	—	26.48	—	1148	—	27.76	—
2011—2015年均值	34.6	—	—	100.00	20.8	—	—	100.00	55.4	—	—	100.00

| 年份 | 长三角地区 | | | | | | | | | | | |
| | 上海 | | | | 其他 | | | | 小计 | | | |
	项目数	同比增长（%）	占比（%）	指数	项目数	同比增长（%）	占比（%）	指数	项目数	同比增长（%）	占比（%）	指数
2005	3	—	37.50	15.96	5	—	62.50	10.87	8	—	16.00	12.35
2006	4	33.33	36.36	21.28	7	40.00	63.64	15.22	11	37.50	24.44	16.98

| 年份 | 长三角地区 | | | | | | | | | | | |
| | 上海 | | | | 其他 | | | | 小计 | | | |
	项目数	同比增长（%）	占比（%）	指数	项目数	同比增长（%）	占比（%）	指数	项目数	同比增长（%）	占比（%）	指数
2007	9	125.00	22.50	47.87	31	342.86	77.50	67.39	40	263.64	38.10	61.73
2008	9	0.00	15.52	47.87	49	58.06	84.48	106.52	58	45.00	47.15	89.51
2009	12	33.33	24.49	63.83	37	-24.49	75.51	80.43	49	-15.52	31.41	75.62
2010	14	16.67	25.45	74.47	41	10.81	74.55	89.13	55	12.24	31.79	84.88
2011	11	-21.43	20.00	58.51	44	7.32	80.00	95.65	55	0.00	28.50	84.88
2012	27	145.45	40.30	143.62	40	-9.09	59.70	86.96	67	21.82	36.22	103.40
2013	14	-48.15	28.00	74.47	36	-10.00	72.00	78.26	50	-25.37	28.90	77.16
2014	23	64.29	38.98	122.34	36	0.00	61.02	78.26	59	18.00	30.41	91.05
2015	19	-17.39	20.43	101.06	74	105.56	79.57	160.87	93	57.63	37.80	143.52
2016	38	100.00	36.19	202.13	67	-9.46	63.81	145.65	105	12.90	28.77	162.04
2017	30	-21.05	27.78	159.57	78	16.42	72.22	169.57	108	2.86	31.86	166.67
2018	33	10.00	20.00	175.53	132	69.23	80.00	286.96	165	52.78	30.96	254.63
2019	37	12.12	30.83	196.81	83	-37.12	69.17	180.43	120	-27.27	26.61	185.19
2020	23	-37.84	28.75	122.34	57	-31.33	71.25	123.91	80	-33.33	32.00	123.46
2021	29	26.09	33.72	154.26	57	0.00	66.28	123.91	86	7.50	33.86	132.72
2022	34	17.24	29.57	180.85	81	42.11	70.43	176.09	115	33.72	38.21	177.47
合计	369	—	27.87	—	955	—	72.13	—	1324	—	32.01	—
2011—2015年均值	18.8	—	—	100.00	46	—	—	100.00	64.8	—	—	100.00

| 年份 | 珠三角地区 | | | | | | | | | | | |
| | 广东 | | | | 其他 | | | | 小计 | | | |
	项目数	同比增长（%）	占比（%）	指数	项目数	同比增长（%）	占比（%）	指数	项目数	同比增长（%）	占比（%）	指数
2005	16	—	94.12	31.37	1	—	5.88	31.25	17	—	34.00	31.37
2006	20	25.00	86.96	39.22	3	200.00	13.04	93.75	23	35.29	51.11	42.44

年份	珠三角地区											
	广东				其他				小计			
	项目数	同比增长（%）	占比（%）	指数	项目数	同比增长（%）	占比（%）	指数	项目数	同比增长（%）	占比（%）	指数
2007	31	55.00	96.88	60.78	1	-66.67	3.13	31.25	32	39.13	30.48	59.04
2008	27	-12.90	93.10	52.94	2	100.00	6.90	62.50	29	-9.38	23.58	53.51
2009	42	55.56	95.45	82.35	2	0.00	4.55	62.50	44	51.72	28.21	81.18
2010	48	14.29	96.00	94.12	2	0.00	4.00	62.50	50	13.64	28.90	92.25
2011	52	8.33	94.55	101.96	3	50.00	5.45	93.75	55	10.00	28.50	101.48
2012	35	-32.69	92.11	68.63	3	0.00	7.89	93.75	38	-30.91	20.54	70.11
2013	62	77.14	95.38	121.57	3	0.00	4.62	93.75	65	71.05	37.57	119.93
2014	52	-16.13	96.30	101.96	2	-33.33	3.70	62.50	54	-16.92	27.84	99.63
2015	54	3.85	91.53	105.88	5	150.00	8.47	156.25	59	9.26	23.98	108.86
2016	124	129.63	95.38	243.14	6	20.00	4.62	187.50	130	120.34	35.62	239.85
2017	97	-21.77	87.39	190.20	14	133.33	12.61	437.50	111	-14.62	32.74	204.80
2018	127	30.93	91.37	249.02	12	-14.29	8.63	375.00	139	25.23	26.08	256.46
2019	151	18.90	88.82	296.08	19	58.33	11.18	593.75	170	22.30	37.69	313.65
2020	76	-49.67	85.39	149.02	13	-31.58	14.61	406.25	89	-47.65	35.60	164.21
2021	74	-2.63	91.36	145.10	7	-46.15	8.64	218.75	81	-8.99	31.89	149.45
2022	75	1.35	93.75	146.06	5	-28.57	6.25	156.25	80	-1.23	26.58	147.60
合计	1163	—	91.86	—	103	—	8.14	—	1266	—	30.61	—
2011—2015年均值	51.0		100.00	100.00	5.2		100.00	100.00	54.2		100.00	100.00

年份	中部地区											
	华北东北				中原华中				小计			
	项目数	同比增长（%）	占比（%）	指数	项目数	同比增长（%）	占比（%）	指数	项目数	同比增长（%）	占比（%）	指数
2005	1	—	50.00	29.41	1	—	50.00	10.00	2	—	4.00	14.93
2006	0	-100.00	0.00	0.00	2	100.00	100.00	20.00	2	0.00	4.44	14.93

续表

年份	中部地区											
	华北东北				中原华中				小计			
	项目数	同比增长（%）	占比（%）	指数	项目数	同比增长（%）	占比（%）	指数	项目数	同比增长（%）	占比（%）	指数
2007	2	—	33.33	58.82	4	100.00	66.67	40.00	6	200.00	5.71	44.78
2008	2	0.00	11.11	58.82	16	300.00	88.89	160.00	18	200.00	14.63	134.33
2009	2	0.00	25.00	58.82	6	−62.50	75.00	60.00	8	−55.56	5.13	59.70
2010	2	0.00	15.38	58.82	11	83.33	84.62	110.00	13	62.50	7.51	97.01
2011	3	50.00	23.08	88.24	10	−9.09	76.92	100.00	13	0.00	6.74	97.01
2012	3	0.00	23.08	88.24	10	0.00	76.92	100.00	13	0.00	7.03	97.01
2013	2	−33.33	33.33	58.82	4	−60.00	66.67	40.00	6	−53.85	3.47	44.78
2014	5	150.00	29.41	147.06	12	200.00	70.59	120.00	17	183.33	8.76	126.87
2015	4	−20.00	22.22	117.65	14	16.67	77.78	140.00	18	5.88	7.32	134.33
2016	3	−25.00	12.00	88.24	22	57.14	88.00	220.00	25	38.89	6.85	186.57
2017	3	0.00	15.79	88.24	16	−27.27	84.21	160.00	19	−24.00	5.60	141.79
2018	7	133.33	20.00	205.88	28	75.00	80.00	280.00	35	84.21	6.57	261.19
2019	3	−57.14	21.43	88.24	11	−60.71	78.57	110.00	14	−60.00	3.10	104.48
2020	1	−66.67	8.33	29.41	11	0.00	91.67	110.00	12	−14.29	4.80	89.55
2021	2	100.00	20.00	58.82	8	−27.27	80.00	80.00	10	−16.67	3.94	74.63
2022	0	—	0.00	—	10	25.00	100.00	100.00	10	0.00	3.00	74.63
合计	45	—	18.67	—	196	—	81.33	—	241	—	5.83	—
2011—2015年均值	3.4	—	—	100.00	10	—	—	100.00	13.4	—	—	100.00

年份	西部地区											
	西北				西南				小计			
	项目数	同比增长（%）	占比（%）	指数	项目数	同比增长（%）	占比（%）	指数	项目数	同比增长（%）	占比（%）	指数
2005	2	—	100.00	90.91	0	—	0.00	0.00	2	—	4.00	19.23
2006	1	−50.00	100.00	45.45	0	—	0.00	0.00	1	−50.00	2.22	9.62

年份	西部地区											
	西北				西南				小计			
	项目数	同比增长（%）	占比（%）	指数	项目数	同比增长（%）	占比（%）	指数	项目数	同比增长（%）	占比（%）	指数
2007	0	-100.00	0.00	0.00	4	—	100.00	48.78	4	300.00	3.81	38.46
2008	1	—	20.00	45.45	4	0.00	80.00	48.78	5	25.00	4.07	48.08
2009	4	300.00	30.77	181.82	9	125.00	69.23	109.76	13	160.00	8.33	125.00
2010	0	-100.00	0.00	0.00	3	-66.67	100.00	36.59	3	-76.92	1.73	28.85
2011	3	—	17.65	136.36	14	366.67	82.35	170.73	17	466.67	8.81	163.46
2012	2	-33.33	25.00	90.91	6	-57.14	75.00	73.17	8	-52.94	4.32	76.92
2013	1	-50.00	16.67	45.45	5	-16.67	83.33	60.98	6	-25.00	3.47	57.69
2014	1	0.00	11.11	45.45	8	60.00	88.89	97.56	9	50.00	4.64	86.54
2015	4	300.00	33.33	181.82	8	0.00	66.67	97.56	12	33.33	4.88	115.38
2016	10	150.00	37.04	454.55	17	112.50	62.96	207.32	27	125.00	7.40	259.62
2017	3	-70.00	27.27	136.36	8	-52.94	72.73	97.56	11	-59.26	3.24	105.77
2018	14	366.67	51.85	636.36	13	62.50	48.15	158.54	27	145.45	5.07	259.62
2019	3	-78.57	42.86	136.36	4	-69.23	57.14	48.78	7	-74.07	1.55	67.31
2020	2	-33.33	100.00	90.91	0	-100.00	0.00	0.00	2	-71.43	0.80	19.23
2021	0	—	0.00	0.00	0	—	0.00	0.00	0	—	0.00	0.00
2022	0	—	0.00	0.00	3	—	0.00	36.59	3	—	1.00	28.85
合计	51	—	32.48	—	106	—	67.52	—	157	—	3.80	—
2011—2015年均值	2.2	—	—	100.00	8.2	—	—	100.00	10.4	—	—	100.00

年份	总计			
	项目数	同比增长（%）	占比（%）	指数
2005	50	—	100.00	25.23
2006	45	-10.00	100.00	22.70
2007	105	133.33	100.00	52.98
2008	123	17.14	100.00	62.06

续表

年份	总计			
	项目数	同比增长（%）	占比（%）	指数
2009	156	26.83	100.00	78.71
2010	173	10.90	100.00	87.29
2011	193	11.56	100.00	97.38
2012	185	-4.15	100.00	93.34
2013	173	-6.49	100.00	87.29
2014	194	12.14	100.00	97.88
2015	246	26.80	100.00	124.12
2016	365	48.37	100.00	184.16
2017	339	-7.12	100.00	171.04
2018	533	57.23	100.00	268.92
2019	451	-15.38	100.00	227.55
2020	250	-44.57	100.00	126.14
2021	254	1.60	100.00	128.15
2022	301	18.50	100.00	151.88
合计	4136	—	100.00	—
2011—2015 年均值	198.2	—	—	100.00

二、民营企业绿地金额在来源地的分布

根据 2005—2022 年中国民营企业绿地 OFDI 金额表显示，从绿地 OFDI 项目金额看，在 2005—2022 年间，我国民营企业对外直接投资活动主要集中在环渤海地区，累计对外直接投资项目金额为 1146.14 亿美元，占比 33.06%；排在第二位的是长三角地区，累计对外直接投资项目金额为 1092.62 亿美元，占比 31.51%；排在第三位的是珠三角地区，累计对外直接投资项目金额为 778.32 亿美元，占比 22.45%；排在第四位的是中部地区，累计对外直接投资项目金额为 264.85 亿美元，占比 7.64%；排在最后的是西部地区，累计对外直接投资项目金额为 185.19 亿美元，占比 5.34%。

根据 2005—2022 年中国民营企业绿地 OFDI 金额来源地别图表显示，在 2005—2022 年，来自环渤海地区的京津冀的 OFDI 金额在 2016 年出现最显著的增长，从 13.45 亿美元增长到 277.73 亿美元。来自环渤海地区的京津冀的 OFDI 金额在 2017 年出现最显著的缩减，从 277.73 亿美元缩减到 64.31 亿美元。总体来看，来自环渤海地区的民营企业对外直接投资金额集中来自京津冀地区，2005—2022 年的平均占比为 69.33%。总体来看，来自珠三角地区的民营企业对外直接投资金额集中来自广东地区，2005—2022 年的平均占比为 74.43%。

表 4-2-2　中国民营企业绿地投资金额在不同
投资来源地的分布及指数汇总表

（单位：百万美元）

| 年份 | 环渤海地区 | | | | | | | | | | | |
| | 京津冀 | | | | 其他 | | | | 小计 | | | |
	金额	同比增长（%）	占比（%）	指数	金额	同比增长（%）	占比（%）	指数	金额	同比增长（%）	占比（%）	指数
2005	152.30	—	59.94	7.24	101.80	—	40.06	3.28	254.10	—	20.45	4.88
2006	145.30	-4.60	74.86	6.91	48.80	-52.06	25.14	1.57	194.10	-23.61	6.20	3.73
2007	709.50	388.30	80.90	33.73	167.50	243.24	19.10	5.40	877.00	351.83	17.41	16.84
2008	3118.41	339.52	99.68	148.26	10.10	-93.97	0.32	0.33	3128.51	256.73	42.21	60.08
2009	233.04	-92.53	23.47	11.08	760.05	7425.25	76.53	24.49	993.09	-68.26	41.36	19.07
2010	1260.88	441.05	58.48	59.95	395.35	17.80	41.52	28.85	2156.23	117.12	31.99	41.41
2011	707.62	-43.88	37.84	33.64	1162.62	29.85	62.16	37.46	1870.24	-13.26	15.59	35.92
2012	2151.71	204.08	78.70	102.30	582.52	-49.90	21.30	18.77	2734.23	46.20	40.20	52.51
2013	1920.95	-10.72	60.62	91.33	1247.78	114.20	39.38	40.20	3168.73	15.89	72.46	60.85
2014	4391.38	128.60	32.45	208.78	9142.78	632.72	67.55	294.57	13534.17	327.12	58.57	259.91
2015	1345.25	-69.37	28.45	63.96	3383.14	-63.00	71.55	109.00	4728.39	-65.06	17.69	90.81
2016	27773.41	1964.55	83.34	1320.42	5553.24	64.14	16.66	178.92	33326.65	604.82	56.19	640.02
2017	6430.75	-76.85	59.34	305.73	4405.90	-20.66	40.66	141.95	10836.65	-67.48	44.30	208.11
2018	5185.79	-19.36	55.39	246.55	4175.82	-5.22	44.61	134.54	9361.61	-13.61	23.57	179.78

年份	环渤海地区											
	京津冀				其他				小计			
	金额	同比增长（%）	占比（%）	指数	金额	同比增长（%）	占比（%）	指数	金额	同比增长（%）	占比（%）	指数
2019	17879.20	244.77	96.11	850.02	723.10	-82.68	3.89	23.30	18602.30	98.71	44.17	357.25
2020	2324.22	-87.00	87.74	110.50	324.74	-55.09	12.26	10.46	2648.96	-85.76	8.53	50.87
2021	1359.94	-41.49	52.71	64.65	1220.30	275.78	47.29	39.32	2580.24	-2.59	10.73	49.55
2022	2366.92	74.05	65.41	112.53	1251.46	2.55	34.59	40.32	3618.38	40.23	13.39	69.49
合计	79456.58	—	69.33	—	35157.01	—	30.67	—	114613.59	—	33.06	—
2011—2015年均值	2103.38	—	—	100.00	3103.77	—	—	100.00	5207.15	—	—	100.00

年份	长三角地区											
	上海				其他				小计			
	金额	同比增长（%）	占比（%）	指数	金额	同比增长（%）	占比（%）	指数	金额	同比增长（%）	占比（%）	指数
2005	56.10	—	38.34	7.48	90.22	—	61.66	2.15	146.32	—	11.77	2.96
2006	142.20	153.48	24.79	18.95	431.40	378.16	75.21	10.30	573.60	292.02	18.33	11.61
2007	879.64	518.59	32.42	117.21	1833.40	324.99	67.58	43.76	2713.04	372.98	53.86	54.92
2008	666.75	-24.20	30.95	88.84	1487.86	-18.85	69.05	35.51	2154.61	-20.58	29.07	43.61
2009	81.58	-87.76	20.45	10.87	317.32	-78.67	79.55	7.57	398.90	-81.49	16.61	8.07
2010	174.96	114.46	12.21	23.31	1258.40	296.57	87.79	30.04	1433.36	259.33	21.26	29.01
2011	55.33	-68.38	0.95	7.37	5757.01	357.49	99.05	137.41	5812.34	305.50	48.44	117.65
2012	49.83	-9.94	3.44	6.64	1399.07	-75.70	96.56	33.39	1448.90	-75.07	21.30	29.33
2013	21.70	-56.45	6.08	2.89	335.45	-76.02	93.92	8.01	357.14	-75.35	8.17	7.23
2014	339.00	1462.28	9.21	45.17	3342.30	896.38	90.79	79.77	3681.30	930.76	15.93	74.52
2015	3286.63	869.51	24.52	437.93	10114.54	202.62	75.48	241.42	13401.17	264.03	50.13	271.27
2016	5297.25	61.18	59.01	705.83	3679.93	-63.62	40.99	87.83	8977.18	-33.01	15.14	181.72
2017	891.70	-83.17	24.81	118.81	2702.40	-26.56	75.19	64.50	3594.10	-59.96	14.69	72.75
2018	1757.12	97.05	12.31	234.13	12511.99	363.00	87.69	298.64	14269.11	297.01	35.93	288.84

续表

年份	长三角地区											
	上海				其他				小计			
	金额	同比增长(%)	占比(%)	指数	金额	同比增长(%)	占比(%)	指数	金额	同比增长(%)	占比(%)	指数
2019	1915.65	9.02	31.67	255.25	4132.70	-66.97	68.33	98.64	6048.34	-57.61	14.36	122.43
2020	1509.70	-21.19	7.71	201.16	8063.19	337.08	92.29	431.14	19572.89	223.61	63.00	396.20
2021	757.41	-49.83	5.82	100.92	2248.12	-32.19	94.18	292.34	13005.53	-33.55	54.07	263.26
2022	5271.74	596.02	45.16	702.43	6402.56	-47.73	54.84	152.82	11674.30	-10.24	43.21	236.31
合计	23154.29	—	21.19	—	86107.85	—	78.81	—	109262.13	—	31.51	—
2011—2015年均值	750.50	—	—	100.00	4189.67	—	—	100.00	4940.17	—	—	100.00

年份	珠三角地区											
	广东				其他				小计			
	金额	同比增长(%)	占比(%)	指数	金额	同比增长(%)	占比(%)	指数	金额	同比增长(%)	占比(%)	指数
2005	305.70	—	99.67	16.80	1.00	—	0.33	0.29	306.70	—	24.68	14.20
2006	1967.10	543.47	96.12	108.08	79.30	7830.00	3.88	23.38	2046.40	567.23	65.38	94.78
2007	1048.45	-46.70	99.96	57.61	0.40	-99.50	0.04	0.12	1048.85	-48.75	20.82	48.58
2008	560.30	-46.56	64.67	30.78	306.15	76437.50	35.33	90.27	866.45	-17.39	11.69	40.13
2009	568.72	1.50	98.00	31.25	11.60	-96.21	2.00	3.42	580.32	-33.02	24.17	26.88
2010	2228.47	291.84	99.04	122.44	21.70	87.07	0.96	6.40	2250.17	287.75	33.38	104.21
2011	3026.53	35.81	93.32	166.29	216.60	898.16	6.68	63.87	3243.13	44.13	27.03	150.20
2012	661.68	-78.14	99.95	36.36	0.32	-99.85	0.05	0.09	662.00	-79.59	9.73	30.66
2013	250.50	-62.14	50.68	13.76	243.80	76087.50	49.32	71.89	494.30	-25.33	11.30	22.89
2014	3360.52	1241.50	99.34	184.64	22.30	-90.85	0.66	6.58	3382.82	584.36	14.64	156.67
2015	1800.93	-46.41	59.76	98.95	1212.70	5338.12	40.24	357.58	3013.63	-10.91	11.27	139.57
2016	6584.26	265.60	93.20	361.77	480.40	-60.39	6.80	141.65	7064.66	134.42	11.91	327.19
2017	5415.76	-17.75	93.99	297.56	346.20	-27.94	6.01	102.08	5761.96	-18.44	23.56	266.86

续表

年份	珠三角地区											
	广东				其他				小计			
	金额	同比增长（%）	占比（%）	指数	金额	同比增长（%）	占比（%）	指数	金额	同比增长（%）	占比（%）	指数
2018	8562.89	58.11	89.77	470.48	976.11	181.95	10.23	287.82	9539.00	65.55	24.02	441.79
2019	9877.32	15.35	79.66	542.70	2521.31	158.30	20.34	743.43	12398.63	29.98	29.44	574.23
2020	2613.81	-73.54	31.85	143.61	5592.30	121.80	68.15	1648.95	8206.11	-33.81	26.41	380.06
2021	7093.33	171.38	95.24	389.74	354.75	-93.66	4.76	104.60	7448.08	-9.24	30.97	344.95
2022	2002.85	-71.76	21.04	110.04	7516.05	2018.69	78.96	2216.18	9518.90	27.80	35.24	440.86
合计	57929.13	—	74.43	—	19902.99	—	25.57	—	77832.12	—	22.45	—
2011—2015 年均值	1820.03	—	—	100.00	339.14	—	—	100.00	2159.18	—	—	100.00

年份	中部地区											
	华北东北				中原华中				小计			
	金额	同比增长（%）	占比（%）	指数	金额	同比增长（%）	占比（%）	指数	金额	同比增长（%）	占比（%）	指数
2005	250.00	—	99.88	95.93	0.30	—	0.12	0.03	250.30	—	20.14	18.08
2006	0.00	-100.00	0.00	0.00	130.00	43233.33	100.00	11.57	130.00	-48.06	4.15	9.39
2007	26.20	—	15.68	10.05	140.90	8.38	84.32	12.54	167.10	28.54	3.32	12.07
2008	20.30	-22.52	8.47	7.79	219.31	55.65	91.53	19.52	239.61	43.39	3.23	17.31
2009	5.92	-70.84	3.79	2.27	150.10	-31.56	96.21	13.36	156.02	-34.88	6.50	11.27
2010	3.24	-45.27	0.58	1.24	559.72	272.89	99.42	49.81	562.96	260.82	8.35	40.67
2011	177.35	5373.77	60.07	68.06	117.89	-78.94	39.93	10.49	295.24	-47.56	2.46	21.33
2012	51.55	-70.93	11.11	19.78	412.38	249.80	88.89	36.70	463.93	57.14	6.82	33.51
2013	0.27	-99.47	0.08	0.10	329.53	-20.09	99.92	29.33	329.81	-28.91	7.54	23.82
2014	974.21	356753.48	55.77	373.84	772.58	134.45	44.23	68.75	1746.79	429.64	7.56	126.19
2015	99.60	-89.78	2.44	38.22	3986.08	415.94	97.56	354.73	4085.68	133.90	15.28	295.15
2016	1025.43	929.55	13.28	393.50	6694.54	67.95	86.72	595.76	7719.97	88.95	13.02	557.68
2017	4.52	-99.56	0.13	1.73	3445.00	-48.54	99.87	306.58	3449.52	-55.32	14.10	249.19

续表

年份	中部地区											
	华北东北				中原华中				小计			
	金额	同比增长(%)	占比(%)	指数	金额	同比增长(%)	占比(%)	指数	金额	同比增长(%)	占比(%)	指数
2018	171.70	3698.67	7.76	65.89	2040.73	-40.76	92.24	181.61	2212.43	-35.86	5.57	159.82
2019	2020.80	1076.94	81.89	775.45	446.77	-78.11	18.11	39.76	2467.57	11.53	5.86	178.26
2020	55.08	-97.27	10.38	21.14	475.39	6.41	89.62	42.31	530.47	-78.50	1.71	38.32
2021	139.27	152.85	13.68	53.44	878.79	84.86	86.32	78.21	1018.06	91.92	4.23	73.54
2022	139.27	152.85	13.68	53.44	878.79	84.86	86.32	78.21	1018.06	91.92	2.44	47.67
合计	5025.45	—	18.97	—	21459.91	—	81.03	—	26485.36	—	7.64	—
2011—2015年均值	260.60	—	—	100.00	1123.69	—	—	100.00	1384.29	—	—	100.00

年份	西部地区											
	西北				西南				小计			
	金额	同比增长(%)	占比(%)	指数	金额	同比增长(%)	占比(%)	指数	金额	同比增长(%)	占比(%)	指数
2005	285.30	—	100.00	215.94	0.00	—	0.00	0.00	285.30	—	22.96	31.30
2006	185.80	-34.88	100.00	140.63	0.00	—	0.00	0.00	185.80	-34.88	5.94	20.38
2007	0.00	-100.00	0.00	0.00	231.63	—	100.00	29.72	231.63	24.67	4.60	25.41
2008	17.40	—	1.70	13.17	1005.38	334.05	98.30	128.98	1022.78	341.56	13.80	112.19
2009	100.30	476.44	36.74	75.92	172.70	-82.82	63.26	22.16	273.00	-73.31	11.37	29.95
2010	0.00	-100.00	0.00	0.00	338.00	95.72	100.00	43.36	338.00	23.81	5.01	37.08
2011	177.43	—	22.80	134.30	600.86	77.77	77.20	77.08	778.29	130.26	6.49	85.37
2012	19.74	-88.87	1.32	14.94	1472.80	145.12	98.68	188.94	1492.54	91.77	21.94	163.72
2013	0.00	-100.00	0.00	0.00	23.05	-98.44	100.00	2.96	23.05	-98.46	0.53	2.53
2014	100.00	—	13.12	75.69	661.92	2771.93	86.88	84.92	761.92	3205.81	3.30	83.58
2015	363.42	263.42	24.19	275.07	1138.85	72.05	75.81	146.10	1502.27	97.17	5.62	164.79
2016	797.32	119.39	35.96	603.49	1420.01	24.69	64.04	182.17	2217.33	47.60	3.74	243.23
2017	553.00	-30.64	67.60	418.57	265.10	-81.33	32.40	34.01	818.10	-63.10	3.34	89.74

续表

年份	西部地区											
	西北				西南				小计			
	金额	同比增长（%）	占比（%）	指数	金额	同比增长（%）	占比（%）	指数	金额	同比增长（%）	占比（%）	指数
2018	3449.20	523.73	79.60	2610.70	883.96	233.44	20.40	113.40	4333.16	429.66	10.91	475.33
2019	2511.72	-27.18	96.50	1901.12	91.20	-89.68	3.50	11.70	2602.92	-39.93	6.18	285.53
2020	109.60	-95.64	100.00	82.96	0.00	-100.00	0.00	0.00	109.60	-95.79	0.35	12.02
2021	0.00	—	0.00	0.00	0.00	—	0.00	0.00	0.00	—	0.00	0.00
2022	0.00	—	0.00	0.00	1543.15	—	100	197.97	1543.15	—	5.71	169.28
合计	8670.23	—	46.82	—	9848.61	—	53.18	—	18518.84	—	5.34	—
2011—2015年均值	132.12	—	—	100.00	779.50	—	—	100.00	911.61	—	—	100.00

年份	总计			
	金额	同比增长（%）	占比（%）	指数
2005	1242.72	—	100.00	8.51
2006	3129.90	151.86	100.00	21.43
2007	5037.62	60.95	100.00	34.50
2008	7411.95	47.13	100.00	50.76
2009	2401.34	-67.60	100.00	16.44
2010	6740.72	180.71	100.00	46.16
2011	11999.24	78.01	100.00	82.17
2012	6801.60	-43.32	100.00	46.58
2013	4373.04	-35.71	100.00	29.95
2014	23107.00	428.40	100.00	158.24
2015	26731.14	15.68	100.00	183.06
2016	59305.79	121.86	100.00	406.14
2017	24460.33	-58.76	100.00	167.51
2018	39715.31	62.37	100.00	271.98
2019	42119.77	6.05	100.00	288.44
2020	31068.03	-26.24	100.00	212.76
2021	24051.91	-22.58	100.00	164.71

续表

年份	总计			
	金额	同比增长（%）	占比（%）	指数
2022	27014.62	12.32	100.00	184.99
合计	346712.03	—	100.00	—
2011—2015 年均值	14602.40	—	—	100.00

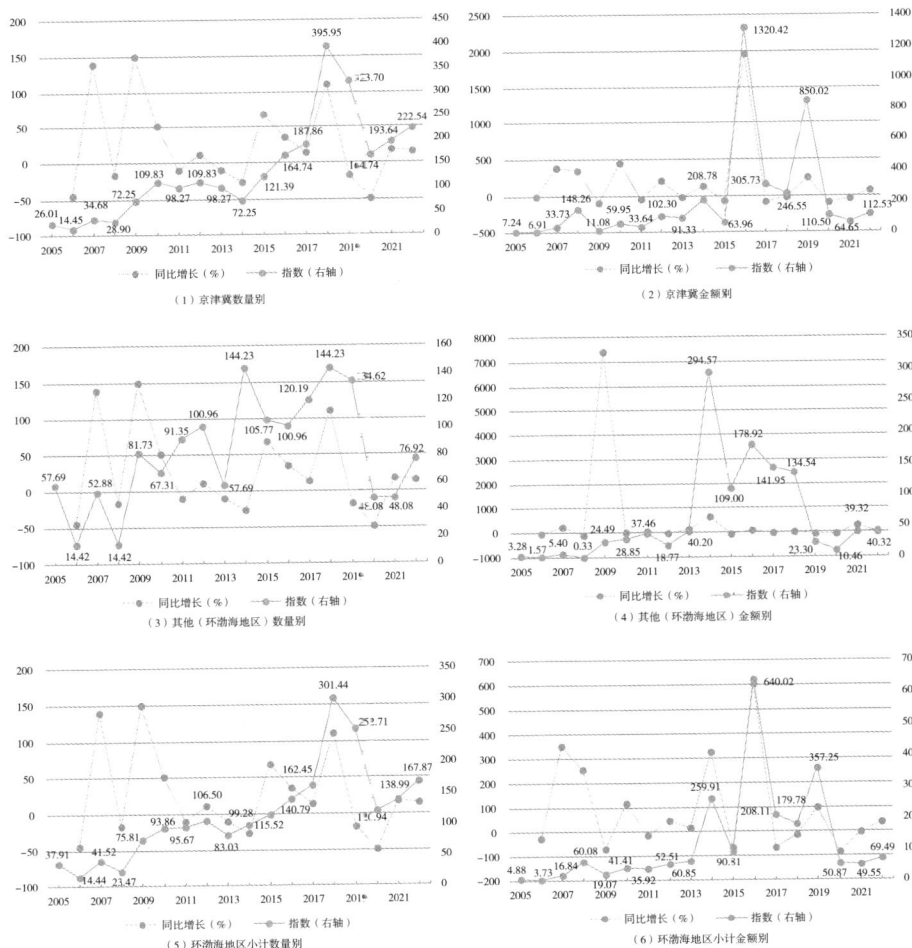

（1）京津冀数量别　　　　（2）京津冀金额别

（3）其他（环渤海地区）数量别　　　　（4）其他（环渤海地区）金额别

（5）环渤海地区小计数量别　　　　（6）环渤海地区小计金额别

图 4-2-1　　2005—2022 年环渤海地区民营企业绿地投资项目数量和金额指数变化图

（1）上海数量别

（2）上海金额别

（3）其他（长三角地区）数量别

（4）其他（长三角地区）金额别

（5）长三角地区小计数量别

（6）长三角地区小计金额别

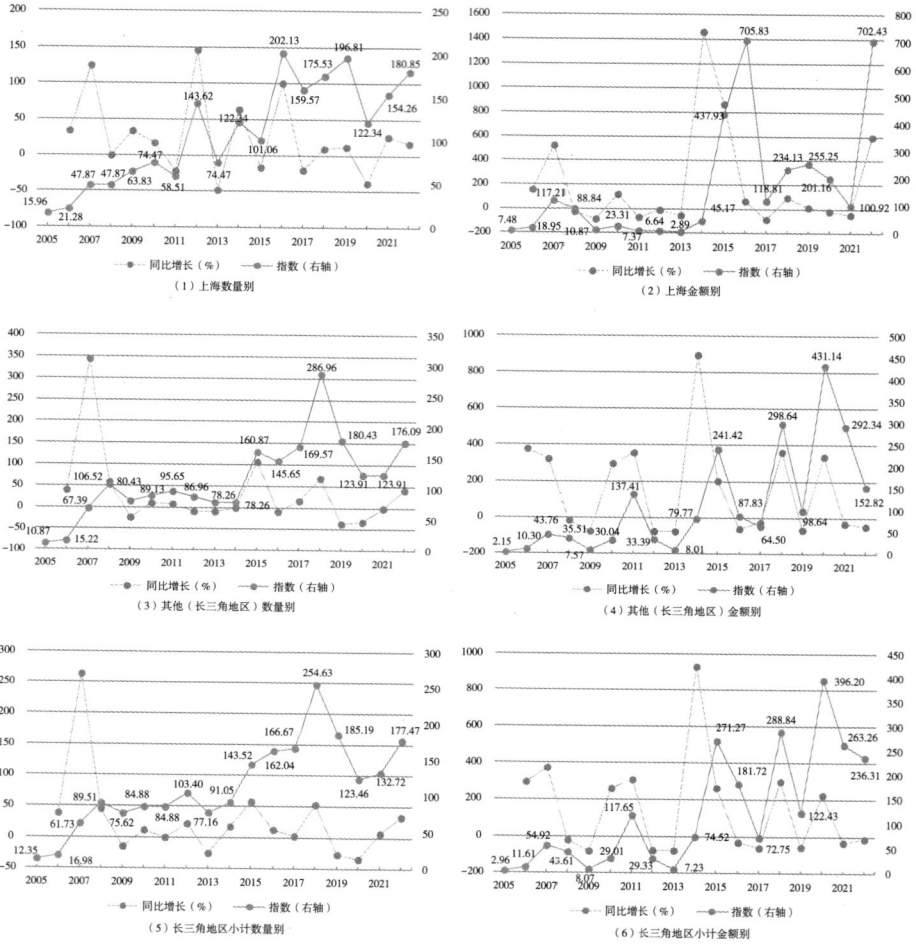

图4-2-2　2005—2022年长三角地区民营企业绿地投资项目数量和金额指数变化图

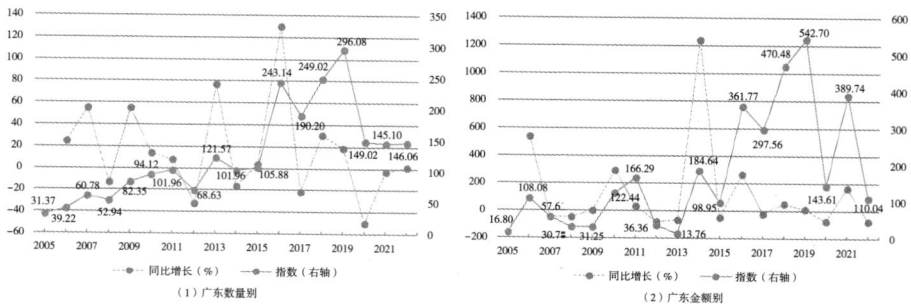

（1）广东数量别

（2）广东金额别

（3）其他（珠三角地区）数量别

（4）其他（珠三角地区）金额别

（5）珠三角地区小计数量别

（6）珠三角地区小计金额别

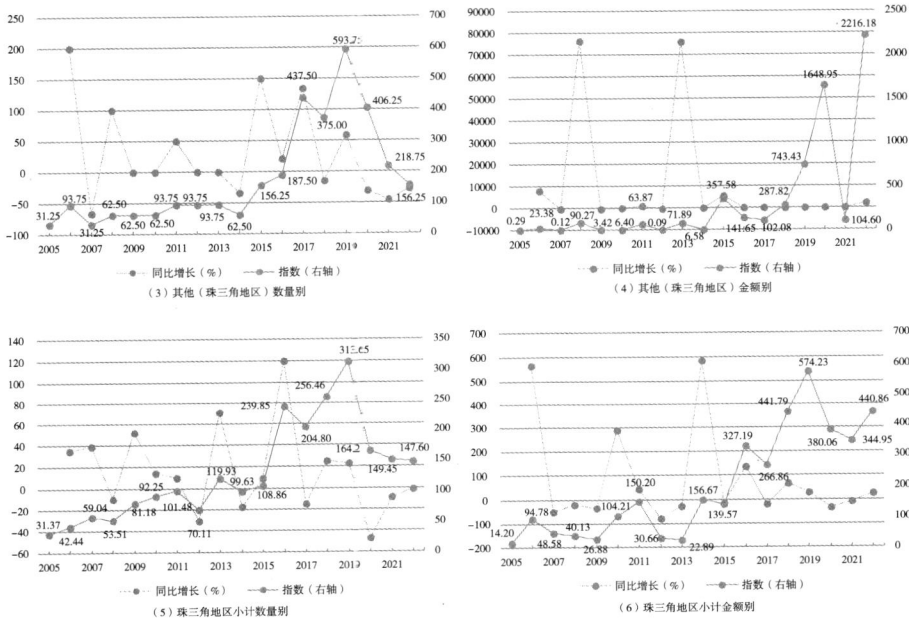

图4-2-3　2005—2022年珠三角地区民营企业绿地投资项目数量和金额指数变化图

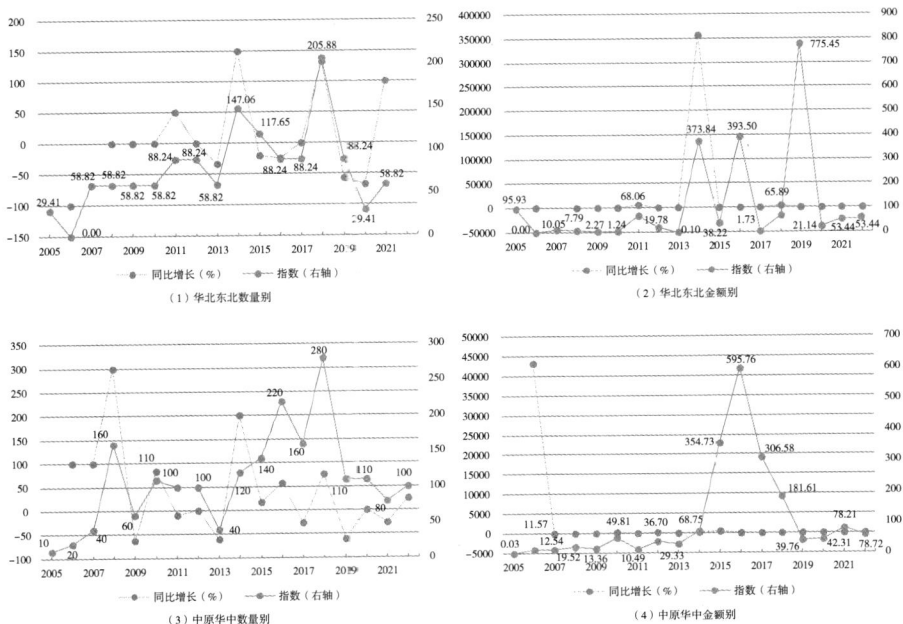

（1）华北东北数量别

（2）华北东北金额别

（3）中原华中数量别

（4）中原华中金额别

（5）中部地区小计数量别

（6）中部地区小计金额别

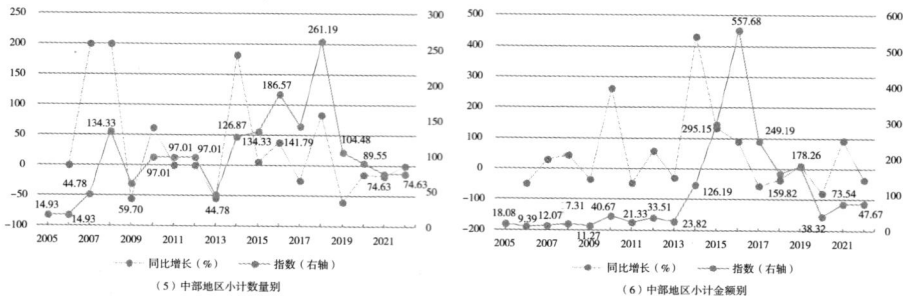

图 4-2-4　2005—2022 年中部地区民营企业绿地投资项目数量和金额指数变化图

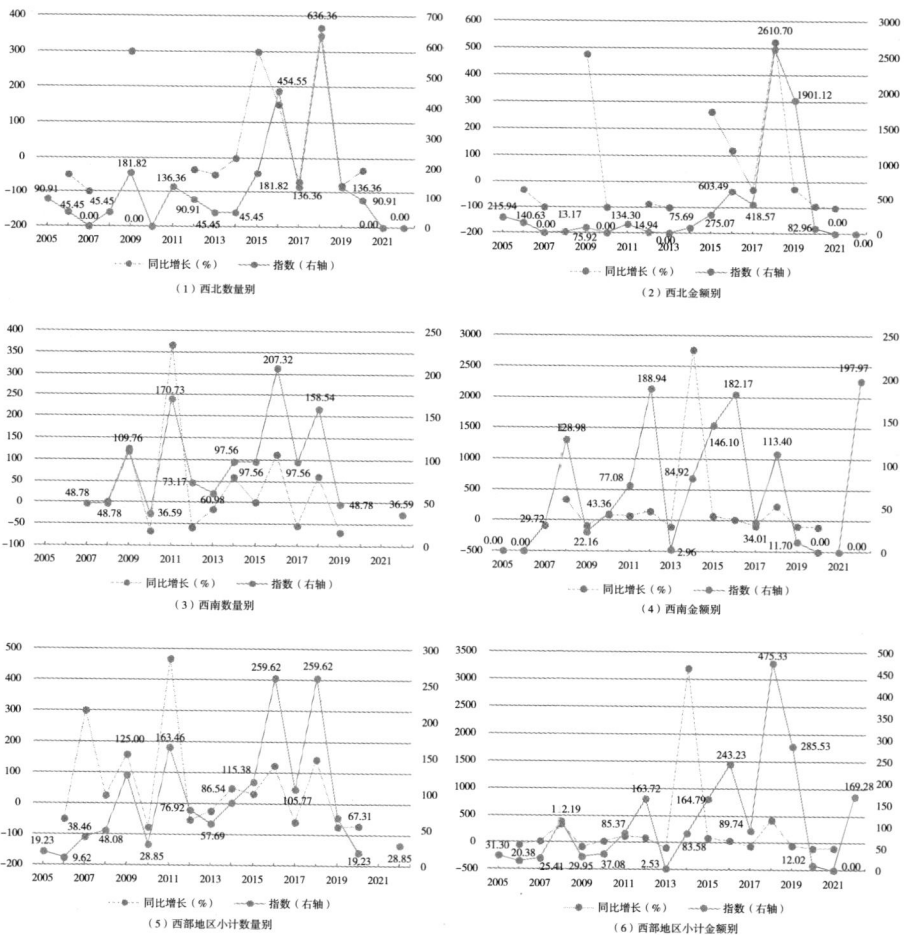

（1）西北数量别

（2）西北金额别

（3）西南数量别

（4）西南金额别

（5）西部地区小计数量别

（6）西部地区小计金额别

图 4-2-5　2005—2022 年西部地区民营企业绿地投资项目数量和金额指数变化图

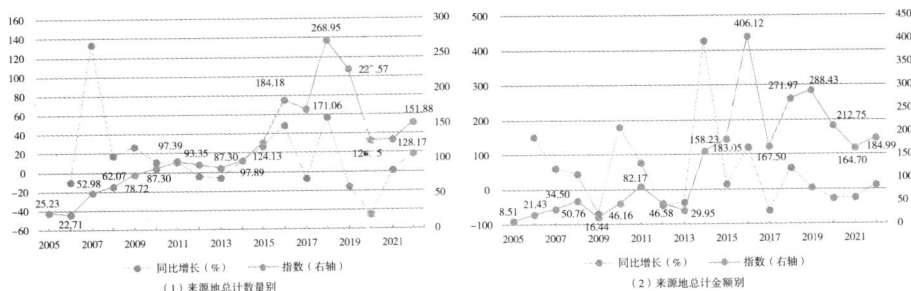

图 4-2-6　2005—2022 年来源地民营企业绿地投资项目数量和金额指数变化图

第三节　民营企业对外绿地投资
标的国（地区）别指数

本节对中国民营企业对外并购投资项目数量与金额规模按照投资标的国（地区）进行划分，其中根据标的国（地区）的经济发展水平不同，将标的国（地区）分为发达经济体、发展中经济体和转型经济体三大类型。

一、民营企业绿地项目数量在标的国（地区）的分布

根据 2005—2022 年中国民营企业绿地 OFDI 数量表显示，从绿地 OFDI 项目数量看，在 2005—2022 年间，我国民营企业对外绿地直接投资活动主要集中在发达经济体，累计对外直接投资项目数量为 2548 件，占比 61.21%；其次是发展中经济体，累计对外直接投资项目数量为 1380 件，占比 33.15%；再次是转型经济体，累计对外直接投资项目数量为 235 件，占比 5.64%。

从 2005—2022 年中国民营企业绿地 OFDI 数量标的国（地区）别图表可以看出，在 2005—2022 年，流向发展中经济体的亚洲的 OFDI 数量在 2018 年出现最显著的增长，从 52 件增长到 123 件。流向转型经济体中的独联体国家的 OFDI 在 2018—2022 年民营企业对外直接投资项目数量连续 4 年下降。总体来看，流向发达经济体的民营企业对外直接投资数量主要

集中在欧洲地区，2005—2022 年的平均占比为 55.38%。总体来看，流向发展中经济体的民营企业对外直接投资数量主要集中在亚洲地区，2005—2022 年的平均占比为 58.99%。

表 4-3-1　中国民营企业绿地投资项目数量在不同经济体的分布及指数汇总表

（单位：件）

年份	发达经济体							
	欧洲				北美洲			
	项目数	同比增长（%）	占比（%）	指数	项目数	同比增长（%）	占比（%）	指数
2005	22	—	73.33	30.30	4	—	13.33	12.58
2006	12	−45.45	48.00	16.53	6	50.00	24.00	18.87
2007	45	275.00	65.22	61.98	13	116.67	18.84	40.88
2008	47	4.44	61.84	64.74	12	−7.69	15.79	37.74
2009	83	76.60	65.35	114.33	19	58.33	14.96	59.75
2010	88	6.02	68.75	121.21	18	−5.26	14.06	56.60
2011	97	10.23	65.99	133.61	26	44.44	17.69	81.76
2012	86	−11.34	61.87	118.46	22	−15.38	15.83	69.18
2013	82	−4.65	59.42	112.95	26	18.18	18.84	81.76
2014	47	−42.68	42.34	64.74	41	57.69	36.94	128.93
2015	51	8.51	40.48	70.25	44	7.32	34.92	138.36
2016	95	86.27	46.80	130.85	62	40.91	30.54	194.97
2017	101	6.32	46.33	139.12	53	−14.52	24.31	166.67
2018	147	45.54	48.20	202.48	76	43.40	24.92	238.99
2019	122	−17.01	59.51	168.04	46	−39.47	22.44	144.65
2020	87	−28.69	54.38	119.83	47	2.17	29.38	147.80
2021	112	28.74	65.50	154	34	−27.66	19.88	106.92
2022	87	−22.32	51.18	120	46	35.29	27.06	144.65
合计	1411	—	55.38	—	595	—	23.35	—
2011—2015 年均值	73	—	—	100	31	—	—	100.00

年份	发达经济体							
	其他发达经济体				小计			
	项目数	同比增长（%）	占比（%）	指数	项目数	同比增长（%）	占比（%）	指数
2005	4	—	13.33	14.39	30	—	57.69	22.69
2006	7	75.00	28.00	25.18	25	−16.67	54.35	18.91
2007	11	57.14	15.94	39.57	69	176.00	64.49	52.19
2008	17	54.55	22.37	61.15	76	10.14	61.79	57.49
2009	25	47.06	19.69	89.93	127	67.11	80.38	96.07
2010	22	−12.00	17.19	79.14	128	0.79	73.99	96.82
2011	24	9.09	16.33	86.33	147	14.84	75.77	111.20
2012	31	29.17	22.30	111.51	139	−5.44	75.14	105.14
2013	30	−3.23	21.74	107.91	138	−0.72	79.77	104.39
2014	23	−23.33	20.72	82.73	111	−19.57	57.22	83.96
2015	31	34.78	24.60	111.51	126	13.51	50.81	95.31
2016	46	48.39	22.66	165.47	203	61.11	55.46	153.56
2017	64	39.13	29.36	230.22	218	7.39	63.93	164.90
2018	82	28.13	26.89	294.96	305	39.91	57.12	230.71
2019	37	−54.88	18.05	133.09	205	−32.79	44.96	155.07
2020	26	−29.73	16.25	93.53	160	−21.95	64.00	121.03
2021	25	−3.85	14.62	89.93	171	6.88	65.77	129.35
2022	37	48.00	21.76	133.09	170	−0.58	56.11	128.59
合计	542	—	21.27	—	2548	—	61.21	—
2011—2015年均值	28	—	—	100.00	132	—	—	100.00

年份	发展中经济体							
	非洲				亚洲			
	项目数	同比增长（%）	占比（%）	指数	项目数	同比增长（%）	占比（%）	指数
2005	2	—	15.38	27.78	10	—	76.92	28.25
2006	1	−50.00	6.67	13.89	11	10.00	73.33	31.07

续表

年份	发展中经济体							
	非洲				亚洲			
	项目数	同比增长（%）	占比（%）	指数	项目数	同比增长（%）	占比（%）	指数
2007	9	800.00	25.71	125.00	18	63.64	51.43	50.85
2008	9	0.00	20.93	125.00	27	50.00	62.79	76.27
2009	7	-22.22	29.17	97.22	15	-40.74	66.67	45.20
2010	5	-28.57	13.89	69.44	22	37.50	61.11	62.15
2011	4	-20.00	10.26	55.56	22	0.00	56.41	62.15
2012	10	150.00	24.39	138.89	19	-13.64	46.34	53.67
2013	5	-50.00	18.52	69.44	16	-15.79	59.26	45.20
2014	9	80.00	11.84	125.00	46	187.50	60.53	129.94
2015	8	-11.11	7.92	111.11	74	60.87	73.27	209.04
2016	31	287.50	22.46	430.56	90	21.62	65.22	254.24
2017	26	-16.13	26.00	361.11	52	-42.22	52.00	146.89
2018	40	53.85	21.16	555.56	123	136.54	65.08	347.46
2019	37	-7.50	17.13	513.89	116	-5.69	53.70	327.68
2020	18	-51.35	23.08	250.00	39	-66.38	50.00	110.17
2021	11	-38.89	13.25	152.78	46	17.95	55.42	129.94
2022	15	36.36	11.90	208.33	67	45.65	53.17	189.27
合计	247	—	17.90	—	814	—	58.99	—
2011—2015年均值	7	—	—	100.00	35	—	—	100.00

年份	发展中经济体											
	拉丁美洲和加勒比海地区				大洋洲				小计			
	项目数	同比增长（%）	占比（%）	指数	项目数	同比增长（%）	占比（%）	指数	项目数	同比增长（%）	占比（%）	指数
2005	1	—	7.69	7.04	0	—	0.00	—	13	—	25.00	22.89
2006	3	200.00	20.00	21.13	0	—	0.00	—	15	15.38	32.61	26.41
2007	8	166.67	22.86	56.34	0	—	0.00	—	35	133.33	32.71	61.62

年份	发展中经济体											
	拉丁美洲和加勒比海地区				大洋洲				小计			
	项目数	同比增长（%）	占比（%）	指数	项目数	同比增长（%）	占比（%）	指数	项目数	同比增长（%）	占比（%）	指数
2008	7	-12.50	16.28	49.30	0	—	0.00	—	43	22.86	34.96	75.70
2009	1	-85.71	4.17	7.04	0	—	0.00	—	24	-44.19	15.19	42.25
2010	9	800.00	25.00	63.38	0	—	0.00	—	36	50.00	20.81	63.38
2011	13	44.44	33.33	91.55	0	—	0.00	—	39	8.33	20.10	68.66
2012	12	-7.69	29.27	84.51	0	—	0.00	—	41	5.13	22.16	72.18
2013	6	-50.00	22.22	42.25	0	—	0.00	—	27	-34.15	15.61	47.54
2014	21	250.00	27.63	147.89	0	—	0.00	—	76	181.48	39.18	133.80
2015	19	-9.52	18.31	133.80	0	—	0.00	—	101	32.89	40.73	177.82
2016	17	-10.53	12.32	119.72	0	—	0.00	—	138	36.63	37.70	242.96
2017	21	23.53	21.00	147.89	1	—	1.00	—	100	-27.54	29.33	176.06
2018	26	23.81	13.76	183.10	0	-100.00	0.00	—	189	89.00	35.39	332.75
2019	63	142.31	29.17	443.66	0	—	0.00	—	216	14.29	47.37	380.28
2020	21	-66.67	26.92	147.89	0	—	0.00	—	78	-63.89	31.20	137.32
2021	26	23.81	31.33	183.10	0	—	0.00	—	83	6.41	31.92	146.13
2022	44	69.23	34.92	309.86	0	—	0.00	—	126	51.81	41.58	221.83
合计	318	—	23.04	—	1	—	0.07	—	1380	—	33.15	—
2011—2015年均值	14	—	—	100.00	0	—	—	100.00	56.8	—	—	100.00

年份	转型经济体											
	东南欧				独联体国家				小计			
	项目数	同比增长（%）	占比（%）	指数	项目数	同比增长（%）	占比（%）	指数	项目数	同比增长（%）	占比（%）	指数
2005	0	—	0.00	0.00	9	—	100.00	100.00	9	—	17.31	91.84
2006	0	—	0.00	0.00	6	-33.33	100.00	66.67	6	-33.33	13.04	61.22

续表

年份	转型经济体											
	东南欧				独联体国家				小计			
	项目数	同比增长（%）	占比（%）	指数	项目数	同比增长（%）	占比（%）	指数	项目数	同比增长（%）	占比（%）	指数
2007	0	—	0.00	0.00	3	−50.00	100.00	33.33	3	−50.00	2.80	30.61
2008	0	—	0.00	0.00	4	33.33	100.00	44.44	4	33.33	3.25	40.82
2009	0	—	0.00	0.00	7	75.00	100.00	77.78	7	75.00	4.43	71.43
2010	0	—	0.00	0.00	9	28.57	100.00	100.00	9	28.57	5.20	91.84
2011	1	—	12.50	125.00	7	−22.22	87.50	77.78	8	−11.11	4.12	81.63
2012	0	−100.00	0.00	0.00	5	−28.57	100.00	55.56	5	−37.50	2.70	51.02
2013	0	—	0.00	0.00	8	60.00	100.00	88.89	8	60.00	4.62	81.63
2014	2	—	28.57	250.00	5	−37.50	71.43	55.56	7	−12.50	3.61	71.43
2015	1	−50.00	4.76	125.00	20	300.00	95.24	222.22	21	200.00	8.47	214.29
2016	1	0.00	4.00	125.00	24	20.00	96.00	266.67	25	19.05	6.83	255.10
2017	3	200.00	13.04	375.00	20	−16.67	86.96	222.22	23	−8.00	6.74	234.69
2018	4	33.33	10.00	500.00	36	80.00	90.00	400.00	40	73.91	7.49	408.16
2019	10	150.00	28.57	1250	25	−30.56	71.43	277.78	35	−12.50	7.68	357.14
2020	0	−100.00	0.00	0.00	12	−52.00	100.00	133.33	12	−65.71	4.80	122.45
2021	0	—	0.00	0.00	6	−50.00	100.00	66.67	6	−50.00	2.31	61.22
2022	3		42.86	375.00	4	−33.33	57.14	44.44	7	16.67	2.31	71.43
合计	25	—	10.64	—	210		89.36	—	235	—	5.64	—
2011—2015年均值	0.80	—	—	100.00	9.00	—	—	100.00	9.80	—	—	100.00

年份	总计			
	项目数	同比增长（%）	占比（%）	指数
2005	52	—	100.00	26.16
2006	46	−11.54	100.00	23.14
2007	107	132.61	100.00	53.82
2008	123	14.95	100.00	61.87

续表

年份	总计			
	项目数	同比增长（%）	占比（%）	指数
2009	158	28.46	100.00	79.48
2010	173	9.49	100.00	87.02
2011	194	12.14	100.00	97.59
2012	185	-4.64	100.00	93.06
2013	173	-6.49	100.00	87.02
2014	194	12.14	100.00	97.59
2015	248	27.84	100.00	124.75
2016	366	47.58	100.00	184.10
2017	341	-6.83	100.00	171.53
2018	534	56.60	100.00	268.61
2019	456	-14.61	100.00	229.38
2020	250	-45.18	100.00	125.75
2021	260	4.00	100.00	130.78
2022	303	16.54	100.00	152.43
合计	4163	—	—	—
2011—2015年均值	198.8	—	—	100.00

二、民营企业绿地金额在标的国（地区）的分布

根据 2005—2022 年中国民营企业绿地 OFDI 金额表显示，从绿地 OFDI 项目金额看，在 2005—2022 年间，我国民营企业对外直接投资活动主要集中在发展中经济体，累计对外直接投资项目金额为 2100.50 亿美元，占比 59.94%；排在第二位的是发达经济体，累计对外直接投资项目金额为 1099.11 亿美元，占比 31.37%；排在第三位的是转型经济体，累计对外直接投资项目金额为 304.56 亿美元，占比 8.69%。

根据 2005—2022 年中国民营企业绿地 OFDI 金额标的国别图表显示，

流向发展中经济体中的大洋洲的 OFDI 在 2005—2017 年实现了民营企业对外直接投资项目金额连续 11 年的增长。流向发达经济体中的北美洲的 OFDI 在 2018—2021 年实现了民营企业对外直接投资项目金额连续 3 年的下降。总体来看，流向发达经济体的民营企业对外直接投资金额主要集中在欧洲地区，2005—2022 年的平均占比为 46.91%。总体来看，流向转型经济体的民营企业对外直接投资金额主要集中在独联体国家地区，2005—2022 年的平均占比为 90.89%。

表 4-3-2　中国民营企业绿地投资金额在不同经济体的分布及指数汇总表

（单位：百万美元）

年份	发达经济体							
	欧洲				北美洲			
	金额	同比增长（%）	占比（%）	指数	金额	同比增长（%）	占比（%）	指数
2005	146.80	—	70.27	12.26	11.70	—	5.60	0.38
2006	308.40	110.08	54.49	25.75	112.80	864.10	19.93	3.68
2007	511.98	66.01	54.22	42.75	164.90	46.19	17.46	5.38
2008	1205.29	135.42	85.50	100.64	96.50	-41.48	6.85	3.15
2009	426.27	-64.63	45.21	35.59	240.71	149.44	25.53	7.86
2010	1074.34	152.03	52.42	89.70	523.70	117.56	25.56	17.10
2011	1279.01	19.05	40.52	106.79	1368.37	161.29	43.35	44.67
2012	602.02	-52.93	20.80	50.27	1846.00	34.91	63.79	60.27
2013	1579.11	162.30	43.14	131.85	2007.60	8.75	54.85	65.54
2014	2088.22	32.24	19.49	174.36	6952.10	246.29	64.89	226.97
2015	439.91	-78.93	7.31	36.73	3141.27	-54.82	52.23	102.55
2016	7963.92	1710.35	54.92	664.96	3384.20	7.73	23.34	110.48
2017	3020.90	-62.07	39.91	252.23	2567.11	-24.14	33.92	83.81
2018	3940.13	30.43	26.32	328.99	4632.95	80.47	30.95	151.25
2019	4042.01	2.59	51.66	337.49	2989.60	-35.47	38.21	97.60
2020	5624.15	39.14	65.57	469.60	1700.60	-43.12	19.83	55.52
2021	3001.29	-46.64	59.27	250.60	1424.30	-16.25	28.13	46.50
2022	14300.38	376.47	75.87	1194.03	3356.10	135.63	17.81	109.57

续表

年份	发达经济体							
	欧洲				北美洲			
	金额	同比增长(%)	占比(%)	指数	金额	同比增长(%)	占比(%)	指数
合计	51554.13596	—	46.91	—	36520.51	—	33.23	—
2011—2015年均值	1197.65	—	—	100.00	3063.07	—	—	100.00

年份	发达经济体							
	其他发达经济体				小计			
	金额	同比增长(%)	占比(%)	指数	金额	同比增长(%)	占比(%)	指数
2005	50.40	—	24.13	4.91	208.90	—	11.26	3.95
2006	144.80	187.30	25.58	14.10	566.00	170.94	15.17	10.70
2007	267.30	84.50	28.31	26.03	944.18	66.82	18.69	17.86
2008	107.98	-59.60	7.66	10.51	1409.77	49.31	19.02	26.66
2009	275.90	155.51	29.25	26.86	942.88	-33.12	38.94	17.83
2010	451.25	63.56	22.02	43.94	2049.29	117.34	30.40	38.76
2011	509.37	12.88	16.14	49.60	3156.75	54.04	24.03	59.70
2012	445.80	-12.48	15.41	43.41	2893.82	-8.33	42.55	54.73
2013	73.61	-83.49	2.01	7.17	3660.32	26.49	83.70	69.22
2014	1672.91	2172.67	15.52	162.89	10713.23	192.69	46.36	202.60
2015	2433.50	45.47	40.46	236.94	6014.68	-43.86	22.44	113.75
2016	3152.45	29.54	21.74	306.95	14500.57	141.09	24.43	274.23
2017	1980.80	-37.17	26.17	192.87	7568.81	-47.80	30.79	143.14
2018	6395.08	222.35	42.72	622.67	14968.15	97.76	37.65	283.07
2019	792.58	-87.51	10.3	77.17	7824.19	-47.73	18.55	147.97
2020	1252.60	58.04	14.60	121.96	8577.35	9.63	27.61	162.21
2021	637.90	-49.07	12.60	62.11	5063.49	-40.97	20.29	95.76
2022	1191.70	86.82	6.32	116.03	18848.18	272.24	69.60	356.45
合计	21835.92	—	19.87	—	109910.57	—	31.37	—
2011—2015年均值	1027.04	—	—	100.00	5287.76	—	—	100.00

续表

年份	发展中经济体							
	非洲				亚洲			
	金额	同比增长（%）	占比（%）	指数	金额	同比增长（%）	占比（%）	指数
2005	22.90	—	6.83	7.54	297.70	—	88.81	4.63
2006	1500.00	6450.22	79.74	494.15	334.00	12.19	17.75	5.20
2007	1330.35	-11.31	36.04	438.27	1959.89	486.79	53.09	30.51
2008	3265.51	145.46	55.76	1075.78	980.77	-49.96	16.75	15.27
2009	303.91	-90.69	27.17	100.12	754.82	-23.04	67.47	11.75
2010	341.50	12.37	8.61	112.50	2830.90	275.04	71.34	44.07
2011	139.20	-59.24	1.53	45.86	8130.39	187.20	89.61	126.57
2012	171.90	23.49	4.43	56.63	3011.08	-62.97	77.62	46.88
2013	18.92	-88.99	2.76	6.23	327.00	-89.14	47.67	5.09
2014	871.22	4504.77	9.66	287.01	3525.39	978.10	39.09	54.88
2015	316.50	-63.67	1.59	104.27	17123.73	385.73	85.82	266.58
2016	23207.21	7232.45	52.91	7645.30	19340.83	12.95	44.10	301.09
2017	3868.90	-83.33	26.76	1274.56	9703.43	-49.83	67.12	151.06
2018	6591.04	70.36	30.24	2171.33	14291.35	47.28	65.57	222.48
2019	7278.34	10.43	33.78	2397.75	9393.81	-34.27	43.60	146.24
2020	729.70	-89.97	3.34	240.39	20297.01	116.07	92.85	315.98
2021	405.90	-44.37	2.14	133.72	13236.59	-34.79	69.72	206.06
2022	1453.18	258.01	17.96	478.73	4360.83	-67.05	53.89	67.89
合计	51816.18	—	24.67	—	129899.52	—	61.84	—
2011—2015年均值	303.55	—	—	100.00	6423.52	—	—	100.00

年份	发展中经济体											
	拉丁美洲和加勒比海地区				大洋洲				小计			
	金额	同比增长（%）	占比（%）	指数	金额	同比增长（%）	占比（%）	指数	金额	同比增长（%）	占比（%）	指数
2005	14.60	—	4.36	0.81	0.00	—	0.00	—	335.20	—	18.07	3.93
2006	47.20	223.29	2.51	2.63	0.00	—	0.00	—	1881.20	461.22	50.44	22.07

续表

年份	发展中经济体											
	拉丁美洲和加勒比海地区				大洋洲				小计			
	金额	同比增长(%)	占比(%)	指数	金额	同比增长(%)	占比(%)	指数	金额	同比增长(%)	占比(%)	指数
2007	401.40	750.42	10.87	22.36	0.00	—	0.00	—	3691.64	96.24	73.09	43.32
2008	1609.60	301.00	27.49	89.67	0.00	—	0.00	—	5855.88	58.63	79.01	68.71
2009	60.00	-96.27	5.36	3.34	0.00	—	0.00	—	1118.73	-80.90	46.20	13.13
2010	795.93	1226.55	20.06	44.34	0.00	—	0.00	—	3968.33	254.72	58.87	46.56
2011	803.90	1.00	5.86	44.78	0.00	—	0.00	—	9073.49	128.65	69.06	106.47
2012	696.35	-13.38	17.95	38.79	0.00	—	0.00	—	3879.33	-57.25	57.04	45.52
2013	340.00	-51.17	49.57	18.94	0.00	—	0.00	—	685.92	-82.32	15.69	8.05
2014	4621.57	1259.28	51.25	257.45	0.00	—	0.00	—	9018.18	1214.76	39.03	105.82
2015	2513.67	-45.61	12.60	140.03	0.00	—	0.00	—	19953.90	121.26	74.43	234.14
2016	1309.80	-47.89	2.99	72.97	0.00	—	0.00	—	43857.84	119.80	73.88	514.63
2017	875.79	-33.14	6.06	48.79	8.40	—	0.06	—	14456.52	-67.04	58.81	169.63
2018	912.19	4.16	4.19	50.82	0.00	-100.00	0.00	—	21794.58	50.76	54.82	255.74
2019	4871.07	434.00	22.61	271.35	0.00	—	0.00	—	21543.21	-1.15	51.08	252.79
2020	832.80	-82.90	3.81	46.39	0.00	—	0.00	—	21859.51	1.47	70.36	256.50
2021	5342.36	541.49	28.14	297.61	0.00	—	0.00	—	18984.85	-13.15	76.09	222.77
2022	2278.12	-57.36	28.15	126.91	0.00	—	0.00	—	8092.13	-57.38	29.88	94.95
合计	28326.35	—	13.49	—	8.40	—	0.00	—	210050.45	—	59.94	—
2011—2015年均值	1795.10	—	—	100.00	0.00	—	—	100.00	8522.16	—	—	100.00

年份	转型经济体											
	东南欧				独联体国家				小计			
	金额	同比增长(%)	占比(%)	指数	金额	同比增长(%)	占比(%)	指数	金额	同比增长(%)	占比(%)	指数
2005	0.00	—	0.00	0.00	1310.42	—	100.00	160.17	1310.42	—	70.66	126.49
2006	0.00	—	0.00	0.00	1282.70	-2.12	100.00	156.78	1282.70	-2.12	34.39	123.82

续表

| 年份 | 转型经济体 | | | | | | | | | | | |
| | 东南欧 | | | | 独联体国家 | | | | 小计 | | | |
	金额	同比增长（%）	占比（%）	指数	金额	同比增长（%）	占比（%）	指数	金额	同比增长（%）	占比（%）	指数
2007	0.00	—	0.00	0.00	415.20	−67.63	100.00	50.75	415.20	−67.63	8.22	40.08
2008	0.00	—	0.00	0.00	146.30	−64.76	100.00	17.88	146.30	−64.76	1.97	14.12
2009	0.00	—	0.00	0.00	359.80	145.93	100.00	43.98	359.80	145.93	14.86	34.73
2010	0.00	—	0.00	0.00	723.10	100.97	100.00	88.38	723.10	100.97	10.73	69.80
2011	0.00	—	0.00	0.00	909.00	25.71	100.00	111.11	909.00	25.71	6.92	87.74
2012	0.00	—	0.00	0.00	28.45	−96.87	100.00	3.48	28.45	−96.87	0.42	2.75
2013	0.00	—	0.00	0.00	26.80	−5.80	100.00	3.28	26.80	−5.80	0.61	2.59
2014	1035.59	—	30.68	475.36	2340.00	8631.34	69.32	286.02	3375.59	12495.49	14.61	325.84
2015	53.67	−94.82	6.39	24.64	786.39	−66.39	93.61	96.12	840.06	−75.11	3.13	81.09
2016	13.00	−75.78	1.29	5.97	992.38	26.19	98.71	121.30	1005.38	19.68	1.69	97.05
2017	125.63	866.38	4.91	57.67	2431.00	144.97	95.09	297.14	2556.63	154.29	10.40	246.78
2018	1059.31	743.20	35.40	486.25	1932.89	−20.49	64.60	236.26	2992.20	17.04	7.53	288.83
2019	427.24	−59.67	3.34	196.11	12381.01	540.54	96.66	1513.33	12808.25	328.05	30.37	1236.34
2020	0.00	−100.00	0.00	0.00	631.17	−94.90	100.00	77.15	631.17	−95.07	2.03	60.92
2021	0.00	—	0.00	0.00	902.47	42.98	100.00	110.31	902.47	42.98	3.62	87.11
2022	59.51		41.82	27.32	82.80	−90.83	58.18	10.12	142.31	−84.23	0.53	13.74
合计	2773.95	—	9.11	—	27681.88	—	90.89	—	30455.84	—	8.69	—
2011—2015年均值	217.85	—	—	100.00	818.13	—	—	100.00	1035.98	—	—	100.00

| 年份 | 总计 | | | |
	金额	同比增长（%）	占比（%）	指数
2005	1854.52	—	100.00	12.49
2006	3729.90	101.12	100.00	25.12
2007	5051.02	35.42	100.00	34.02

续表

年份	总计			
	金额	同比增长（%）	占比（%）	指数
2008	7411.95	46.74	100.00	49.93
2009	2421.41	-67.33	100.00	16.31
2010	6740.72	178.38	100.00	45.40
2011	13139.24	94.92	100.00	88.50
2012	6801.60	-48.23	100.00	45.81
2013	4373.04	-35.71	100.00	29.46
2014	23107.00	428.40	100.00	155.65
2015	26803.64	16.02	100.00	180.58
2016	59363.79	121.44	100.00	399.87
2017	24581.96	-58.59	100.00	165.58
2018	39754.94	61.72	100.00	267.78
2019	42175.66	6.09	100.00	284.09
2020	31063.03	-26.34	100.00	209.27
2021	24950.81	-19.69	100.00	168.07
2022	27082.62	8.54	100.00	182.40
合计	350416.85	—	100.00	—
2011—2015年均值	14845.90	—	—	100.00

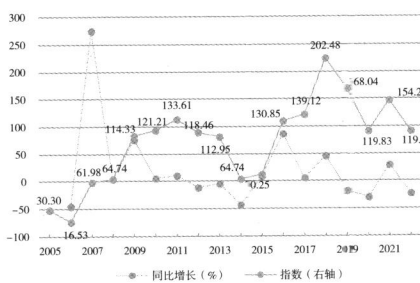

（1）欧洲数量别

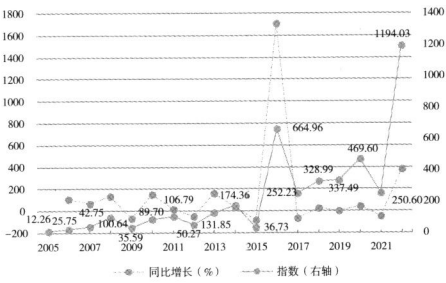

（2）欧洲金额别

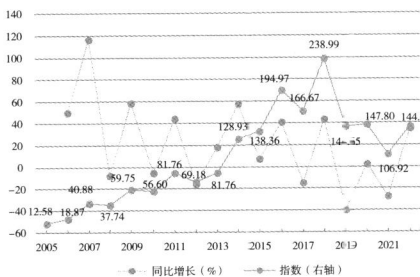

（3）北美数量别

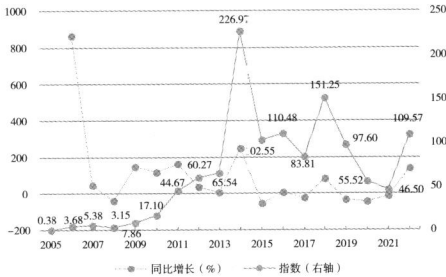

（4）北美金额别

（5）其他发达经济体数量别

（6）其他发达经济体金额别

（7）发达经济体小计数量别

（8）发达经济体小计金额别

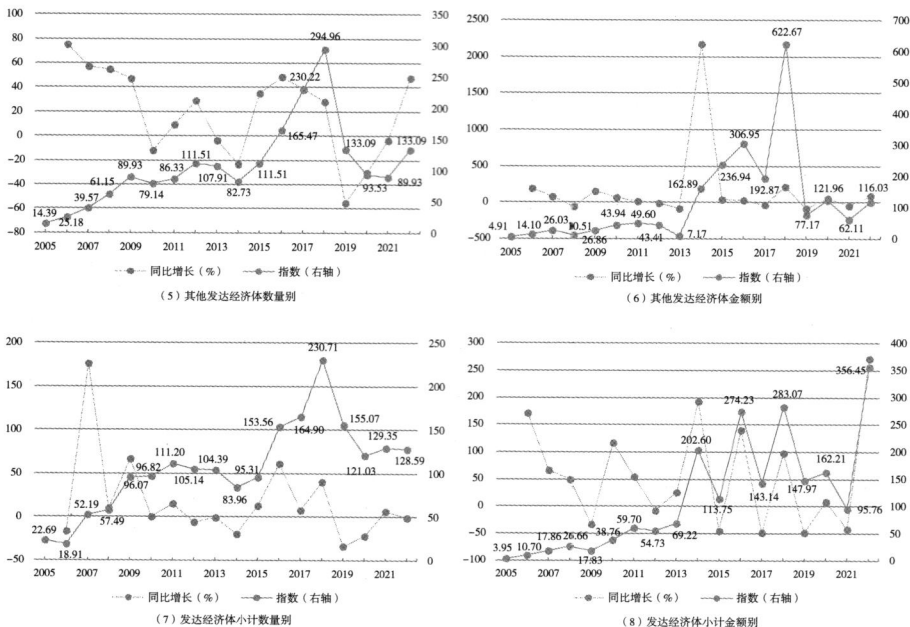

图 4-3-1　2005—2022 年民营企业绿地投资发达经济体项目数量和金额指数变化图

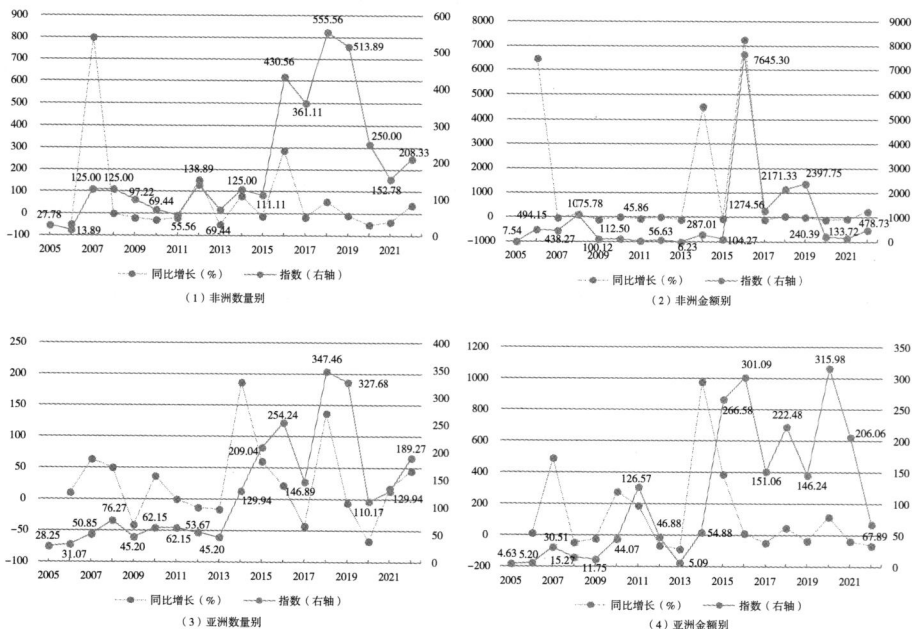

（1）非洲数量别

（2）非洲金额别

（3）亚洲数量别

（4）亚洲金额别

（5）拉丁美洲和加勒比海地区数量别

（6）拉丁美洲和加勒比海地区金额别

（7）发展中经济体小计数量别

（8）发展中经济体小计金额别

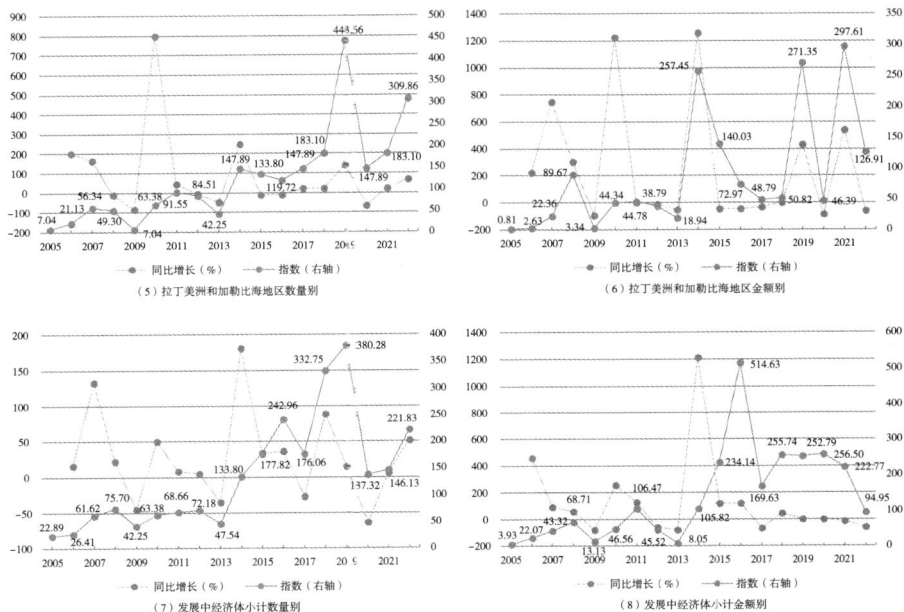

图4-3-2　2005—2022年民营企业绿地投资发展中经济体项目数量和金额指数变化图

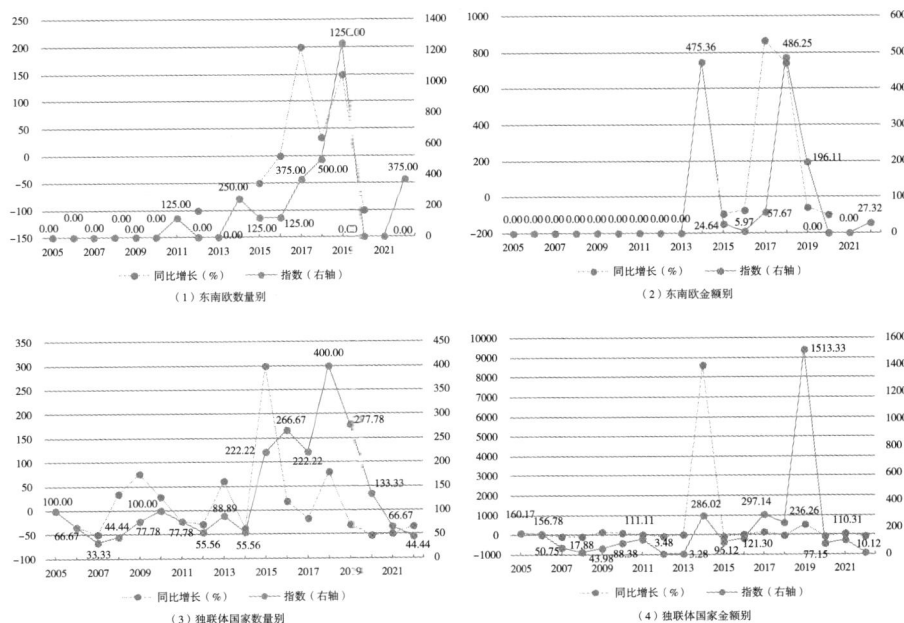

（1）东南欧数量别

（2）东南欧金额别

（3）独联体国家数量别

（4）独联体国家金额别

（5）转型经济体小计数量别

（6）转型经济体小计金额别

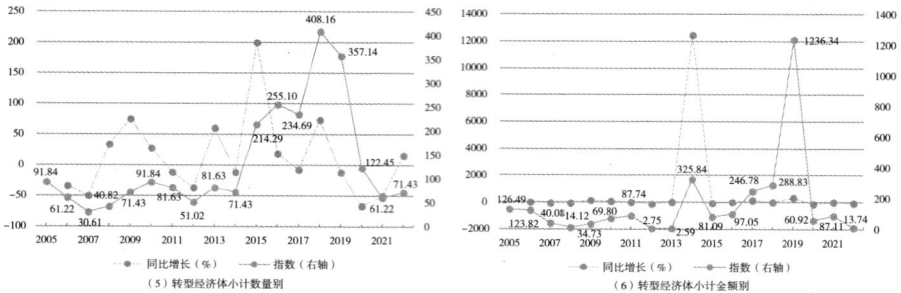

图 4-3-3　2005—2022 年民营企业绿地投资转型经济体项目数量和金额指数变化图

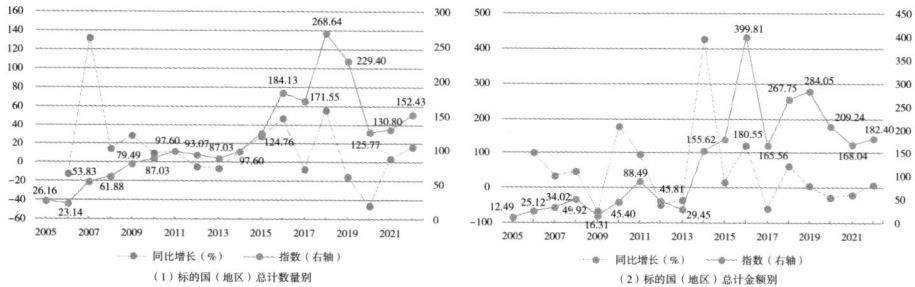

（1）标的国（地区）总计数量别

（2）标的国（地区）总计金额别

图 4-3-4　2005—2022 年民营企业绿地投资标的国（地区）项目数量和金额指数变化图

第四节　民营企业对外绿地投资行业别指数

本节按照投资标的行业的不同对中国民营企业对外绿地投资项目数量和金额分布情况进行分析，将投资标的行业分为制造业和非制造业两大部分。其中制造业按照 OECD 技术划分标准分为 4 大类，分别是高技术、中高技术、中低技术和低技术制造业；非制造业则划分为服务业，农、林、牧、渔业，采矿业，电力、热力、燃气及水生产和供应业，建筑业五大部类。

一、民营企业绿地项目数量在标的行业的分布

根据 2005—2022 年中国民营企业绿地 OFDI 数量表显示，从绿地 OFDI

项目数量看，在 2005—2022 年间，我国民营企业对外直接投资活动主要集中在非制造业，累计对外直接投资项目数量为 3150 件，占比 75.67%；排在第二位的是制造业，累计对外直接投资项目数量为 1013 件，占比 24.33%。

从 2005—2022 年中国民营企业绿地 OFDI 数量行业别图表可以看出，流向非制造业服务业的 OFDI 数量在 2020 年出现最显著的缩减，从 317 件缩减到 181 件。流向非制造业中的服务业的 OFDI 在 2005—2022 年 18 年间民营企业对外直接投资项目数量指数波动程度最大。总体来看，流向制造业的民营企业对外直接投资数量主要集中在中高技术，2005—2022 年的平均占比为 46.99%。总体来看，流向非制造业的民营企业对外直接投资数量主要集中在服务业，2005—2022 年的平均占比为 92.54%。

表 4-4-1　中国民营企业绿地投资项目数量在标的行业的分布及指数汇总表

（单位：件）

年份	制造业											
	高技术				中高技术				中低技术			
	项目数	同比增长（%）	占比（%）	指数	项目数	同比增长（%）	占比（%）	指数	项目数	同比增长（%）	占比（%）	指数
2005	4	—	26.67	58.82	7	—	46.67	32.11	2	—	13.33	15.63
2006	6	50.00	35.29	88.24	10	42.86	58.82	45.87	1	-50.00	5.88	7.81
2007	5	-16.67	13.89	73.53	16	60.00	44.44	73.39	8	700.00	22.22	62.50
2008	0	-100.00	0.00	0.00	14	-12.50	51.85	64.22	10	25.00	37.04	78.13
2009	5	—	19.23	73.53	15	7.14	57.69	68.81	1	-90.00	3.85	7.81
2010	5	0.00	13.16	73.53	30	100.00	78.95	137.61	2	100.00	5.26	15.63
2011	4	-20.00	8.89	58.82	17	-43.33	37.78	77.98	17	750.00	37.78	132.81
2012	5	25.00	13.16	73.53	17	0.00	44.74	77.98	13	-23.53	34.21	101.56
2013	5	0.00	20.83	73.53	9	-47.06	37.50	41.28	2	-84.62	8.33	15.63
2014	5	0.00	8.62	73.53	29	222.22	50.00	133.03	9	350.00	15.52	70.31
2015	15	200.00	16.85	220.59	37	27.59	41.57	169.72	23	155.56	25.84	179.69
2016	17	13.33	17.35	250.00	47	27.03	47.96	215.60	17	-26.09	17.35	132.81

续表

年份	制造业											
	高技术				中高技术				中低技术			
	项目数	同比增长（%）	占比（%）	指数	项目数	同比增长（%）	占比（%）	指数	项目数	同比增长（%）	占比（%）	指数
2017	10	-41.18	10.87	147.06	48	2.13	52.17	220.18	20	17.65	21.74	156.25
2018	22	120.00	17.19	323.53	49	2.08	38.28	224.77	27	35.00	21.09	210.94
2019	23	4.55	18.55	338.24	54	10.20	43.55	247.71	16	-40.74	12.90	125.00
2020	11	-52.17	18.03	161.76	23	-57.41	37.70	105.50	17	6.25	27.87	132.81
2021	10	-9.09	18.52	147.06	28	21.74	51.85	128.44	10	-41.18	18.52	78.13
2022	4	-60.00	9.30	58.82	26	-7.14	60.47	119.27	10	0.00	23.26	78.13
合计	156	—	15.40	—	476	—	46.99	—	205	—	20.24	—
2011—2015年均值	6.8	—	—	100	21.8	—	—	100	12.8	—	—	100

年份	制造业							
	低技术				小计			
	项目数	同比增长（%）	占比（%）	指数	项目数	同比增长（%）	占比（%）	指数
2005	2	—	13.33	21.28	15	—	28.85	29.53
2006	0	-100.00	0.00	0.00	17	13.33	36.96	33.46
2007	7	—	19.44	74.47	36	111.76	33.64	70.87
2008	3	-57.14	11.11	31.91	27	-25.00	21.95	53.15
2009	5	66.67	19.23	53.19	26	-3.70	16.46	51.18
2010	1	-80.00	2.63	10.64	38	46.15	21.97	74.80
2011	7	600.00	15.56	74.47	45	18.42	23.20	88.58
2012	3	-57.14	7.89	31.91	38	-15.56	20.54	74.80
2013	8	166.67	33.33	85.11	24	-36.84	13.87	47.24
2014	15	87.50	25.86	159.57	58	141.67	29.90	114.17
2015	14	-6.67	15.73	148.94	89	53.45	35.89	175.20
2016	17	21.43	17.35	180.85	98	10.11	26.78	192.91
2017	14	-17.65	15.22	148.94	92	-6.12	26.98	181.10

续表

年份	制造业							
	低技术				小计			
	项目数	同比增长（%）	占比（%）	指数	项目数	同比增长（%）	占比（%）	指数
2018	30	114.29	23.44	319.15	128	39.13	23.97	251.97
2019	31	3.33	25.00	329.79	124	−3.13	27.19	244.09
2020	10	−67.74	16.39	106.38	61	−50.81	24.40	120.08
2021	6	−40.00	11.11	63.83	54	−11.48	20.77	106.30
2022	3	−50.00	5.98	31.91	43	−20.37	14.19	84.65
合计	176	—	17.37	—	1013	—	24.33	—
2011—2015年均值	9.4	—	—	100	50.8	—	25.55	100

年份	非制造业							
	服务业				采矿业			
	项目数	同比增长（%）	占比（%）	指数	项目数	同比增长（%）	占比（%）	指数
2005	36	—	97.30	27.23	0	—	0.00	0.00
2006	25	−30.56	85.21	18.91	2	—	6.90	166.67
2007	66	164.00	92.96	49.92	4	100.00	5.63	333.33
2008	87	31.82	90.63	65.81	1	−75.00	1.04	83.33
2009	126	44.83	95.45	95.31	2	100.00	1.52	166.67
2010	133	5.56	98.52	100.61	0	−100.00	0.00	0.00
2011	139	4.51	93.29	105.14	0	—	0.00	0.00
2012	137	−1.44	93.20	103.63	1	—	0.68	83.33
2013	134	−2.19	89.93	101.36	2	100.00	1.34	166.67
2014	116	−13.43	85.29	87.75	1	−50.00	0.74	83.33
2015	135	16.38	84.91	102.12	2	100.00	1.26	166.67
2016	223	65.19	83.21	168.68	2	0.00	0.75	166.67
2017	237	6.28	95.18	179.27	0	−100.00	0.00	0.00
2018	368	55.27	90.64	278.37	5	—	1.23	416.67

续表

年份	非制造业							
	服务业				采矿业			
	项目数	同比增长（%）	占比（%）	指数	项目数	同比增长（%）	占比（%）	指数
2019	317	-13.86	95.48	239.79	1	-80.00	0.30	83.33
2020	181	-42.90	95.77	136.91	0	-100.00	0.00	0.00
2021	202	11.60	98.06	152.80	0	—	0.00	0.00
2022	253	25.25	97.31	191.38	3	—	1.15	250.00
合计	2915	—	92.54	—	26	—	0.83	—
2011—2015年均值	132.2	—	—	100	1.2	—	—	100

年份	非制造业							
	电力、热力、燃气及水生产和供应业				建筑业			
	项目数	同比增长（%）	占比（%）	指数	项目数	同比增长（%）	占比（%）	指数
2005	0	—	0.00	0.00	1	—	2.70	19.23
2006	0	—	0.00	0.00	2	100.00	6.90	38.46
2007	0	—	0.00	0.00	1	-50.00	1.41	19.23
2008	7	—	7.29	74.47	1	0.00	1.04	19.23
2009	3	-57.14	2.27	31.91	1	0.00	0.76	19.23
2010	1	-66.67	0.74	10.64	1	0.00	0.74	19.23
2011	9	800.00	6.04	95.74	1	0.00	0.67	19.23
2012	6	-33.33	4.08	63.83	3	200.00	2.04	57.69
2013	8	33.33	5.37	85.11	5	66.67	3.36	96.15
2014	11	37.50	8.09	117.02	3	60.00	5.88	153.85
2015	13	18.18	8.18	138.30	9	12.50	5.66	173.08
2016	15	15.38	5.60	159.57	28	211.11	10.45	538.46
2017	7	-53.33	2.81	74.47	5	-82.14	2.01	96.15
2018	17	142.86	4.19	180.85	16	220.00	3.94	307.69

续表

年份	非制造业							
	电力、热力、燃气及水生产和供应业				建筑业			
	项目数	同比增长（%）	占比（%）	指数	项目数	同比增长（%）	占比（%）	指数
2019	5	-70.59	1.51	53.19	9	-43.75	2.71	173.08
2020	7	40.00	3.70	74.47	1	-88.89	0.53	19.23
2021	3	-57.14	1.46	31.91	1	0.00	0.49	19.23
2022	3	0.00	1.15	31.91	1	0.00	0.38	19.23
合计	115	—	3.65	—	94	—	2.98	—
2011—2015年均值	9.4	—	—	100	5.2	—	—	100

年份	非制造业				总计			
	小计							
	项目数	同比增长（%）	占比（%）	指数	项目数	同比增长（%）	占比（%）	指数
2005	37	—	71.15	25.00	52	—	100.00	26.16
2006	29	-21.62	63.04	19.59	46	-11.54	100.00	23.14
2007	71	144.83	66.36	47.97	107	132.61	100.00	53.82
2008	96	35.21	78.05	64.86	123	14.95	100.00	61.87
2009	132	37.50	83.54	89.19	158	28.46	100.00	79.48
2010	135	2.27	78.03	91.22	173	9.49	100.00	87.02
2011	149	10.37	76.80	100.68	194	12.14	100.00	97.59
2012	147	-1.34	79.46	99.32	185	-4.64	100.00	93.06
2013	149	1.36	86.13	100.68	173	-6.49	100.00	87.02
2014	136	-8.72	70.10	91.89	194	12.14	100.00	97.59
2015	159	16.91	64.11	107.43	248	27.84	100.00	124.75
2016	268	68.55	73.22	181.08	366	47.58	100.00	184.10
2017	249	-7.09	73.02	168.24	341	-6.83	100.00	171.53
2018	406	63.05	76.03	274.32	534	56.60	100.00	268.61
2019	332	-18.23	72.81	224.32	456	-14.61	100.00	229.38

| 年份 | 非制造业 | | | | 总计 | | | |
| | 小计 | | | | | | | |
	项目数	同比增长（%）	占比（%）	指数	项目数	同比增长（%）	占比（%）	指数
2020	189	-43.07	75.60	127.70	250	-45.18	100.00	125.75
2021	206	8.99	79.23	139.19	260	4.00	100.00	130.78
2022	260	26.21	85.81	175.68	303	16.54	100.00	152.43
合计	3150	—	75.67	—	4163	—	100.00	—
2011—2015年均值	148	—	74.45	100	193.8	—	—	100

二、民营企业绿地金额在标的行业的分布

根据 2005—2022 年中国民营企业绿地 OFDI 金额表显示，从绿地 OFDI 项目金额看，在 2005—2022 年间，我国民营企业对外直接投资活动主要集中在制造业，累计对外直接投资项目金额为 1798.90 亿美元，占比 51.34%；排在第二位的是非制造业，累计对外直接投资项目金额为 1705.27 亿美元，占比 48.66%。根据 2005—2022 年中国民营企业绿地 OFDI 金额行业别图表显示，在 2005—2022 年，流向制造业中的中高技术的绿地 OFDI 项目金额增长最为显著，从 2005 年的 2.36 亿美元增加到 2022 年的 140.54 亿美元，复合增长率为年均 27.18%。流向非制造业的建筑业的 OFDI 金额在 2017 年出现最显著的缩减，从 398.83 亿美元缩减到 16.92 亿美元。总体来看，流向制造业的民营企业对外直接投资金额主要集中在中高技术，2005—2022 年的平均占比为 46.35%。总体来看，流向非制造业的民营企业对外直接投资金额主要集中在建筑业，2005—2022 年的平均占比为 39.45%。

表 4-4-2　中国民营企业绿地投资金额在标的行业的分布及指数汇总表

（单位：百万美元）

年份	制造业											
	高技术				中高技术				中低技术			
	金额	同比增长（%）	占比（%）	指数	金额	同比增长（%）	占比（%）	指数	金额	同比增长（%）	占比（%）	指数
2005	104.60	—	8.26	41.32	235.50	—	18.60	9.73	283.90	—	22.42	6.59
2006	170.20	62.72	14.21	67.24	1017.00	331.85	84.93	42.00	10.20	-96.41	0.85	0.24
2007	105.30	-38.13	2.82	41.60	1124.09	10.53	30.12	46.43	2398.35	23413.24	64.27	55.65
2008	0.00	-100.00	0.00	0.00	1190.26	5.89	35.79	49.16	2078.24	-13.35	62.49	48.22
2009	193.73	—	15.50	76.54	831.85	-30.11	66.55	34.36	35.00	-98.32	2.80	0.81
2010	511.85	164.21	11.70	202.21	3772.60	353.52	86.23	155.82	23.40	-33.14	0.53	0.54
2011	135.30	-73.57	1.35	53.45	1431.74	-62.05	14.29	59.13	8267.65	35231.84	82.54	191.85
2012	78.10	-42.28	2.01	30.85	1933.33	35.03	49.70	79.85	1782.01	-78.45	45.81	41.35
2013	14.03	-82.04	1.31	5.54	417.69	-78.40	39.07	17.25	205.23	-88.48	19.20	4.76
2014	159.80	1038.99	1.33	63.13	5122.19	1126.31	42.70	211.56	2434.50	1086.23	20.30	56.49
2015	878.39	449.68	5.97	347.02	3200.95	-37.51	21.74	132.21	8858.04	263.85	60.17	205.55
2016	1335.56	52.05	11.47	527.63	6016.77	87.97	51.65	248.51	2875.49	-67.54	24.68	66.72
2017	315.23	-76.40	1.94	124.54	6866.34	14.12	42.15	283.59	5172.80	79.89	31.76	120.03
2018	903.51	186.62	5.38	356.94	3775.41	-45.02	22.49	155.93	9771.91	88.91	58.22	226.75
2019	2136.38	136.45	10.46	844.01	10533.80	179.01	51.55	435.07	3494.63	-64.24	17.10	81.09
2020	516.46	-75.83	2.06	204.03	9356.14	-11.18	37.24	386.43	14511.59	315.25	57.76	336.74
2021	874.92	69.41	5.77	345.65	12504.15	33.65	82.47	516.45	1568.07	-89.19	10.34	36.39
2022	95.30	-89.11	0.54	37.65	14053.99	12.39	79.80	580.46	3213.16	104.91	18.24	74.56
合计	8528.66	—	4.74	—	83383.80	—	46.35	—	66984.17	—	37.24	—
2011—2015年均值	253.12	—	—	100.00	2421.18	—	—	100.00	4309.49	—	—	100.00

年份	制造业							
	低技术				小计			
	金额	同比增长（%）	占比（%）	指数	金额	同比增长（%）	占比（%）	指数
2005	642.42	—	50.73	47.42	1266.42	—	68.29	15.19
2006	0.00	-100.00	0.00	0.00	1197.40	-5.45	32.10	14.36

续表

年份	制造业							
	低技术				小计			
	金额	同比增长（%）	占比（%）	指数	金额	同比增长（%）	占比（%）	指数
2007	104.00	—	2.79	7.68	3731.74	211.65	73.88	44.75
2008	57.00	-45.19	1.71	4.21	3325.50	-10.89	44.87	39.88
2009	189.35	232.19	15.15	13.98	1249.93	-62.41	51.62	14.99
2010	67.00	-64.62	1.53	4.95	4374.85	250.01	64.90	52.47
2011	182.36	172.18	1.82	13.46	10017.05	128.97	76.24	120.13
2012	96.75	-46.95	2.49	7.14	3890.19	-61.16	57.20	46.65
2013	432.00	346.51	40.41	31.89	1068.95	-72.52	24.44	12.82
2014	4278.87	890.48	35.67	315.84	11995.36	1022.16	51.91	143.85
2015	1783.73	-58.31	12.12	131.67	14721.11	22.72	54.91	176.54
2016	1420.92	-20.34	12.20	104.88	11648.74	-20.87	19.62	139.70
2017	3934.75	176.92	24.16	290.44	16289.12	39.84	66.26	195.35
2018	2333.99	-40.68	13.91	172.28	16784.82	3.04	42.22	201.29
2019	4268.44	82.88	20.89	315.07	20433.24	21.74	48.45	245.05
2020	737.99	-82.71	2.94	54.47	25122.18	22.95	80.86	301.28
2021	214.20	-70.98	1.41	15.81	15151.34	-39.65	60.76	181.82
2022	249.60	16.53	1.42	18.42	17612.05	16.16	65.03	211.21
合计	20993.37	—	11.67	—	179889.99	—	51.34	—
2011—2015年均值	1354.74	—	—	100.00	8338.53	—	56.17	100.00

年份	非制造业							
	服务业				采矿业			
	金额	同比增长（%）	占比（%）	指数	金额	同比增长（%）	占比（%）	指数
2005	338.10	—	57.49	18.66	0.00	—	0.00	0.00
2006	1999.80	491.48	78.97	110.36	96.90	—	3.83	587.84
2007	641.74	-67.91	48.64	35.41	627.74	547.82	47.58	3808.18

续表

年份	非制造业							
	服务业				采矿业			
	金额	同比增长 （%）	占比 （%）	指数	金额	同比增长 （%）	占比 （%）	指数
2008	693.90	8.13	16.98	38.29	2600.00	314.18	63.62	15772.87
2009	811.91	17.01	69.31	44.81	307.70	-88.17	26.27	1866.66
2010	2117.97	160.86	89.52	116.88	0.00	-100.00	0.00	0.00
2011	1991.26	-5.98	63.78	109.89	0.00	—	0.00	0.00
2012	493.51	-75.22	16.95	27.23	0.00	0.00	0.00	0.00
2013	486.78	-1.36	14.73	26.86	0.00	0.00	0.00	0.00
2014	3595.87	638.71	32.36	198.44	0.00	0.00	0.00	0.00
2015	2493.01	-30.67	20.62	137.58	82.42	—	0.68	500.00
2016	5254.99	110.79	11.01	290.00	89.10	8.10	0.19	540.52
2017	4415.94	-15.97	53.25	243.69	0.00	-100.00	0.00	0.00
2018	8673.91	96.42	37.76	478.67	1761.45	—	7.67	10685.82
2019	5790.53	-33.24	26.63	319.55	11100.00	530.16	51.05	67338.02
2020	4956.96	-14.40	83.37	273.55	0.00	-100.00	0.00	0.00
2021	9442.73	90.49	96.46	521.10	0.00	—	0.00	0.00
2022	6854.40	-27.41	72.38	378.26	753.20	—	7.95	4569.28
合计	61053.32	—	35.80	—	17418.51		10.21	
2011— 2015 年 均值	1812.09	—	—	100.00	16.48	—	—	100.00

年份	非制造业							
	电力、热力、燃气及水生产和供应业				建筑业			
	金额	同比增长 （%）	占比 （%）	指数	金额	同比增长 （%）	占比 （%）	指数
2005	0.00	—	0.00	0.00	250.00	—	42.51	10.49
2006	0.00	—	0.00	0.00	435.80	74.32	17.21	18.28
2007	0.00	—	0.00	0.00	49.80	-88.57	3.77	2.09

续表

年份	非制造业							
	电力、热力、燃气及水生产和供应业				建筑业			
	金额	同比增长（%）	占比（%）	指数	金额	同比增长（%）	占比（%）	指数
2008	592.55	—	14.50	25.82	200.00	301.61	4.89	8.39
2009	31.87	-94.62	2.72	1.39	20.00	-90.00	1.71	0.84
2010	155.50	387.92	6.57	6.77	92.40	362.00	3.91	3.88
2011	1080.93	595.13	34.62	47.09	50.00	-45.89	1.60	2.10
2012	1880.10	73.93	64.58	81.91	537.80	975.60	18.47	22.56
2013	99.77	-94.69	3.02	4.35	2717.54	405.31	82.25	114.01
2014	2359.70	2265.07	21.24	102.81	5156.08	89.73	46.40	216.32
2015	6055.82	156.64	50.10	263.84	3456.28	-32.97	28.59	145.01
2016	2487.72	-58.92	5.21	108.38	39885.24	1053.94	83.59	1673.28
2017	2185.30	-12.16	26.35	95.21	1691.60	-95.76	20.40	70.97
2018	4623.52	111.57	20.13	201.44	7911.24	367.68	34.44	331.91
2019	478.24	-89.66	2.20	20.84	4373.64	-44.72	20.12	183.49
2020	928.79	94.21	15.62	40.47	60.10	-98.63	1.01	2.52
2021	288.54	-68.93	2.95	12.57	58.20	-3.16	0.59	2.44
2022	1541.87	434.37	16.28	67.18	321.10	451.72	3.39	13.47
合计	24790.22	—	14.54	—	67264.82	—	39.45	—
2011—2015年均值	2295.26	—	—	100.00	2383.54	—	—	100.00

年份	非制造业				总计			
	小计							
	金额	同比增长（%）	占比（%）	指数	金额	同比增长（%）	占比（%）	指数
2005	588.10	—	31.71	9.04	1854.52	—	100.00	12.49
2006	2532.50	330.62	67.90	38.92	3729.90	101.12	100.00	25.12
2007	1319.28	-47.91	26.12	20.27	5051.02	35.42	100.00	34.02
2008	4086.45	209.75	55.13	62.80	7411.95	46.74	100.00	49.93

续表

年份	非制造业				总计			
	小计							
	金额	同比增长（%）	占比（%）	指数	金额	同比增长（%）	占比（%）	指数
2009	1171.48	-71.33	48.38	18.00	2421.41	-67.33	100.00	16.31
2010	2365.87	101.96	35.10	36.36	6740.72	178.38	100.00	45.40
2011	3122.19	31.97	23.76	47.98	13139.24	94.92	100.00	88.50
2012	2911.41	-6.75	42.80	44.74	6801.60	-48.23	100.00	45.81
2013	3304.09	13.49	75.56	50.77	4373.04	-35.71	100.00	29.46
2014	11111.65	236.30	48.09	170.75	23107.00	428.40	100.00	155.65
2015	12087.53	8.78	45.09	185.75	26808.64	16.02	100.00	180.58
2016	47715.05	294.75	80.38	733.25	59363.79	121.44	100.00	399.87
2017	8292.84	-82.62	33.74	127.44	24581.96	-58.59	100.00	165.58
2018	22970.12	176.99	57.78	352.99	39754.94	61.72	100.00	267.78
2019	21742.41	-5.34	51.55	334.12	42175.66	6.09	100.00	284.09
2020	5945.85	-72.65	19.14	91.37	31068.03	-26.34	100.00	209.27
2021	9789.47	64.64	39.24	150.44	24950.81	-19.69	100.00	168.07
2022	9470.57	-3.26	34.97	145.54	27082.62	8.54	100.00	182.40
合计	170526.86	—	48.66	—	350416.85	—	—	—
2011—2015年均值	6507.37	—	43.83	100.00	14845.90			100.00

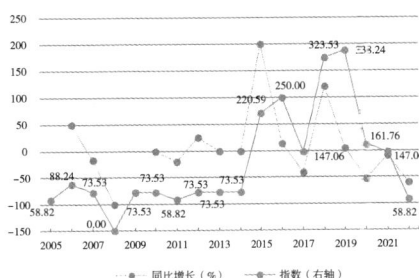

（1）高技术数量别

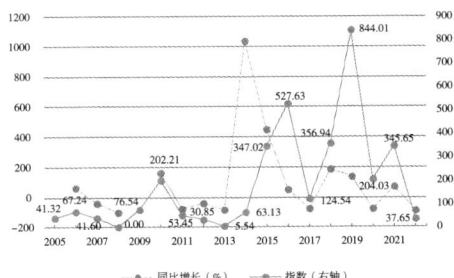

（2）高技术金额别

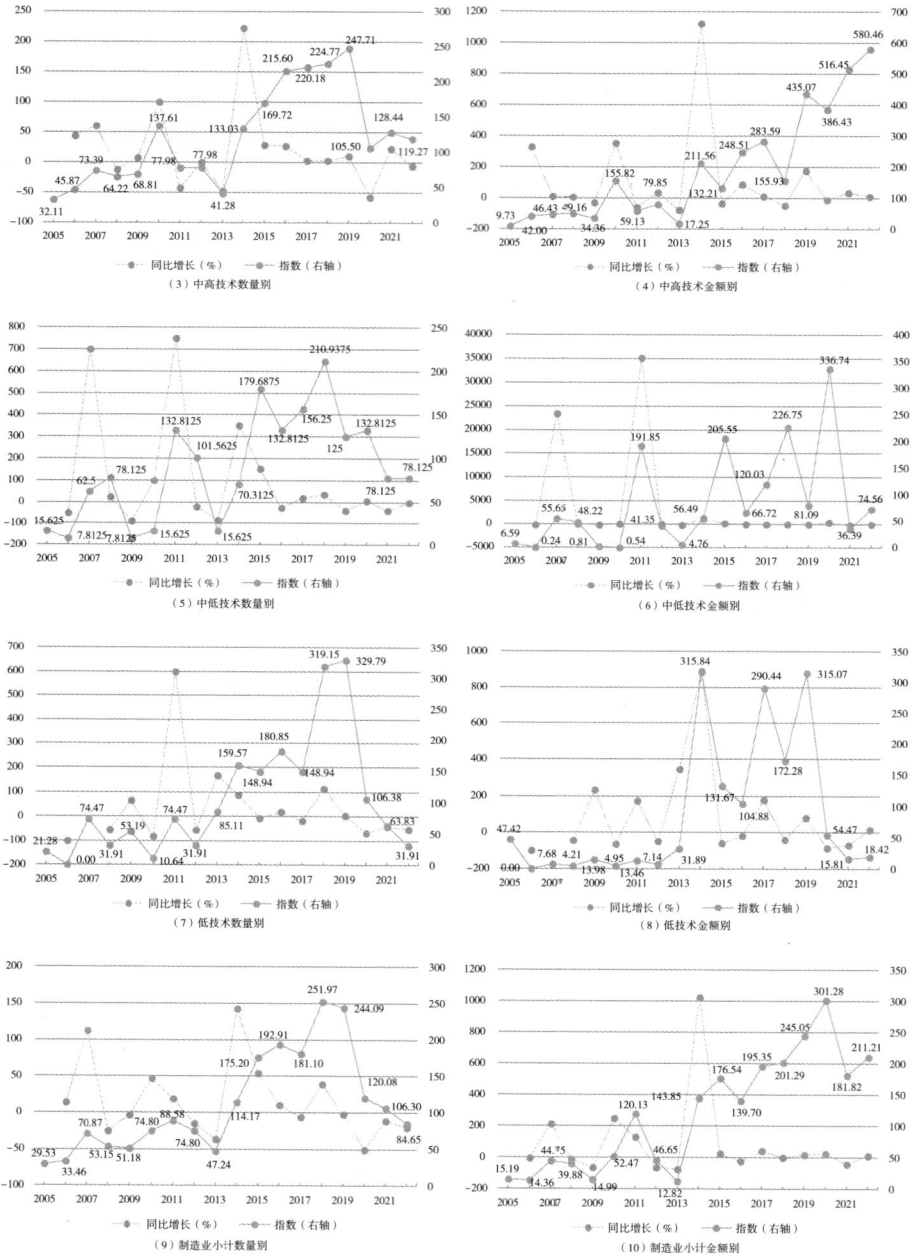

图 4-4-1　2005—2022 年民营企业绿地投资制造业项目数量和金额指数变化图

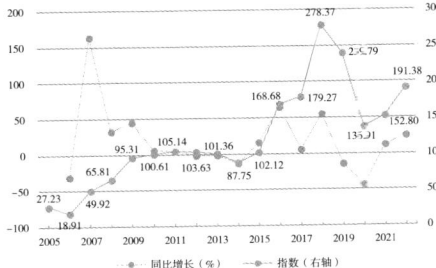

（1）服务业数量别

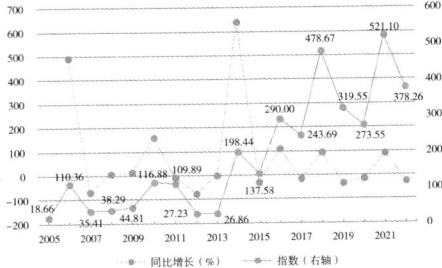

（2）服务业金额别

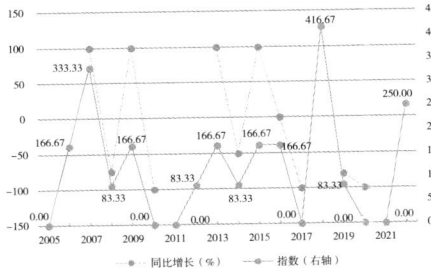

（3）采矿业数量别

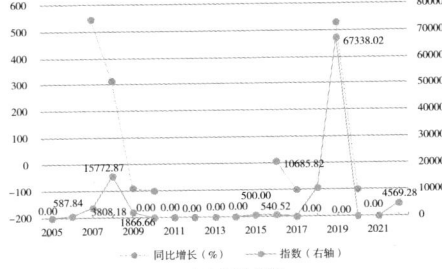

（4）采矿业金额别

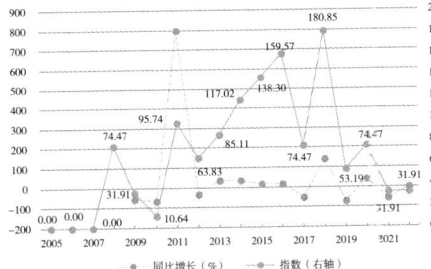

（5）电力、热力、燃气及水生产及供应业数量别

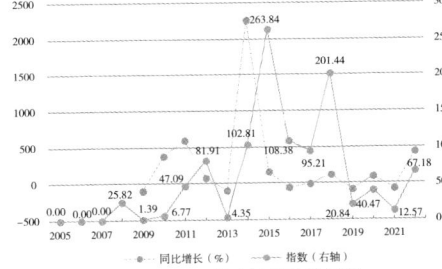

（6）电力、热力、燃气及水生产及供应业金额别

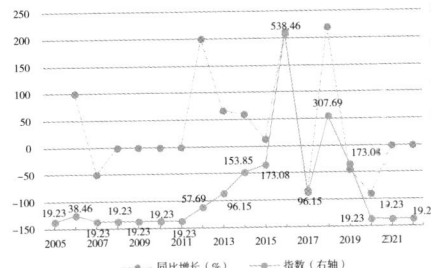

（7）建筑业数量别

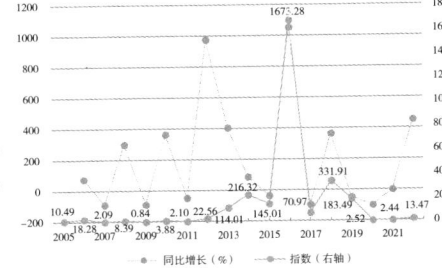

（8）建筑业金额别

（9）非制造业小计数量别

（10）非制造业小计金额别

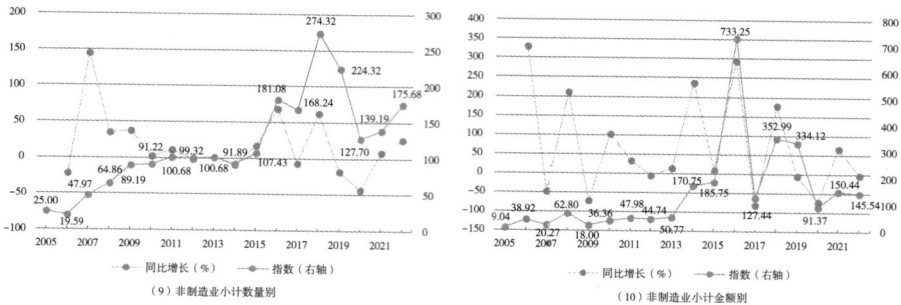

图4-4-2　2005—2022年民营企业绿地投资非制造业项目数量和金额指数变化图

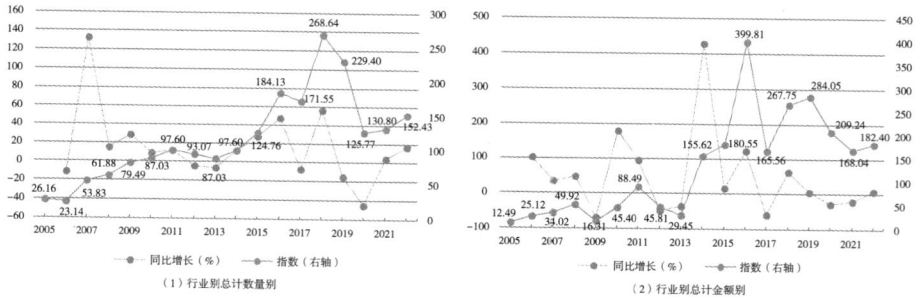

（1）行业别总计数量别

（2）行业别总计金额别

图4-4-3　2005—2022年民营企业绿地投资标的行业项目数量和金额指数变化图

第五节　民营企业对外绿地投资就业贡献指数

本节对我国民营企业通过对外绿地投资所带来就业量的具体情况进行统计分析。在民营企业对外绿地投资创造就业数量、扩大就业数量及新增就业数量的基础上，进一步按照行业类别分析民营企业的投资流向。

一、民营企业对外绿地投资创造就业态势

根据2005—2022年中国民营企业绿地OFDI创造就业数量表，整体来看，我国民营企业绿地对外直接投资创造总就业量在2005—2022年呈现增长趋势。绿地对外直接投资项目创造总就业量从2005年的11639人增长到2022年的62506人，并在2019年出现峰值131160人。从行业类别视角分

析，在 2005—2022 年间，我国民营企业对外直接投资活动主要集中在制造业，累计对外直接投资项目创造就业人数为 584318 人，占比 65.05%。排在第二位的是非制造业，累计对外直接投资项目创造就业人数为 313837 人，占比 34.95%。

具体而言，根据 2005—2022 年中国民营企业绿地 OFDI 创造就业数量行业别图表显示，在 2005—2022 年，流向制造业中的中高技术的绿地 OFDI 项目创造就业人数增长最为显著，从 2005 年的 3096 人增加到 19202 人，且在中高技术制造业中创造的就业人数占比也最大，2005—2022 年的平均占比为 51.82%。此外，流向制造业中低技术的 OFDI 创造就业人数从 2021 年的 5042 人增加到 2022 年的 8649 人。

表 4-5-1　中国民营企业绿地 OFDI 创造就业数量表

（单位：人）

年份	制造业											
	高技术				中高技术				中低技术			
	就业人数	同比增长（%）	占比（%）	指数	就业人数	同比增长（%）	占比（%）	指数	就业人数	同比增长（%）	占比（%）	指数
2005	2179	—	29.43	74.71	3096	—	41.82	32.55	197	—	2.66	3.15
2006	1064	-51.17	13.55	36.48	6719	117.02	85.61	70.64	65	-67.01	0.83	1.04
2007	1170	9.96	5.54	40.11	7648	13.83	36.23	80.41	7770	11853.85	36.81	124.17
2008	0	-100.00	0.00	0.00	6066	-20.69	48.66	63.78	6145	-20.91	49.29	98.20
2009	2359	—	21.39	80.88	8018	32.18	72.70	84.30	160	-97.40	1.45	2.56
2010	4380	85.67	15.62	150.16	22559	181.35	80.47	237.19	147	-8.13	0.52	2.35
2011	1274	-70.91	5.98	43.68	10574	-53.13	49.61	111.18	8631	5771.43	40.49	137.93
2012	1320	3.61	12.84	45.26	6307	-40.35	61.34	66.31	2268	-73.72	22.06	36.24
2013	120	-90.91	6.91	4.11	195	-96.91	11.23	2.05	800	-64.73	46.08	12.78
2014	1773	1377.50	5.22	60.79	13978	7068.21	41.17	146.97	3656	357.00	10.77	58.42
2015	10097	469.49	19.02	346.17	16501	18.05	31.08	173.49	15933	335.80	30.01	254.62
2016	11559	14.48	20.96	396.29	26782	62.31	48.57	281.59	7005	-56.03	12.70	111.94

续表

年份	制造业											
	高技术				中高技术				中低技术			
	就业人数	同比增长（%）	占比（%）	指数	就业人数	同比增长（%）	占比（%）	指数	就业人数	同比增长（%）	占比（%）	指数
2017	3689	-68.09	7.12	126.47	23537	-12.12	45.41	247.47	10843	54.79	20.92	173.28
2018	10928	196.23	15.62	374.66	20316	-13.68	29.04	213.61	23583	117.50	33.71	376.87
2019	21869	100.12	22.43	749.76	35215	73.34	36.12	370.26	7460	-68.37	7.65	119.22
2020	2887	-86.80	9.15	98.98	16032	-54.47	50.82	168.56	9102	22.01	28.85	145.46
2021	7352	154.66	22.27	252.06	14901	-7.05	45.13	156.67	5042	-44.61	15.27	80.57
2022	752	-89.77	2.03	25.78	19202	28.86	51.82	201.89	8649	71.54	23.34	138.22
合计	84772	—	14.51	—	257646	—	44.09	—	117456	—	20.10	—
2011—2015年均值	2916.8	—	—	100.00	9511	—	—	100.00	6257.6	—	—	100.00

年份	制造业							
	低技术				小计			
	就业人数	同比增长（%）	占比（%）	指数	就业人数	同比增长（%）	占比（%）	指数
2005	1931	—	26.08	35.82	7403	—	63.61	30.75
2006	0	-100.00	0.00	0.00	7848	6.01	52.82	32.60
2007	4523	—	21.42	83.90	21111	169.00	83.98	87.68
2008	256	-94.34	2.05	4.75	12467	-40.95	59.04	51.78
2009	492	92.19	4.46	9.13	11029	-11.53	73.11	45.81
2010	948	92.68	3.38	17.59	28034	154.18	69.02	116.44
2011	837	-11.71	3.93	15.53	21316	-23.96	71.60	88.54
2012	387	-53.76	3.76	7.18	10282	-51.76	71.66	42.71
2013	621	60.47	35.77	11.52	1736	-83.12	40.28	7.21
2014	14549	2242.83	42.85	269.89	33956	1855.99	63.18	141.04
2015	10560	-27.42	19.89	195.89	53091	56.35	71.22	220.51
2016	9792	-7.27	17.76	181.64	55138	3.86	49.30	229.01

续表

年份	制造业							
	低技术				小计			
	就业人数	同比增长（%）	占比（%）	指数	就业人数	同比增长（%）	占比（%）	指数
2017	13758	40.50	26.55	255.21	51827	-6.00	71.97	215.26
2018	15129	9.97	21.53	280.64	69956	34.98	57.77	290.56
2019	32956	117.83	33.30	611.34	97500	39.37	74.34	404.96
2020	3526	-89.30	11.18	65.41	31547	-67.64	69.30	131.03
2021	5725	62.37	17.34	106.20	33020	4.67	67.54	137.15
2022	8454	47.67	22.81	156.82	37057	12.23	59.29	153.92
合计	124444	—	21.30	—	584318	—	65.05	—
2011—2015年均值	5390.80	—	—	100.00	24076.20	—	—	100.00

年份	非制造业											
	服务业				采矿业				电力、热力、燃气及水生产和供应业			
	就业人数	同比增长（%）	占比（%）	指数	就业人数	同比增长（%）	占比（%）	指数	就业人数	同比增长（%）	占比（%）	指数
2005	1807	—	42.66	33.50	0	—	0.00	0.00	0	—	0.00	0.00
2006	3334	84.50	47.56	61.80	398	—	5.68	3158.73	0	—	0.00	0.00
2007	2342	-29.75	58.16	43.42	1329	233.92	33.00	10547.62	0	—	0.00	0.00
2008	4291	83.22	49.62	79.55	3000	125.73	34.69	23809.52	216	—	2.50	65.06
2009	3266	-23.89	80.52	60.54	572	-80.93	14.10	4539.68	24	-88.89	0.59	7.23
2010	12441	280.92	98.88	230.63	0	-100.00	0.00	0.00	13	-45.83	0.10	3.92
2011	7877	-36.69	93.16	146.02	0	—	0.00	0.00	338	2500.00	4.00	101.81
2012	1354	-82.81	33.30	25.10	0	—	0.00	0.00	0	-100.00	0.00	0.00
2013	2527	86.63	98.17	46.84	0	—	0.00	0.00	17	—	0.66	5.12
2014	6663	163.67	33.67	123.52	0	—	0.00	0.00	273	1505.88	1.38	82.23
2015	8551	28.34	39.86	158.52	63	—	0.29	500.00	1032	278.02	4.81	310.84

续表

年份	非制造业 服务业				非制造业 采矿业				非制造业 电力、热力、燃气及水生产和供应业			
	就业人数	同比增长（%）	占比（%）	指数	就业人数	同比增长（%）	占比（%）	指数	就业人数	同比增长（%）	占比（%）	指数
2016	21712	153.91	38.29	402.49	114	80.95	0.20	904.76	976	−5.43	1.72	293.98
2017	14664	−32.46	72.64	271.84	0	−100.00	0.00	0.00	739	−24.28	3.66	222.59
2018	32206	119.63	62.98	597.03	2213	—	4.33	17563.49	906	22.60	1.77	272.89
2019	21616	−32.88	64.22	400.71	3000	35.56	8.91	23809.52	446	−50.77	1.33	134.34
2020	13658	−36.82	97.71	253.19	0	−100.00	0.00	0.00	193	−56.73	1.38	58.13
2021	15684	14.83	98.82	290.75	0	0.00	0.00	0.00	60	−68.91	0.38	18.07
2022	22157	41.27	87.06	410.74	1348	—	5.30	10698.41	685	1041.67	2.69	206.33
合计	196150	—	62.49	—	12037	—	3.83	—	5918	—	1.89	—
2011—2015年均值	5394.4	—	—	100.00	12.60	—	—	100.00	332	—	—	100.00

年份	非制造业 建筑业				非制造业 小计				总计			
	就业人数	同比增长（%）	占比（%）	指数	就业人数	同比增长（%）	占比（%）	指数	就业人数	同比增长（%）	占比（%）	指数
2005	2429	—	57.34	43.94	4236	—	36.39	37.60	11639	—	100.00	32.93
2006	3278	34.95	46.76	59.30	7010	65.49	47.18	62.22	14858	27.66	100.00	42.04
2007	356	−89.14	8.84	6.44	4027	−42.55	16.02	35.74	25138	69.19	100.00	71.13
2008	1141	220.51	13.19	20.64	8648	114.75	40.96	76.76	21115	−16.00	100.00	59.74
2009	194	−83.00	4.78	3.51	4056	−53.10	26.89	36.00	15085	−28.56	100.00	42.68
2010	128	−34.02	1.02	2.32	12582	210.21	30.98	111.68	40616	169.25	100.00	114.92
2011	240	87.50	2.84	4.34	8455	−32.80	28.40	75.04	29771	−26.70	100.00	84.23
2012	2712	1030.00	66.70	49.06	4066	−51.91	28.34	36.09	14348	−51.81	100.00	40.60
2013	30	−98.89	1.17	0.54	2574	−36.69	59.72	22.85	4310	−69.96	100.00	12.19
2014	12851	42736.67	64.95	232.49	19787	668.73	36.82	175.63	53743	1146.94	100.00	152.06

年份	非制造业								总计			
	建筑业				小计							
	就业人数	同比增长(%)	占比(%)	指数	就业人数	同比增长(%)	占比(%)	指数	就业人数	同比增长(%)	占比(%)	指数
2015	11805	-8.14	55.03	213.56	21451	8.41	28.78	190.39	74542	38.70	100.00	210.91
2016	33900	187.17	59.79	613.29	56702	164.33	50.70	503.28	111840	50.04	100.00	316.44
2017	4784	-85.89	23.70	86.55	20187	-64.40	28.03	179.18	72014	-35.61	100.00	203.76
2018	15809	230.46	30.92	286.00	51134	153.30	42.23	453.85	121090	68.15	100.00	342.62
2019	8598	-45.61	25.54	155.55	33660	-34.17	25.66	298.76	131160	8.32	100.00	371.11
2020	127	-98.52	0.91	2.30	13978	-58.47	30.70	124.07	45525	-65.29	100.00	128.81
2021	127	0.00	0.80	2.30	15871	13.54	32.46	140.87	48891	7.39	100.00	138.33
2022	1259	891.34	4.95	22.78	25443	60.35	40.71	225.88	62506	27.85	100.00	176.86
合计	99768	—	31.79	—	313873	—	34.95	—	898191	—	100.00	—
2011—2015年均值	5527.60	—	—	100.00	11266.60	—	—	100.00	35342.80	—	—	100.00

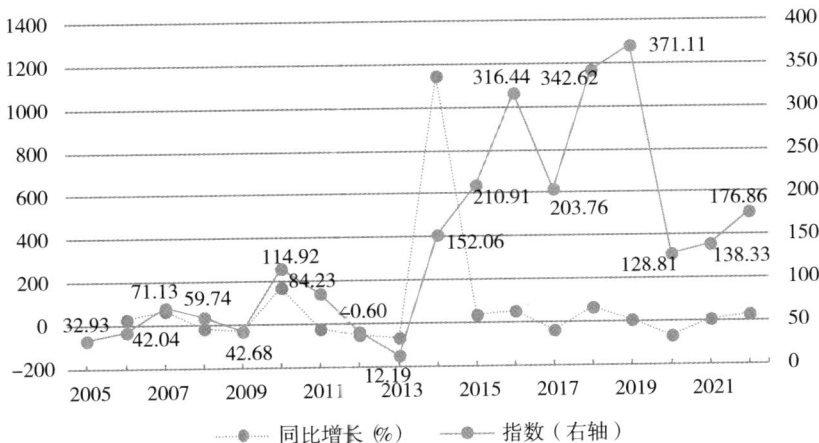

图 4-5-1　2005—2022 民营企业绿地投资创造就业指数变化图

二、民营企业对外绿地投资新增及扩大就业态势

根据 2005—2022 年中国民营企业绿地 OFDI 新增就业数量表，整体而

言，绿地对外直接投资创造新增就业量从 2005 年的 11465 人增长到 2022 年的 45696 人，并在 2019 年达到峰值 114307 人。就 2022 年而言，绿地对外直接投资项目创造新增就业量同比增长 26.38%。从行业类别视角分析，在 2005—2022 年间，我国民营企业对外直接投资活动主要集中在制造业，累计对外直接投资项目创造就业人数为 508954 人，占比 64.40%；排在第二是非制造业，累计对外直接投资项目创造就业人数为 281306 人，占比 35.60%。具体而言，流向制造业的民营企业对外直接投资新增就业人数主要集中在中高技术，2005—2022 年的平均占比为 42.68%，流向非制造业的民营企业对外直接投资新增就业人数主要集中在服务业，2005—2022 年的平均占比为 58.42%。

根据 2005—2022 年中国民营企业绿地 OFDI 扩大就业数量表，整体而言，绿地对外直接投资创造扩大就业量从 2005 年的 174 人增长到 2022 年的 16810 人，并在 2019 年达到最大规模 16853 人。就 2022 年而言，绿地对外直接投资项目创造扩大就业量同比增长 32.02%。从行业类别视角分析，在 2005—2022 年间，我国民营企业对外直接投资活动主要集中在制造业，累计对外直接投资项目创造就业人数为 75364 人，占比 69.83%；排在第二位的是非制造业，累计对外直接投资项目创造就业人数为 32567 人，占比 30.17%。具体而言，流向制造业的中高技术的 OFDI 扩大创造就业人数在 2022 年出现显著的减少，从 2021 年的 5648 人缩减到 466 人。

表 4-5-2　中国民营企业绿地 OFDI 新增就业数量表

（单位：人）

年份	制造业											
	高技术				中高技术				中低技术			
	就业人数	同比增长（%）	占比（%）	指数	就业人数	同比增长（%）	占比（%）	指数	就业人数	同比增长（%）	占比（%）	指数
2005	2005	—	27.74	73.91	3096	—	42.83	37.33	197	—	2.73	3.31
2006	794	-60.40	10.48	29.27	6719	117.02	88.66	81.02	65	-67.01	0.86	1.09
2007	1170	47.36	5.61	43.13	7400	10.14	35.47	89.23	7770	11853.85	37.24	130.39

续表

年份	制造业 高技术				制造业 中高技术				制造业 中低技术			
	就业人数	同比增长(%)	占比(%)	指数	就业人数	同比增长(%)	占比(%)	指数	就业人数	同比增长(%)	占比(%)	指数
2008	0	-100.00	0.00	0.00	5584	-24.54	46.59	67.33	6145	-20.91	51.27	103.12
2009	2359	—	21.39	86.96	8018	43.59	72.70	96.68	160	-97.40	1.45	2.69
2010	4180	77.19	18.62	154.10	17178	114.24	76.51	207.13	147	-8.13	0.65	2.47
2011	1274	-69.52	6.71	46.97	8425	-50.95	44.41	101.59	8437	5639.46	44.47	141.58
2012	1320	3.61	14.55	48.66	6172	-26.74	68.03	74.42	1193	-85.86	13.15	20.02
2013	20	-98.48	1.22	0.74	195	-96.84	11.92	2.35	800	-32.94	48.90	13.43
2014	852	4160.00	2.91	31.41	11747	5924.10	40.17	141.65	3474	334.25	11.88	58.30
2015	10097	1085.09	19.62	372.23	14927	27.07	29.00	179.99	15891	357.43	30.87	266.67
2016	8547	-15.35	17.53	315.09	23782	59.32	48.78	286.77	6674	-58.00	13.69	112.00
2017	3547	-58.50	7.69	130.76	18315	-22.99	39.69	220.84	10525	57.70	22.81	176.62
2018	9327	162.95	14.58	343.84	17329	-5.38	27.09	208.95	22570	114.44	35.28	378.75
2019	18068	93.72	21.41	666.08	26570	53.33	31.49	320.38	7450	-66.99	8.83	125.02
2020	2507	-86.12	9.84	92.42	13800	-48.06	54.18	166.40	5671	-23.88	22.27	95.17
2021	6497	159.15	26.71	239.51	9253	-32.95	38.04	111.57	3417	-39.75	14.05	57.34
2022	752	-88.43	3.09	27.72	18736	102.49	76.87	225.92	4432	29.70	18.18	74.37
合计	73316	—	14.41	—	217246	—	42.68	—	105018	—	20.63	—
2011—2015年均值	2712.60	—	—	100.00	8293.20	—	—	100.00	5959	—	—	100.00

年份	制造业 低技术				制造业 小计			
	就业人数	同比增长(%)	占比(%)	指数	就业人数	同比增长(%)	占比(%)	指数
2005	1931	—	26.71	37.75	7229	—	63.05	32.74
2006	0	-100.00	0.00	0.00	7578	4.83	59.38	34.32
2007	4523	—	21.68	88.42	20863	175.31	84.57	94.49

续表

年份	制造业							
	低技术				小计			
	就业人数	同比增长（%）	占比（%）	指数	就业人数	同比增长（%）	占比（%）	指数
2008	256	-94.34	2.14	5.00	11985	-42.55	58.27	54.28
2009	492	92.19	4.46	9.62	11029	-7.98	75.42	49.95
2010	948	92.68	4.22	18.53	22453	103.58	76.81	101.69
2011	837	-11.71	4.41	16.36	18973	-15.50	70.59	85.93
2012	387	-53.76	4.27	7.57	9072	-52.18	69.05	41.09
2013	621	60.47	37.96	12.14	1636	-81.97	41.46	7.41
2014	13172	2021.10	45.04	257.50	29245	1687.59	60.85	132.45
2015	10560	-19.83	20.51	206.44	51475	76.01	71.24	233.13
2016	9749	-7.68	20.00	190.58	48752	-5.29	47.63	220.80
2017	13758	41.12	29.81	268.95	46145	-5.35	71.16	208.99
2018	14743	7.16	23.05	288.21	63969	38.63	56.97	289.71
2019	32297	119.07	38.27	631.37	84385	31.92	73.82	382.17
2020	3491	-89.19	13.71	68.24	25469	-69.82	68.78	115.35
2021	5155	47.67	21.19	100.77	24322	-4.50	67.27	110.15
2022	454	-91.19	1.86	8.88	24374	0.21	53.34	110.39
合计	113374	—	22.28	—	508954	—	64.40	—
2011—2015年均值	5115.40	—	—	100.00	22080.20	—	—	100.00

年份	非制造业											
	服务业				采矿业				电力、热力、燃气及水生产和供应业			
	就业人数	同比增长（%）	占比（%）	指数	就业人数	同比增长（%）	占比（%）	指数	就业人数	同比增长（%）	占比（%）	指数
2005	1807	—	42.66	36.86	0	—	0.00	0.00	0	—	0.00	0.00
2006	1507	-16.60	29.08	30.74	398	—	7.68	3158.73	0	—	0.00	0.00
2007	2122	40.81	55.74	43.29	1329	233.92	34.91	10547.62	0	—	0.00	0.00

续表

年份	非制造业 服务业				非制造业 采矿业				非制造业 电力、热力、燃气及水生产和供应业			
	就业人数	同比增长(%)	占比(%)	指数	就业人数	同比增长(%)	占比(%)	指数	就业人数	同比增长(%)	占比(%)	指数
2008	4235	99.58	49.35	86.39	3000	125.73	34.96	23809.52	206	—	2.40	62.05
2009	2805	-33.77	78.03	57.22	572	-80.93	15.91	4539.68	24	-88.35	0.67	7.23
2010	6638	136.65	97.92	135.41	0	-100.00	0.00	0.00	13	-45.83	0.19	3.92
2011	7325	10.35	92.69	149.42	0	—	0.00	0.00	338	2500.00	4.28	101.81
2012	1354	-81.52	33.30	27.62	0	—	0.00	0.00	0	-100.00	0.00	0.00
2013	2263	67.13	97.97	46.16	0	—	0.00	0.00	17	—	0.74	5.12
2014	5693	151.57	30.25	116.13	0	—	0.00	0.00	273	1505.88	1.45	82.23
2015	7876	38.35	37.91	160.66	63	—	0.30	500.00	1032	278.02	4.97	310.84
2016	18608	136.26	34.72	379.58	114	80.95	0.21	904.76	976	-5.43	1.82	293.98
2017	13182	-29.16	70.49	268.90	0	-100.00	0.00	0.00	734	-24.80	3.93	221.08
2018	29383	122.90	60.82	599.38	2213	—	4.58	17563.49	906	23.43	1.88	272.89
2019	17878	-39.16	59.75	364.69	3000	35.56	10.03	23809.52	446	-50.77	1.49	134.34
2020	11243	-37.11	97.23	229.35	0	-100.00	0.00	0.00	193	-56.73	1.67	58.13
2021	11649	3.61	98.42	237.63	0	—	0.00	0.00	60	-68.91	0.51	18.07
2022	18782	61.23	88.09	383.13	596	—	2.80	4730.16	685	1041.67	3.21	206.33
合计	164350	—	58.42	—	11285	—	4.01	—	5903	—	2.10	—
2011—2015年均值	4902.20	—	—	100.00	12.60	—	—	100.00	332	—	—	100.00

年份	非制造业 建筑业				非制造业 小计				总计			
	就业人数	同比增长(%)	占比(%)	指数	就业人数	同比增长(%)	占比(%)	指数	就业人数	同比增长(%)	占比(%)	指数
2005	2429	—	57.34	43.94	4236	—	36.95	39.32	11465	—	100.00	34.90
2006	3278	34.95	63.25	59.30	5183	22.36	40.62	48.10	12761	11.30	100.00	38.84
2007	356	-89.14	9.35	6.44	3807	-26.55	15.43	35.33	24670	93.32	100.00	75.09

续表

| 年份 | 非制造业 | | | | | | | | 总计 | | | |
| | 建筑业 | | | | 小计 | | | | | | | |
	就业人数	同比增长(%)	占比(%)	指数	就业人数	同比增长(%)	占比(%)	指数	就业人数	同比增长(%)	占比(%)	指数
2008	1141	220.51	13.30	20.64	8582	125.43	41.73	79.65	20567	-16.63	100.00	62.60
2009	194	-83.00	5.40	3.51	3595	-58.11	24.58	33.37	14624	-28.90	100.00	44.51
2010	128	-34.02	1.89	2.32	6779	88.57	23.19	62.92	29232	99.89	100.00	88.97
2011	240	87.50	3.04	4.34	7903	16.58	29.41	73.35	26876	-8.06	100.00	81.80
2012	2712	1030.00	66.70	49.06	4066	-48.55	30.95	37.74	13138	-51.12	100.00	39.99
2013	30	-98.89	1.30	0.54	2310	-43.19	58.54	21.44	3946	-69.96	100.00	12.01
2014	12851	42736.67	68.29	232.49	18817	714.59	39.15	174.65	48062	1117.99	100.00	146.29
2015	11805	-8.14	56.82	213.56	20776	10.41	28.76	192.83	72251	50.33	100.00	219.91
2016	33900	187.17	63.25	613.29	53598	157.98	52.37	497.46	102350	41.66	100.00	311.52
2017	4784	-85.89	25.58	86.55	18700	-65.11	28.84	173.56	64845	-36.64	100.00	197.37
2018	15809	230.46	32.72	286.00	48311	158.35	43.03	448.39	112280	73.15	100.00	341.75
2019	8598	-45.61	28.73	155.55	29922	-38.06	26.18	277.71	114307	1.81	100.00	347.92
2020	127	-98.52	1.10	2.30	11563	-61.36	31.22	107.32	37032	-67.60	100.00	112.71
2021	127	0.00	1.07	2.30	11836	2.36	32.73	109.85	36158	-2.36	100.00	110.05
2022	1259	891.34	5.90	22.78	21322	80.15	46.66	197.90	45696	26.38	100.00	139.09
合计	99768	—	35.47	—	281306	—	35 60	—	790260	—	—	—
2011—2015年均值	5527.60	—	—	100.00	10774.40	—	—	100.00	32854.60	—	—	100.00

表 4-5-3　中国民营企业绿地 OFDI 扩大就业数量表

（单位：人）

| 年份 | 制造业 | | | | | | | | | | | |
| | 高技术 | | | | 中高技术 | | | | 中低技术 | | | |
	就业人数	同比增长(%)	占比(%)	指数	就业人数	同比增长(%)	占比(%)	指数	就业人数	同比增长(%)	占比(%)	指数
2005	174	—	100.00	85.21	0	—	0.00	0.00	0	—	0.00	0.00
2006	270	55.17	100.00	132.22	0	—	0.00	0.00	0	—	0.00	0.00

年份	制造业											
	高技术				中高技术				中低技术			
	就业人数	同比增长(%)	占比(%)	指数	就业人数	同比增长(%)	占比(%)	指数	就业人数	同比增长(%)	占比(%)	指数
2007	0	-100.00	0.00	0.00	248	—	100.00	20.36	0	—	0.00	0.00
2008	0	—	0.00	0.00	482	94.35	100.00	39.58	0	—	0.00	0.00
2009	0	—	—	0.00	0	-100.00	—	0.00	0	—	—	0.00
2010	200	—	3.58	97.94	5381	—	96.42	441.86	0	—	0.00	0.00
2011	0	-100.00	0.00	0.00	2149	-60.06	91.72	176.47	194	—	8.28	64.97
2012	0	—	0.00	0.00	135	-93.72	11.16	11.09	1075	454.12	88.84	360.01
2013	100	—	100.00	48.97	0	-100.00	0.00	0.00	0	-100.00	0.00	0.00
2014	921	821.00	19.55	451.03	2231	—	47.36	183.20	182	—	3.86	60.95
2015	0	-100.00	0.00	0.00	1574	-29.45	97.40	129.25	42	-76.92	2.60	14.07
2016	3012	—	47.17	1475.02	3000	90.60	46.98	246.35	331	688.10	5.18	110.85
2017	142	-95.29	2.50	69.54	5222	74.07	91.90	428.81	318	-3.93	5.60	106.50
2018	1601	1027.46	26.74	784.04	2987	-42.80	49.89	245.28	1013	218.55	16.92	339.25
2019	3801	137.41	28.98	1861.41	8645	189.42	65.92	709.89	10	-99.01	0.08	3.35
2020	380	-90.00	6.25	186.09	2232	-74.18	36.72	183.28	3431	34210.00	56.45	1149.03
2021	855	125.00	9.83	418.71	5648	153.05	64.93	463.79	1625	-52.64	18.68	544.21
2022	0	-100.00	0.00	0.00	466	-91.75	3.67	38.27	4217.00	159.51	33.25	1412.26
合计	11456	—	15.20	—	40400	—	53.61	—	12438.00	—	16.50	—
2011—2015年均值	204.20	—	—	100.00	1217.80	—	—	100.00	298.60	—	—	100.00

年份	制造业							
	低技术				小计			
	就业人数	同比增长(%)	占比(%)	指数	就业人数	同比增长(%)	占比(%)	指数
2005	0	—	0.00	0.00	174	—	100.00	8.72
2006	0	—	0.00	0.00	270	55.17	12.88	13.53

年份	制造业							
	低技术				小计			
	就业人数	同比增长（%）	占比（%）	指数	就业人数	同比增长（%）	占比（%）	指数
2007	0	—	0.00	0.00	248	-8.15	52.99	12.42
2008	0	—	0.00	0.00	482	94.35	87.96	24.15
2009	0	—	—	0.00	0	-100.00	0.00	0.00
2010	0	—	0.00	0.00	5581	—	49.02	279.61
2011	0	—	0.00	0.00	2343	-58.02	80.93	117.38
2012	0	—	0.00	0.00	1210	-48.36	100.00	60.62
2013	0	—	0.00	0.00	100	-91.74	27.47	5.01
2014	1377	—	29.23	500.00	4711	4611.00	82.93	236.02
2015	0	-100.00	0.00	0.00	1616	-65.70	70.54	80.96
2016	43	—	0.67	15.61	6386	295.17	67.29	319.94
2017	0	-100.00	0.00	0.00	5682	-11.02	79.26	284.67
2018	386	—	6.45	140.16	5987	5.37	67.96	299.95
2019	659	70.73	5.02	239.29	13115	119.06	77.82	657.06
2020	35	-94.69	0.58	12.71	6078	-53.66	71.56	304.51
2021	570	1528.57	6.55	206.97	8698	43.11	68.31	435.77
2022	8000	1303.51	63.08	2904.87	12683	45.82	75.45	635.42
合计	11070	—	14.69	—	75364	—	69.83	—
2011—2015年均值	275.40	—	—	100.00	1996	—	—	100.00

年份	非制造业							
	服务业				电力、热力、燃气及水生产和供应业			
	就业人数	同比增长（%）	占比（%）	指数	就业人数	同比增长（%）	占比（%）	指数
2005	0	—	—	0.00	0	—	0.00	0.00
2006	1827	—	100.00	371.19	0	—	0.00	—

年份	非制造业							
	服务业				电力、热力、燃气及水生产和供应业			
	就业人数	同比增长（%）	占比（%）	指数	就业人数	同比增长（%）	占比（%）	指数
2007	220	-87.96	100.00	44.70	0	—	0.00	—
2008	56	-74.55	84.85	11.38	10	—	15.15	—
2009	461	723.21	100.00	93.66	0	-100.00	0.00	—
2010	5803	1158.79	100.00	1178.99	0	—	0.00	—
2011	552	-90.49	100.00	112.15	0	—	0.00	—
2012	0	-100.00	0.00	0.00	0	—	0.00	—
2013	264	—	100.00	53.64	0	—	0.00	—
2014	970	267.42	100.00	197.07	0	—	0.00	—
2015	675	-30.41	100.00	137.14	0	—	0.00	—
2016	3104	359.85	100.00	630.64	0	—	0.00	—
2017	1482	-52.26	99.66	301.10	5	—	0.34	—
2018	2823	90.49	100.00	573.55	0	-100.00	0.00	—
2019	3738	32.41	100.00	759.45	0	—	0.00	—
2020	2415	-35.39	100.00	490.65	0	—	0.00	—
2021	4035	67.08	100.00	819.79	0	—	0.00	—
2022	3375	-16.36	81.78	685.70	0	—	0.00	—
合计	31800	—	97.64	—	15.00	—	0.05	—
2011—2015年均值	492.20	—	—	100.00	0	—	—	100.00

年份	非制造业				总计			
	小计							
	就业人数	同比增长（%）	占比（%）	指数	就业人数	同比增长（%）	占比（%）	指数
2005	0	—	0.00	0.00	174	—	100.00	6.99
2006	1827	—	87.12	371.19	2097	1105.17	100.00	84.28

续表

年份	非制造业				总计			
	小计							
	就业人数	同比增长（%）	占比（%）	指数	就业人数	同比增长（%）	占比（%）	指数
2007	220	−87.96	47.01	44.70	468	−77.68	100.00	18.80
2008	66	−70.00	12.04	13.41	548	17.09	100.00	122.02
2009	461	598.48	100.00	93.66	461	−15.88	100.00	18.53
2010	5803	1158.79	50.98	1178.99	11384	2369.41	100.00	457.52
2011	552	−90.49	19.07	112.15	2895	−74.57	100.00	116.35
2012	0	−100.00	0.00	0.00	1210	−58.20	100.00	48.63
2013	264	—	72.53	53.64	364	−69.92	100.00	14.63
2014	970	267.42	17.07	197.07	5681	1460.71	100.00	228.32
2015	675	−30.41	29.46	137.14	2291	−59.67	100.00	92.07
2016	3104	359.85	32.71	630.64	9490	314.23	100.00	381.40
2017	1487	−52.09	20.74	302.11	7169	−24.46	100.00	288.12
2018	2823	89.85	32.04	573.55	8810	22.89	100.00	354.07
2019	3738	32.41	22.18	759.45	16853	91.29	100.00	677.32
2020	2415	−35.39	28.44	490.65	8493	−49.61	100.00	341.33
2021	4035	67.08	31.69	819.79	12733	49.92	100.00	511.74
2022	4127	2.28	24.55	838.48	16810	32.02	100.00	675.60
合计	32567	—	30.17	—	107931	—	100.00	—
2011—2015年均值	492.20	—		100.00	2488.20	—		100.00

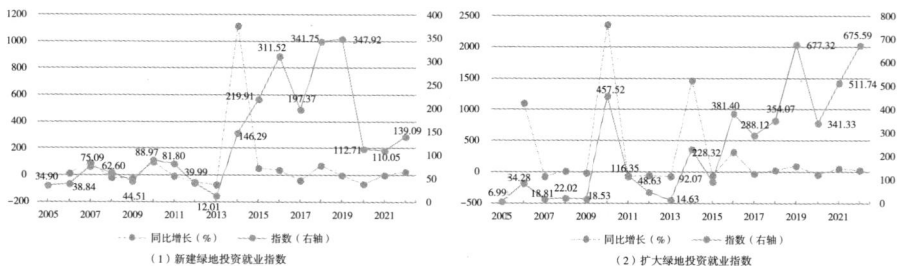

图 4-5-2　2005—2022 民营企业绿地新增、扩大投资就业指数变化图

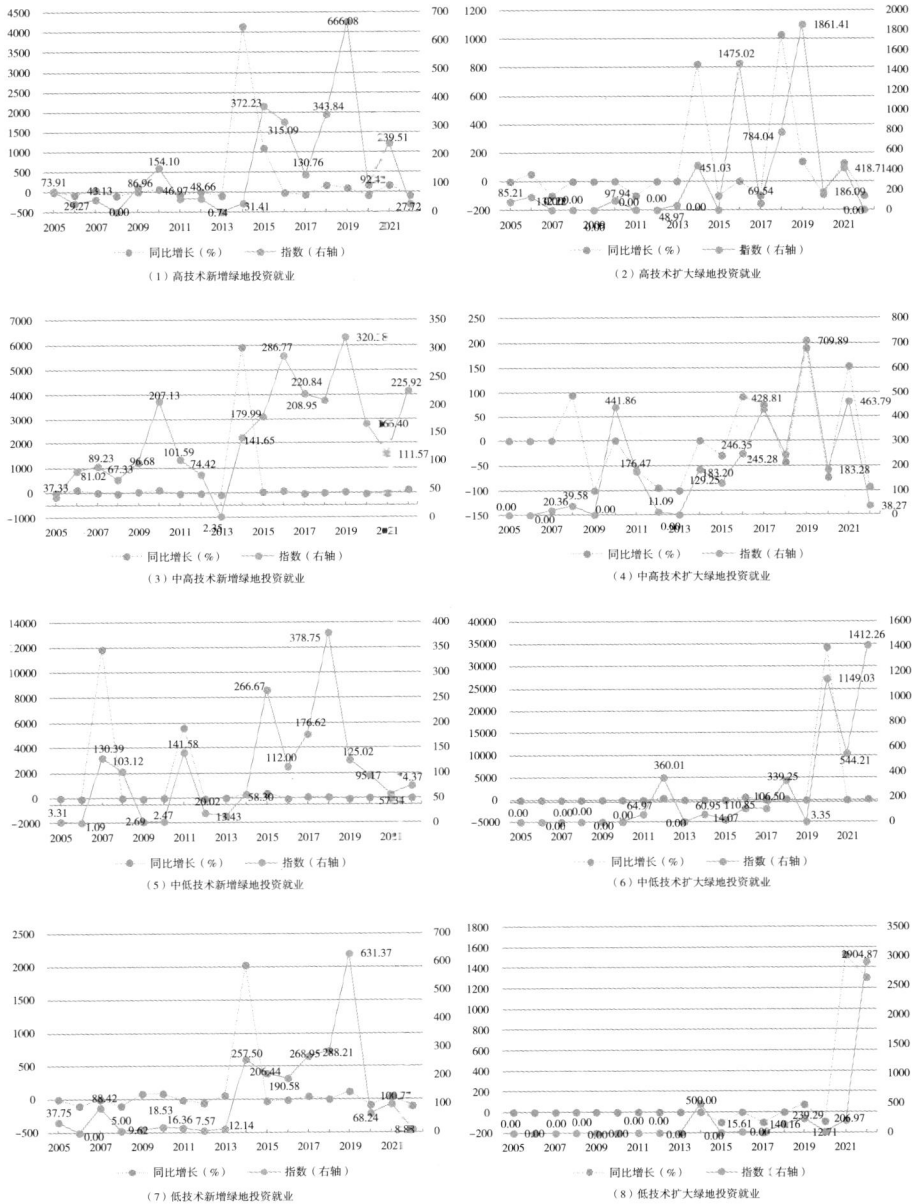

（1）高技术新增绿地投资就业

（2）高技术扩大绿地投资就业

（3）中高技术新增绿地投资就业

（4）中高技术扩大绿地投资就业

（5）中低技术新增绿地投资就业

（6）中低技术扩大绿地投资就业

（7）低技术新增绿地投资就业

（8）低技术扩大绿地投资就业

图 4-5-3　制造业绿地新增、扩大投资就业指数变化图

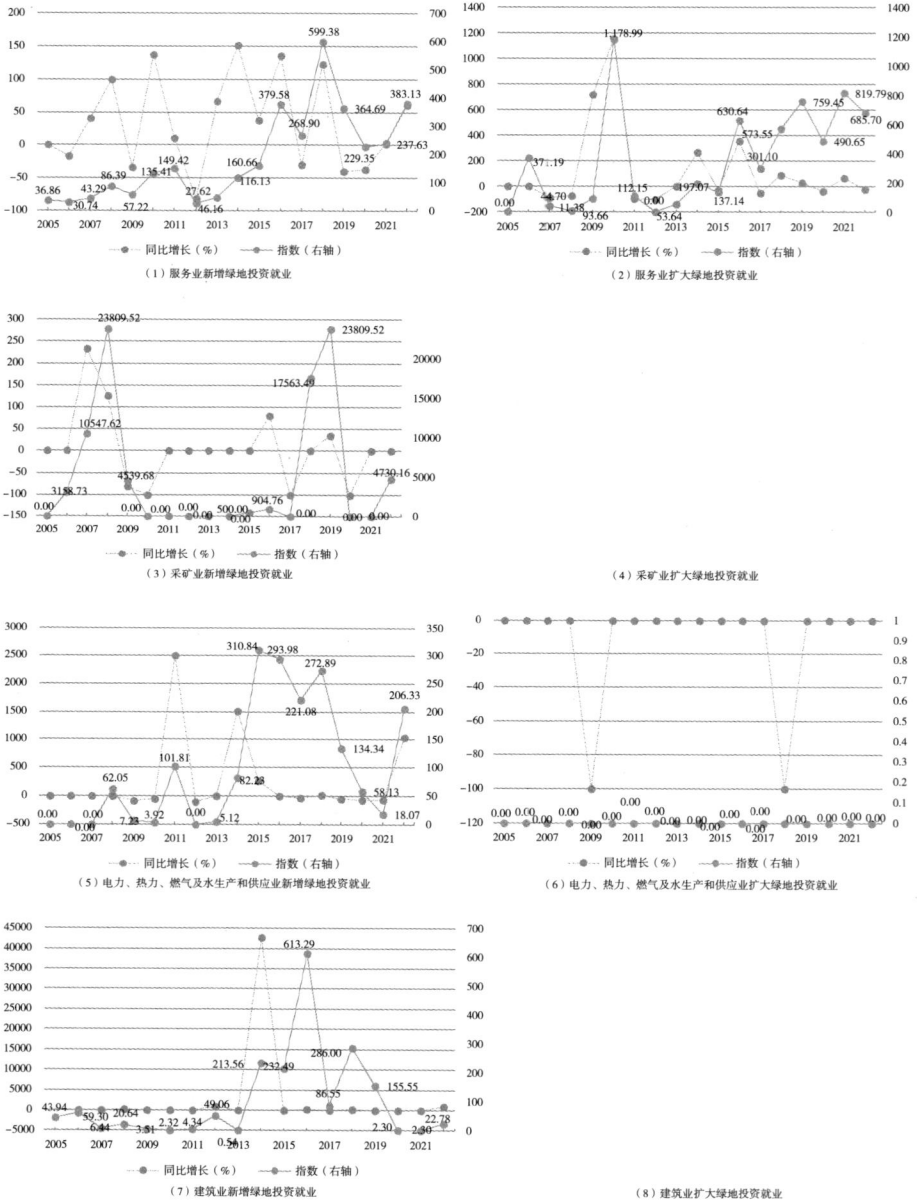

（1）服务业新增绿地投资就业

（2）服务业扩大绿地投资就业

（3）采矿业新增绿地投资就业

（4）采矿业扩大绿地投资就业

（5）电力、热力、燃气及水生产和供应业新增绿地投资就业

（6）电力、热力、燃气及水生产和供应业扩大绿地投资就业

（7）建筑业新增绿地投资就业

（8）建筑业扩大绿地投资就业

图4-5-4　非制造业绿地新增、扩大投资就业指数变化图

本章小结

一、2022 年民营企业对外绿地投资项目数量有所回升，但投资金额持续下降

2022 年民营企业绿地对外直接投资项目数量上升 16.54% 至 303 件，项目金额上升 8.54% 至 270.83 亿美元。综合来看，我国民营企业绿地对外直接投资项目数量自 2018 年达到峰值后呈现下降态势，项目金额自 2016 年达到峰值水平后也突然回落，整体呈现出投资更加理性的表现。

二、长三角地区民营企业对外投资项目数量较多，环渤海地区民营企业对外投资项目规模较大

2005—2022 年间，我国民营企业绿地对外直接投资项目数量主要来源于长三角地区，占比达到 32.0□%，项目金额主要来源于环渤海地区，占比达到 33.06%，相应的长三角地区投资金额出现小幅下降，占比由 54.07% 下降至 43.21%。

三、民营企业对发展中国家的对外绿地投资呈现规模大、集中于亚洲地区的特点

2005—2022 年间，我国民营企业绿地对外直接投资项目数量主要投向发达经济体，累计投资 2548 件，占比 61.21%；项目金额角度主要投向发展中经济体，累计投资 2100.50 亿美元，占比 59.94%。其中流向发展中经济体的民营企业绿地投资主要集中于亚洲地区，占比达到 53.89%。

四、民营企业对外绿地投资主要集中于非制造业，但在逐渐向制造业转移

从项目数量角度，2005—2022 年间我国民营企业对外绿地直接投资活

动主要集中在非制造业，累计对外直接投资项目数量为3150件，占比75.67%。从投资金额角度，自2016年以来民营企业对外绿地投资对非制造业的投资金额整体呈现下降趋势，但对制造业的投资却逐年攀升，2005—2022年间民营企业对外绿地投资对制造业的累计投资金额为1798.90亿美元，占比51.34%。

五、民营企业绿地对外投资创造总就业量、新增就业量和扩大就业量整体均呈上升态势

我国民营企业绿地对外直接投资创造总就业量、新增就业量和扩大就业量在2005—2020年间均整体呈现增长趋势，其中创造的总就业量、新增就业量和扩大就业量均主要集中于制造业，分别占比65.05%、64.40%和69.83%。

第二部分

基于四类企业对比、宏观指标协动性分析和趋势预测篇

第五章　中国企业对外直接投资的对比分析

不同类型中国企业在进行对外直接投资决策过程中会存在一定差异，具体表现在投资行业、投资模式、投资周期、投资金额以及投资标的国（地区）的选择上。为深入探究不同类型企业对外直接投资特征，本章节使用 NK-GERC 数据库，以不同类型企业在 2005—2022 年对外直接投资的总体数量和金额状况、不同投资模式的数量和金额状况、不同来源地的数量和金额状况、不同投资标的国（地区）的数量和金额状况、不同投资行业的数量和金额状况为研究对象，分析得出民营、国有、港澳台资和外资四类企业对外直接投资的共性与差异。在对不同类型企业对制造业的对外直接投资的研究中，按照制造业的技术水平，进一步探讨不同类型企业对不同技术水平制造业的对外直接投资特征。除此之外，按照不同类型企业对"一带一路"沿线国家对外投资的总体数量和金额状况、不同投资模式的数量和金额状况，对不同类型中国企业对"一带一路"沿线国家对外投资的现状及发展历程进行研究，从而间接证明了"一带一路"倡议在促进不同类型中国企业加快"走出去"步伐，不断提高企业竞争力和国际市场份额的重要作用①。

---

① 本节的研究对象为 2005—2022 年具有对外直接投资的中国企业，企业名单及相关海外直接投资数据通过对 BvD-Zephyr 并购数据库和 fDi Markets 绿地投资数据库的原始数据进行整理统计得到。按照企业所有制，将中国企业划分为民营、国有、港澳台资和外资四类所有制企业，不同企业所有制划分的具体标准参照本书序章第一节。

第一节　四类企业对外直接投资概况

本部分对四种企业对外直接投资数量和金额方面的特征及差异进行整体分析。

一、不同类型企业对外直接投资在全国的占比

为对比分析不同所有制企业参与对外直接投资的程度及发展趋势，本报告测度了四种类型企业对外直接投资的项目数量和金额在全部企业的占比及其变化趋势，具体如图 5-1-1 所示。

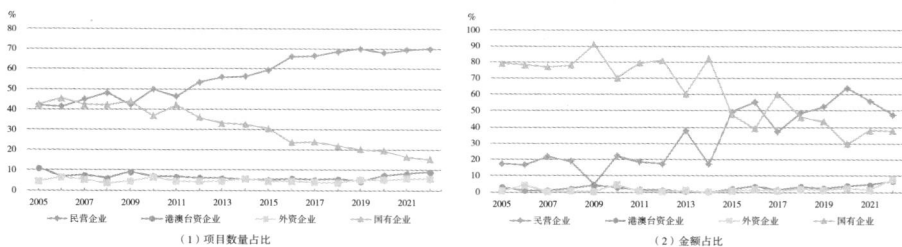

（1）项目数量占比　　　　　　　（2）金额占比

图 5-1-1　2005—2022 年中国不同所有制企业对外直接投资项目数量和金额占比图

从图 5-1-1 中可以看出，港澳台资企业和外资企业对外直接投资的项目数量占比和金额占比在 2005—2022 年期间一直保持在较低水平，且变化趋势较平稳。与之相比，国有企业与民营企业项目数量占比和金额占比相对较高，并存在显著波动。具体而言，在项目数量占比方面，以 2009 年为节点，在 2005—2009 年期间，国有企业和民营企业波动较平缓，且二者差距较小，均保持在 40% 左右；而从 2009 年至今，民营企业 OFDI 项目数量占比持续上升，逐步占据领先优势且不断扩大，并在 2022 年达至最高点 70.01%。相应的国有企业 OFDI 项目数量占比则呈现出下降趋势，并于 2022 年降至最低点，仅为 15.38%。对比发现两类企业在 OFDI 项目数量上的差距拉大至 55% 左右。就金额占比而言，国有企业和民营企业呈波动变化态势。以 2015 年为节点，在此之前，国有企业远远领先于民营企业，并

于 2009 年达到最高点 91.14%，处于绝对主导地位；在 2015 之后，民营企业占比表现出明显的上升态势。而国有企业整体呈下降趋势，二者在 OFDI 金额占比方面的差距被迅速缩小。具体而言，2018 年之后，民营企业 OFDI 金额占比实现了对国有企业 OFDI 金额占比的反超，此后，民营企业 OFDI 金额占比一直高于国有企业；到 2022 年，民营企业 OFDI 金额占比为 47.60%，国有企业 OFDI 金额占比为 37.88%。

结合项目数量和金额对比图可以看出，民营企业在 OFDI 项目数量占比和金额占比上均逐步占据主体地位，且其在 OFDI 项目数量占比上的领先优势更加显著。这体现了民营企业在对外投资活动中愈发活跃，具有强劲的发展潜力。

二、不同类型企业 OFDI 综合指数

表 5-1-1 2005—2022 年中国不同所有制企业 OFDI 综合指数统计

年份	OFDI 综合指数			
	民营	港澳台资	外资	国有
2005	16.68	48.00	18.76	30.23
2006	21.46	30.41	84.48	42.77
2007	36.02	53.27	31.73	73.09
2008	45.13	117.56	36.75	97.90
2009	37.14	143.52	43.14	91.13
2010	54.04	116.85	167.03	66.22
2011	68.06	110.69	73.34	102.22
2012	57.02	61.55	51.68	59.78
2013	69.55	74.88	108.66	59.97
2014	122.14	79.53	100.03	156.29
2015	183.23	173.35	166.29	121.74
2016	271.84	454.90	258.35	143.58
2017	193.54	246.32	168.12	128.75
2018	236.23	327.71	248.61	144.69

续表

年份	OFDI 综合指数			
	民营	港澳台资	外资	国有
2019	207.30	155.03	178.97	84.43
2020	159.11	180.99	179.58	58.25
2021	140.91	258.18	113.39	41.38
2022	123.11	194.33	293.69	34.56

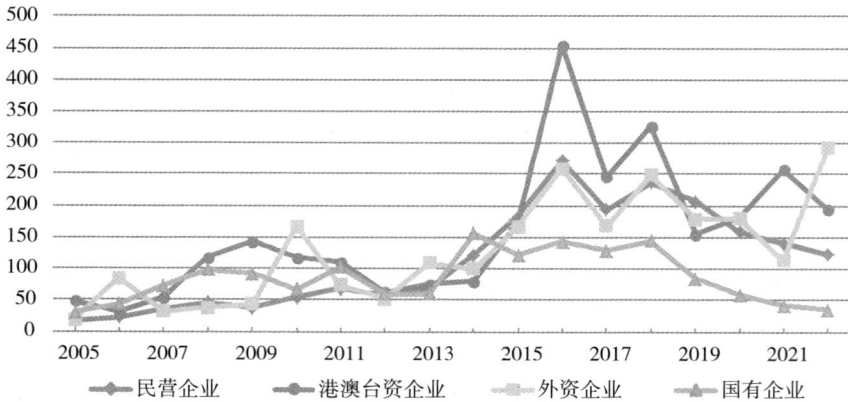

图 5-1-2　2005—2022 年中国不同所有制企业 OFDI 综合指数变化图

　　基于中国民营企业 OFDI 综合指数的计算方法，本书还分别测算了国有企业、港澳台资、外资企业在 2005—2022 年的 OFDI 综合指数[①]，如表5-1-1 和图 5-1-2 所示。不同类型企业的 OFDI 综合指数的测算有助于从整体上了解四种类型企业在统计时间段内对外直接投资的发展历程及现状。在 2005—2022 年期间，民营企业、国有企业、港澳台资企业整体上均呈现出先波动式增长后下降回调的发展趋势，外资企业整体上呈现出波动式增长。其中，三类非国有企业 OFDI 综合指数均在 2005—2013 年期间缓慢增长，在 2014—2016 年期间迅猛增长，民营企业、港澳台资企业在

----

① OFDI 综合指数的测算方法参照本书序章第一节。

2016 年达到峰值；其中，港澳台资企业 OFDI 综合指数在 2014—2016 年的增长趋势最为明显；2017—2021 年期间随着对外直接投资环境不确定性增加，外资企业、民营企业 OFDI 综合指数整体呈现出下降调整趋势，港澳台资企业呈现先下降后回升的趋势，但三类非国有企业 OFDI 综合指数仍然保持在较高水平；在 2022 年，除外资企业开始回升外，民营企业和港澳台资企业呈现下降趋势。相较于三类非国有企业，国有企业 OFDI 综合指数在 2005—2022 年期间的波动幅度较小，在 2005—2013 年期间，国有企业 OFDI 综合指数整体缓慢增长；在"一带一路"倡议带动下，2014 年国有企业 OFDI 综合指数迅速上升并达到峰值；2015—2022 年受到国内产业优化升级以及国际贸易形势的影响，除 2017 年国有企业 OFDI 综合指数有所回升外，其余年份均呈现快速下降趋势；2022 年，国有企业 OFDI 综合指数与其他三类非国有企业相比处于较低水平。

三、不同类型企业对外直接投资项目数量及金额指数

按照中国民营企业 OFDI 项目数量指数和金额指数的计算方法，本部分对不同类型企业在 2005—2022 年期间的 OFDI 项目数量指数和金额指数进行具体测算①，2005—2022 年中国不同类型企业对外直接投资项目数量指数和金额指数的变化情况如图 5-1-3 所示。从图中可以看出，四种不同类型企业的项目数量指数在 2005—2022 年间发展趋势较为一致，且波动幅度较小，总体上升趋势明显。而在 OFDI 金额指数方面，四种企业发展趋势较为波动，且波动幅度存在较大差异。

基于项目数量指数视角，在 2005—2013 年间，四种不同类型企业增速平缓且相差较小。在 2013 年之后整体上升速度明显加快，且四种不同类型企业的综合指数逐渐拉开差距。2015—2018 年，三类非国有企业 OFDI 项目数量指数呈现出波动式上升，民营企业和港澳台资企业 OFDI 项目数量指数均在 2018 年达到峰值，分别为 267.71 和 216.49。2019—2021 年，受

---

① OFDI 项目数量指数和金额指数的测算方法参照本书序章第一节。

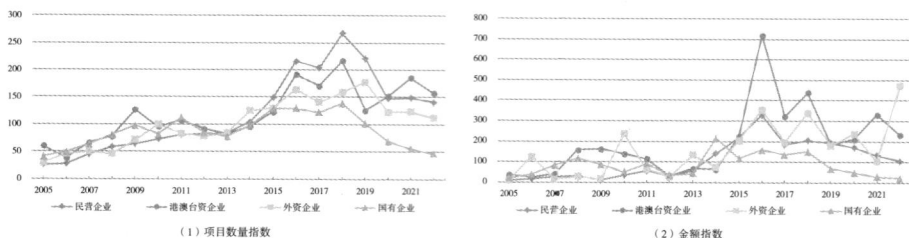

（1）项目数量指数

（2）金额指数

图 5-1-3 2005—2022 年中国不同所有制企业对外直接投资项目数量指数和金额指数变化图

国际贸易形势的影响，除港澳台企业 OFDI 项目数量指数回升外，民营企业、外资企业 OFDI 项目数量指数整体上均呈下降趋势。2022 年，三类非国有企业 OFDI 项目数量指数均呈现下降趋势。与三类非国有企业不同，国有企业 OFDI 项目数量指数在 2015—2018 年期间波动幅度较小，2019—2022 年期间在贸易不确定性增加的背景下呈现明显下降趋势。因此，从不同类型企业 OFDI 项目数量指数的变化趋势可以得知，2019 年以来中国企业对外直接投资的形势愈发严峻。

在金额指数方面，2005—2013 年期间，国有企业和民营企业 OFDI 金额指数发展趋势较为一致，整体呈缓慢增长趋势，而港澳台资企业波动幅度最大，外资企业居于其次。其中港澳台资企业 OFDI 金额指数在 2009 年达到极大值，外资企业 OFDI 金额指数分别在 2006 年和 2010 年达到极大值。2013 年之后，三类非国有企业 OFDI 金额指数发展趋势较为接近，在 2014—2016 年呈现高速增长并均在 2016 年达到峰值，其中港澳台资企业和外资企业 OFDI 金额指数分别为 559.79 和 386.48；2017—2021 年，民营企业和外资企业 OFDI 金额指数整体呈下降趋势，民营企业下降趋势较明显，港澳台资企业呈现先下降后回升的趋势；在 2022 年，除外资企业 OFDI 金额指数开始回升外，港澳台资企业和民营企业均呈下降迹象。在"一带一路"倡议的带动作用下，国有企业 OFDI 金额指数在 2014 年直线上升且达到峰值为 254.34；但随后在 2015—2022 年，受到产业结构转型升级、国际贸易保护主义有所抬头和疫情的影响，国有企业 OFDI 金额指数整体表现出下降趋势。总体而言，基于不同类型中国企业 OFDI 金额指数的变化趋势可知，2016—2022 年不同类型中国企业 OFDI 发展明显放缓。

第二节　四类企业对外直接投资的分视角概况

一、从不同投资模式角度分析

本小节从投资项目数量和金额两个维度，通过对比分析 2005—2022 年民营、国有、港澳台资和外资四种类型企业对外并购、绿地投资的发展趋势及现状，以从投资模式角度总结得出不同类型企业在对外直接投资过程中所表现出的特征。

（一）不同投资模式下四种类型企业投资项目数量及金额在全国的占比

为了更加准确衡量不同类型企业在对外直接投资过程中对于并购和绿地两种投资方式的偏好程度，比较不同类型企业 OFDI 在并购和绿地两种对外直接投资方式的重要性，分别测算不同类型企业的并购投资和绿地投资在全国企业同类对外直接投资中所占的比例。

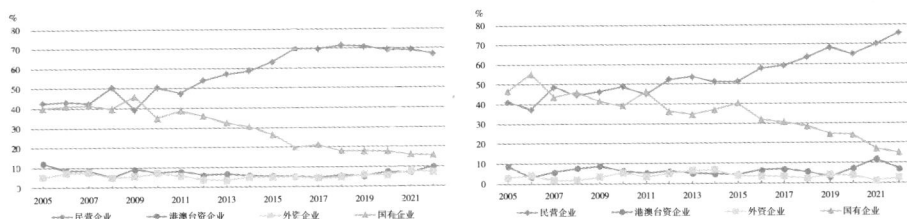

图 5-2-1　2005—2022 年中国不同所有制企业对外并购、绿地投资项目数量占比变化图

通过对比图 5-2-1 和图 5-2-2 显示的不同类型企业并购投资和绿地投资在项目数量占比、金额占比上的发展趋势与图 5-1-1 表示的不同类型企业对外直接投资项目数量和金额占比的发展趋势，可以看出不同类型企业对外直接投资总体特征与在不同投资方式上所表现的具体特征一致。港澳台资企业和外资企业始终未表现出明显的发展趋势，且两种类型企业在并购投资和绿地投资上的数量占比和金额占比均较低，国有企业和民营企业在两种对外直接投资方式中均占据主导地位。对于国有企业和民营企业，在并购投资项目数量占比方面，2005—2009 年，国有企业和民营企业均保持在 40%左右；2010 年之后，国有企业和民营企业在并购投资项目数量占比方面出现差异且表现出不断扩大的特征，民营企业并购投资项目数量占比从 2010 年的 50.44%持续上升至 2022 年的 67.06%，国有企业并购投资项目数量占比则由 2010 年的 35.11%逐步下降至 2022 年的 15.61%；到2021 年，民营企业和国有企业在并购投资项目数量占比上的差距拉大至51.45%。在并购投资金额占比方面，在 2015 年之前，除 2013 年之外，国有企业相较民营企业在并购投资金额占比上整体保持着 50%左右的领先优势；随着 2015 年民营企业和国有企业在并购投资金额占比上分别直线上升和直线下降，民营企业实现对国有企业的反超；2016—2022 年，民营企业与国有企业在并购投资金额占比方面呈现出此消彼长的发展趋势，2022 年民营企业和国有企业的并购投资金额占比分别为 35.19%和 20.32%。

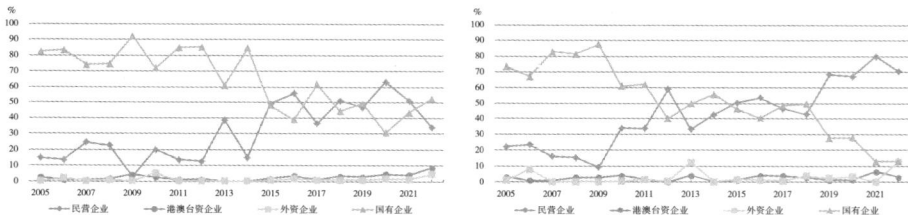

图 5-2-2　2005—2022 年中国不同所有制企业对外并购、绿地投资金额占比变化图

　　国有企业和民营企业在绿地投资项目数量和金额占比方面的变化与两类企业在并购投资项目数量和金额占比方面的变化基本一致，但波动幅度有所减小。具体来看，在绿地投资项目数量占比方面，2012 年之前，国有企业和民营企业较为接近，波动范围基本保持在 40%至 50%之间；2012 年之后，在民营企业国际竞争力和国际市场份额不断提高的促进作用下，国有企业和民营企业在绿地投资项目数量占比方面的差距不断拉大；2022 年民营企业和国有企业的绿地投资项目数量占比分别为 75.56%和 14.96%，两类企业在绿地投资项目数量占比上的差距扩大为 60.60%。在绿地投资金额占比方面，在 2010 年之前，国有企业相较民营企业在绿地投资金额占

比方面保持巨大领先优势且不断扩大，并在 2009 年达到最大差距为
78.27%；2010 年之后，在国家促进民营企业对外投资政策以及民营企业
对外直接投资需求不断扩大的推动下，民营企业与国有企业在绿地投资金
额占比方面的差距迅速缩小；2012—2018 年，民营企业和国有企业在绿地
投资金额占比上比较接近；2019—2022 年，民营企业在绿地投资金额占比
方面与国有企业拉开较大差距；2022 年民营企业和国有企业的绿地投资金
额占比分别为 70.38% 和 13.36%，两类企业在绿地投资金额占比上的差距
为 57.02%。

　　综上所述，民营企业在并购投资和绿地投资方面都表现出积极的发展
趋势，相较于其他三类所有制企业，在两类投资方式中均占据主导地位，
并未表现出对某类投资方式的偏好，说明民营企业能够很好地综合运用并
购和绿地两种投资方式以促进自身 OFDI 发展。

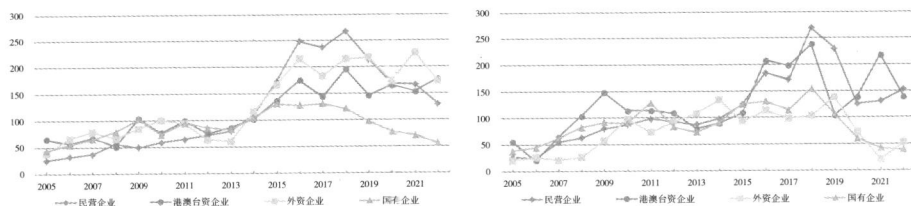

图 5-2-3　2005—2022 年中国不同所有制企业对外并购、绿地投资项目数量指数变化图

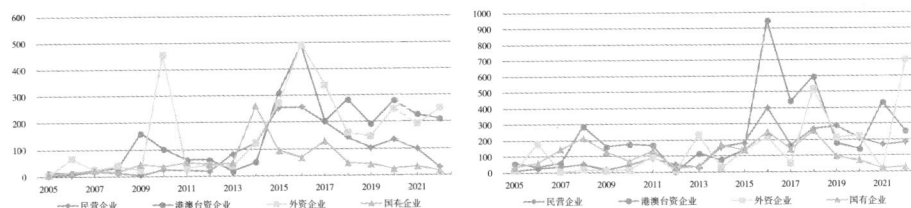

图 5-2-4　2005—2022 年中国不同所有制企业对外并购、绿地投资金额指数变化图

　　（二）不同投资模式下四种类型企业对外投资项目数量及金额指数

　　2005—2022 年期间不同类型企业对外并购、绿地投资项目数量指数
变化情况如图 5-2-3 所示。在并购投资项目数量指数方面，2005—2013

年，四类企业的变化特征较为一致，四类企业并购投资项目数量指数整体呈缓慢增长趋势；2014—2016 年，三类非国有企业并购投资项目数量指数迅速增长；2017—2022 年，港澳台资企业、外资企业并购投资项目数量指数均呈水平调整，民营企业呈下降趋势；国有企业并购投资项目数量指数在 2014—2015 年同样增长，但与其他三类非国有企业相比增长幅度较小；2016—2017 年，国有企业并购投资项目数量指数变化幅度不大；2018—2022 年，国有企业并购投资项目数量指数整体呈下降趋势。在绿地投资项目数量指数方面，在 2016 年之前，四种类型企业发展趋势较为接近，整体呈缓慢增长趋势；2016—2022 年，三类非国有企业基本上呈现先上升后下降再上升的趋势，其中民营企业和港澳台资企业的第一次上升较为迅速，外资企业则较为缓慢，国有企业在此期间呈现下降趋势。

图 5-2-4 表明，与投资项目数量指数发展趋势相比，不同类型企业在并购、绿地投资金额指数方面表现出较大的差异。在并购投资金额指数方面，除港澳台资企业在 2009 年以及外资企业先后在 2006 年和 2010 年达到极大值外，2013 年之前，不同类型企业的投资金额指数均较小且整体波动幅度不大；2013 年之后，三类非国有企业发展趋势仍较为一致但民营企业波动幅度较小；2013—2016 年三类非国有企业金额指数迅速增加并均在 2016 年达到峰值；2017—2022 年，民营企业并购投资金额指数逐渐下降；外资企业在 2009 年之前先下降，随后波动上升；港澳台资企业则水平波动。国有企业并购投资金额指数受"一带一路"倡议推动在 2014 年达到峰值后，在 2014—2022 年整体呈下降趋势。在绿地投资金额指数方面，在 2014 年之前，不同类型企业金额指数整体波动幅度不大且数值较低；2014—2021 年，虽然三类非国有企业在一定期间内表现出迅猛增长的态势并达到峰值，但随后很快便恢复至 2005—2014 年期间的平均水平；2022 年，外资企业绿地投资金额指数出现迅速增长，国有企业和民营企业均呈现上升趋势，港澳台资企业呈现下降趋势。

对比不同类型中国企业在并购和绿地两种不同投资方式下的发展趋势

可得，相较于绿地投资，不同类型中国企业在并购投资方面的发展趋势更为明显，从而反映出并购投资在中国企业对外直接投资中的重要作用。

二、从投资来源地角度分析

基于 NK-GERC 数据库对企业对外投资来源地的划分①，本小节以企业来源地为切入点，对来自环渤海地区、长三角地区、珠三角地区、中部地区和西部地区的四种不同类型企业的对外直接投资项目数量和金额的变化进行深入分析。

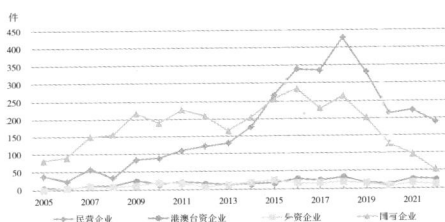

（1）环渤海地区项目数量

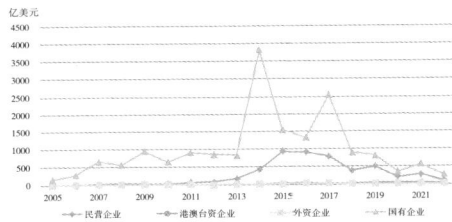

（2）环渤海地区金额

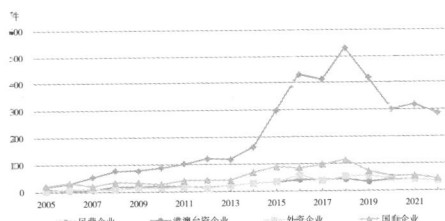

（3）长三角地区项目数量

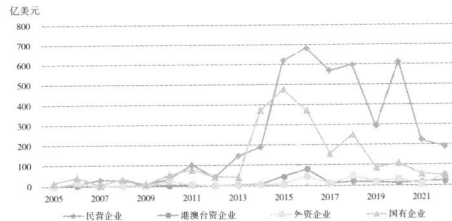

（4）长三角地区金额

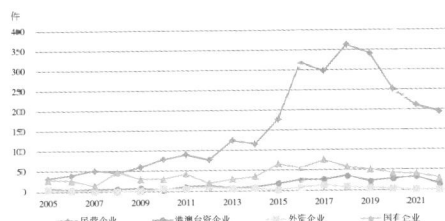

（5）珠三角地区项目数量

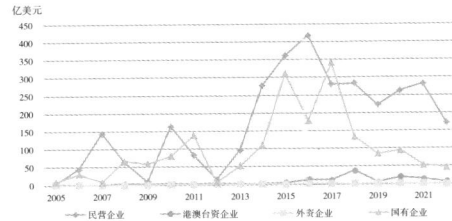

（6）珠三角地区金额

---

① 企业对外直接投资来源地的划分详见本书序章第一节。

（7）中部地区项目数量

（8）中部地区金额

（9）西部地区项目数量

（10）西部地区金额

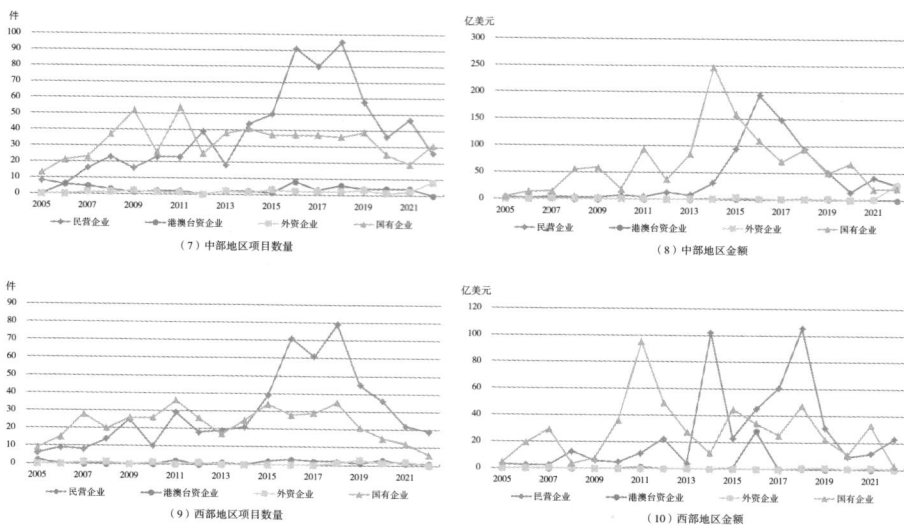

**图 5-2-5　2005—2022 年五大投资来源地不同所有制
企业对外直接投资项目数量、金额变化图**

从图 5-2-5 得出，2005—2022 年不同投资来源地的港澳台资企业和外资企业的对外直接投资数量和金额均保持在较低水平且波动幅度不大。不同区域的国有企业和民营企业在本区域企业的对外直接投资项目数量和金额中均占有较大比重。从来自不同区域的国有企业和民营企业在 2005—2022 年的发展趋势看，除环渤海地区民营企业对外直接投资金额始终低于国有企业外，民营企业对外直接投资的发展速度与国有企业相比整体较快；2022 年，民营企业对外直接投资在大部分区域已占据领先地位，其中民营企业在对外直接投资项目数量上的领先优势更加明显，从而凸显出民营企业对于推动中国对外直接投资发展的重要作用。

环渤海地区受产业结构的影响，自 2005 年以来，企业对外直接投资金额一直以国有企业为主；而在对外直接投资项目数量上，国有企业的主导地位在 2015 年之后被民营企业所取代。在对外直接投资金额方面，尽管环渤海地区民营企业和国有企业之间的差距整体呈缩小态势，但直到 2022 年，环渤海地区国有企业对外直接投资金额始终高于民营企业；2005—2022 年，环渤海地区国有企业和民营企业的对外直接投资金额分别为

18047.67 亿美元和 4960.11 亿美元。在对外直接投资项目数量方面，自 2012 年以来，民营企业与国有企业之间的差距迅速缩小，2015 年民营企业在对外直接投资项目数量上完成对国有企业的反超；在 2015—2022 年，民营企业对外直接投资项目数量相较国有企业一直保持领先。

在长三角和珠三角地区，2005—2022 年民营企业相较国有企业在对外直接投资项目数量和金额上均整体保持一定优势，其中民营企业在对外直接投资项目数量上的优势更加明显。2005—2013 年，虽然珠三角地区民营企业和国有企业对外直接投资金额波动幅度较大，但长三角和珠三角地区民营企业和国有企业对外直接投资数量和金额整体上呈水平调整状态，未表现出明显的发展趋势。在对外直接投资项目数量上，2014—2018 年，随着民营企业对外直接投资项目数量整体迅速上升而国有企业对外直接投资项目数量未表现出明显的增长趋势，民营企业相较国有企业在对外直接投资项目数量上的领先优势不断扩大；尽管民营企业对外直接投资项目数量在 2019 年以来逐渐下降，但民营企业在对外直接投资项目数量上仍保持对国有企业较大的领先地位；从整体上看，2005—2022 年，长三角和珠三角地区民营企业的对外直接投资项目数量分别为 3838 件和 2875 件，是来自同地区国有企业投资项目数量的 3.99 倍和 3.98 倍。在对外直接投资金额上，长三角地区民营企业对外直接投资金额在 2014 年的直线上升，使得民营企业相较国有企业在对外直接投资金额上取得一定领先优势，并在此后一直保持领先；珠三角地区民营企业对外直接投资金额在 2014—2016 年的大幅度上升，使得民营企业自 2014 年以来在对外直接投资金额上整体保持对国有企业的领先优势；2014—2022 年，长三角和珠三角地区民营企业的对外直接投资金额分别为 3978.50 亿美元和 2560.49 亿美元，分别是同地区国有企业对外直接投资金额的 2.05 倍和 1.89 倍。

中西部地区在 2014 年之前，国有企业在对外直接投资数量和金额两方面较民营企业均整体上保持优势地位。2014 年，中部地区民营企业实现对国有企业在对外直接投资项目数量上的反超，且民营企业相较国有企业的领先优势在 2016 年迅速拉大；在 2018—2020 年间，民营企业相较国有企业的领先优势大幅缩小，但 2021 年民营企业在对外直接投资项目数量上仍保持对国有企业的小幅领先。2022 年，国有企业对外直接投资数量实现反超。2014—2017 年，中部地区民营企业与国有企业在对外直接投资金额上的差距不断缩小，其中在 2016 年和 2017 年民营企业在对外直接投资金额上实现对国有企业的反超且保持一定领先优势；2018 年和 2019 年，民营企业和国有企业在对外直接投资金额上非常接近；在 2020—2022 年，国有企业和民营企业对外直接投资金额此消彼长；总体上看，中部地区国有企业相较民营企业在对外直接投资金额上仍保持主导地位，但 2014 年民营企业在对外直接投资项目数量上实现对国有企业的反超并在此后一直占据优势地位。国有企业和民营企业在 2005—2022 年的对外直接投资项目数量分别为 591 件和 699 件，两类企业在统计区间内的对外直接投资金额分别为 1214.64 亿美元和 741.48 亿美元。

与中部地区相比，2014—2022 年西部地区民营企业对国有企业在对外直接投资项目数量和金额上的整体反超趋势更加显著。在对外直接投资项目数量方面，国有企业在 2015 年之前整体保持对民营企业的领先但两类企业之间的差距不大；民营企业在 2015 年实现对国有企业的反超，随着民营企业对外直接投资数量在 2016 年直线上升，民营企业相较国有企业的领先优势迅速扩大；在 2017 年和 2018 年，民营企业始终占据对国有企业的巨大领先优势；尽管在 2019—2022 年民营企业对外直接投资数量直线下降，民营企业相较国有企业的领先优势有所缩小，但民营企业仍保持对国有企业的领先地位。从整个统计区间看，民营企业超越国有企业成为对外直接投资项目数量最多的企业类型，两类企业在 2005—2022 年的对外直接投资项目数量分别为 531 件和 408 件。在对外直接投资金额方面，国有企业在 2014 年之前整体保持对民营企业的领先优势；2014 年之后，民营企业对外直接投资金额相对于国有企业整体上处于优势地位；整体上看两类企业在统计区间内对外直接投资金额势均力敌，民营企业和国有企业在 2005—2022 年的对外直接投资金额分别为 479.64 亿美元和 504.16 亿美元。

通过对来自五大区域不同类型中国企业在对外直接投资项目数量和金额

上的发展趋势和现状的分析可以得知，来自不同区域的民营企业和国有企业在对外直接投资项目数量和金额上均保持主导地位，并且除环渤海地区企业对外直接投资金额外，民营企业相较国有企业均保持一定优势。2022 年，除了中部地区外，其他投资来源地民营企业在对外直接投资项目数量上均保持优势地位，长三角和珠三角地区民营企业在对外直接投资金额上较国有企业保持优势地位；环渤海地区、中西部地区 2022 年民营企业相较国有企业在对外直接投资金额上的差距不大。由此反映出，民营企业在中国企业对外直接投资发展中的重要性呈不断加强的发展趋势。与民营企业和国有企业相比，各区域外资企业和港澳台资企业在对外直接投资项目数量和金额上的数值均较小且波动幅度不大，未表现出明显的发展趋势。

三、从投资标的国（地区）角度分析

基于 NK-GERC 数据库的方法对企业对外直接投资标的国（地区）进行划分[①]，对四种类型企业对发达经济体、发展中经济体和转型经济体等不同投资标的国（地区）对外投资项目数量和金额的发展趋势和现状进行具体分析。

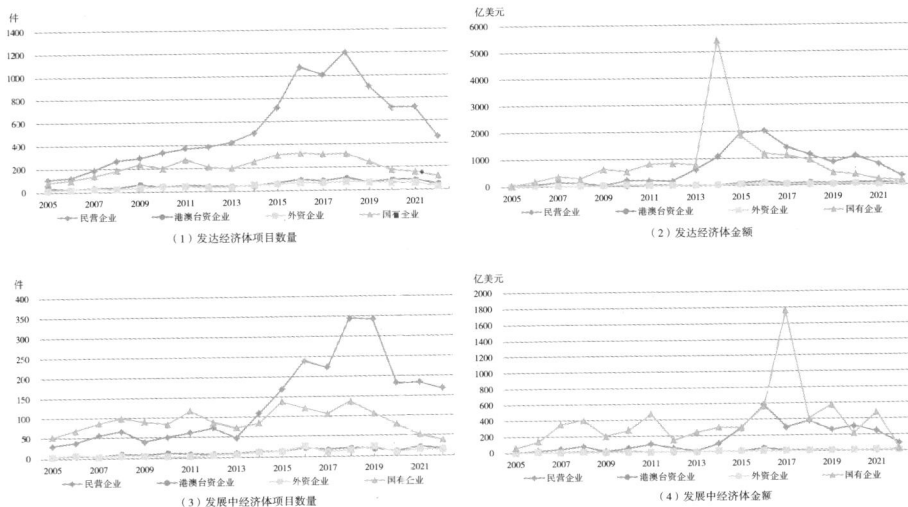

（1）发达经济体项目数量

（2）发达经济体金额

（3）发展中经济体项目数量

（4）发展中经济体金额

---

① 企业对外直接投资标的国（地区）的划分详见本书序章第一节。

（5）转型经济体项目数量

（6）转型经济体金额

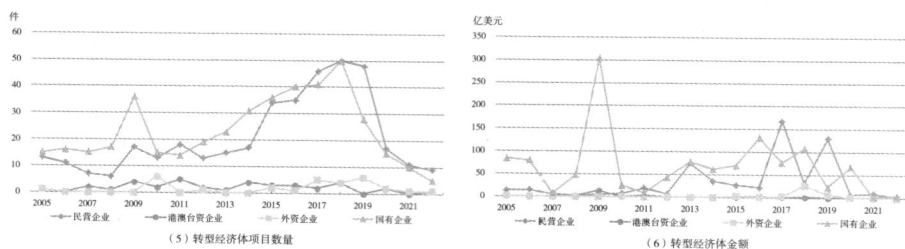

**图 5-2-6　2005—2022 年中国不同所有制企业在三类经济体
对外直接投资项目数量、金额变化图**

四种类型企业在 2005—2022 年对不同投资标的国（地区）的对外直接投资项目数量和金额的变化趋势如图 5-2-6 所示。从图 5-2-6 可以看出，外资企业和港澳台资企业对三类投资标的国（地区）的对外直接投资项目数量和金额均整体保持在较低水平且波动幅度不大。民营企业和国有企业在对三类投资标的国（地区）的对外直接投资中均占据主导地位。在对外直接投资项目数量方面，近年来民营企业相较国有企业整体保持领先，其中民营企业在对发达经济体和发展中经济体对外直接投资上的优势更加明显。在对外直接投资金额方面，2015—2022 年，民营企业在对发达经济体的对外直接投资金额上较国有企业保持一定的优势地位；国有企业在对发展中经济体的对外直接投资金额上较民营企业整体保持领先地位，但在 2020 年和 2022 年民营企业实现对国有企业的小幅反超；在对转型经济体的对外直接投资方面，民营企业与国有企业自 2016 年以后呈现此消彼长的发展趋势。综上，民营企业在对外直接投资上表现出更好的发展势头。

在对发达经济体的对外直接投资方面，民营企业在对外直接投资项目数量上一直保持领先地位，且与其他类型企业的差距在 2013—2018 年整体呈迅速扩大趋势；尽管在 2018 年以后民营企业在对外直接投资项目数量逐渐下降，但相对于其他三类企业仍保持较大优势。2013—2022 年，民营企业对发达经济体的对外直接投资项目数量为 7726 件，占到同时期不同类型中国企业对发达经济体对外直接投资项目总数的 67.91%。在对外直接投资金额方面，在 2015 年之前，国有企业均占有最大份额，特别是在 2014

年国有企业对发达经济体的对外直接投资金额达到一个非常大的峰值为
5426. 64 亿美元；民营企业于 2015 年在对外直接投资金额上反超国有企业
之后，直至 2022 年均保持在对外直接投资金额上对国有企业的领先地位。
虽然国有企业对发达经济体的对外直接投资金额在 2014 年之后整体呈下降
趋势，但由于国有企业"走出去"步伐较快，截至 2022 年，国有企业仍
是对发达经济体累计对外直接投资金额最多的企业类型；国有企业在
2005—2022 年对发达经济体的对外直接投资金额为 16131. 39 亿美元，占
到同期不同类型中国企业对发达经济体对外直接投资总额的 54.74%。

在对发展中经济体的对外直接投资项目数量方面，国有企业在 2014 年
之前较民营企业均保持一定领先地位，但两类企业对外直接投资项目数量
的增长均不明显；2014—2018 年，随着民营企业对外直接投资项目数量快
速增长，民营企业在 2014 年实现对国有企业的反超且两类企业之间的差距
不断拉大；尽管民营企业对外直接投资项目数量在 2020 年受到疫情冲击大
幅下降，但民营企业相较国有企业仍保持领先；民营企业和国有企业在
2005—2022 年对发展中经济体的对外直接投资项目数量分别为 2430 件和
1628 件。在对发展中经济体的对外直接投资金额方面，2005—2022 年国有
企业在整体上对民营企业保持领先，除 2017 年以外，两类企业在对外直接
投资金额方面的差距不大；2020 年和 2022 年民营企业实现对国有企业的
小幅反超；2005—2022 年，国有企业对发展中经济体的对外直接投资金额
为 6889. 27 亿美元，占不同类型中国企业对发展中经济体对外直接投资总
额的 69.18%。

在对转型经济体的对外直接投资项目数量方面，民营企业和国有企业
的发展趋势比较接近，两类企业在 2010—2018 年均较快增长，并均在
2018 年达到峰值；2019—2022 年，在产业结构优化升级和对外直接投资环
境不确定性有所增加的双重背景下，民营企业和国有企业的对外直接投资
项目数量均表现出下降趋势；民营企业和国有企业在 2005—2022 年对转型
经济体的对外直接投资项目数量分别为 380 件和 426 件。2016—2022 年，
民营企业和国有企业在对外直接投资金额方面呈现出此消彼长的发展趋

势，受到疫情影响，2021年民营企业对外直接投资金额下降至较低水平为
9.10亿美元，国有企业对外直接投资金额为2.54亿美元，2022年民营企
业对外直接投资金额再次下降至2.16亿美元，国有企业对外直接投资金额
小幅增长至3.83亿美元；整体上看，国有企业仍然是对转型经济体投资金
额最大的企业类型，2005—2022年国有企业对转型经济体的对外直接投资
金额为1221.16亿美元，是民营企业对转型经济体对外直接投资金额的
2.13倍。

四、从投资标的行业角度分析

（一）制造业和非制造业层面

基于NK-GERC数据库的方法将企业对外直接投资标的行业划分为制
造业和非制造业[①]，进而以投资行业为研究视角对2005—2022年四种所有
制企业对制造业和非制造业的对外直接投资项目数量及金额、对制造业对
外直接投资项目数量占比及金额占比进行对比分析以得出相应结论。

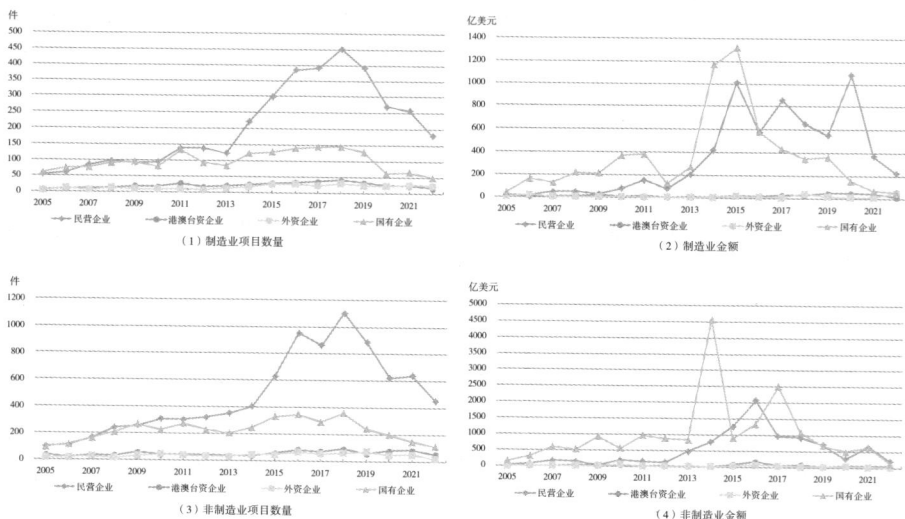

图5-2-7　2005—2022年中国不同所有制企业向两种标的
行业对外直接投资项目数量、金额变化图

---

①　企业对外直接投资标的行业的划分详见本书序章第一节。

外资企业和港澳台资企业在对制造业和非制造业的对外直接投资项目数量和金额均保持在较低水平且波动幅度不大，增长趋势不明显。国有企业和民营企业在对制造业和非制造业的对外直接投资中均占据主导地位。

由图 5-2-7 可以看出，在对外直接投资项目数量方面，民营企业在制造业和非制造业相较国有企业均保持优势地位，且两类企业之间的差距在 2013—2018 年迅速扩大；2018 年，民营企业对制造业和非制造业的对外直接投资项目数量均达到峰值，分别为 452 件和 1104 件，民营企业与国有企业在对相应行业对外直接投资项目数量之间的差距也达到最大值，分别为 306 件和 746 件；2018—2022 年，由于国际贸易自由化在一定程度上受阻，民营企业和国有企业对制造业和非制造业的对外直接投资项目数量均呈下降趋势，民营企业在对两类行业的对外直接投资项目数量方面仍保持对国有企业较大的领先。整体上看，民营企业在对制造业和非制造业的对外直接投资项目数量中均占有最大比重，民营企业在 2005—2022 年对制造业和非制造业的对外直接投资项目数量分别为 3733 件和 8711 件，各自占到不同所有制中国企业对制造业和非制造业对外直接投资项目总数的 60.30% 和 60.63%。

就对两类行业的对外直接投资金额而言，在制造业方面，2005—2016 年国有企业均领先于民营企业；民营企业在 2017 年实现对国有企业的反超并拉开一定差距，并且这一差距在 2020 年由于民营企业对制造业的对外直接投资金额直线上升至 1083.75 亿美元而达到最大值为 929.62 亿美元。2021—2022 年这一差距迅速缩小。

在对非制造业的对外直接投资金额方面，国有企业整体保持对民营企业的领先优势；尤其在 2014 年，国有企业对非制造业的对外直接投资金额在"一带一路"倡议的巨大推动作用下达到一个非常大的峰值为 4576.64 亿美元，相应地国有企业与民营企业在对非制造业的对外直接投资金额上的差距也达到最大为 3800.85 亿美元；但在 2018—2020 年，由于国际贸易保护主义有所加强对国有企业和民营企业的共同阻碍，两类企业对非制造业的对外直接投资金额均呈下降趋势且非常接近；而在 2021 年两类企业对非制造业的对外直接投资金额有一定的回升，且民营企业的回升速度更快。2022年两类企业对非制造业的对外直接投资金额再次下降。总体上看，国有企业在对非制造业的对外直接投资金额中仍占据最大比重，国有企业在2005—2022年对非制造业的对外直接投资金额为18035.74亿美元，占到同期不同所有制中国企业对非制造业投资总额的63.97%。

表5-2-1　2005—2022年中国不同所有制企业对制造业投资
在本类企业总投资中的占比汇总表

年份	项目数量占比（%）				金额占比（%）			
	民营企业	港澳台资企业	外资企业	国有企业	民营企业	港澳台资企业	外资企业	国有企业
2005	36	12.82	18.75	39.07	34.24	6.92	63.79	20.71
2006	35.71	35.71	40.74	39.36	19.78	49.33	92.85	34.15
2007	34.14	21.43	17.24	32.2	21.59	55.26	20.43	17.39
2008	28.91	30.23	48.15	30.64	25	27	49.69	29.84
2009	26.59	24.32	21.05	26.04	48.1	43.59	14.6	18.58
2010	23.44	28.57	16	26.32	27.87	10.61	6.78	39.68
2011	31.15	40.91	20.45	32.84	50.97	51.39	17.75	28.34
2012	30.22	29.63	18.42	28.97	36.85	17.03	23.1	12.35
2013	25.79	37.04	27.5	28.92	30.39	67.02	15.08	24.47
2014	35.51	41.67	26.98	33.24	35.08	56.81	30.66	20.35
2015	32.08	34.48	37.14	28.01	44.23	20.52	37.18	59.56
2016	28.72	28.32	29.67	28.81	21.65	6.73	10.43	30.11
2017	31.21	32.71	28.95	33.11	46.93	29.27	11.05	14.78
2018	29.05	30.77	34.09	28.97	41.22	28.14	68.55	24.36
2019	30.56	37.65	25.81	34.68	43.97	73.86	46.43	34.81
2020	30.34	24.75	32.35	23.64	80.22	52.96	20.79	23.35
2021	28.46	21.82	29.33	32.38	38.55	46.97	16.76	10.1
2022	28.54	23.18	56.09	30.86	53.46	21.57	86.98	32.19
合计	29.99	29.78	29.82	30.48	41.02	31.62	36.99	26.14

通过对表 5-2-1 中呈现的 2005—2022 年四种类型企业在对制造业对外直接投资项目数量和金额在本类企业总投资中的占比情况，民营企业在多数年份较其他三类企业在制造业投资金额占比方面保持较高水平；并且民营企业在 2005—2022 年对制造业投资金额在本类企业总投资中所占比例为 41.02%，明显高于其他三类企业；反映出民营企业对外直接投资对制造业的偏好程度要高于其他三类企业。

2005—2022 年，外资企业的制造业投资项目数量占比整体呈现波动上升趋势，2005 年外资企业的制造业投资项目数量占比在四种企业中处于较低水平为 18.75%，但外资企业在 2022 年对制造业的投资项目数量占比跃升至四种所有制企业中的首位，达到 56.09%。由此得出外资企业对外直接投资过程中更加倾向于制造业。与民营企业和外资企业偏好于制造业对外直接投资相比，国有企业和港澳台资企业在对外直接投资中并未表现出对制造业的明显偏好。

（二）不同技术水平制造业及服务业

1. 在不同技术水平制造业层面

基于 NK-GERC 数据库的方法按照行业技术水平对企业对外投资制造业进行划分①，对 2005—2022 年四种类型企业在高技术、中高技术、中低技术和低技术制造业对外直接投资项目数量和金额的发展趋势及现状进行探究。

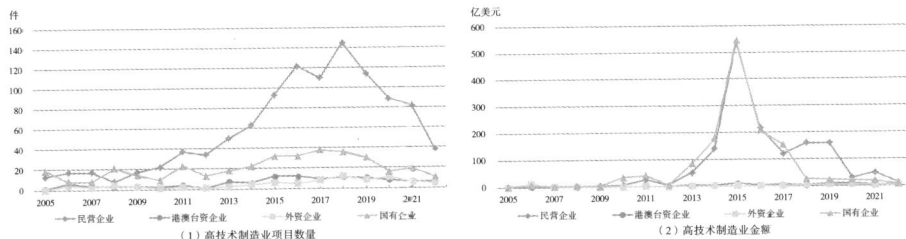

（1）高技术制造业项目数量　　　　　　　（2）高技术制造业金额

---

① 不同技术水平制造业的划分详见本书序章第一节。

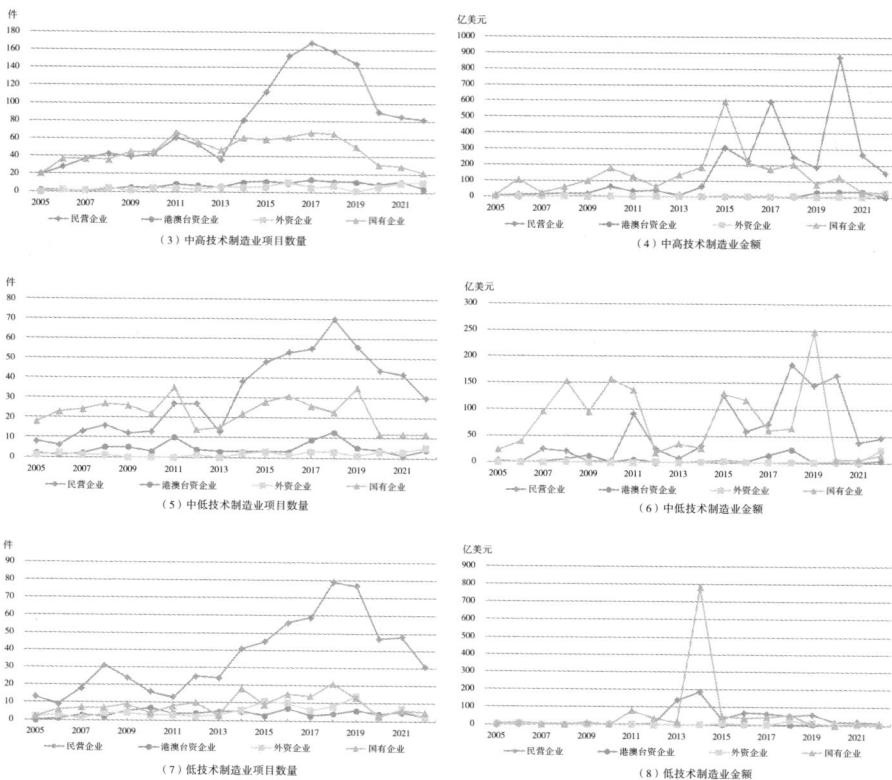

图5-2-8　2005—2022年中国不同所有制企业在不同制造业对外直接投资项目数量、金额变化图

港澳台资企业和外资企业对不同技术水平制造业的对外直接投资项目数量和金额均处于较低水平且未呈现出明显的发展趋势。国有企业和民营企业在对不同技术水平制造业的对外直接投资中表现活跃且均占据主导地位。

在对外直接投资项目数量方面，2005—2022年民营企业在高技术制造业、中高技术制造业和低技术制造业的对外直接投资较国有企业均整体保持领先；2014—2022年，民营企业相较国有企业在对中低技术制造业的对外直接投资中整体保持领先；总体上看，2005—2022年，民营企业是对不同技术水平制造业投资项目数量最多的企业类型，民营企业对高技术制造业、中高技术制造业、中低技术制造业和低技术制造业的投资项目数量分别为 1071 件、1435 件、571 件和 656 件，各自占到对不同技术水平制造业投资项目总数的 65.54%、57.54%、52.58% 和 67.14%。

在对外直接投资金额方面，2018 年之前民营企业和国有企业在对高技术制造业的投资金额上表现出较为一致的发展趋势；民营企业和国有企业对高技术制造业的投资金额在 2012—2015 年迅速上升并均在 2015 年达到峰值，分别为 537.06 亿美元和 545.79 亿美元；随后两类企业对制造业的对外直接投资金额在 2016—2022 年整体均呈快速下降趋势；2022 年，国有企业和民营企业高技术制造业的投资金额均较小且非常接近，分别为 6.17 亿美元和 11.28 亿美元。在对中高技术制造业的对外直接投资金额方面，2005—2015 年，国有企业对中高技术制造业的投资金额始终领先于民营企业且在 2015 年达到峰值为 594.97 亿美元；但在 2016—2022 年，民营企业呈现波动式水平发展，国有企业对中高技术制造业的投资金额在 2015 年达到峰值后整体呈现下降趋势；2022 年，民营企业和国有企业对中高技术制造业的投资金额分别为 152.57 亿美元和 28.53 亿美元。在对中低技术制造业对外直接投资方面，民营企业在 2005—2022 年呈现波动式增长，而国有企业在 2005—2022 年呈现出先增长后下降再增长又下降的"M"型发展趋势；2022 年，民营企业对中低技术制造业的投资金额已经下降至 46.33 亿美元，国有企业对中低技术制造业对外直接投资金额则为 15.03 亿美元，两类企业在中低技术制造业投资金额上的差距迅速减小到 31.29 亿美元。在对低技术制造业对外直接投资金额方面，除国有企业在 2011 年小幅增长、2014 年在"一带一路"倡议的带动作用下直线上升至峰值 781.34 亿美元，民营企业在 2013 年和 2014 年呈现出一定增长趋势外，两类企业对低技术制造业的投资金额相较于其他三类制造业整体保持在较低水平且未表现出明显的发展趋势。

表 5-2-2　2005—2022 年中国不同所有制企业对较高技术水平制造业投资①
在本类企业制造业投资中的占比汇总表

年份	项目数量占比（%）				金额占比（%）			
	民营企业	港澳台资企业	外资企业	国有企业	民营企业	港澳台资企业	外资企业	国有企业
2005	61.11	60.00	0.00	66.10	29.04	74.00	0.00	26.96
2006	75.00	80.00	54.55	60.81	96.22	86.34	68.12	68.28
2007	63.53	44.44	60.00	59.21	36.06	26.80	96.91	20.13
2008	52.04	46.15	61.54	62.64	45.79	5.24	80.41	29.14
2009	60.87	44.44	50.00	62.77	80.21	17.30	17.32	48.79
2010	69.15	37.50	62.50	67.50	94.21	54.58	51.90	57.44
2011	71.01	48.15	66.67	67.67	39.81	16.23	45.89	43.70
2012	62.59	50.00	57.14	74.19	56.68	58.09	35.07	56.04
2013	69.92	60.00	72.73	78.31	29.66	70.42	82.25	81.51
2014	64.57	68.00	52.94	67.48	48.27	65.45	77.50	30.87
2015	68.90	80.00	46.15	71.09	84.10	79.16	16.66	86.48
2016	71.61	68.75	59.26	67.14	77.69	39.43	62.71	72.88
2017	70.92	65.71	59.09	72.41	84.02	42.68	49.43	75.79
2018	67.04	57.50	63.33	69.86	63.33	11.69	24.39	65.52
2019	65.81	65.63	37.50	62.79	62.83	86.58	25.31	28.50
2020	66.30	68.00	77.27	75.41	83.29	95.35	63.23	96.21
2021	65.64	79.17	50.00	73.53	85.77	98.91	47.48	78.61
2022	66.29	62.50	69.57	66.00	73.48	44.61	53.82	61.27
合计	67.13	61.92	58.56	68.11	72.98	61.85	45.32	59.47

通过对上表中 2005—2022 年中国不同类型企业对较高技术水平制造业
的对外直接投资项目数量占比和金额占比的发展趋势的对比分析，民营企
业和国有企业对较高技术制造业的投资项目数量占比和金额占比在大多数

---

① 即对高技术制造业和中高技术制造业的投资项目数量或金额的合计。

年份均较外资企业和港澳台资企业保持优势地位；从民营企业和国有企业对较高技术水平制造业的投资项目数量合计占比和金额合计占比，也能看出民营企业和国有企业具有一定领先优势；这反映出相较于外资企业和港澳台资企业，民营企业和国有企业在制造业投资中更偏好于较高技术水平制造业。港澳台资企业与外资企业相比，在对较高技术制造业的投资项目数量占比和金额占比上整体保持一定领先，体现出港澳台资企业与外资企业相比对较高技术制造业的偏好程度更高。

2. 在对服务业对外投资层面

在对非制造业的对外直接投资中，本小节对 2005—2022 年不同类型中国企业对服务业的对外直接投资项目数量和金额的发展趋势及现状进行具体分析。

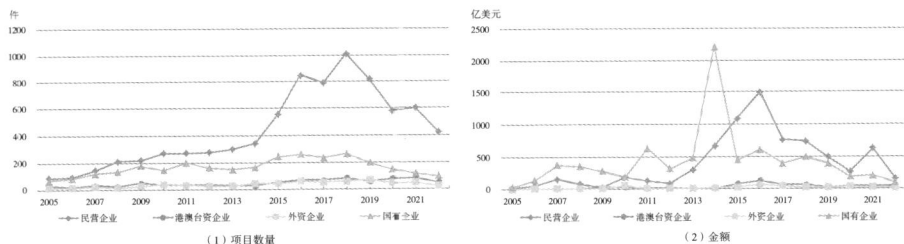

(1) 项目数量　　　　　　　　　　　(2) 金额

图 5-2-9　2005—2022 年中国不同所有制企业在服务业
对外直接投资项目数量、金额变化图

港澳台资企业和外资企业对服务业的对外直接投资项目数量和金额始终保持在较低水平且未表现出明显的增长趋势，中国企业对服务业的对外直接投资以民营企业和国有企业为主。在对外直接投资项目数量方面，民营企业相较国有企业始终占据领先地位且两类企业之间的差距随着 2014—2018 年民营企业对外直接投资进程的不断加快而迅速拉大；2019—2022 年，对外直接投资环境不确定因素的增加使得民营企业和国有企业对服务业的投资数量波动下降，两类企业在服务业对外直接投资数量上的差距在一定程度上有所减小；在 2005—2022 年，民营企业是对服务业对外直接投资项目数量最多的企业类型，其对服务业的对外直接投资项目数量为 7856

件，占到全部中国企业对服务业投资项目数量的 63.90%。在对外直接投资金额方面，国有企业和民营企业对服务业的投资金额分别以 2014 年和 2016 年为转折点均呈现先上升后下降的发展趋势，两类企业对服务业的对外直接投资金额各自在 2014 年和 2016 年达到峰值，分别为 2216.49 亿美元和 1496.59 亿美元；近年来，民营企业与国有企业对服务业的投资金额由于国际贸易不确定因素增加而波动下降，民营企业与国有企业对服务业的投资金额分别达到了 145.64 亿美元和 87.82 亿美元。

表 5-2-3　2005—2022 年中国不同所有制企业对服务业投资
在本类企业非制造业投资中的占比汇总表

年份	项目数量占比（%）				金额占比（%）			
	民营企业	港澳资企业	外资企业	国有企业	民营企业	港澳资企业	外资企业	国有企业
2005	91.67	91.18	92.31	73.91	61.25	97.26	45.58	19.44
2006	87.96	88.89	87.50	71.93	79.25	42.93	95.67	43.30
2007	88.41	96.97	95.83	75.63	95.21	99.48	88.39	62.52
2008	87.55	83.33	92.86	65.05	57.93	36.90	77.54	69.04
2009	87.01	91.07	86.67	67.79	74.18	94.64	82.03	30.62
2010	88.27	90.00	92.86	64.73	95.74	82.12	99.31	32.14
2011	88.85	84.62	91.43	73.9	83.60	91.18	28.10	65.42
2012	86.29	84.21	83.87	71.49	64.80	92.64	83.69	36.06
2013	85.03	79.41	89.66	72.06	62.08	81.61	5.63	57.70
2014	84.69	80.00	97.83	67.61	86.03	81.16	99.73	48.43
2015	87.36	87.72	93.18	74.16	85.66	95.63	80.86	50.13
2016	89.30	82.72	90.63	75.43	72.36	76.12	86.45	45.16
2017	91.90	93.06	94.44	80.2	79.50	92.28	94.99	15.71
2018	91.58	92.22	94.83	73.46	79.50	78.43	91.80	45.92
2019	92.53	98.11	94.20	80.66	70.11	93.76	90.31	57.87
2020	93.23	98.68	91.30	73.60	95.08	99.98	69.21	36.71
2021	94.16	93.02	96.23	78.17	97.02	78.82	99.88	33.27

续表

年份	项目数量占比（%）				金额占比（%）			
	民营企业	港澳资企业	外资企业	国有企业	民营企业	港澳资企业	外资企业	国有企业
2022	93.59	92.45	100.00	84.82	75.03	82.25	100.00	73.59
合计	90.18	90.20	92.72	73.36	79.36	83.71	82.87	43.27

由表 5-2-3 所示的 2005—2022 年不同类型中国企业对服务业的对外直接投资项目数量和金额在本类企业对非制造业对外直接投资中所占比例的发展趋势，在大多数年份里，三类非国有企业相较国有企业在对服务业对外直接投资项目数量占比和金额占比上均保持领先，且三类非国有企业与国有企业相比在对服务业对外投资金额占比上的优势更加明显；反映出三类非国有企业与国有企业相比在对非制造业的对外直接投资中更加倾向于服务业。通过对比三类非国有企业与国有企业在 2005—2022 年对服务业对外直接投资项目数量合计占比和金额合计占比，也能得出同样结论。

第三节　四类企业在"一带一路"沿线国家的对外直接投资

2014 年正式实施的"一带一路"倡议，对于推进供应侧结构性改革和产业优化升级、拓宽中国企业产品销售渠道和消费市场、扩大中国企业对外直接投资规模和收益发挥着至关重要的作用。通过对 NK-GERC数据库中原始数据的整理分析，本小节使用对外直接投资项目数量占比、投资金额占比、"一带一路"OFDI 综合指数、"一带一路"对外投资项目数量和金额指数等指标，对 2005—2022 年不同所有制中国企业对"一带一路"沿线国家对外直接投资的整体发展趋势以及不同投资模式下对"一带一路"沿线国家的对外直接投资发展趋势进行深入分析。

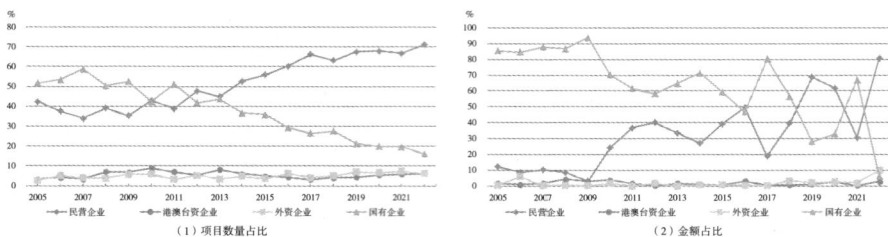

（1）项目数量占比　　　　　（2）金额占比

图 5-3-1　2005—2022 年中国不同所有制企业"一带一路"对外直接
投资项目数量和金额占比变化图

一、不同类型企业"一带一路"对外直接投资概况

2005—2022 年，不同类型中国企业对"一带一路"沿线国家的对外直接投资项目数量占比和金额占比的变化趋势如图 5-3-1 所示。港澳台资企业和外资企业对"一带一路"沿线国家的对外直接投资项目数量占比和金额占比均一直维持在较低水平且不具有明显的发展趋势，国有企业和民营企业在对"一带一路"沿线国家对外直接投资中占据主导地位。在对外直接投资项目数量占比上，2013 年之前国有企业和民营企业对沿线国家的项目数量占比均呈水平调整且两类企业之间的差距不大；2014 年在"一带一路"倡议正式实施后，民营企业对"一带一路"沿线国家的项目数量占比迅速上升而国有企业表现出下降趋势，民营企业相较国有企业在项目数量占比上的优势不断扩大；2022 年，民营企业和国有企业对"一带一路"沿线国家的投资项目数量占比分别为 71.17% 和 16.22%，两类企业在投资项目数量占比上的差距达到峰值为 54.95%。在对外直接投资金额占比上，国有企业在 2010 年之前相较民营企业均保持 75% 左右的领先优势；2010—2022 年，国有企业和民营企业对"一带一路"沿线国家的投资金额占比分别呈波动式下降和波动式上升趋势，且在 2016 年民营企业实现对国有企业的反超；2022 年民营企业再次实现对国有企业的反超，二者投资金额占比分别达到了 81.00% 和 6.18%。

表 5-3-1　2005—2022 年中国不同所有制企业"一带一路"
对外直接投资项目数量和金额汇总表

年份	不同所有制企业"一带一路"对外直接投资							
	项目数量（件）				金额（亿美元）			
	民营	港澳台资	外资	国有	民营	港澳台资	外资	国有
2005	50	4	3	61	18.61	2.39	0.87	129.99
2006	45	5	6	64	18.33	1.86	12.96	180.98
2007	51	5	6	88	27.35	4.45	0.69	233.75
2008	62	11	6	80	25.27	12.40	1.13	254.94
2009	63	12	10	94	14.68	13.77	0.53	450.85
2010	73	15	10	72	49.40	7.66	3.20	141.2
2011	73	13	6	96	108.70	4.74	0.24	181.69
2012	81	9	9	71	43.91	0.24	1.76	63.64
2013	78	14	6	77	86.79	4.42	0.04	167.6
2014	122	14	11	85	85.90	2.76	2.51	227.15
2015	217	19	14	139	296.31	6.04	5.19	446.63
2016	295	21	30	143	549.33	34.58	6.11	515.60
2017	292	15	18	117	408.10	12.21	5.16	1734.77
2018	399	26	32	175	359.48	5.60	30.98	515.02
2019	339	22	35	107	416.10	7.34	12.58	169.03
2020	197	16	19	58	263.69	11.40	11.05	140.25
2021	215	17	24	64	192.18	1.34	12.58	419.78
2022	158	14	14	36	148.56	5.43	18.08	11.32
合计	2811	253	259	1626	3112.69	138.81	125.67	5984.78

表 5-3-1 表现出 2005—2022 年不同类型中国企业对"一带一路"沿线国家对外直接投资项目数量及金额的变化情况。可以得出，港澳台资企业和外资企业对沿线国家的投资项目数量和金额均较小且波动幅度较小，国有企业和民营企业是中国企业对"一带一路"沿线国家对外直接投资的主导力量。

在 2014 年"一带一路"倡议实施之前，民营企业和国有企业对沿线国家的投资项目数量和金额均整体表现出波动上升的发展趋势；国有企业在对沿线国家投资金额上占据主导地位，国有企业在 2005—2013 年对"一带一路"沿线国家的投资金额占比为 79.46%。在 2014 年"一带一路"倡议实施后，民营企业和国有企业对沿线国家的投资项目数量均以 2018 年为分界点呈现出先快速上升后快速下降的发展趋势。民营企业和国有企业对沿线国家的投资金额分别以 2016 年和 2017 年为转折点同样呈现出先快速上升后快速下降的变化特征。

总体上看，自 2014 年"一带一路"倡议全面实施后，民营企业在对沿线国家的投资项目数量上始终保持领先。在对沿线国家的对外直接投资金额上，2018 年以前国有企业在总体上仍占据优势，但国有企业的优势近年来迅速丧失，国有企业对沿线国家的对外直接投资金额占比已经由 2005 年的 85.60% 下降至 2022 年的 6.17%。综上，民营企业在中国企业对"一带一路"沿线国家的对外直接投资过程中发挥着日益重要的作用，"一带一路"倡议对于民营企业积极开拓对外市场、不断增强自身国际竞争力也具有深远影响。

二、不同类型企业一带一路对外直接投资指数

（一）"一带一路" OFDI 综合指数

基于本书序章有关中国民企 OFDI 综合指数的算法，对不同类型中国企业对"一带一路"沿线国家对外直接投资分别测算出相应的 OFDI 综合指数，通过对比分析不同类型中国企业在 2005—2022 年对"一带一路"沿线国家的对外直接投资发展趋势及现状得出相应结论。

表 5-3-2　2005—2022 年中国不同所有制企业"一带一路" OFDI 综合指数汇总表

年份	"一带一路" OFDI 综合指数			
	民营	港澳台资	外资	国有
2005	29.38	47.32	38.56	62.56
2006	27.07	43.73	365.36	75.90
2007	33.33	79.22	50.44	100.88

续表

年份	"一带一路" OFDI 综合指数			
	民营	港澳台资	外资	国有
2008	37.31	210.16	61.58	101.48
2009	33.49	232.68	68.06	154.04
2010	51.83	159.61	136.57	71.03
2011	75.68	112.22	38.83	93.19
2012	53.13	35.91	94.12	52.65
2013	69.05	111.42	33.51	79.24
2014	87.96	88.64	124.21	97.76
2015	214.18	151.80	209.33	177.16
2016	350.09	551.05	319.86	195.17
2017	291.98	218.42	230.38	461.72
2018	319.27	171.19	969.00	212.17
2019	316.21	180.48	513.10	96.17
2020	192.30	214.59	386.87	63.31
2021	171.42	89.50	453.34	130.97
2022	128.93	125.43	540.28	21.88

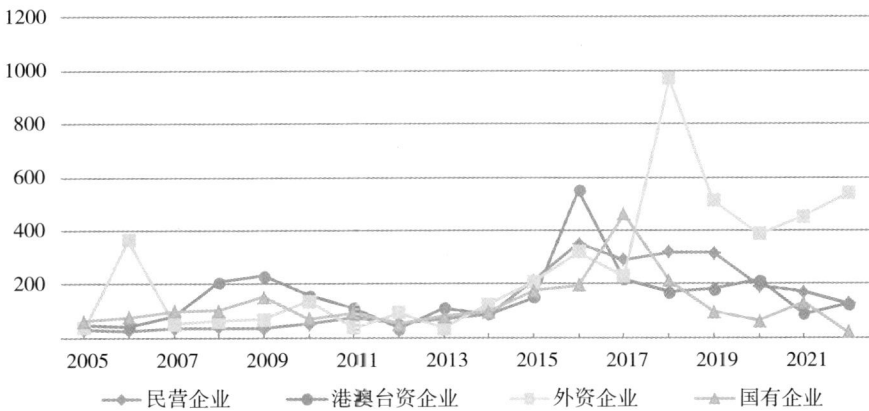

图 5-3-2 2005—2022 年中国不同所有制企业 "一带一路" OFDI 综合指数变化图

　　2005—2022 年四种类型中国企业对"一带一路"沿线国家的对外直接投资综合指数的发展趋势分别如图和表所示。2014 年"一带一路"倡议正式实施之前，四种类型中国企业"一带一路"OFDI 综合指数整体未表现出明显发展趋势且处于较低水平。2014 年"一带一路"倡议正式实施后，不同类型中国企业"一带一路"OFDI 综合指数表现出差异化特征；其中，民营企业"一带一路"OFDI 综合指数在 2014—2022 年呈"倒 U 型"发展趋势，并在 2016 年达到峰值；国有企业"一带一路"OFDI 综合指数以2017 年为转折点呈现先上升后下降的"倒 V 型"发展趋势，并在 2017 年达到峰值；港澳台资企业"一带一路"OFDI 综合指数在 2015—2016 年直线上升并在 2016 年达到峰值、在 2016—2018 年迅速下降、2017—2020 年基本稳定、2020—2022 年波动下降；外资企业"一带一路"OFDI 综合指数在 2014 年后呈现波动上升的趋势且波动程度较大。

　　（二）"一带一路"对外直接投资项目数量及金额指数

　　2005—2022 年不同类型中国企业"一带一路"对外直接投资项目数量及金额指数的发展历程及现状如图 5-3-3 所示。

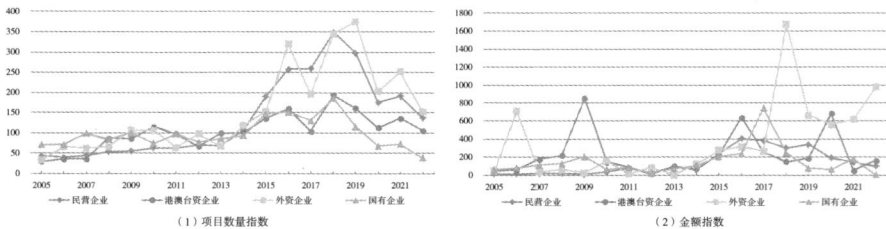

图 5-3-3　2005—2022 年中国不同所有制企业"一带一路"对外直接投资项目数量及金额指数变化图

　　在项目数量指数上，2005—2013 年，在"一带一路"倡议实施之前，不同类型中国企业对沿线国家对外直接投资项目数量指数均整体呈缓慢上升趋势；2014—2016 年，不同类型中国企业项目数量指数在"一带一路"倡议推动下均快速上升，其中外资企业和民营企业上升幅度更加明显；2016—2018 年，不同类型中国企业项目数量指数均表现出先下降后上升的

"V型"发展趋势，其中外资企业项目数量指数波动幅度最大；2019—2022年，受到对外直接投资阻碍因素不断增多以及新冠疫情的双重冲击，不同类型中国企业项目数量指数均波动下降。

在金额指数上，在"一带一路"倡议实施之前，除外资企业金额指数在2006年达到极大值以及港澳台资企业在2008年、2009年取得较大值外，不同类型中国企业金额指数在2005—2013年均整体呈水平调整状态且整体保持在较低水平；在"一带一路"倡议实施后，不同类型中国企业金额指数在2014—2016年均快速上升，其中港澳台资企业和民营企业上升趋势更加明显，且两类企业金额指数均在2016年达到峰值；2017年至2022年，不同类型中国企业金额指数表现出差异化的发展趋势，其中，民营企业金额指数整体呈缓慢下降趋势，港澳台资企业金额指数呈波动下降趋势，国有企业以2017年为分界点呈现先直线上升后直线下降的"倒V型"发展特征，外资企业呈波动上升趋势且波动幅度较大。

三、从投资模式别看不同类型企业"一带一路"对外直接投资

本小节以2005—2022年中国不同类型中国企业对"一带一路"沿线国家的对外直接投资数据为基础，通过对外直接投资项目数量占比、投资金额占比、投资项目数量指数、投资金额指数等指标，对比分析不同投资模式下不同所有制中国企业对"一带一路"沿线国家对外直接投资所具有的特征及差异。

（一）不同投资模式下"一带一路"对外直接投资项目数量及金额的占比

由图5-3-4所示，对于并购和绿地两种投资方式，港澳台资企业和外资企业对外直接投资项目数量占比均较小且不具有明显变化趋势，国有企业和民营企业在对"一带一路"沿线国家的两种方式的对外直接投资中均占有主导地位。在并购投资方面，2013年之前，民营企业和国有企业项目数量占比均保持水平调整状态且两类企业项目数量占比始终比较接近；2014—2022年，民营企业和国有企业在项目数量占比上分别呈现迅速上升

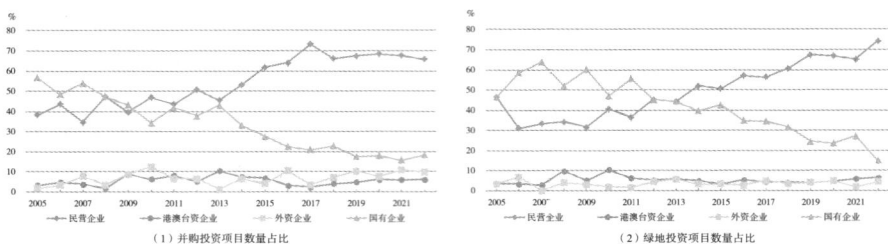

（1）并购投资项目数量占比 （2）绿地投资项目数量占比

图 5-3-4 2005—2022 年中国不同所有制企业"一带一路"对外并购、绿地投资项目数量占比变化图

和迅速下降趋势，两类企业在并购投资项目数量占比上的差距整体呈扩大趋势；2022 年，民营企业与国有企业项目数量占比分别为 65.85% 和 18.29%，两类企业在并购投资项目数量占比上的差距为 47.56%。在绿地投资项目数量占比方面，2010—2022 年民营企业和国有企业项目数量占比分别整体呈上升趋势和下降趋势，2013 年之后，民营企业项目数量占比实现对国有企业的反超且民营企业相较于国有企业的领先优势整体呈不断扩大趋势；2022 年，民营企业与国有企业的绿地投资项目数量占比分别为 74.29% 和 15.00%，两类企业在绿地投资项目数量占比上的差距为 59.29%。

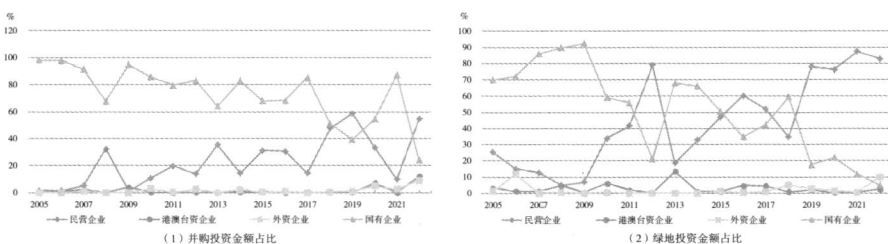

（1）并购投资金额占比 （2）绿地投资金额占比

图 5-3-5 2005—2022 年中国不同所有制企业"一带一路"对外并购、绿地投资金额占比变化图

2005—2022 年不同类型中国企业采用不同投资方式对"一带一路"沿线国家对外直接投资金额占比的变化情况如图 5-3-5 所示。对于并购和绿地两种投资方式，港澳台资企业和外资企业对"一带一路"沿线国家在两种对外直接投资方式下的投资金额占比数值和波动幅度均较小，且同样未呈现特定的发展趋势。民营企业和国有企业使用两种投资方式对"一带一路"沿线国家的投资金额占比中的主导地位更加明显。并购投资金额占比方面，在 2018 年以前，国有企业相较于民营企业整体保持 50% 以上的领先优势；随着国有企业投资金额占比和民营企业投资金额占比分别快速下降和快速上升，2018 年两类企业的投资金额占比十分接近，2019 年民营企业实现反超；2020 年和 2021 年，民营企业的投资金额占比直线下降，国有企业的投资金额占比迅速上升；2022 年，民营企业再次实现反超。总体上看，国有企业仍然是对沿线国家并购投资金额占比最多的企业类型。在绿地投资金额占比方面，2005—2022 年国有企业和民营企业一直呈现此消彼长的发展趋势；2005—2009 年，国有企业相对民营企业整体保持 50% 以上的巨大优势；2010—2012 年，民营企业投资金额占比迅速上升，而国有企业投资金额占比迅速下降；民营企业投资金额占比在 2019 年的直线上升以及国有企业投资金额占比在同期的直线下降，使民营企业相较于国有企业占据较大的领先优势，两类企业在绿地投资金额占比上的差距拉大至60.41%；2022 年这一优势继续扩大至 77.88%。

（二）不同投资模式下四种类型企业"一带一路"对外投资项目数量及金额指数

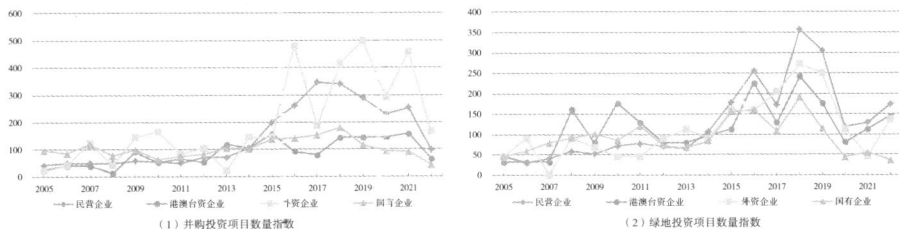

图 5-3-6　2005—2022 年中国不同所有制企业"一带一路"对外并购、绿地投资项目数量指数变化图

如图 5-3-6 所示，在并购投资项目数量指数方面，2014 年"一带一路"倡议正式实施之前，四种类型中国企业项目数量指数均整体呈水平调整状态；2014 年"一带一路"倡议正式实施后，不同所有制企业项目数量指数呈现出差异化的发展趋势；民营企业在 2014—2017 年迅速上升并在

2017 年达到峰值，在 2018—2022 年整体呈波动下降趋势；国有企业在 2014—2018 年缓慢上升并在 2018 年达到峰值，在 2019—2022 年呈现下降调整趋势；港澳台资企业在 2014—2022 年相较于其他三种企业波动幅度较小，在 2015 年达到峰值；外资企业项目数量指数在 2014—2016 年整体呈直线上升趋势，随后在 2017 年直线下降、2018 年和 2019 年直线上升、2020 年直线下降，2021 年直线上升，2022 年直线下降。在绿地投资项目数量指数方面，不同所有制企业项目数量指数在 2005—2018 年均整体呈波动上升趋势并同时在 2018 年达到峰值，其中民营企业和外资企业的上升趋势更加明显；2019—2022 年，除国有企业外，其他三类企业绿地投资项目数量指数呈现先下降后上升趋势，国有企业则呈现波动下降趋势。

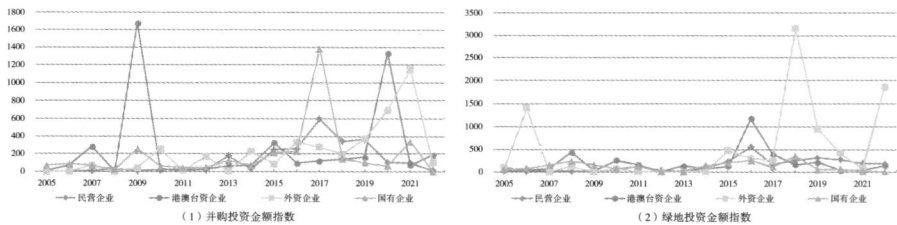

图 5-3-7　2005—2022 年中国不同所有制企业"一带一路"对外并购、绿地投资金额指数变化图

2005—2022 年，不同所有制中国企业使用不同投资方式对"一带一路"沿线国家的投资金额指数发展趋势如图 5-3-7 所示。在并购投资金额指数方面，民营企业和国有企业整体发展趋势较为接近，2005—2014 年两类企业投资金额指数均始终保持在较低水平；2015—2017 年，两类企业投资金额指数均快速上升并均在 2017 年达到峰值，但国有企业上升幅度更大；在 2018—2022 年，两类企业投资金额指数均波动下降至较低水平。港澳台资企业除在 2009 年达到极大的峰值、在 2020 年直线上升外，在大部分年份里表现为水平波动状态。外资企业在 2014 年"一带一路"倡议实施之前，整体呈水平调整状态；2014—2021 年，外资企业整体呈上升趋势；2022 年外资企业投资金额指数下降至较低水平。在绿地投资金额指数方面，除港澳台资企业在 2016 年达到峰值，外资企业分别在 2006 年和

2018 年达到极大值、在 2022 年迅速增长外,四种类型中国企业在 2005—2022 年的大部分年份里均表现为水平调整状态且均保持在较低水平。

本章小结

本章通过对不同类型企业在 2005—2022 年对外直接投资的总体概况分析,以投资模式、投资来源地、投资标的国(地区)、投资标的行业为切入点的分视角研究,分析得出民营、国有、港澳台资和外资四类所有制企业对外直接投资的共性与差异。此外,为深入分析"一带一路"倡议对推进中国企业有序开展 OFDI、优化 OFDI 结构及提高 OFDI 效率的重要作用,对不同所有制企业对"一带一路"沿线国家对外投资的总体发展现状、不同投资模式的数量和金额状况进行深入探究。

一、民营企业在不同类型企业对外直接投资中整体呈现领先优势

在一系列对外投资扶持政策及配套设施进一步完善、民营企业产品竞争力和生产经营绩效不断提升的推动作用下,民营企业在不同类型企业对外投资中所发挥的关键作用正日益凸显且在不同视角下均有所体现。

(一)不同类型企业 OFDI 项目数量占比和金额占比——基于总体视角

从整体看,近年来民营企业在 OFDI 项目数量占比和金额占比方面均占据了主导地位,其中民营企业在 OFDI 项目数量占比上的领先优势更加显著。在项目数量占比方面,2022 年,民营企业 OFDI 项目数量占比升至 70.01%,国有企业 OFDI 项目数量占比下降至 15.38% 左右,两类企业在 OFDI 项目数量占比上的差距拉大至 55% 左右。就金额占比而言,到 2022 年,民营企业 OFDI 金额占比为 47.60%,国有企业 OFDI 金额占比为 37.88%,两类企业在 OFDI 金额占比上的差距有所缩小。

(二)不同类型企业 OFDI 项目数量占比和金额占比——基于投资模式视角

截至 2022 年,在并购投资项目数量占比方面,民营企业和国有企业分

别为 67.06% 和 15.61%，两类企业在项目数量占比上的差距为 51.45%。在并购投资金额占比方面，2022 年，民营企业仍占据主导地位，民营企业和国有企业的金额占比分别为 33.82% 和 52.68%。

在绿地投资项目数量占比方面，2022 年民营企业和国有企业分别为 75.56% 和 14.96%，两类企业在项目数量占比上的差距扩大为 60.60%。在绿地投资金额占比方面，2020 年民营企业和国有企业分别为 70.40% 和 13.36%，两类企业在金额占比上的差距扩大为 57.04%。

（三）不同类型企业 OFDI 项目数量和金额状况——基于投资来源地视角

来自不同区域的民营企业和国有企业在本区域不同类型企业对外直接投资项目数量和金额上均保持主导地位，并且除环渤海地区企业对外直接投资金额外，民营企业相较于国有企业在近年来呈现出更加积极的发展趋势。2022 年，五大投资来源地民营企业在对外直接投资项目数量上，长三角和珠三角地区民营企业在对外直接投资金额上相较于国有企业均保持优势地位，其中，长三角和珠三角地区民营企业 2014—2022 年的对外直接投资金额分别为 3978.50 亿美元和 2560.49 亿美元，分别是同地区国有企业对外直接投资金额的 2.05 倍和 1.89 倍；2022 年，西部地区民营企业对外直接投资金额远远小于国有企业，而环渤海地区和中部地区民营企业与国有企业相比在对外直接投资金额上的差距不大。

由此反映出，民营企业在不同地区中国企业对外直接投资发展中的重要性呈不断加强的发展趋势。与民营企业和国有企业相比，各区域外资企业和港澳台资企业对外直接投资项目数量和金额均较小且未表现出明显的发展趋势。

（四）不同类型企业 OFDI 项目数量和金额状况——基于投资标的国（地区）视角

外资企业和港澳台资企业对三类投资标的国（地区）的对外直接投资项目数量和金额均整体保持在较低水平且波动幅度不大。民营企业和国有企业在对三类投资标的国（地区）的对外直接投资中均占据主导地位。在对外直接投资项目数量方面，近年来民营企业相较于国有企业整体保持领先，其中民营企业在对发达经济体和发展中经济体对外直接投资上的优势更加明显，民营企业在2013—2022年对发达经济体和发展中经济体的对外直接投资项目数量分别占到同时期不同类型中国企业对发达经济体和发展中经济体对外直接投资项目总数的63.50%和54.44%。在对外直接投资金额方面，2015—2022年，民营企业在对发达经济体的对外直接投资金额上相较于国有企业保持一定的优势地位；国有企业在对发展中经济体的对外直接投资金额上相较于民营企业整体保持领先地位；在对转型经济体的对外直接投资方面，民营企业与国有企业自2016年以后呈现此消彼长的发展趋势。综上所述，从投资数量和金额两方面看，民营企业相较于国有企业在对不同投资标的国（地区）的对外直接投资上表现出更加积极的发展态势。

（五）不同类型企业OFDI项目数量和金额状况——基于投资标的行业视角

1. 制造业和非制造业层面

外资企业和港澳台资企业对制造业和非制造业的对外直接投资项目数量和金额均保持在较低水平且波动幅度不大。国有企业和民营企业在对制造业和非制造业的对外直接投资上占据主导地位，其中民营企业在近年来相较于国有企业表现出更加积极的发展势头。

在对外直接投资项目数量方面，民营企业在制造业和非制造业相较于国有企业均保持优势地位，民营企业在2005—2022年对制造业和非制造业的对外直接投资项目数量分别为3733件和8711件，分别占到不同所有制中国企业对制造业和非制造业对外直接投资项目总数的60.30%和60.63%。

就对两类行业的对外直接投资金额而言，在制造业方面，2005—2016年国有企业均领先于民营企业；但之后民营企业在2017年实现对国有企业的反超并拉开一定差距，并且这一差距在2020年随着民营企业对制造业的对外直接投资金额直线上升至1083.75亿美元而达到最大值929.62亿美元；2021—2022年这一差距迅速缩小。在对非制造业的对外直接投资金额方面，国有企业整体保持对民营企业的领先优势；但在2018—2022年，由于受到国际贸易与跨境投资中阻碍因素的共同影响，两类企业对非制造业的对外直接投资金额均下降至非常接近的水平。

2. 不同技术水平制造业层面

港澳台资企业和外资企业对不同技术水平制造业的对外直接投资项目数量和金额均处于较低水平，且未呈现出明显的发展趋势。国有企业和民营企业在对不同技术水平制造业的对外直接投资中表现活跃且均占据主导地位，民营企业在近年来对不同技术水平制造业的对外直接投资项目数量和金额上均整体保持领先。

在对外直接投资项目数量方面，2005—2022年民营企业对高技术制造业、中高技术制造业、中低技术制造业和低技术制造业的对外直接投资相较于国有企业均整体保持领先；总体上看，2005—2022年，民营企业是对不同技术水平制造业投资项目数量最多的企业类型，民营企业对高技术制造业、中高技术制造业、中低技术制造业和低技术制造业的投资项目数量分别为1071件、1435件、571件和656件，各自占到对不同技术水平制造业投资项目总数的65.54%、57.54%、52.58%和67.14%。

在对外直接投资金额方面，2022年，国有企业和民营企业高技术制造业的投资金额均较小且非常接近，分别为6.17亿美元和11.28亿美元。对于中高技术制造业对外直接投资，随着民营企业与国有企业对中高技术制造业的对外直接投资金额在2021年大幅下降，两类企业在中高技术制造业投资金额上的差距被迅速缩小，两类企业对中高技术制造业的投资金额分别为152.57亿美元和28.53亿美元。在对中低技术制造业对外直接投资方面，2022年，民营企业对中低技术制造业的投资金额已经下降至46.33亿美元，国有企业对中低技术制造业对外直接投资金额则为15.03亿美元，两类企业在中低技术制造业投资金额上的差距迅速缩小到31.30亿美元。在对低技术制造业对外直接投资方面，2022年，随着民营企业对低技术制造业的投资金额小幅下降，为12.80亿美元，国有企业对低技术制造业的投资金额下降至6.90亿美元，两类企业之间的差距缩小至5.90亿美元。

3. 对服务业对外投资层面

港澳台资企业和外资企业对服务业的对外直接投资项目数量和金额始终保持在较低水平且未表现出明显的增长趋势；与国有企业相比，民营企业在不同所有制企业对服务业的对外直接投资中发挥更加积极的主导作用。在对外直接投资项目数量方面，在2005—2022年，民营企业是对服务业对外直接投资项目数量最多的企业类型，其对服务业的对外直接投资项目数量为7856件，占到全部中国企业对服务业投资项目数量的63.90%。

在对外直接投资金额方面，2022年，民营企业与国有企业对服务业的投资金额由于国际贸易不确定因素增加而波动下降，民营企业与国有企业对服务业的投资金额分别达到了145.64亿美元和87.82亿美元。

二、近年来不同类型中国企业对外直接投资受内外综合因素影响表现出一定下行趋势

2017—2022年期间随着全球经济下行所带来的企业利润水平下降、国际贸易保护主义抬头对对外直接投资限制的增多、国内产业结构优化升级对中国企业对外直接投资的规范和引导，加之新冠疫情扰乱了国际生产分工及要素配置的正常开展，中国不同类型企业对外直接投资规模均出现一定幅度缩小。

（一）不同类型企业OFDI综合指数

2017—2021年期间随着对外直接投资环境不确定性增加，外资企业、民营企业OFDI综合指数整体呈现出下降调整趋势，港澳台资企业呈现先下降后回升的趋势，但三类非国有企业OFDI综合指数仍然保持在较高水平。2015—2022年，国有企业OFDI综合指数整体呈现快速下降趋势；2022年，国有企业OFDI综合指数与其他三类非国有企业相比处于较低水平。

（二）不同类型企业对外直接投资项目数量及金额指数

2022年，受国际贸易形势与后疫情时代的影响，不同类型中国企业OFDI项目数量指数整体上均呈下降趋势。

2022 年，外资企业 OFDI 金额指数均呈现迅速回升态势，而民营企业、国有企业、港澳台资企业仍呈持续下降态势。

三、民营企业和港澳台资企业相较于其他类型企业更加偏好于制造业对外直接投资

根据 2005—2022 年四种类型企业在对制造业对外直接投资项目数量和金额在本类企业总投资中的占比情况分析，民营企业在多数年份较其他三类企业在制造业投资金额占比方面保持较高水平；并且民营企业在 2005—2022 年对制造业投资金额在本类企业总投资中所占比例为 41.02%，明显高于其他三类企业；反映出民营企业对外直接投资对制造业的偏好程度要高于其他三类企业。

2005—2022 年，外资企业的制造业投资项目数量占比整体呈现波动上升趋势，2005 年外资企业的制造业投资项目数量占比在四种企业中处于较低水平为 18.75%，但外资企业在 2022 年对制造业的投资项目数量占比跃升至四种类型企业中的首位，达到 56.09%。由此得出，外资企业对外直接投资过程中更加倾向于制造业。

综上所述，与民营企业和外资企业偏好于制造业对外直接投资相比，国有企业和港澳台资企业在对外直接投资中并未表现出对制造业的明显偏好。

四、民营企业和国有企业相较于其他类型企业在制造业投资中更加偏好于较高技术水平制造业

根据对 2005—2022 年中国不同类型企业对较高技术水平制造业的对外直接投资项目数量占比和金额占比的发展趋势的对比分析，民营企业和国有企业对较高技术制造业的投资项目数量占比和金额占比在大多数年份均较外资企业和港澳台资企业保持优势地位；从民营企业和国有企业对较高技术水平制造业的投资项目数量合计占比和金额合计占比，也能看出民营企业和国有企业具有一定领先优势；这反映出相较于外资企业和港澳台资企业，民营企业和国有企业在制造业投资中更加偏好于较高技术水平制造业。

五、非国有企业相较于国有企业在非制造业投资中更加偏好于服务业

根据 2005—2022 年不同类型中国企业对服务业的对外直接投资项目数量和金额在本类企业对非制造业对外直接投资中所占比例的发展趋势，在大多数年份里，三类非国有企业相较于国有企业在对服务业对外直接投资项目数量占比和金额占比上均保持领先，且三类非国有企业与国有企业相比在对服务业对外投资金额占比上的优势更加明显；反映出三类非国有企业与国有企业相比在对非制造业的对外直接投资中更加倾向于服务业。通过对比三类非国有企业与国有企业在 2005—2022 年对服务业对外直接投资项目数量合计占比和金额合计占比，也能得出同样结论。

六、民营企业随着"一带一路"倡议的全面开展在对沿线国家对外直接投资中逐渐占据优势

民营企业作为贯彻落实国家"一带一路"倡议的重要组成部分，自 2014 年"一带一路"倡议全面实施及配套政策设施不断完善以来，民营企业凭借自身产品竞争力和生产经营效率的不断提升，在对沿线国家的对外直接投资中表现出迅猛的追赶趋势。截至 2022 年，民营企业在不同类型企业对沿线国家的对外直接投资中发挥着中流砥柱的关键作用。

（一）不同类型企业对沿线国家 OFDI 项目数量占比和金额占比——基于总体视角

整体上看，自 2014 年"一带一路"倡议全面实施后，民营企业在对沿线国家的投资项目数量上始终保持领先，民营企业在 2005—2021 年对沿线国家投资项目数量的合计占比为 56.80%。在对沿线国家的对外直接投资金额上，2018 年以前国有企业在总体上仍占据优势，但国有企业的优势近年来迅速丧失，国有企业对沿线国家的对外直接投资金额占比已经由 2005 年的 85.60% 下降至 2022 年的 6.18%。

（二）不同类型企业对沿线国家OFDI项目数量占比和金额占比——基于投资模式视角

在对外投资项目数量占比和金额占比两方面，对于并购和绿地两种投资方式，港澳台资企业和外资企业占比均较小且不具有明显变化趋势；民营企业相较于国有企业在对沿线国家的两种方式的对外直接投资项目数量占比和金额占比中整体占据领先地位。

对于对外投资项目数量占比，2022年，民营企业与国有企业项目数量占比分别为65.85%和18.29%，两类企业在并购投资项目数量占比上的差距为47.56%。在绿地投资项目数量占比方面，2022年，民营企业与国有企业的绿地投资项目数量占比分别为74.29%和15.00%，两类企业在绿地投资项目数量占比上的差距为59.29%。

在对外投资金额占比方面，对于并购投资金额占比，2017—2022年，民营企业波动上升，而国有企业则波动下降，总体上看，国有企业仍然是对沿线国家并购投资金额占比最多的企业类型。对于绿地投资金额占比，民营企业投资金额占比在2019年的直线上升以及国有企业投资金额占比在同期的直线下降，使民营企业相较于国有企业占据较大的领先优势，两类企业在绿地投资金额占比上的差距拉大至60.41%；2022年这一优势继续扩大至77.88%。

七、不同类型企业对"一带一路"沿线国家对外直接投资在近年来同样出现一定下滑

随着近年来全球经济增长缺乏动力以及部分国家所推行的贸易保护主义政策对企业开展对外投资及投资收益率的不利影响，产业结构优化升级及供给侧结构性改革对中国企业对外直接投资领域及方式的进一步规范，加之新冠疫情对企业利润水平及全球价值链的冲击，使得部分企业适度延缓对外投资计划，从而引起中国企业对外投资项目数量和金额均出现一定幅度的下降。

（一）"一带一路"OFDI 综合指数

2014 年"一带一路"倡议正式实施之前，四种类型中国企业"一带一路"OFDI 综合指数整体未表现出明显发展趋势且处于较低水平。2014年"一带一路"倡议正式实施后，不同所有制中国企业"一带一路"OFDI 综合指数表现出差异化特征；其中，民营企业"一带一路"OFDI 综合指数在 2014—2022 年呈"倒 U 型"发展趋势，并在 2016 年达到峰值；国有企业"一带一路"OFDI 综合指数以 2017 年为转折点呈现先上升后下降的"倒 V 型"发展趋势、并在 2017 年达到峰值；港澳台资企业"一带一路"OFDI 综合指数在 2015—2016 年直线上升并在 2016 年达到峰值、在2016—2018 年迅速下降、2017—2020 年基本稳定、2020—2022 年波动下降；外资企业"一带一路"OFDI 综合指数在 2014 年后呈现波动上升的趋势且波动程度较大。

（二）"一带一路"对外直接投资项目数量及金额指数

2019—2022 年，受到对外直接投资阻碍因素不断增多以及新冠疫情的双重冲击，不同所有制中国企业项目数量指数均波动下降。

在投资金额指数上，2017—2022 年，不同类型中国企业金额指数表现出差异化的发展趋势，其中，民营企业金额指数整体呈缓慢下降趋势，港澳台资企业金额指数呈波动下降趋势，国有企业以 2017 年为分界点呈现先直线上升后直线下降的"倒 V 型"发展特征，外资企业呈波动上升趋势且波动幅度较大。

（三）不同投资模式下"一带一路"对外投资项目数量及金额指数

在对外投资项目数量指数方面，对于并购投资，2014 年"一带一路"倡议正式实施后，不同所有制企业项目数量指数呈现出差异化的发展趋势；民营企业项目数量指数在 2014—2017 年迅速上升并在 2017 年达到峰值，在 2018—2022 年整体呈快速下降趋势；国有企业项目数量指数在2014—2022 年先上升后下降；港澳台资企业和外资企业项目数量指数在2014—2022 年呈现水平波动趋势。对于绿地投资，不同类型企业项目数量指数在 2005—2018 年均整体呈波动上升趋势并同时在 2018 年达到峰值，其中民营企业和外资企业的上升趋势更加明显；2019—2022年，除国有企业外，其他三种类型企业绿地投资项目数量指数呈现先下降后上升趋势；国有企业则呈现波动下降趋势。

在对外投资金额指数方面，对于并购投资，在2018—2022年，民营企业和国有企业两类企业投资金额指数均波动下降至较低水平。在绿地投资金额指数方面，除港澳台资企业在2016年达到峰值，外资企业分别在2006年和2018年达到极大值、在2022年迅速增长外，四种类型中国企业在2005—2022年的大部分年份里均表现为水平调整状态且均保持在较低水平。

第六章 中国企业 OFDI 与宏观经济指标的协动性分析

企业对外直接投资与母国宏观经济之间有着密不可分的相关性。本章将中国宏观经济环境分为 7 大类，分别是（1）宏观经济增长；（2）国民经济运行与宏观政策；（3）消费、投资和储蓄；（4）结构变化；（5）人力资本与科研投入；（6）对外经济与贸易；（7）国际政治与经济。其中每一大类又细分为若干子项，合计 45 个宏观经济指标（详见表 6-1-1）。

为具体分析中国企业 OFDI 特别是中国民营企业 OFDI 与中国宏观经济环境之间存在的协动关系，本章通过能够反映宏观经济总体现状的上述主要经济指标与中国企业 OFDI 综合指数以及中国民营企业 OFDI 综合指数之间的相关性分析，探究中国企业 OFDI 尤其是中国民营企业 OFDI 发展背后的潜在影响因素；从而有助于总结归纳中国企业 OFDI 和中国民营企业 OFDI 发展的主要路径和提升空间，并对未来中国企业 OFDI 的持续协调发展提供一些参考。

第一节 协动性检验

表 6-1-1 具体列明了 2005—2022 年中国企业 OFDI 综合指数、中国民营企业 OFDI 综合指数与以二 45 个宏观经济指标的 Pearson 相关系数和 Spearman 相关系数。其中，相关系数在显著性水平内越接近于 1，表明该宏观经济指标与中国企业 OFDI 综合指数（或中国民营企业 OFDI 综合指数）的正向协动关系越强；反之，相关系数在显著性水平越接近于-1，表明该宏观经济指标与中国企业 OFDI 综合指数（或中国民营企业 OFDI 综合

指数）的反向协动关系越强。

表 6-1-1　企业 OFDI 综合指数与我国主要宏观经济变量的相关性检验结果

宏观经济指标		中国企业 OFDI 综合指数与各指标相关性		中国民营企业 OFDI 综合指数与各指标相关性	
		Pearson 相关系数	Spearman 相关系数	Pearson 相关系数	Spearman 相关系数
宏观经济增长	实际 GDP（亿元）	0.5810 ** ①	0.7420 ***	0.7010 ***	0.8204 ***
	实际 GDP 年增长率（%）	−0.5426 **	−0.7709 ***	−0.6207 ***	−0.8328 ***
	人均 GDP（元）	0.5866 **	0.7420 ***	0.6963 ***	0.8204 ***
	工业用电量（亿千瓦时）	0.6049 ***	0.7482 ***	0.6880 ***	0.8122 ***
	铁路货运量（百万吨）	0.3860	0.5368 **	0.4060	0.5760 **
	银行本外币中长期贷款（亿元）	0.7075 ***	0.8529 ***	0.8020 ***	0.9118 ***
国民经济运行与宏观政策	居民消费价格指数 CPI	0.5218 **	0.7379 ***	0.6237 ***	0.8225 ***
	工业生产者出厂价格指数 PPI	−0.2420	−0.1590	−0.2049	−0.0960
	货币和准货币（M2）（亿元）	0.5667 **	0.7420 ***	0.6905 ***	0.8204 ***
	贷款利率（%）	−0.6699 ***	−0.6370 ***	−0.8002 ***	−0.7413 ***
	一般公共预算支出（亿元）	0.6637 ***	0.7434 ***	0.7719 ***	0.8219 ***
	社会融资规模（亿元）	0.5099 **	0.7090 ***	0.6071 ***	0.7771 ***
消费、投资和储蓄	内需（亿元）②	0.8567 ***	0.8725 ***	0.9071 ***	0.9314 ***
	社会消费品零售总额（亿元）	0.6600 ***	0.7482 ***	0.7669 ***	0.8266 ***
	居民人均可支配收入（元）	0.5947 **	0.7420 ***	0.7116 ***	0.8204 ***
	全社会固定资产投资（亿元）	0.6916 ***	0.7420 ***	0.7840 ***	0.8204 ***
	实际利用外商直接投资金额（万美元）	0.5115 **	0.7399 ***	0.5941 ***	0.8184 ***
	国民储蓄率（%）	−0.6576 **	−0.6569 **	−0.8193 ***	−0.7647 ***

①　*** 表示在 1% 水平上显著，** 表示在 5% 水平上显著，* 表示在 10% 水平上显著。

②　内需 = 最终消费 + 资本形成总额。

宏观经济指标		中国企业 OFDI 综合指数与各指标相关性		中国民营企业 OFDI 综合指数与各指标相关性	
		Pearson 相关系数	Spearman 相关系数	Pearson 相关系数	Spearman 相关系数
结构变化	规模以上工业企业营业收入（亿元）	0.7153 ***	0.8142 ***	0.7400 ***	0.8287 ***
	制造业增加值占 GDP 比重（%）	−0.6631 ***	−0.7337 ***	−0.8223 ***	−0.8184 ***
	制造业就业占比（%）①	−0.8039 ***	−0.8500 ***	−0.8721 ***	−0.9088 ***
	第三产业产值占 GDP 比重（%）	0.7511 ***	0.7709 ***	0.8677 ***	0.8431 ***
	平均每年实际工资指数	0.7877 ***	0.8529 ***	0.8531 ***	0.9118 ***
	一二线城市商品房平均价格（元/平方米）②	0.6548 ***	0.7868 ***	0.7649 ***	0.8676 ***
	主要城市工业用地价格成本（元/平方米）③	0.9182 ***	0.9176 ***	0.9115 ***	0.9735 ***
人力资本与科研投入	大专及以上学历人口所占比例（%）	0.7191 ***	0.8039 ***	0.8045 ***	0.8676 ***
	平均受教育年限（年/人）	0.3063	0.7155 ***	0.4069	0.7981 ***
	中国每十万人拥有律师数（人）	0.4610 *	0.7317 ***	0.6124 ***	0.8080 ***
	研发经费支出占 GDP 比重（%）	0.6101 ***	0.7420 ***	0.6914 ***	0.8204 ***
	每万人口发明专利拥有量（件）	0.6658 ***	0.8214 ***	0.7915 ***	0.8929 ***

①　制造业就业占比=各类单位或企业制造业就业量/各类单位或企业总就业量。

②　一二线城市商品房平均价格由国家统计局公布的 35 个大中城市商品房平均销售价格衡量。

③　主要城市工业用地价格成本为 45 个主要城市在 2005—2022 年期间工业用地的平均价格。

续表

宏观经济指标		中国企业 OFDI 综合指数与各指标相关性		中国民营企业 OFDI 综合指数与各指标相关性	
		Pearson 相关系数	Spearman 相关系数	Pearson 相关系数	Spearman 相关系数
对外经济与贸易	出口总额（亿元）	0.4765**	0.7358***	0.5693**	0.7915***
	进口总额（亿元）	0.4718**	0.6409***	0.5363**	0.6904***
	贸易收支（亿元）	0.4030	0.6202***	0.5558**	0.7110***
	经常项目借方（万美元）	-0.5984***	-0.7296***	-0.6506***	-0.7833***
	经常项目贷方（万美元）	0.5581**	0.7296***	0.6131***	0.7812***
	经常项目账户（万美元）	-0.3136	-0.2466	-0.2874	-0.2322
	资本和金融项目账户（万美元）	0.6895***	0.6760***	0.7306***	0.7358***
	美元兑离岸人民币汇率（人民币/美元）	-0.5774**	-0.5934***	-0.4543*	-0.5108**
	外汇储备（亿美元）	0.6490***	0.6264***	0.5551**	0.5335**
国际政治与经济	人民币国际化指数（RII）	0.6170**	0.6713**	0.7388***	0.7273**
	中国智库数量（家）	0.1243	0.7127***	0.2685	0.7597***
	EPU 指数	0.4788*	0.6971***	0.6321***	0.8059***
	中国整体形象得分	0.7800**	0.2000	0.8423**	0.5455
	世界平均 GDP 年增长率（%）	-0.0521	-0.2125	-0.0715	-0.2125
	美国十年期国债收益率（%）	-0.6146**	-0.6873***	-0.6493***	-0.7403***

数据来源：国家统计局；国家外汇管理局；国家能源局；国家知识产权局；中国电力企业联合会；中经网统计数据库；中国地价信息服务平台；万得（Wind）数据库；中国人民大学历年《人民币国际化报告》；当代中国与世界研究院《中国国家形象全球调查报告》；世界银行数据库；CEIC 经济数据库；美国宾夕法尼亚大学"智库研究项目"（TTCSP）编《全球智库报告》等。

第二节 协动性分析

本节基于表 6-1-1 表示的中国企业 OFDI 综合指数、中国民营企业 OFDI 综合指数与各宏观经济指标之间的相关系数及其显著性，对 7 大类 45 个宏观经济指标与中国企业 OFDI 综合指数、中国民营企业 OFDI 综合指数的协动关系做出以下具体分析。

一、宏观经济增长与中国企业 OFDI 综合指数、中国民营企业 OFDI 综合指数的协动性分析

该类宏观经济指标共有 6 项指标，分别是实际 GDP（亿元）、实际 GDP 年增长率（%）、人均 GDP（元）、工业用电量（亿千瓦时）、铁路货运总发送量（百万吨）、银行本外币中长期贷款（万亿元）。测算结果显示：

（1）实际 GDP 与中国企业 OFDI 综合指数、中国民营企业 OFDI 综合指数在 1% 的显著性水平上呈正向协动关系（实际 GDP 与中国企业 OFDI 综合指数的 Pearson 相关系数除外，在 5% 的显著性水平上呈正向协动关系），证明了随着国力的增强我国 OFDI 也不断增加。

（2）实际 GDP 年增长率在 5% 的显著性水平上呈反向协动关系以及人均 GDP 在 5% 的显著性水平上呈正向协动关系符合邓宁的"对外直接投资阶段论"，说明伴随着我国进入中高收入发展阶段之后，尽管经济增速开始下降，但 OFDI 势头逐渐增强。

（3）工业用电量、铁路货运量、银行贷款被称为"克强指数"，在以国内循环为主的双循环格局下为衡量宏观经济运行的一个重要指标，整体上看"克强指数"代表宏观经济增长水平和国民经济运行状况，同时与我国 OFDI 呈现出同步良性互动。分开看，工业用电量和银行贷款均在 1% 的显著性水平上呈正向协动关系，说明国内良好的经济运转态势以及市场对当前国内经济的强烈信心对 OFDI 起到积极促进作用；铁路货运量与中国

企业 OFDI 综合指数、中国民营企业 OFDI 综合指数的 Spearman 相关系数在 5% 的显著性水平上为正，这反映出铁路货运量的增加在一定程度上代表着社会各经济部门生产经营规模不断扩大，由此带来中国企业产品销售量以及利润水平的不断提高，促进中国企业通过 OFDI 改善技术和管理模式以实现集约化生产经营，充分利用各地资源禀赋优势，不断扩大国际市场占有率。

二、国民经济运行与宏观政策与中国企业 OFDI 综合指数、中国民营企业 OFDI 综合指数的协动性分析

该类宏观经济指标共有 6 项，分别是居民消费价格指数 CPI、工业生产者出厂价格指数 PPI、货币和准货币（M2）（亿元）、贷款利率（%）、一般公共预算支出（亿元）、社会融资规模（亿元）。针对 OFDI，该 6 项指标又可以分为 2 类，CPI 和 PPI 主要代表国内消费和生产的宏观经济环境；而其余 4 项则是指国内的金融货币市场的环境。测算结果显示：

（1）CPI 与中国企业 OFDI 综合指数、中国民营企业 OFDI 综合指数在 5% 的显著性水平上呈现出正向协动关系；而与之相反，PPI 却并不相关。一般 CPI 和 PPI 的上升会将价格传导至工资水平和生产成本，进而影响企业 OFDI 决策。而由于我国 PPI 大部分时间处于低迷状态，因此导致其与企业"走出去"之间的相关系数并未呈现显著性。

（2）货币和准货币（M2）和社会融资规模的稳定增长以及一般公共预算支出的增加，在 5% 水平上显著，说明它们促进了中国企业 OFDI 尤其是中国民营企业 OFDI 的进一步发展，特别是与降低中国民营企业融资成本、缓解融资约束问题有着正向相关关系。同时，贷款利率显著为负也显示了宽松的融资环境有助于更多企业进行 OFDI。

三、消费、投资和储蓄与中国企业 OFDI 综合指数、中国民营企业 OFDI 综合指数的协动性分析

该类宏观经济指标共包含有 6 项，分别是内需（万亿元）、社会消费

品零售总额（亿元）、居民人均可支配收入（元）、全社会固定资产投资（亿元）、实际利用外商直接投资金额（亿美元）、国民储蓄率（％）。测算结果显示：

（1）指标内需和代表内需内容的社会消费品零售总额、全社会固定资产投资、实际利用外商直接投资金额三项指标，以及代表居民消费购买力的居民人均可支配收入均在 1％ 的显著性水平上存在正相关关系（实际利用外商直接投资金额与中国企业 OFDI 综合指数的 Pearson 相关指数除外，在 5％ 的水平上显著），说明随着我国消费和投资的增长，OFDI 也相应增长。

（2）国民储蓄率与中国企业 OFDI 综合指数、中国民营企业 OFDI 综合指数分别在 5％ 和 1％ 的显著性水平上呈现出负相关性，与我国经济发展阶段相符。日本学者南亮进（2002）[①] 认为，在经济发展初期，储蓄率有上升倾向，随着经济的成熟而逐渐下降。中国的国民储蓄率在 2010 年达到 51.8％ 的历史高点，之后开始趋势性下降。而几乎同期，我国 OFDI 开始大幅增长。

四、结构变化与中国企业 OFDI 综合指数、中国民营企业 OFDI 综合指数的协动性分析

该类宏观经济指标包含 7 项指标，分别是规模以上工业企业营业收入（万亿元）、制造业增加值占 GDP 比重（％）、制造业就业占比（％）、第三产业产值占 GDP 比重（％）、平均每年实际工资指数、一二线城市商品房平均价格（元/平方米）、主要城市工业用地价格成本（元/平方米）。其中，本章选取《中国统计年鉴》中公布的 35 个大中城市商品房平均销售价格作为度量一二线城市商品房平均销售价格的指标，选取包括各省级行政单位特别是沿海地区 45 个主要城市在各年份工业用地价格的平均数作为衡量中国主要城市工业用地价格成本的指标。测算结果显示：

---

① 南亮进：《日本的经济发展：第 3 版》，日本东洋经济新闻社 2002 年版。

（1）规模以上工业企业营业收入的相关系数在1%水平上显著为正，说明中国企业实力的增强与OFDI成正比关系。

（2）制造业增加值占比和制造业就业占比的相关系数在1%水平上显著为负，第三产业产值占GDP比重的相关系数在1%水平上显著为正，说明伴随着制造业占比和就业占比的趋势性下降，我国OFDI在逐步加大对外"走出去"的进程。一般而言，经济发展进入一定阶段之后（一般是后工业化时代），制造业占比和就业占比达到峰值之后会逐步下降，第三产业比重会逐步提高①，同时企业OFDI步伐也会加速。我国的制造业占比和就业占比分别在2006年和2013年达到峰值。

（3）平均每年实际工资指数、一二线城市商品房平均价格以及主要城市工业用地价格成本的相关系数均在1%水平上显著为正，显示国内企业运营成本的不断提高迫使部分企业OFDI。

五、人力资本与科研投入与中国企业OFDI综合指数、中国民营企业OFDI综合指数的协动性分析

该类宏观经济指标包括了5项指标，分别是大专及以上学历人口所占比例（%）、平均受教育年限（年/人）、中国每十万人拥有律师数（人）、研发经费支出占GDP比重（%）、每万人口发明专利拥有量（件）。其中，以研发经费支出占GDP比重为度量研发投入强度的指标，通过研发投入强度与中国企业OFDI综合指数、中国民营企业OFDI综合指数之间的相关系数分析研发投入强度与中国企业OFDI、中国民营企业OFDI之间的协动关系。

计算结果显示：代表人力资本的大专及以上学历人口所占比例、平均受教育年限和每十万人拥有律师数3个指标，与中国企业OFDI综合指数、中国民营企业OFDI综合指数的Spearman相关系数在1%的显著性水平上均为正向相关，以及代表我国研发投入的研发经费支出占GDP比重和每万

---

① 请参考配第克拉克定律。

人口发明专利拥有量 2 个指标，与中国企业 OFDI 综合指数、中国民营企业 OFDI 综合指数在 1% 的显著性水平上均为正向相关，显示伴随着我国人力资本提高以及研发投入的增强，我国"走出去"水平也不断提升。同时，由于 OFDI 具有逆向溢出效应，计算结果表明我国 OFDI 水平的提升有助于促进国内科研创新活动。

六、对外经济与贸易与中国企业 OFDI 综合指数、中国民营企业 OFDI 综合指数的协动性分析

该类宏观经济指标包括了 9 项指标，分别是出口总额（万亿元）、进口总额（万亿元）、贸易收支（万亿元）、经常项目借方（亿美元）、经常项目贷方（亿美元）、经常项目账户（亿美元）、资本和金融项目账户（亿美元）、美元兑离岸人民币汇率（人民币/美元）、外汇储备（亿美元）。

在中国，一般认为国际收支平衡表上的"经常账户项目顺差+资本和金融项目顺差－外汇储备增量＝0"。经常项目借方（贷方）金额的减少（增加）反映一国在商品、服务、收入和经常转移上外汇净收入的变化；资本和金融项目差额是一国对外资本输出入与金融交易收支的汇总差额。中国央行的官方外汇储备＝经常账户+资本和金融账户－境内私人持有外币现金，其中，经常账户是我国的净出口加上该国从外国挣得的净收入，资本和金融账户则是流入我国的资本（短期资本、外国直接投资和对外借款）减去流出的资本（短期资本、对外投资和对外放贷），即我国的资本净流入。

计算结果显示：

（1）出口、进口、贸易收支、经常项目借方、经常项目贷方、资本和金融项目账户这 6 个指标的 Spearman 相关系数均在 1% 的水平上显著相关，外汇储备与中国企业 OFDI、中国民营企业 OFDI 分别在 1% 和 5% 的水平上表现出相关性，其中经常项目借方为负向相关。一般认为，我国迄今为止进出口贸易顺差以及在此基础上积累的雄厚的外汇储备为我国 OFDI 奠定

了坚实的基础。

（2）特别需要关注的是，相关系数显示经常项目账户与中国企业OFDI不存在显著相关关系。从国际收支表看，中国长期以来一直在输出资本，尽管中国的对外净资产是正的，但是投资收入却是逆差。这种"净债权、投资收益为负"的对外资产—负债结构也许正是导致上述OFDI与经常项目账户不相关的原因所在，但是其相关具体原因有待我们在今后研究中进一步分析。

（3）美元兑离岸人民币汇率与中国企业OFDI综合指数、中国民营企业OFDI综合指数均负向相关。这说明各所有制类型企业都比较遵循市场经济规律进行OFDI。

七、国际政治与经济与中国企业 OFDI 综合指数、中国民营企业 OFDI 综合指数的协动性分析

该类宏观经济指标包含6项指标，分别是人民币国际化指数（RII）、中国智库数量（家）、经济政策不确定性（EPU）指数、中国整体形象得分、世界平均GDP年增长率（%）、美国十年期国债收益率（%）。其中，（1）RII采用中国人民大学国际货币研究所历年《人民币国际化报告》中的人民币国际化指数；（2）使用美国宾夕法尼亚大学"智库研究项目"（TTCSP）研究编写的《全球智库报告》中统计的中国智库数量作为衡量中国智库发展现状及趋势的指标；（3）EPU指数采用对Scott Baker, Nicholas Bloom, Steven J. Davis and Sophie Wang（2013）根据《南华早报》上自1995年1月直至现在每个月上与"中国经济政策不确定性"相关的文章数目占比计算出的EPU指数。（4）中国整体形象得分指标引自当代中国与世界研究院发布的《中国国家形象全球调查报告》。

计算结果显示：

（1）RII分别在5%和1%的显著性水平上与中国企业OFDI和中国民营企业OFDI成正相关协同关系，显示两者相辅相成。

（2）中国智库数量与中国企业OFDI综合指数、中国民营企业OFDI综

合指数的 Spearman 相关系数在 1% 的显著性水平上表现出正相关性，而相应的 Pearson 相关系数同样为正但均不显著。由于 Pearson 评估的是两个变量的线性关系，而 Spearman 评估的两变量的单调关系，且 Spearman 相关系数对于数据错误和极端值的反应不敏感，因此该结果也可以理解为我国的智库在"走出去"过程中并未发挥应有的作用，今后的智库的建设和服务水平仍需要进一步加强。

（3）除 EPU 指数与中国企业 OFDI 的 Pearson 相关系数只在 10% 的显著性水平上正向相关外，EPU 指数与中国企业 OFDI 综合指数的 Spearman 相关系数、EPU 指数与中国民营企业 OFDI 综合指数的相关系数均在 1% 的显著性水平上呈现出正向协动关系；其中 EPU 指数对中国民营企业 OFDI 的影响作用更加显著。由于 EPU 代表"中国经济政策不确定性"，EPU 指数与 OFDI 成正向相关反映了在中国经济快速发展的同时，企业特别是民营企业如何看待和应对他们所面临的诸多的政策不确定性。提醒各级政府今后还需在不断改善营商环境、进一步提高政策透明度等方面下功夫。

（4）中国整体形象得分与中国企业 OFDI 综合指数、中国民营企业 OFDI 综合指数的 Pearson 相关系数在 5% 的显著性水平上显著为正，而相应的 Spearman 相关系数同样为正但并不显著。中国整体形象的好坏关乎"走出去"企业的初始投资的顺利程度以及落地之后的可持续发展等方方面面。根据结果，中国整体形象的稳定提升对中国企业 OFDI、中国民营企业 OFDI 具有带动作用，但这种带动作用由于中国整体形象得分数据时间跨度较小，仅有 2013—2020 年数据，尚未更新 2021—2022 年的得分而未完全呈现。

（5）世界平均 GDP 年增长率与中国企业 OFDI 综合指数、中国民营企业 OFDI 综合指数的相关系数呈现出负向协同关系，但并不显著。说明近年我国强劲的 OFDI 并不注重国际经济形势的波动，反而利用了一些国家经济形势不太明朗的有利时机，无论是对发达国家的投资还是"一带一路"都积极地推进 OFDI。

（6）除美国十年期国债收益率与中国企业 OFDI 综合指数之间的 Pearson 相关系数在 5%的显著性水平上保持负相关性外，美国十年期国债收益率的降低在 1%的显著性水平上对中国企业 OFDI、中国民营企业 OFDI 均起到了显著推动作用。说明美国在全球经济中的重要地位以及美元在国际货币体系中所发挥的巨大作用，具有"金融资产的锚"之称的美国十年期国债收益率不仅会影响全球资本流动以及汇率走势，它还可以通过一系列传导机制引起包括中国在内的世界其他国家和地区利率水平的变动，利率水平的升降直接影响我国企业尤其是民营企业的融资问题。

第七章 中国企业 OFDI 2023—2024 年预测及展望：基于 2005—2022 年 OFDI 金额的趋势分析

从第六章的协动性分析可看出，中国经济增速变化、国民经济运行状况、政府政策调控程度等反映中国宏观经济总体现状的指标的变化影响着中国企业 OFDI 的开展。那么在中国宏观经济调控的过程中，在变幻莫测的国际局势影响下，中国企业 OFDI 将会如何发展变化呢？科学合理地判断 OFDI 变化趋势对于政府部门政策措施的制定以及企业自身调整战略布局而言均具有重要参考价值。本章基于此考虑，以 2005—2022 年中国企业 OFDI 金额为基础，通过构建计量模型对中国企业在 2023—2024 年 OFDI 规模进行预测，展望中国 OFDI 可能的发展变化，以期在对中国企业 OFDI 未来发展趋势有初步推断的基础上，为中国企业更好更快地"走出去"提供科学依据。

第一节 中国企业 OFDI 预测模型的构建

一、模型设定

本章参考 Mario，Anderson and Yotov（2017）[①] 中对于影响对外直接投

---

① Mario, L., Anderson, J. E and Yotov, Y. V., Trade Liberalization, Growth, and FDI：A Structural Estimation Framework. Annual Conference 2017（Vienna）：Alternative Structures for Money and Banking, 2017（14）.

资的主要因素的选择，基于中国的基本国情，构建如下面板计量模型：

$$OFDI_{cjt} = \beta_0 + \beta_1\,CNGDP_{ct} + \beta_2\,CR_{ct} + \beta_3\,FGDP_{jt} + \beta_4\,FTA_{cjt} + \beta_5\,BIT_{cjt} + \beta_6\,CL_j + \beta_7\,D_j + \beta_8\,EI_{ct} + \varepsilon_{cjt}$$

其中，下标 c 代表中国，j 代表东道国，t 为年份。被解释变量 $OFDI_{cjt}$ 表示第 t 年中国企业对 j 国的对外直接投资金额规模。解释变量可划分为中国宏观经济指标、投资标的宏观经济指标、经贸投资协议的签订、生效和升级、语言和地理因素、重大经济事件影响五类：（1）中国宏观经济指标包括 $CNGDP_{ct}$、CR_{ct}，分别代表第 t 年中国的国内生产总值、消费占收入的比例；（2）$FGDP_{jt}$ 表示 t 年标的国（地区）的国内生产总值，用来衡量投资标的国（地区）的经济发展状况；（3）FTA_{cjt} 代表中国与标的国（地区）在 t 年双边或多边经贸协议的签署、生效和升级，BIT_{cjt} 则表示中国与标的国（地区）在 t 年双边投资协议及补充协议的签署、生效和升级；（4）CL_j、D_j 分别代表中国与 j 国的官方语言是否相同以及与 j 国的地理距离；（5）EI_{ct} 表示影响中国企业"走出去"进程的重大经济事件，本章所包括的重大事件分为四种：①2013 年"一带一路"倡议的提出（BRI_{ct}）；②2015 年国家三部委联合出台的《推动共建丝绸之路经济带和 21 世纪海上丝绸之路的愿景与行动》（$VAJBBRI_{ct}$，以下简称《愿景与行动》）；③2018 年中美贸易摩擦（TW_{ct}）；④2020 年新冠疫情的暴发（$COVID_t$）；ε_{cjt} 则表示随机扰动项。

二、数据来源

本章中预测模型使用的是 2005—2022 年国家层面的面板数据，东道国包括了 NK-GERC 数据库中中国企业对外投资的所有标的国家和地区。

其中：（1）被解释变量 $OFDI_{cjt}$ 来自于 NK-GERC 数据库，单位为百万美元；（2）$CNGDP_{ct}$ 来自于中国国家统计局公布的国民总收入年度数据，单位为十亿人民币；（3）CR_{ct} 为每年国家统计局公布的人均居民消费水平乘以当年度总人口后与 GDP 的比值；（4）$FGDP_{jt}$ 来源于世界银行以及 IMF

公布的 World Economic Outlook，单位为十亿美元[①]；（5）FTA_{cjt}、BIT_{cjt} 和
EI_{ct} 均为年份虚拟变量，签署协议、协议生效、协议升级或者经济事件发
生的当年以及之后年份取值为 1，之前年份取值为 0。其中：自由贸易协定
和双边投资协定的签署、生效和升级年份根据中国商务部网站的数据整理
得到；（6）CL_j 和 D_j 整理自 CEPII 网站的数据。

三、模型估计

本节使用随机效应模型对上述计量模型进行面板回归，回归结果如下
表所示：

表 7-1-1　随机效应模型的面板数据估计结果

解释变量		系数	标准差	t 值	P 值
中国宏观经济指标	CNGDP	615.740	814.498	0.76	0.450
	CR	87.4168	88.418	0.99	0.323
标的国宏观经济指标	FGDP	997.363***	142.710	6.99	0.000
经贸投资协议的相关安排	双边或多边经贸协议的签订、生效和升级	MFTASE	−35.962	158.445	−0.23	0.820
		FTASE	−405.240	1106.278	−0.37	0.714
		FTAUS	1628.277	4267.367	0.38	0.703
		FTAUE	−945.535	5172.432	−0.18	0.855
	双边投资协议及补充协议的签订和生效	BITS	−558.643	1815.648	−0.31	0.758
		BITE	−617.165	1774.009	−0.35	0.728
		BITAS	−1051.461	1713.337	−0.61	0.539
		BITAE	736.177	1723.736	0.43	0.669
语言与地理因素	CL	2029.279	1575.570	1.29	0.198
	D	0.0141	0.071	0.20	0.842

---

①　由于截至本章写作时间，世界银行数据库中仍缺失部分国家 2021 年、2022 年的
GDP 数据，对于这些 GDP 数据，本章使用 2023 年 4 月 IMF 公布的 World Economic Outlook 中
提出的 GDP 预测值进行替换。除这些缺失的数据外，其他国家（包括 2020 年、2021 年缺失
GDP 数据国家）的各年份 GDP 数据均来源于世界银行。

续表

解释变量		系数	标准差	t 值	P 值
重大经济事件	BRI	1291.820*	762.938	1.69	0.090
	VAJBBRI	-203.936	711.178	-0.29	0.774
	TW	-1340.526**	681.141	-1.97	0.049
	COVID	-436.445	711.083	-0.61	0.539
常数项		-12224.850	10411.300	-1.17	0.240

注：*** 表示在 1% 的显著水平内相关；** 表示在 5% 的显著水平内相关；* 表示在 10% 的显著水平内相关。

　　从表 7-1-1 的回归结果中可看出，投资标的国 GDP 的提高、"一带一路"倡议的提出以及 2018 年中美贸易摩擦的出现在 10% 的显著水平内对于中国企业 OFDI 产生影响。其中：（1）标的国 GDP 越高，表明标的国经济发展势头良好，有着相对完善的制度和金融体系，对于企业 OFDI 产生较大的吸引力；（2）"一带一路"倡议的提出为中国企业"走出去"提供了良好的政策环境，大量中国企业响应号召导致 OFDI 显著增加； （3）2018 年中美贸易摩擦的出现使得中国企业在"走出去"过程中面临着较大的风险和不确定性，潜在的沉没成本阻碍企业境外投资。

四、模型的拟合程度检验及差异分析

　　为判断预测模型的解释能力，本节将表 7-1-1 使用随机效应模型估计出的系数代入所设定的模型中，最终得到中国企业 OFDI 预测模型，同时测算出中国企业在 2005—2022 年 OFDI 的拟合值，并将拟合值与 NK-GERC 数据库中实际统计的中国企业 OFDI 金额进行比较，从而检验本预测模型的解释效果。为探寻中国企业对"一带一路"沿线国家的境外投资变动特点，本节还以"一带一路"沿线国家为样本对"一带一路"OFDI 进行估计。OFDI 拟合值与实际值的比较如图 7-1-1 所示。

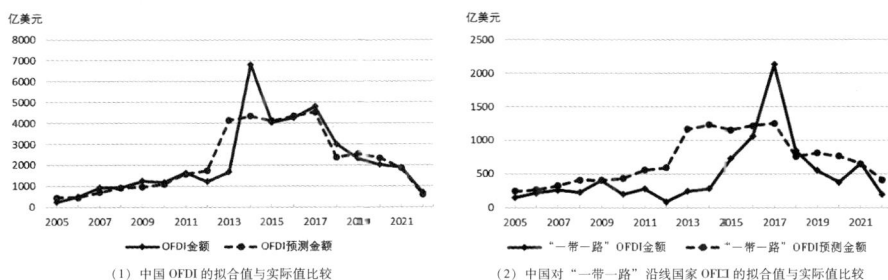

(1) 中国 OFDI 的拟合值与实际值比较　　(2) 中国对 "一带一路" 沿线国家 OFDI 的拟合值与实际值比较

图 7-1-1　2005—2022 年中国 OFDI、对 "一带一路" 国家 OFDI 的拟合值与实际值比较

从图 7-1-1 中可以看出，不论是中国企业对全世界的投资还是对 "一带一路" 沿线国家的投资，本节所构建的 OFDI 预测模型得到的 OFDI 金额拟合值与实际投资值变动趋势基本保持一致。

中国企业 OFDI 实际值围绕拟合值上下波动，说明本模型较好地反映了中国企业 OFDI 的变动趋势。中国企业 OFDI 拟合值和实际值在 2005—2013 年间总体上呈增长趋势。在 2013—2014 年间出现高速扩张，随后的三年间增长变化趋缓，企业 OFDI 呈稳定发展态势，进入 2018—2022 年 OFDI 规模逐步缩减。中国对 "一带一路" 沿线国家 OFDI 的拟合值和实际值在 2005—2013 年间呈波动状态，在 2013—2017 年间逐渐扩张，且 2014—2017 年间增长趋势显著。2017—2022 年 OFDI 规模呈现波动下降趋势。不论是中国企业对全世界的投资还是对 "一带一路" 沿线国家的投资，拟合值与实际值均存在一定偏差，这是因为除了本文的解释变量外，还有其他多方面因素影响中国企业 OFDI。随着中国经济全球化进程的深入，影响企业 "走出去" 的因素更为复杂，国内政策调整、世界主要国家之间关系紧张、全球经济不确定程度提升等多种因素的存在导致中国企业 OFDI 波动明显。部分因素由于缺乏数据支持、无法观测或政策滞后效应等客观原因存在，不能被精确地纳入 OFDI 预测模型中，影响对企业 OFDI 预测值的估算准确度。比如 OFDI 拟合值在 2013 年 "一带一路" 倡议提出之后立即大幅度提高，实际 OFDI 金额于 2014 年快速增长，主要可能源于从 "一带一路" 倡议提出到企业开始制定或重新调整境外投资战略存在一个过程，并非所有的企业都能够根据政策信号对投资活动进行及时的规划安排。

总体而言，本节基于中国企业 OFDI 预测模型所估计的 OFDI 金额能够相对有效地反映出中国企业 OFDI 的发展趋势，具有科学性和一定的参考价值。

第二节 中国企业 2023—2024 年 OFDI 预测及趋势展望

为进一步判断中国企业 OFDI 在未来年份的发展趋势，本节基于上一部分所构建的中国企业 OFDI 预测模型，在合理的估计和假定 2023—2024 年与预测模型解释变量相关的数据后，对 2023—2024 年中国企业 OFDI 金额进行预测。

一、关于 2023—2024 年解释变量的数据处理

由于在解释变量中，除语言和地理因素不随时间发展改变外，其余解释变量均为时变变量，因此本节对此类解释变量在 2023—2024 年的数据作如下估计和假定：

（1）本节根据 IMF 在 World Economic Outlook 中对世界各国 2023—2024 年 GDP 增长率的预测值，在 2022 年 GDP 基础上测算出中国和各标的国 2023—2024 年的 GDP；

（2）本节根据腾景宏观对 2023 年总消费增长 7% 的预测，基于 2022 年消费总额估计 2023 年中国总消费，其中 2022 年消费总额由 2022 年居民人均消费乘以 2022 年总人口获得①；本节预测 2024 年消费总额增长率为 2018—2022 年五年间居民消费增长率的平均值，并根据该值和 2023 年消费预测值测算 2024 年消费总额。

（3）经贸投资协议相关安排以及部分重大经济事件因素（FTA_{cjt}、BIT_{cjt}、BRI_{ct}、$VAJBBRI_{ct}$ 和 TW_{ct}）一旦实施便不会轻易变动，能够长期影

---

① 本节采用消费增速测算消费总额的原因在于疫情影响下，以往年消费总额为基础使用自回归模型得到的估计不符合客观事实，使用预测的增长率得到的消费总额更贴合实际。

响企业对外投资，因此本节假定 2023—2024 年 FTA_{cjt}、BIT_{cjt}、BRI_{ct}、$VAJBBRI_{ct}$ 和 TW_{ct} 在各投资标的国对应的取值仍延续 2022 年前的状态。由于新冠疫情于 2019 年末出现，因此 $COVID_t$ 的持续时间设置为 2020—2022。

二、中国企业 2023—2024 年 OFDI 趋势预测及展望

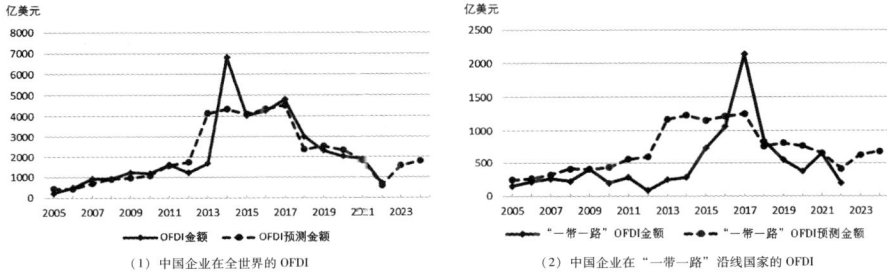

图 7-2-1　2005—2024 年中国企业在全世界和"一带一路"沿线国家 OFDI 的预测值变化

本节将上节估计的 2023—2024 年时变性解释变量代入中国企业 OFDI 预测模型中，计算出 2023—2024 年中国企业在世界范围内的 OFDI 预测值，预期变化趋势如图 7-2-1 所示。在 2023—2024 年中国各项经贸投资协议安排持续完善、"一带一路"倡议运行正常以及中美贸易摩擦仍然存在的假定下，随着新冠疫情得到控制和全球经济逐步恢复运转，2023 年中国企业 OFDI 预计较 2022 年上升 58.22% 至 1564.74 亿美元，2024 年 OFDI 可能伴随着经济的逐步回暖继续增长至 1794.57 亿美元，但仍将显著低于金融危机后 2014—2017 年间全球经济复苏阶段的投资水平。在对"一带一路"沿线国家的投资预测上，本节估计 2023—2024 年中国企业"一带一路"投资相比 2022 年呈稳定增长趋势，预计 2023 年、2024 年分别对"一带一路"沿线国家投资 624.46 亿美元和 682.41 亿美元。

附 录

附录1 2022年中国民营企业对外直接投资
——投资来源地别 TOP10

附表 1-1 2022 年中国民营企业对外直接投资——投资来源地 TOP10

排序	投资方来源地	项目数量（件）	排序	投资方来源地	金额（百万美元）
1	北京	144	1	上海	9802.89
2	上海	119	2	福建	8107.43
3	浙江	113	3	北京	7853.91
4	深圳	106	4	浙江	7518.47
5	广东（不含深圳）	60	5	深圳	4597.29
6	江苏	55	6	广东（不含深圳）	3266.88
7	山东	27	7	江西	2383.43
8	福建	22	8	江苏	1845.08
9	河北	8	9	贵州	1811.83
	天津		10	山东	1427.85

附表 1-2 2022 年中国民营企业对外并购投资——投资来源地 TOP10（项目数量）

排序	投资方来源地	项目数量（件）	排序	投资方来源地	金额（百万美元）
1	上海	85	1	北京	5500.08
2	北京	69	2	上海	4531.15

续表

排序	投资方来源地	项目数量（件）	排序	投资方来源地	金额（百万美元）
3	深圳	56	3	深圳	3080.68
4	浙江	52	4	广东（不含深圳）	2780.64
5	广东（不含深圳）	35	5	浙江	2082.91
6	江苏	35	6	江西	1949.43
7	福建	17	7	海南	1225.22
8	山东	11	8	江苏	878.08
9	天津	8	9	福建	591.38
10	海南	7	10	四川	341.13

附表 1-3　2022 年中国民营企业对外绿地投资——投资来源地 TOP10（项目数量）

排序	投资方来源地	项目数量（件）	排序	投资方来源地	金额（百万美元）
1	北京	75	1	福建	7516.05
2	浙江	61	2	浙江	5435.56
3	深圳	50	3	上海	5271.74
4	上海	34	4	北京	2353.82
5	广东（不含深圳）	25	5	贵州	1543.15
6	江苏	20	6	深圳	1516.61
7	山东	16	7	山东	1251.46
8	福建	5	8	江苏	967
9	湖南	4	9	广东（不含深圳）	486.24
10	贵州	3	10	江西	434

附录2　2022年中国民营企业对外直接投资——投资标的国（地区）别TOP10

附表2-1　2022年中国民营企业对外直接投资集中地TOP10

排序	标的国（地区）	项目数量（件）	排序	标的国（地区）	金额（百万美元）
1	中国香港地区	90	1	匈牙利	7622.83
2	美国	82	2	美国	4770.966216
3	开曼群岛	45	3	中国香港地区	4613.302904
4	新加坡	34	4	开曼群岛	3336.759473
5	英国	34	5	西班牙	2098.67
6	德国	25	6	印度尼西亚	1571.713484
7	泰国	18	7	爱尔兰	1480.32
	英属维尔京群岛		8	德国	1275.476581
9	阿联酋	16	9	墨西哥	1271.010252
	墨西哥		10	斯洛伐克	1253.38

附表2-2　2022年中国民营企业对外并购投资集中地TOP10

排序	标的国（地区）	项目数量（件）	排序	标的国（地区）	金额（百万美元）
1	中国香港地区	88	1	中国香港地区	4589.90
2	开曼群岛	45	2	开曼群岛	3336.76
3	美国	44	3	美国	1556.47
4	英属维尔京群岛	18	4	百慕大群岛	985.64
5	新加坡	16	5	阿根廷	962
6	泰国	13	6	丹麦	738.75
7	百慕大群岛	12	7	英国	652.60
	英国		8	德国	324.27
9	德国	11	9	英属维尔京群岛	317.50
10	越南	7	10	韩国	267.39

附表 2-3　2022 年中国民营企业对外绿地投资集中地 TOP10

排序	标的国（地区）	项目数量（件）	排序	标的国（地区）	金额（百万美元）
1	美国	38	1	匈牙利	7622.83
2	英国	22	2	美国	3214.5
3	新加坡	18	3	西班牙	2098.67
4	西班牙	16	4	印度尼西亚	1566.6
5	墨西哥	15	5	爱尔兰	1480.32
	阿联酋		6	墨西哥	1271
7	德国	14	7	斯洛伐克	1253.38
8	巴西	10	8	德国	951.21
9	加拿大	8	9	巴西	782.39
10	印度尼西亚	7	10	沙特	674

附录 3　2022 年中国民营企业对外直接投资
——投资标的行业别 TOP10

附表 3-1　2022 年中国民营企业对外直接投资行业别 TOP10

排序	标的行业	项目数量（件）	排序	标的行业	金额（百万美元）
1	批发和零售业	179	1	其他电气机械和设备	11375.55
2	信息传输、软件和信息技术服务业	57	2	交通运输、仓储和邮政业	4103.75
3	租赁和商务服务业	54	3	基本金属和金属制品	3739.90
4	科学研究和技术服务业	43	4	批发和零售业	3648.40
5	交通运输、仓储和邮政业	34	5	信息传输、软件和信息技术服务业	2987.60

续表

排序	标的行业	项目数量（件）	排序	标的行业	金额（百万美元）
6	金融业	30	6	汽车、挂车和半挂车	2051.91
7	其他机械设备	27	7	有色金属矿采选业	1929.60
8	其他电气机械和设备	22	8	电力、热力生产和供应业	1542.87
9	汽车、挂车和半挂车	19	9	租赁和商务服务业	1282.24
	广播、电视和通信设备		10	其他机械设备	1088.95

附表 3-2　2022 年中国民营企业对外并购投资行业别 TOP10

排序	标的行业	项目数量（件）	排序	标的行业	金额（百万美元）
1	批发和零售业	47	1	信息传输、软件和信息技术服务业	2516.87
2	信息传输、软件和信息技术服务业	32	2	金融业	550.28
3	金融业	30	3	基本金属和金属制品	695.49
4	科学研究和技术服务业	25	4	批发和零售业	462.27
5	广播、电视和通信设备	18	5	租赁和商务服务业	461.86
6	其他机械设备	17	6	医疗器械、精密仪器和光学仪器、钟表	483.75
	其他制造业和再生产品		7	交通运输、仓储和邮政业	634.52
8	其他电气机械和设备	16	8	有色金属矿采选业	367.76
9	租赁和商务服务业	15	9	广播、电视和通信设备	630.03
10	汽车、挂车和半挂车	14	10	医药制造	208.06

附表 3-3　2022 年中国民营企业对外绿地投资行业别 TOP10

排序	标的行业	项目数量（件）	排序	标的行业	金额（百万美元）
1	其他采矿业	260	1	其他电气机械和设备	11007.79
2	公共管理、社会保障和社会组织	253	2	其他采矿业	9470.57
3	批发和零售业	132	3	公共管理、社会保障和社会组织	6854.40
4	租赁和商务服务业	39	4	基本金属和金属制品	2696.38
5	信息传输、软件和信息技术服务业	35	5	信息传输、软件和信息技术服务业	2437.32
6	交通运输、仓储和邮政业	28	6	交通运输、仓储和邮政业	2183.50
7	科学研究和技术服务业	18	7	汽车、挂车和半挂车	1843.85
8	其他机械设备	10	8	黑色金属矿采选业	1541.87
9	基本金属和金属制品	8	9	批发和零售业	1131.53
10	其他电气机械和设备	6	10	农、林、牧、渔专业及辅助性活动	753.20

附表 3-4　2022 年中国民营企业对外直接投资制造业别 TOP10（项目数量）

排序	海外投资标的制造业行业	行业技术分类	项目数量（件）
1	其他机械设备	中高技术	27
2	其他电气机械和设备	中高技术	22
3	广播、电视和通信设备	高技术	19
	汽车、挂车和半挂车	中高技术	
5	其他制造业和再生产品	低技术	18
6	基本金属和金属制品	中低技术	15
7	化学品及化学制品（不含制药）	中高技术	12

续表

排序	海外投资标的制造业行业	行业技术分类	项目数量（件）
8	其他非金属矿物制品	中低技术	11
9	医疗器械、精密仪器和光学仪器、钟表	高技术	10
10	食品、饮料和烟草	低技术	8

附表 3-5　2022 年中国民营企业对外直接投资制造业别 TOP10（金额）

排序	海外投资标的制造业行业	行业技术分类	金额（百万美元）
1	其他电气机械和设备	中高技术	11375.55
2	基本金属和金属制品	中低技术	3739.90
3	汽车、挂车和半挂车	中高技术	2051.91
4	其他机械设备	中高技术	1088.95
5	其他制造业和再生产品	低技术	834.52
6	化学品及化学制品（不含制药）	中高技术	650.23
7	橡胶和塑料制品	中低技术	522.24
8	广播、电视和通信设备	高技术	475.66
9	其他非金属矿物制品	中低技术	370.56
10	医药制造	高技术	351.03

附表 3-6　2022 年中国民营企业对外并购投资制造业别 TOP10（项目数量）

排序	海外投资标的制造业行业	行业技术分类	项目数量（件）
1	广播、电视和通信设备	高技术	18
2	其他机械设备	中高技术	17
	其他制造业和再生产品	低技术	
4	其他电气机械和设备	中高技术	16
5	汽车、挂车和半挂车	中高技术	14
6	其他非金属矿物制品	中低技术	11
7	化学品及化学制品（不含制药）	中高技术	9
8	医疗器械、精密仪器和光学仪器、钟表	高技术	8

续表

排序	海外投资标的制造业行业	行业技术分类	项目数量（件）
9	基本金属和金属制品	中低技术	7
	食品、饮料和烟草	低技术	

附表 3-7　2022 年中国民营企业对外并购投资制造业别 TOP10（金额）

排序	海外投资标的制造业行业	行业技术分类	金额（百万美元）
1	基本金属和金属制品	中低技术	1043.52
2	其他制造业和再生产品	低技术	634.52
3	其他机械设备		483.75
4	广播、电视和通信设备	中高技术	461.86
5	其他非金属矿物制品	高技术	370.56
6	其他电气机械和设备		367.76
7	医药制造	中低技术	351.03
8	食品、饮料和烟草	中高技术	287.08
9	医疗器械、精密仪器和光学仪器、钟表	高技术	208.21
10	汽车、挂车和半挂车	低技术	208.06

附表 3-8　2022 年中国民营企业对外绿地投资制造业别 TOP10（项目数量）

排序	海外投资标的制造业行业	行业技术分类	项目数量（件）
1	其他机械设备	中高技术	10
2	基本金属和金属制品	中低技术	8
3	其他电气机械和设备	中高技术	6
4	汽车、挂车和半挂车	中高技术	5
5	化学品及化学制品（不含制药）	中高技术	3
6	医疗器械、精密仪器和光学仪器、钟表	高技术	2
	橡胶和塑料制品	中低技术	
	其他铁道设备和运输设备	中高技术	

续表

排序	海外投资标的制造业行业	行业技术分类	项目数量（件）
9	其他制造业和再生产品	低技术	1
	广播、电视和通信设备	高技术	

附表3-9　2022年中国民营企业对外绿地投资制造业别TOP10（金额）

排序	海外投资标的制造业行业	行业技术分类	金额（百万美元）
1	其他电气机械和设备	中高技术	11007.79
2	基本金属和金属制品	中低技术	2696.38
3	汽车、挂车和半挂车	中高技术	1843.85
4	其他机械设备	中高技术	605.20
5	橡胶和塑料制品	中低技术	516.78
6	化学品及化学制品（不含制药）	中高技术	506.55
7	其他制造业和再生产品	低技术	200.00
8	其他铁道设备和运输设备	中高技术	90.60
9	医疗器械、精密仪器和光学仪器、钟表	高技术	62.40
10	食品、饮料和烟草	低技术	35.10

附录4　2005—2022年中国民营企业在世界四大资金中转地投资项目数量、金额排序

附表4-1　2005—2022年中国民营企业在世界四大资金中转地对外直接投资项目数、金额排序

年份	地区	项目数量（件）	地区	金额（百万美元）
2005	中国香港地区	19	中国香港地区	1199.69
	百慕大群岛	9	英属维尔京群岛	35.59
	英属维尔京群岛	9	百慕大群岛	17.40
	开曼群岛	4	开曼群岛	13.96

年份	地区	项目数量（件）	地区	金额（百万美元）
2006	中国香港地区	26	中国香港地区	439.67
	英属维尔京群岛	16	英属维尔京群岛	141.62
	开曼群岛	13	开曼群岛	135.07
	百慕大群岛	8	百慕大群岛	21.34
2007	中国香港地区	32	中国香港地区	471.45
	开曼群岛	15	英属维尔京群岛	437.38
	百慕大群岛	14	开曼群岛	218.49
	英属维尔京群岛	8	百慕大群岛	113.09
2008	开曼群岛	57	中国香港地区	438.45
	中国香港地区	41	开曼群岛	428.00
	百慕大群岛	33	英属维尔京群岛	396.75
	英属维尔京群岛	19	百慕大群岛	245.00
2009	中国香港地区	41	英属维尔京群岛	593.16
	百慕大群岛	19	中国香港地区	465.53
	英属维尔京群岛	19	开曼群岛	371.79
	开曼群岛	18	百慕大群岛	340.03
2010	开曼群岛	45	开曼群岛	1092.96
	中国香港地区	36	中国香港地区	674.62
	英属维尔京群岛	24	百慕大群岛	567.59
	百慕大群岛	20	英属维尔京群岛	308.18
2011	中国香港地区	52	开曼群岛	2717.98
	英属维尔京群岛	24	中国香港地区	1734.99
	开曼群岛	23	百慕大群岛	388.40
	百慕大群岛	11	英属维尔京群岛	344.22
2012	中国香港地区	62	中国香港地区	1298.62
	开曼群岛	17	开曼群岛	971.29
	英属维尔京群岛	17	英属维尔京群岛	665.68
	百慕大群岛	13	百慕大群岛	456.05

年份	地区	项目数量（件）	地区	金额（百万美元）
2013	中国香港地区	58	中国香港地区	8895.75
	英属维尔京群岛	24	开曼群岛	3783.81
	开曼群岛	21	英属维尔京群岛	869.59
	百慕大群岛	16	百慕大群岛	214.38
2014	中国香港地区	57	开曼群岛	7406.11
	开曼群岛	48	百慕大群岛	3079.90
	英属维尔京群岛	23	中国香港地区	2164.22
	百慕大群岛	14	英属维尔京群岛	1213.27
2015	中国香港地区	103	开曼群岛	22276.39
	开曼群岛	82	中国香港地区	8690.13
	百慕大群岛	30	百慕大群岛	4819.22
	英属维尔京群岛	16	英属维尔京群岛	3785.64
2016	中国香港地区	198	开曼群岛	33601.14
	开曼群岛	85	中国香港地区	12191.49
	英属维尔京群岛	43	英属维尔京群岛	5656.01
	百慕大群岛	16	百慕大群岛	1937.90
2017	中国香港地区	213	中国香港地区	14764.63
	开曼群岛	62	开曼群岛	12398.17
	英属维尔京群岛	27	英属维尔京群岛	2819.31
	百慕大群岛	13	百慕大群岛	1841.54
2018	中国香港地区	288	开曼群岛	20378.34
	开曼群岛	81	中国香港地区	19188.79
	英属维尔京群岛	32	百慕大群岛	8501.74
	百慕大群岛	22	英属维尔京群岛	3827.15
2019	中国香港地区	204	百慕大群岛	14155.59
	开曼群岛	59	开曼群岛	12135.08
	英属维尔京群岛	26	中国香港地区	7592.23
	百慕大群岛	13	英属维尔京群岛	2777.88

年份	地区	项目数量（件）	地区	金额（百万美元）
2020	中国香港地区	151	百慕大群岛	7546.05
	开曼群岛	43	中国香港地区	6590.09
	英属维尔京群岛	19	开曼群岛	1093.85
	百慕大群岛	14	英属维尔京群岛	495.25
2021	中国香港地区	113	开曼群岛	10998.1
	开曼群岛	42	中国香港地区	4454.68
	英属维尔京群岛	25	英属维尔京群岛	1710.45
	百慕大群岛	7	百慕大群岛	60.2
2022	中国香港地区	90	中国香港地区	4613.30
	开曼群岛	45	开曼群岛	3336.76
	英属维尔京群岛	18	百慕大群岛	985.64
	百慕大群岛	12	英属维尔京群岛	317.50

附表 4-2　2005—2022 年中国民营企业在世界四大资金中转坻对外并购投资项目数量、金额排序

年份	地区	项目数量（件）	地区	金额（百万美元）
2005	中国香港地区	17	中国香港地区	1194.09
	百慕大群岛	9	英属维尔京群岛	35.59
	英属维尔京群岛	9	百慕大群岛	17.4
	开曼群岛	4	开曼群岛	13.96
2006	中国香港地区	22	中国香港地区	350.07
	英属维尔京群岛	16	英属维尔京群岛	141.62
	开曼群岛	13	开曼群岛	135.07
	百慕大群岛	8	百慕大群岛	21.34
2007	中国香港地区	26	英属维尔京群岛	437.38
	开曼群岛	15	中国香港地区	314.45
	百慕大群岛	14	开曼群岛	218.49
	英属维尔京群岛	8	百慕大群岛	113.09

年份	地区	项目数量（件）	地区	金额（百万美元）
2008	开曼群岛	57	开曼群岛	428
	百慕大群岛	33	英属维尔京群岛	396.75
	中国香港地区	33	中国香港地区	362.07
	英属维尔京群岛	19	百慕大群岛	245
2009	中国香港地区	30	英属维尔京群岛	593.16
	百慕大群岛	19	中国香港地区	390.03
	英属维尔京群岛	19	开曼群岛	371.79
	开曼群岛	18	百慕大群岛	340.03
2010	开曼群岛	45	开曼群岛	1092.96
	中国香港地区	30	百慕大群岛	567.59
	英属维尔京群岛	24	中国香港地区	511.92
	百慕大群岛	20	英属维尔京群岛	308.18
2011	中国香港地区	49	开曼群岛	2717.98
	英属维尔京群岛	24	中国香港地区	1633.79
	开曼群岛	23	百慕大群岛	388.4
	百慕大群岛	11	英属维尔京群岛	344.22
2012	中国香港地区	47	中国香港地区	1072.22
	开曼群岛	17	开曼群岛	971.29
	英属维尔京群岛	17	英属维尔京群岛	665.68
	百慕大群岛	13	百慕大群岛	456.05
2013	中国香港地区	53	中国香港地区	8895.75
	英属维尔京群岛	24	开曼群岛	3783.81
	开曼群岛	21	英属维尔京群岛	869.59
	百慕大群岛	16	百慕大群岛	214.38
2014	中国香港地区	50	开曼群岛	7406.11
	开曼群岛	48	百慕大群岛	3079.9
	英属维尔京群岛	23	中国香港地区	1894.62
	百慕大群岛	14	英属维尔京群岛	1213.27

续表

年份	地区	项目数量（件）	地区	金额（百万美元）
2015	中国香港地区	98	开曼群岛	22276.39
	开曼群岛	82	中国香港地区	8546.53
	百慕大群岛	30	百慕大群岛	4819.22
	英属维尔京群岛	16	英属维尔京群岛	3785.64
2016	中国香港地区	192	开曼群岛	33601.14
	开曼群岛	85	中国香港地区	12093.09
	英属维尔京群岛	43	英属维尔京群岛	5656.01
	百慕大群岛	16	百慕大群岛	1937.9
2017	中国香港地区	199	中国香港地区	13970.93
	开曼群岛	62	开曼群岛	12398.17
	英属维尔京群岛	27	英属维尔京群岛	2819.31
	百慕大群岛	13	百慕大群岛	1841.54
2018	中国香港地区	261	开曼群岛	20378.34
	开曼群岛	81	中国香港地区	16531.29
	英属维尔京群岛	32	百慕大群岛	8501.74
	百慕大群岛	22	英属维尔京群岛	3827.15
2019	中国香港地区	200	百慕大群岛	14155.59
	开曼群岛	59	开曼群岛	12135.08
	英属维尔京群岛	26	中国香港地区	7565.23
	百慕大群岛	13	英属维尔京群岛	2777.88
2020	中国香港地区	149	百慕大群岛	7546.05
	开曼群岛	43	中国香港地区	6561.49
	英属维尔京群岛	19	开曼群岛	1093.85
	百慕大群岛	14	英属维尔京群岛	495.25
2021	中国香港地区	109	开曼群岛	10998.1
	开曼群岛	42	中国香港地区	4285.88
	英属维尔京群岛	25	英属维尔京群岛	1710.45
	百慕大群岛	7	百慕大群岛	60.2

续表

年份	地区	项目数量（件）	地区	金额（百万美元）
2022	中国香港地区	88	中国香港地区	4589.90
	开曼群岛	45	开曼群岛	3336.76
	英属维尔京群岛	18	百慕大群岛	985.64
	百慕大群岛	12	英属维尔京群岛	317.50

注：因 2005—2022 年中国民营企业仅对中国香港地区有绿地投资，故此附录不再对绿地投资情况进行排序。

附录 5　2022 年中国民营企业对外投资案件 TOP10

附表 5-1　2022 年中国民营企业对外投资案件 TOP10

排序	中国投资方企业名称	标的国（地区）	标的行业	交易金额（百万美元）
1	BANK OF COMMUNICA-TIONS CO.，LTD	中国香港地区	金融业	2547.21
2	YANKUANG ENERGY GROUP CO.，LTD	澳大利亚	煤炭开采和洗选业	1708.63
3	CHINESE CAR MANUFAC-TURER	俄罗斯	汽车、挂车和半挂车	1324.30
4	JD PROPERTY GROUP CORPORATION	开曼群岛	交通运输、仓储和邮政业	1212.68
5	INDUSTRIAL BANK CO.，LTD	开曼群岛	信息传输、软件和信息技术服务业	1146.58
6	SIXJOY HONG KONG LTD	英国	信息传输、软件和信息技术服务业	1097.55
7	BEIJING YUANRUI ENTER-PRISE MANAGEMENT CON-SULTING CO.，LTD	中国香港地区	金融业	1011.33
8	GANFENG LITHIUM CO.，LTD	中国香港地区	基本金属和金属制品	962
9	ZIJIN MINING GROUP CO.，LTD	中国香港地区	金融业	735.71

排序	中国投资方企业名称	标的国（地区）	标的行业	交易金额（百万美元）
10	BEIJING QINGLONGHU JIA-HE ENTERPRISE MANAGE-MENT CO.，LTD	百慕大群岛	石油和天然气开采业	722.94

附录6　2013—2022年中国民营企业在"一带一路"沿线国家对外直接投资TOP10

附表6-1　2013—2022年中国民营企业在"一带一路"沿线国家对外直接投资TOP10

2013年民营企业对"一带一路"沿线国家OFDI项目数量及金额TOP10					
排序	国家	项目数量（件）	排序	国家	金额（百万美元）
1	新加坡	19	1	俄罗斯	6173.67
2	马来西亚、波兰	6	2	塔吉克斯坦	1196.88
			3	新加坡	607.48
4	俄罗斯、印度	5	4	泰国	310.59
			5	罗马尼亚	98.65
			6	波兰	74.20
6	以色列、罗马尼亚	4	7	印度	50.51
			8	哈萨克斯坦	48.10
8	泰国、乌兹别克斯坦	3	9	以色列	31.55
			10	乌兹别克斯坦	26.80
2014年民营企业对"一带一路"沿线国家OFDI项目数量及金额TOP10					
排序	国家	项目数量（件）	排序	国家	金额（百万美元）
1	新加坡	17	1	印度尼西亚	2419.00
2	印度	12	2	俄罗斯	2270.00

2014 年民营企业对"一带一路"沿线国家 OFDI 项目数量及金额 TOP10					
排序	国家	项目数量（件）	排序	国家	金额（百万美元）
3	以色列	9	3	新加坡	920.57
4	马来西亚	8	4	波黑	635.59
5	印度尼西亚	7	5	马其顿	400.00
6	俄罗斯、越南	6	6	印度	360.79
			7	越南	272.81
8	巴基斯坦、土耳其、罗马尼亚	4	8	马来西亚	260.89
			9	以色列	166.20
			10	巴基斯坦	139.88
2015 年民营企业对"一带一路"沿线国家 OFDI 项目数量及金额 TOP10					
排序	国家	项目数量（件）	排序	国家	金额（百万美元）
1	印度	47	1	印度	9663.15
2	新加坡	28	2	印度尼西亚	6489.23
3	以色列	15	3	新加坡	1470.18
4	马来西亚、俄罗斯、泰国	13	4	俄罗斯	1433.16
			5	斯洛伐克	1400.00
			6	马来西亚	1351.52
7	捷克	11	7	捷克	1308.64
8	印度尼西亚、哈萨克斯坦	9	8	土耳其	1030.80
			9	以色列	902.06
10	越南、阿联酋	6	10	泰国	897.98
2016 年民营企业对"一带一路"沿线国家 OFDI 项目数量及金额 TOP10					
排序	国家	项目数量（件）	排序	国家	金额（百万美元）
1	印度	59	1	埃及	21278.61
2	新加坡	44	2	印度	12160.49

续表

2016 年民营企业对"一带一路"沿线国家 OFDI 项目数量及金额 TOP10					
排序	国家	项目数量（件）	排序	国家	金额（百万美元）
3	以色列	24	3	马来西亚	3368.98
4	马来西亚	23	4	柬埔寨	2565.54
5	俄罗斯	15	5	阿联酋	2240.37
	泰国		6	印度尼西亚	2098.95
7	埃及	13	7	孟加拉国	2008.90
8	捷克	10	8	捷克	1680.00
9	阿联酋	9	9	泰国	1546.91
	波兰		10	新加坡	1328.53
2017 年民营企业对"一带一路"沿线国家 OFDI 项目数量及金额 TOP10					
排序	国家	项目数量（件）	排序	国家	金额（百万美元）
1	新加坡	53	1	俄罗斯	14810.77
2	印度	48	2	新加坡	5237.97
3	马来西亚	26	3	印度	4430.05
4	俄罗斯	25	4	印度尼西亚	3548.94
5	以色列	22	5	阿曼	2488.00
6	印度尼西亚	12	6	孟加拉国	2017.55
7	越南	10	7	巴基斯坦	1737.80
8	泰国	9	8	罗马尼亚	1006.50
9	埃及	8	9	捷克	1005.20
	阿联酋		10	斯洛伐克	1000.00
2018 年民营企业对"一带一路"沿线国家 OFDI 项目数量及金额 TOP10					
排序	国家	项目数量（件）	排序	国家	金额（百万美元）
1	印度	75	1	新加坡	8464.43
2	新加坡	67	2	印度	5879.96
3	马来西亚	30	3	印度尼西亚	4306.48

2018 年民营企业对"一带一路"沿线国家 OFDI 项目数量及金额 TOP10					
排序	国家	项目数量（件）	排序	国家	金额（百万美元）
4	泰国	24	4	菲律宾	3871.85
5	印度尼西亚	21	5	阿联酋	2432.10
6	以色列	20	6	埃及	1425.31
7	越南	18	7	马来西亚	1346.77
8	俄罗斯	17	8	塞尔维亚	1080.15
9	阿联酋	12	9	哈萨克斯坦	801.80
10	哈萨克斯坦、菲律宾	11	10	老挝	777.00
2019 年民营企业对"一带一路"沿线国家 OFDI 项目数量及金额 TOP10					
排序	国家	项目数量（件）	排序	国家	金额（百万美元）
1	印度	78	1	俄罗斯	12277.46
2	新加坡	46	2	新加坡	10528.23
3	越南	24	3	印度	5908.36
4	俄罗斯	23	4	越南	3064.95
5	马来西亚	22	5	波兰	2579.39
6	泰国	16	6	埃及	1764.60
7	阿联酋	13	7	阿联酋	1276.15
7	塞尔维亚	13	8	沙特	1179.30
8	印度尼西亚	12	9	泰国	547.30
9	以色列、波兰	10	10	塞尔维亚	441.26
2020 年民营企业对"一带一路"沿线国家 OFDI 项目数量及金额 TOP10					
排序	国家	项目数量（件）	排序	国家	金额（百万美元）
1	新加坡	41	1	文莱	13650.00
2	印度	20	2	印度尼西亚	5624.54
3	泰国	19	3	新加坡	1273.75

2020 年民营企业对"一带一路"沿线国家 OFDI 项目数量及金额 TOP10					
排序	国家	项目数量（件）	排序	国家	金额（百万美元）
4	马来西亚	18	4	阿联酋	1260.20
5	阿联酋	14	5	印度	1133.99
6	越南	13	6	俄罗斯	589.62
7	俄罗斯	11	7	以色列	433.55
7	印度尼西亚	11	8	泰国	345.78
8	以色列	10	9	马来西亚	335.60
9	波兰	6	10	越南	321.12
2021 年民营企业对"一带一路"沿线国家 OFDI 项目数量及金额 TOP10					
排序	国家	项目数量（件）	排序	国家	金额（百万美元）
1	新加坡	32	1	马来西亚	10774.94
2	越南	16	2	越南	1360.77
3	马来西亚	14	3	新加坡	1096.61
4	土耳其	10	4	泰国	554.8
5	印度	9	5	印度尼西亚	546.6
6	泰国	8	6	以色列	327.3
7	波兰	7	7	土耳其	308.54
8	俄罗斯	6	8	巴基斯坦	234.5
8	印度尼西亚	6	9	波兰	197.2
8	阿联酋	6	10	阿联酋	163.75
2022 年民营企业对"一带一路"沿线国家 OFDI 项目数量及金额 TOP10					
排序	国家	项目数量（件）	排序	国家	金额（百万美元）
1	新加坡	34	1	匈牙利	7622.83
2	泰国	18	2	印度尼西亚	1571.71
3	阿联酋	16	3	斯洛伐克	1253.38

2022 年民营企业对"一带一路"沿线国家 OFDI 项目数量及金额 TOP10					
排序	国家	项目数量（件）	排序	国家	金额（百万美元）
4	越南	12	4	沙特	674
5	印度尼西亚	11	5	巴基斯坦	650.6
6	马来西亚	10	6	泰国	550.3613096
7	印度	6	7	越南	460.0219317
8	匈牙利	5	8	新加坡	432.0243119
9	沙特	5	9	埃及	324
10	巴基斯坦	4	10	柬埔寨	247.4944552

附表 6-2　2013—2022 年中国民营企业在"一带一路"沿线国家并购投资情况

2013 年民营企业对"一带一路"沿线国家并购投资项目数量及金额 TOP10					
排序	国家	项目数量（件）	排序	国家	金额（百万美元）
1	新加坡	13	1	俄罗斯	6173.67
2	以色列、马来西亚	4	2	塔吉克斯坦	1196.88
			3	新加坡	587.48
4	波兰、印度、俄罗斯、塔吉克斯坦	2	4	印度	50.51
			5	哈萨克斯坦	48.1
			6	以色列	31.55
			7	巴基斯坦	19.97
8	保加利亚、蒙古、菲律宾、泰国、越南、巴基斯坦、斯里兰卡、塞尔维亚、白俄罗斯、哈萨克斯坦	1	8	马来西亚	15.93
			9	越南	4
			10	泰国	3.59
2014 年民营企业对"一带一路"沿线国家并购投资项目数量及金额 TOP10					
排序	国家	项目数量（件）	排序	国家	金额（百万美元）
1	新加坡	15	1	新加坡	919.77
2	以色列	8	2	以色列	145.5

续表

2014 年民营企业对"一带一路"沿线国家并购投资项目数量及金额 TOP10					
排序	国家	项目数量（件）	排序	国家	金额（百万美元）
3	马来西亚	6	3	哈萨克斯坦	122.4
4	印度、越南、哈萨克斯坦、罗马尼亚	3	4	土耳其	65
			5	越南	54.81
			6	文莱	48
			7	吉尔吉斯斯坦	29.46
8	俄罗斯	2	8	印度	21.14
9	捷克、爱沙尼亚、波兰、文莱、老挝、菲律宾、泰国、巴基斯坦、阿曼、土耳其、马其顿、阿塞拜疆、白俄罗斯、吉尔吉斯斯坦、乌兹别克斯坦	1	9	巴基斯坦	17.38
			10	泰国	5.12
2015 年民营企业对"一带一路"沿线国家并购投资项目数量及金额 TOP10					
排序	国家	项目数量（件）	排序	国家	金额（百万美元）
1	新加坡	21	1	印度	2408.33
2	以色列、印度	14	2	斯洛伐克	1400
			3	新加坡	1333.38
4	捷克	11	4	捷克	1308.64
5	哈萨克斯坦	7	5	俄罗斯	1100
6	马来西亚	5	6	土耳其	1000
7	阿联酋	4	7	以色列	895.56
8	泰国	3	8	哈萨克斯坦	670.45
9	波兰、罗马尼亚、埃及、蒙古、印度尼西亚、菲律宾、越南、巴基斯坦、白俄罗斯	2	9	马来西亚	386.63
			10	文莱	325.78
2016 年民营企业对"一带一路"沿线国家并购投资项目数量及金额 TOP10					
排序	国家	项目数量（件）	排序	国家	金额（百万美元）
1	新加坡	33	1	孟加拉国	2000.1

2016 年民营企业对"一带一路"沿线国家并购投资项目数量及金额 TOP10					
排序	国家	项目数量（件）	排序	国家	金额（百万美元）
2	以色列、印度	22	2	阿联酋	1798.47
			3	马来西亚	1702.95
4	马来西亚	11	4	捷克	1603.18
5	捷克	8	5	泰国	1012.79
6	印度尼西亚	6	6	印度	1012.19
7	阿联酋、泰国	5	7	新加坡	941.53
			8	俄罗斯	886.9
9	哈萨克斯坦	4	9	以色列	500.8
10	越南、波兰	3	10	印度尼西亚	292.44

2017 年民营企业对"一带一路"沿线国家并购投资项目数量及金额 TOP10					
排序	国家	项目数量（件）	排序	国家	金额（百万美元）
1	新加坡	39	1	俄罗斯	13247.87
2	印度	29	2	新加坡	4799.97
3	以色列	20	3	印度	3209.32
4	马来西亚	18	4	孟加拉国	2017.55
5	俄罗斯	10	5	罗马尼亚	1001
6	阿联酋	7	6	捷克、斯洛伐克	1000
7	印度尼西亚、泰国	6	8	阿联酋	898.87
9	越南	5	9	塔吉克斯坦	472.94
10	哈萨克斯坦、巴基斯坦	4	10	哈萨克斯坦	416.32

2018 年民营企业对"一带一路"沿线国家并购投资项目数量及金额 TOP10					
排序	国家	项目数量（件）	排序	国家	金额（百万美元）
1	新加坡	49	1	新加坡	7839.63
2	印度	33	2	印度	2848.85
3	马来西亚	20	3	阿联酋	2400

续表

2018 年民营企业对"一带一路"沿线国家并购投资项目数量及金额 TOP10					
排序	国家	项目数量（件）	排序	国家	金额（百万美元）
4	以色列	16	4	以色列	518.39
5	泰国	13	5	马来西亚	458.83
6	印度尼西亚	10	6	土耳其	438.74
7	越南、巴基斯坦	6	7	印度尼西亚	435.48
			8	捷克	295.7
9	阿联酋	4	9	巴基斯坦	265.62
10	哈萨克斯坦、土耳其	3	10	爱沙尼亚	175
2019 年民营企业对"一带一路"沿线国家并购投资项目数量及金额 TOP10					
排序	国家	项目数量（件）	排序	国家	金额（百万美元）
1	新加坡	34	1	新加坡	10226.23
2	印度	29	2	印度	2629.38
3	马来西亚	14	3	波兰	2530.81
4	以色列	10	4	阿联酋	530
5	泰国、越南	9	5	以色列	322.55
			6	越南	278.04
7	印度尼西亚、柬埔寨	6	7	马来西亚	101.37
			8	泰国	64.1
9	阿联酋、菲律宾、波兰、乌兹别克斯坦	4	9	印度尼西亚	55.49
			10	柬埔寨	53.9
2020 年民营企业对"一带一路"沿线国家并购投资项目数量及金额 TOP10					
排序	国家	项目数量（件）	排序	国家	金额（百万美元）
1	新加坡	32	1	阿联酋	1091.50
2	泰国	17	2	新加坡	987.95
3	马来西亚	14	3	印度	902.39
4	印度	13	4	以色列	433.55
5	以色列	10	5	印度尼西亚	403.64

2020 年民营企业对"一带一路"沿线国家并购投资项目数量及金额 TOP10					
排序	国家	项目数量（件）	排序	国家	金额（百万美元）
6	印度尼西亚、越南	7	6	泰国	324.59
			7	捷克	260.00
8	阿联酋	6	8	老挝	140.00
9	柬埔寨	4	9	缅甸	94.50
10	缅甸	3	10	马来西亚	73.20

2021 年民营企业对"一带一路"沿线国家并购投资项目数量及金额 TOP10					
排序	国家	项目数量（件）	排序	国家	金额（百万美元）
1	新加坡	22	1	新加披	908.11
2	越南	12	2	以色列	327.3
3	马来西亚	7	3	泰国	259.5
4	泰国	5	4	印度尼西亚	248
5	印度		5	越南	186.17
6	匈牙利	3	6	巴基斯坦	184.5
7	以色列	2	7	马来西亚	96.74
	印度尼西亚		8	匈牙利	52.72
	柬埔寨		9	阿联酋	30
	乌兹别克斯坦		10	柬埔寨	9.42

2022 年民营企业对"一带一路"沿线国家并购投资项目数量及金额 TOP10					
排序	国家	项目数量（件）	排序	国家	金额（百万美元）
1	新加坡	16	1	泰国	210.65
2	泰国	13	2	以色列	101
3	越南	7	3	越南	93.02
4	印度尼西亚	4	4	新加坡	92.12
5	柬埔寨	3	5	俄罗斯	73.95
	马来西亚		6	柬埔寨	27.49

续表

2022 年民营企业对"一带一路"沿线国家并购投资项目数量及金额 TOP10					
排序	国家	项目数量（件）	排序	国家	金额（百万美元）
7	以色列	1	7	波兰	16.78
	俄罗斯		8	阿联酋	16.5
	波兰		9	马来西亚	6.95
	阿联酋		10	埃及	6

附表 6-3 2013—2022 年中国民营企业在"一带一路"沿线国家绿地投资情况

2013 年民营企业对"一带一路"沿线国家绿地投资项目数量及金额 TOP10					
排序	国家	项目数量（件）	排序	国家	金额（百万美元）
1	新加坡	6	1	泰国	307
2	波兰、罗马尼亚	4	2	罗马尼亚	98.65
3	印度、俄罗斯、乌兹别克斯坦	3	3	波兰	74.2
4	印度尼西亚、马来西亚、泰国	2	4	乌兹别克斯坦	26.8
5	捷克、蒙古、缅甸、菲律宾、越南、巴林、土耳其、阿联酋、白俄罗斯、乌克兰	1	5	新加坡、阿联酋	20
2014 年民营企业对"一带一路"沿线国家绿地投资项目数量及金额 TOP10					
排序	国家	项目数量（件）	排序	国家	金额（百万美元）
1	印度	9	1	印度尼西亚	2419
2	印度尼西亚	7	2	俄罗斯	2270
3	俄罗斯	4	3	波黑	635.59
4	越南、土耳其、阿联酋、巴基斯坦	3	4	马其顿	400
			5	印度	339.653
			6	马来西亚	258.79
			7	越南	218
8	匈牙利、立陶宛、新加坡、马来西亚、缅甸、菲律宾、泰国、科威特、沙特	2	8	巴基斯坦	122.5
			9	匈牙利	114.1
			10	菲律宾	73.7

续表

2015 年民营企业对"一带一路"沿线国家绿地投资项目数量及金额 TOP10					
排序	国家	项目数量（件）	排序	国家	金额（百万美元）
1	印度	33	1	印度	7254.82
2	俄罗斯	12	2	印度尼西亚	6358.5
3	泰国	10	3	马来西亚	964.89
4	马来西亚	8	4	泰国	851.82
5	印度尼西亚、新加坡	7	5	越南	442.5
			6	巴林	434.4
7	越南	4	7	巴基斯坦	355
8	乌兹别克斯坦	3	8	俄罗斯	333.16
9	巴林、巴基斯坦、阿联酋、哈萨克斯坦	2	9	尼泊尔	300
			10	塔吉克斯坦	288.71

2016 年民营企业对"一带一路"沿线国家绿地投资项目数量及金额 TOP10					
排序	国家	项目数量（件）	排序	国家	金额（百万美元）
1	印度	37	1	埃及	21278.5
2	俄罗斯	14	2	印度	11148.3
3	马来西亚	12	3	柬埔寨	2416.8
4	新加坡、埃及	11	4	印度尼西亚	1806.51
			5	马来西亚	1666.03
6	泰国	10	6	越南	1164.36
7	波兰	6	7	以色列	604.8
8	柬埔寨	5	8	泰国	534.12
9	越南、阿联酋、斯里兰卡	4	9	阿联酋	441.9
			10	新加坡	387

2017 年民营企业对"一带一路"沿线国家绿地投资项目数量及金额 TOP10					
排序	国家	项目数量（件）	排序	国家	金额（百万美元）
1	印度	19	1	印度尼西亚	3311.8
2	俄罗斯	15	2	阿曼	2478

	2017 年民营企业对"一带一路"沿线国家绿地投资项目数量及金额 TOP10				
排序	国家	项目数量（件）	排序	国家	金额（百万美元）
3	新加坡	14	3	俄罗斯	1562.9
4	马来西亚	8	4	巴基斯坦	1523.1
5	印度尼西亚	6	5	印度	1220.73
6	埃及、越南	5	6	马来西亚	672.8
			7	新加坡	438
8	泰国、塞尔维亚、阿曼	3	8	白俄罗斯	423.1
			9	哈萨克斯坦	271.9
			10	泰国	208.7
	2018 年民营企业对"一带一路"沿线国家绿地投资项目数量及金额 TOP10				
排序	国家	项目数量（件）	排序	国家	金额（百万美元）
1	印度	42	1	印度尼西亚	3871
2	新加坡	18	2	菲律宾	3805.5
3	俄罗斯	15	3	印度	3031.11
4	越南	12	4	埃及	1425.2
5	印度尼西亚、泰国	11	5	塞尔维亚	1059.312
			6	马来西亚	887.94
7	马来西亚	10	7	哈萨克斯坦	701.5
8	菲律宾	9	8	老挝	637
9	埃及、波兰、阿联酋、哈萨克斯坦	8	9	泰国	626.4
			10	新加坡	624.8
	2019 年民营企业对"一带一路"沿线国家绿地投资项目数量及金额 TOP10				
排序	国家	项目数量（件）	排序	国家	金额（百万美元）
1	印度	49	1	俄罗斯	12236.61
2	俄罗斯	20	2	印度	3278.98
3	越南	15	3	越南	2786.91
4	新加坡	12	4	埃及	1722.6

续表

2019 年民营企业对"一带一路"沿线国家绿地投资项目数量及金额 TOP10					
排序	国家	项目数量（件）	排序	国家	金额（百万美元）
5	塞尔维亚	10	5	沙特	1177.3
6	阿联酋	9	6	阿联酋	746.146
7	马来西亚	8	7	泰国	483.2
8	泰国	7	8	塞尔维亚	427.24
9	印度尼西亚、波兰	6	9	印度尼西亚	309.8
			10	新加坡	302

2020 年民营企业对"一带一路"沿线国家绿地投资项目数量及金额 TOP10					
排序	国家	项目数量（件）	排序	国家	金额（百万美元）
1	俄罗斯、新加坡	9	1	文莱	13650
			2	印度尼西亚	5220.9
3	阿联酋	8	3	俄罗斯	574.17
4	印度	7	4	越南	291.22
5	越南、波兰	6	5	新加坡	285.8
			6	马来西亚	262.4
7	印度尼西亚、马来西亚	4	7	印度	231.6
			8	埃及	209.1
9	泰国、乌兹别克斯坦	2	9	阿联酋	168.7
			10	巴林	166.4

2021 年民营企业对"一带一路"沿线国家绿地投资项目数量及金额 TOP10					
排序	国家	项目数量（件）	排序	国家	金额（百万美元）
1	土耳其	10	1	马来西亚	10678.2
	新加坡		2	俄罗斯	868.47
3	马来西亚	7	3	土耳其	308.54
4	波兰	6	4	印度尼西亚	298.6
5	俄罗斯	5	5	泰国	295.3
	阿联酋		6	波兰	197.2

续表

2021 年民营企业对"一带一路"沿线国家绿地投资项目数量及金额 TOP10					
排序	国家	项目数量（件）	排序	国家	金额（百万美元）
7	印度尼西亚	4	7	新加坡	188.5
	印度		8	阿联酋	133.75
9	泰国	3	9	菲律宾	125.5
	菲律宾		10	巴林	101.8
2022 年民营企业对"一带一路"沿线国家绿地投资项目数量及金额 TOP10					
排序	国家	项目数量（件）	排序	国家	金额（百万美元）
1	新加坡	18	1	匈牙利	7622.83
2	阿联酋	15	2	印度尼西亚	1566.6
3	印度尼西亚	7	3	斯洛伐克	1253.38
	马来西亚		4	沙特	674
5	印度	6	5	巴基斯坦	650.6
6	匈牙利	5	6	越南	367
	沙特		7	新加坡	339.9
	越南		8	泰国	339.71
	泰国		9	埃及	318
10	巴基斯坦	4	10	柬埔寨	220

注：由于原始数据库数据缺失，2013 年除前六国外，民营企业对其他"一带一路"沿线国家的绿地投资金额均为 0。

附录 7 2019—2022 年中国民营企业绿地投资为标的国（地区）创造就业 TOP10

附表 7-1 2022 年中国民营企业绿地投资为标的国（地区）创造就业 TOP10

排序	绿地投资标的国（地区）	创造就业数（人）
1	墨西哥	13889
2	美国	6213

排序	绿地投资标的国（地区）	创造就业数（人）
3	西班牙	4288
4	匈牙利	3604
5	泰国	3199
6	巴西	2665
7	印度尼西亚	2270
8	斯洛伐克	1979
9	摩洛哥	1787
10	韩国	1661

附表7-2　2021年中国民营企业绿地投资为标的国（地区）创造就业TOP10

排序	绿地投资标的国（地区）	创造就业数（人）
1	越南	7525
2	土耳其	7402
3	印度尼西亚	5231
4	马来西亚	4133
5	美国	3810
6	墨西哥	2369
7	德国	2017
8	波兰	1464
9	巴西	1426
10	俄罗斯	1331

附表7-3　2020年中国民营企业绿地投资为标的国（地区）创造就业TOP10

排序	绿地投资标的国（地区）	创造就业数（人）
1	美国	5014
2	墨西哥	4046
3	印度尼西亚	3304
4	越南	3182

续表

排序	绿地投资标的国（地区）	创造就业数（人）
5	文莱	3000
6	德国	2551
7	印度	2271
8	法国	1888
9	俄罗斯	1511
10	乌兹别克斯坦	1400

附表 7-4　2019 年中国民营企业绿地投资为标的国（地区）创造就业 TOP10

排序	绿地投资标的国（地区）	创造就业数（人）
1	印度	30432
2	越南	15482
3	卢旺达	7500
4	俄罗斯	5973
5	美国	5641
6	巴西	5379
7	利比里亚	5000
8	玻利维亚	4975
9	塞尔维亚	4510
10	肯尼亚	4215

附录 8　2005—2022 年中国民营企业对外直接投资——融资模式别 TOP5

附表 8-1　2005—2022 年中国民营企业对外直接投资项目数量——融资模式别 TOP5

融资模式	并购项目（件）	并购金额涉及的并购项目（件）
增资	2159	2102
注资	2063	1997

续表

融资模式	并购项目（件）	并购金额涉及的并购项目（件）
增资—私人配售	2046	1946
风险资本	1158	981
私募股权	1135	974

附表 8-2　2005—2022 年中国民营企业对外直接投资金额——融资模式别 TOP5

融资模式	并购金额（百万美元）
杠杆收购	2643.3
杠杆	1800
增资—私人配售	1314.69
家族办公室	498.59
增资—公募	430.36

参考文献

一、中文

（一）专著

［1］樊纲、王小鲁、朱恒鹏：《中国市场化指数：各地区市场化相对进程 2011 年报告》，经济科学出版社 2011 年版。

［2］薛军等：《中国民营企业海外直接投资指数年度报告 2020》，人民出版社 2020 年版。

（二）报刊

［3］白雪洁、于庆瑞：《OFDI 是否导致中国"去工业化"？》，《财经论丛》2019 年第 11 期。

［4］白雪洁、于庆瑞：《劳动力成本上升如何影响中国的工业化》，《财贸经济》2019 年第 8 期。

［5］白重恩、冀东星：《交通基础设施与出口：来自中国国道主干线的证据》，《世界经济》2018 年第 1 期。

［6］蔡昉：《防止产业结构"逆库兹涅茨化"》，《财经界》2015 年第 4 期。

［7］蔡昉：《生产率、新动能与制造业——中国经济如何提高资源重新配置效率》，《中国工业经济》2021 年第 5 期。

［8］曾杰：《对外直接投资与技术创新的门槛效应》，《技术经济与管理研究》2021 年第 8 期。

［9］陈立敏、杨振、侯再平：《出口带动还是出口代替？——中国企

业对外直接投资的边际产业战略检验》，《财贸经济》2010年第2期。

[10] 陈培伟：《高技术产业对经济增长影响的研究》，《产业科技创新》2019年第33期。

[11] 陈勇兵、陈宇媚、周世民：《贸易成本、企业出口动态与出口增长的二元边际——基于中国出口企业微观数据：2000—2005》，《经济学（季刊）》2012年第4期。

[12] 戴魁早、刘友金：《行业市场化进程与创新绩效——中国高技术产业的经验分析》，《数量经济技术经济研究》2013年第9期。

[13] 丁平：《美国再工业化的动因、成效及对中国的影响》，《国际经济合作》2014年第4期。

[14] 杜传忠、侯佳妮：《"去工业化"对中国地区经济增长的影响——基于门槛效应的分析》，《现代财经（天津财经大学学报)》2021年第9期。

[15] 方虹、彭博、冯哲、吴俊洁：《国际贸易中双边贸易成本的测度研究——基于改进的引力模型》，《财贸经济》2010年第5期。

[16] 方军雄：《市场化进程与资本配置效率的改善》，《经济研究》2006年第5期。

[17] 高觉民、李晓慧：《生产性服务业与制造业的互动机理：理论与实证》，《中国工业经济》2011年第6期。

[18] 葛顺奇、罗伟：《中国制造业企业对外直接投资和母公司竞争优势》，《管理世界》2013年第6期。

[19] 官建成、马宁：《我国工业企业技术创新能力与出口行为研究》，《数量经济技术经济研究》2002年第2期。

[20] 郭剑花、龚惠婷：《OFDI对我国民营企业研发投入的影响——基于政治关联视角》，《会计之友》2020年第4期。

[21] 郭娟娟、冼国明、田朔：《房价上涨是否促进中国制造业企业OFDI》，《世界经济》2020年第12期。

[22] 韩先锋：《中国对外直接投资逆向创新的价值链外溢效应》，《科

学学研究》2019 年第 3 期。

　　［23］侯欣裕、孙浦阳、杨光：《服务业外资管制、定价策略与下游生产率》，《世界经济》2018 年第 9 期。

　　［24］胡国良、王继源：《全球产业布局调整背景下中国制造业外迁问题研究》，《财贸经济》2020 年第 1 期。

　　［25］胡立君、薛福根、三宇：《后工业化阶段的产业空心化机理及治理——以日本和美国为例》，《中国工业经济》2013 年第 8 期。

　　［26］胡馨月、黄先海、李晓钟：《产品创新、工艺创新与中国多产品企业出口动态：理论框架与计量检验》，《国际贸易问题》2017 年第 12 期。

　　［27］黄静波：《技术创新、企业生产率与外贸发展方式转变》，《中山大学学报（社会科学版）》2008 年第 3 期。

　　［28］黄群慧：《全球化大变局下中国工业化战略抉择》，《中国经济时报》2020 年 7 月 31 日。

　　［29］黄先海、胡馨月、刘毅群：《产品创新、工艺创新与我国企业出口倾向研究》，《经济学家》2015 年第 4 期。

　　［30］黄永春、郑江淮、杨以文等：《中国"去工业化"与美国"再工业化"冲突之谜解析——兼自服务业与制造业交互外部性的分析》，《中国工业经济》2013 年第 3 期。

　　［31］姜长云、盛朝迅：《警惕服务业占比长期过快上升的负面影响》，《经济纵横》2016 年第 6 期。

　　［32］蒋冠宏、蒋殿春：《中国企业对外直接投资的"出口效应"》，《经济研究》2014 年第 5 期。

　　［33］金芳：《服务业跨国公司当前的地位及影响》，《世界经济研究》1990 年第 4 期。

　　［34］黎文靖、郑曼妮：《实质性创新还是策略性创新？——宏观产业政策对微观企业创新的影响》，《经济研究》2016 年第 4 期。

　　［35］李兵、李柔：《互联网与企业出口：来自中国工业企业的微观经验证据》，《世界经济》2017 年第 7 期。

［36］李洪亚：《OFDI 技术寻求动机与出口强度——浙江跨国企业的证据》，《产业经济研究》2019 年第 3 期。

［37］李磊、蒋殿春、王小霞：《企业异质性与中国服务业对外直接投资》，《世界经济》2017 年第 11 期。

［38］李若曦、周小亮、蔡娇丽：《创新驱动生产率提升视角下国外技术获取方式选择》，《国际贸易问题》2021 年第 12 期。

［39］李思慧、于津平：《对外直接投资与企业创新效率》，《国际贸易问题》2016 年第 12 期。

［40］连玉君、王闻达、叶汝财：《Hausman 检验统计量有效性的 Monte Carlo 模拟分析》，《数理统计与管理》2014 年第 5 期。

［41］刘海云、聂飞：《中国制造业对外直接投资的空心化效应研究》，《中国工业经济》2015 年第 4 期。

［42］刘戒骄：《美国再工业化及其思考》，《中共中央党校学报》2011 年第 2 期。

［43］刘啟仁、黄建忠：《产品创新如何影响企业加成率》，《世界经济》2016 年第 11 期。

［44］刘友金、周健：《变局中开新局：新一轮国际产业转移与中国制造业的未来》，《湖南科技大学学报（社会科学版）》2021 年第 2 期。

［45］刘振中：《制造业外迁对生产性服务业的影响及其机理研究：以广东省为例》，《宏观经济研究》2020 年第 9 期。

［46］陆铭、张航、梁文泉：《偏向中西部的土地供应如何推升了东部的工资》，《中国社会科学》2015 年第 5 期。

［47］逯宇铎、邱东阳、刘海洋：《创新与出口间因果关系分析——基于中国高技术产业企业数据的实证研究》，《技术经济》2012 年第 8 期。

［48］毛其淋、许家云：《贸易政策不确定性与企业储蓄行为——基于中国加入 WTO 的准自然实验》，《管理世界》2018 年第 5 期。

［49］毛其淋、许家云：《中国对外直接投资促进抑或抑制了企业出口？》，《数量经济技术经济研究》2014 年第 9 期。

［50］毛其淋、许家云：《中国企业对外直接投资是否促进了企业创新》，《世界经济》2014 年第 8 期。

［51］毛其淋、许家云：《中间品贸易自由化提高了企业加成率吗？——来自中国的证据》，《经济学（季刊）》2017 年第 2 期。

［52］聂辉华、江艇、杨汝岱：《中国工业企业数据库的使用现状和潜在问题》，《世界经济》2012 年第 5 期。

［53］乔晓楠、杨成林：《去工业化的发生机制与经济绩效：一个分类比较研究》，《中国工业经济》2013 年第 6 期。

［54］盛朝迅：《我国"云工业化"的现状特征与原因分析》，《宏观质量研究》2020 年第 3 期。

［55］孙浦阳、侯欣裕、盛斌：《服务业开放、管理效率与企业出口》，《经济研究》2018 年第 8 期。

［56］田巍、余淼杰：《汇率变化、贸易服务与中国企业对外直接投资》，《世界经济》2017 年第 11 期。

［57］田巍、余淼杰：《人民币汇率与中国企业对外直接投资：贸易服务型投资视角》，《国际经济评论》2019 年第 5 期。

［58］王秋石、王一新、杜骐臻：《中国去工业化现状分析》，《当代财经》2011 年第 12 期。

［59］王文、孙早：《产业结构转型升级意味着去工业化吗》，《经济学家》2017 年第 3 期。

［60］王永中、周学智：《中美贸易摩擦与中国制造业对外投资走势》，《经济纵横》2021 年第 2 期。

［61］王展祥、王秋石、李国民：《去工业化的动因与影响研究——一个文献综述》，《经济问题探索》2011 年第 1 期。

［62］魏后凯、王颂吉：《中国"过度去工业化"现象剖析与理论反思》，《中国工业经济》2019 年第 1 期。

［63］温忠麟、叶宝娟：《中介效应分析：方法和模型发展》，《心理科学进展》2014 年第 5 期。

［64］谢光亚、张佳颖：《中国 OFDI 的制造业产业"空心化"效应研究》，《湖南大学学报（社会科学版）》2018 年第 2 期。

［65］徐保昌、李思慧、仇鑫：《中国企业创新投入能否推动其成本加成提升?》，《南京财经大学学报》2020 年第 3 期。

［66］徐朝阳、王韡：《部门异质性替代弹性与产业结构变迁》，《经济研究》2021 年第 4 期。

［67］阳立高、龚世豪、王铂、晁自胜：《人力资本、技术进步与制造业升级》，《中国软科学》2018 年第 1 期。

［68］杨成林：《去工业化的发生机制及影响研究》，南开大学博士学位论文，2012 年。

［69］杨丽丽、盛斌：《制造业 OFDI 的产业"空心化"非线性效应研究——基于中国省际面板数据的 PSTR 分析》，《现代经济探讨》2019 年第 2 期。

［70］杨连星、张梅兰：《中国对外直接投资与国内投资：挤出还是挤入?》，《世界经济研究》2019 年第 1 期。

［71］杨亚平、吴祝红：《中国制造业企业 OFDI 带来"去制造业"吗——基于微观数据和投资动机的实证研究》，《国际贸易问题》2016 年第 8 期。

［72］杨迤：《外商直接投资对中国进出口影响的相关分析》，《世界经济》2000 年第 2 期。

［73］余官胜、范朋真、都斌：《我国企业对外直接投资速度与经营效益——基于管理效率视角的实证研究》，《产业经济研究》2018 年第 2 期。

［74］余永定：《准确理解"双循环"背后的发展战略调整（下）》，《财经》2021 年第 1 期。

［75］岳圣淞：《第五次国际产业转移中的中国与东南亚：比较优势与政策选择》，《东南亚研究》2021 年第 4 期。

［76］张春萍：《中国对外直接投资的贸易效应研究》，《数量经济技术经济研究》2012 年第 6 期。

［77］张辉、闫强明、黄昊：《国际视野下中国结构转型的问题、影响与应对》，《中国工业经济》2019 年第 6 期。

［78］张杰、李克、刘志彪：《市场化转型与企业生产效率——中国的经验研究》，《经济学（季刊）》2011 年第 2 期。

［79］张杰、芦哲、郑文平、陈志远：《融资约束、融资渠道与企业 R&D 投入》，《世界经济》2012 年第 10 期。

［80］张启龙：《以高质量为目标的制造业企业创新对生产率提升的影响》，《调研世界》2019 年第 7 期。

［81］张琴：《国际产业转移对我国产业结构的影响研究——基于 1983—2007 年外商直接投资的实证分析》，《国际贸易问题》2012 年第 4 期。

［82］张先锋、张杰、刘晓斐：《出口学习效应促进 OFDI：理论机制与经验证据》，《国际贸易问题》2016 年第 4 期。

［83］赵宏图：《从国际产业转移视角看"一带一路"——"一带一路"倡议的经济性与国际性》，《现代国际关系》2019 年第 3 期。

［84］赵祥、谭锐：《土地财政与我国城市去工业化》，《江汉论坛》2016 年第 1 期。

［85］周禄松、郑亚莉：《出口技术复杂度升级对工资差距的影响：基于我国省级动态面板数据的系统 GMM 分析》，《国际贸易问题》2014 年第 11 期。

［86］周茂、陆毅、陈丽丽：《企业生产率与企业对外直接投资进入模式选择——来自中国企业的证据》，《管理世界》2015 年第 11 期。

二、英文

［87］Ackerberg D. A., Caves K., Frazer G., "Identification Properties of Recent Production Function Estimators", *Econometrica*, 2015, Vol. 83, No. 6, pp. 2411-2451.

［88］Alderson A. S., "Explaining deindustrialization: globalization, failure, or success", *American Sociological Review*, 1999, Vol. 64, No. 5, pp. 701-721.

[89] Anderson J. E., Wincoop E. V., "Trade Costs", *Journal of Economic Literature*, 2004, Vol. 42, No. 3, pp. 691-751.

[90] Arnold J. M., Javorcik B. S., Mattoo A., "Does Services Liberalization Benefit Manufacturing Firms? Evidence from the Czech Republic", *Journal of International Economics*, 2011, Vol. 85, No. 1, pp. 136-146.

[91] Arnold J. M., Javorcik B., Lipscomb M., Mattoo A., "Services Reform and Manufacturing Performance: Evidence from India", *Economic Journal*, 2016, Vol. 126, No. 590, pp. 1-39.

[92] Barone G., Cingano F., "Service regulation and growth: evidence from OECD countries", *The Economic Journal*, 2011, Vol. 121, No. 555, pp. 931-957.

[93] Bas M., "Does Services Liberalization Affect Manufacturing Firms' Export Performance? Evidence from India", *Journal of Comparative Economics*, 2014, Vol. 42, No. 3, pp. 569-589.

[94] Baumol W. J., "Macroeconomics of Unbalanced Growth: The Anatomy of Urban Crisis", The American *Economic Review*, 1967, Vol. 57, No. 3, pp. 415-426.

[95] Bernard A. B., Eaton J., Jensen J. B., Kortum S., "Plants and productivity in international trade", *American Economic Review*, 2003, Vol. 93, No. 4, pp. 1268-1290.

[96] Bloom N., Van Reenen J., "Measuring and Explaining Management Practices Across Firms and Countries", *The Quarterly Journal of Economics*, 2007, Vol. 122, No. 4, pp. 1351-1408.

[97] Brandt L., Van Biesebroeck J., Zhang Y., "Creative accounting or creative destruction? Firm-level productivity growth in Chinese manufacturing", *Journal of Development Economics*, 2012, Vol. 92, No. 2, pp. 339-351.

[98] Cheptea A., Emlinger C., Latouche K., "Multinational Retailers and Home Country Food Exports", *American Journal of Agricultural Economics*, 2015, Vol. 1, No. 97, pp. 159-179.

[99] Dasgupta S., Singh A., "Manufacturing, services, and premature deindustrialization in developing countries: a kaldorian analysis", in Mavrotas G., & Shorrocks A. (eds), *Advancing Developments: Studies in Development Economics and Policy*, London: Palgrave Macmillan, 2007, pp. 435-454.

[100] Emlinger C., Poncet S., "With a little help from my friends: Multinational retailers and China's consumer market penetration", *Journal of International Economics*, 2018, Vol. 112, pp. 1-12.

[101] Fiona T., "Characterising deindustrialisation: An analysis of changes in manufacturing employment and output internationally", *Cambridge Journal of Economics*, 2009, Vol 33, No. 3, pp. 433-466.

[102] Fiona T., "Deindustrialization and premature deindustrialization", *Handbook of alternative theories of economic development*, 2016, Vol. 1, No. 1, pp. 848.

[103] Girma S., Greenaway A., Kneller R., "Does Exporting Increase Productivity? A Microeconometric Analysis of Matched Firms", *Review of International Economics*, 2004, Vol. 12, No. 5, pp. 855-866.

[104] Girma S., Greenaway A., & Kneller, R., "Does Exporting Increase Productivity? A Microeconometric Analysis of Matched Firms", *Review of International Economics*, 2004, Vol. 12, No. 5, pp. 855-866.

[105] Head K., Ries J., "Heterogeneity and the FDI versus export decision of Japanese manufacturers", *Journal of the Japanese and International Economies*, 2003, Vol. 17, No. 4, pp. 448-467.

[106] Head K., Ries J., "Overseas Investment and Firm Exports", *Review of International Economics*, 2001, Vol. 9, No. 1, pp. 108-122.

[107] Helpman E., "A Simple Theory of International Trade with Multi-

national Corporations", *Journal of Political Economy*, 1984, Vol. 92, No. 3, pp. 451-471.

[108] Helpman E., "The size of regions", *Topics in public economics*: *Theoretical and applied analysis*, 1998, pp. 33-54.

[109] Horst T., "Firm and Industry Determinants of the Decision to Invest Abroad: An Empirical Study", *Review of Economics & Statistics*, 1972, Vol. 54, No. 3, pp. 258-266.

[110] Iversen T., & Cusack, T. R., "The Causes of Welfare State Expansion: Deindustrialization or Globalization?" *World Politics*, 2000, Vol. 52, No. 3, pp. 313-349.

[111] Kaldor N., *Causes of the slow rate of economic growth of the United Kingdom*: *an inaugural lecture*, Cambridge: Cambridge University Press. 1966.

[112] Kaldor N., "Comment", In Blackaby, op. cit., p.18.

[113] Kang S. J., Lee H., "Foreign direct investment and de - industrialisation", *The World Economy*. 2011, Vol. 34, No. 2, pp. 313-329.

[114] Kang S. J., Lee H., "Foreign Direct investment and de-industrialisation", *World Economy*, 2011, Vol. 34, No. 2, pp. 313-329.

[115] Kim Yong Jin., "A Model of Industrial Hollowing-out of Neighboring Countriesby the Economic Growth of China", *China Economic Review*, 2007, Vol. 18, No. 2, pp. 122-138.

[116] Krautheim S., "Export-supporting FDI." Canadian Journal of Economics, 2013, Vol. 46, No. 4, pp. 1571-1605.

[117] Krugman P. R., "Increasing returns, monopolistic competition, and international trade", *Journal of International Economics*, 1979, Vol. 9, No. 4, pp. 469-479.

[118] Liu B. J., Huang F. M., "Outward Direct Investment, Reverse Import, and Domestic Production: Evidence from Taiwanese manufacturing firms", *Hitotsubashi Journal of Economics*, 2005, Vol. 46, No. 1, pp.

65-84.

[119] Markusen J. R., "Trade in Goods and Factors with International Differences in Technology", International *Economic Review*, 1985, Vol. 26, No. 1, pp. 175-192.

[120] Melitz M. J., "The Impact of Trade on Intra-Industry Reallocations and Aggregate Industry Productivity", *Econometrica*, 2003, Vol. 71, No. 6, pp. 1695-1725.

[121] Mundell R. A., "International Trade and Factor Mobility", *American Economic Review*, 1957, Vol. 47, No. 3, pp. 321-335.

[122] Nickell S., Redding S., Swaffield J. "The uneven pace of deindustrialisation in the OECD." *World Economy*, 2010, Vol. 31, No. 9, pp. 1154-1184.

[123] Nickell S., Redding S., Swaffield J., "The uneven pace of deindustrialisation in the OECD", *World Economy*, 2010, Vol. 31, No. 9, pp. 1154-1184.

[124] Nocke V., Yeaple S. R., "Globalization and Multiproduct Firms", *International Economic Review*, 2014, Vol. 55, No. 4, pp. 993-1018.

[125] Ramaswamy R., Rowthorn B., "Deindustrialization: Causes and Implications", *IMF Working Papers*, 2006, Vol. 97, No. 42.

[126] Rasiah Rajah, "Is Malaysia Facing Negative Deindustrialization?" *Pacific Affairs*, 2011, Vol. 84, No. 4, pp. 714-735.

[127] Rodrik D., "Unconditional convergence in manufacturing", *The Quarterly Journal of Economics*, 2013, Vol. 128, No. 1, pp. 165-204.

[128] Rodrik D., "Growth after the Crisis", *Globalization and Growth*, 2009, No. 125, p. 126.

[129] Rodrik D., "Premature Deindustrialization", Journal of Economic Growth, 2016, Vol. 21, No. 1, pp. 1-33.

［130］Rowthorn R., Ramaswamy R., "Growth, Trade, and Deindustri-alization", *IMF Econ Rev*, 1999, Vol. 46, pp. 18-41.

［131］Rowthorn R., "Growth, Trade, and deindustrialization", *Imf Staff Papers*, 1999, Vol. 46, No. 1, pp. 18-41.

［132］Rowthorn R., & Ramaswamy R., *Deindustrialization: causes and implications*, Washington DC: International Monetary Fund, 1997.

［133］Rowthorn R., "Growth, Trade, anddeindustrialization", *Imf Staff Papers*, 1999, Vol. 46, No. 1, pp. 18-41.

［134］Sachs J. D., & Waner A., "Economic Reform and Process of Global Integration", *Brookings Science Electronic Publishing*, 2009, Vol. 4, pp. 793-829.

［135］Silva J. A., "Regional deindustrialization: concepts, causes, effects and the Brazilian case", *Gestão & Produção*, 2019, Vol. 26, No. 4.

［136］Simeon R., & Ikeda Y. "The Hollowing Out Phenomenon In Japan", *Journal of Business & Economics Research (JBER)*, 2011, Vol. 1, No. 6, pp. 1-11.

［137］Singh Ajit, "UK industry and the World Economy: A case of dein-dustrialization? Third world competition and de-industrialization in advanced countries", *Cambridge Journal of Economics*, 1989, Vol. 1, No. 1, pp. 36-113.

［138］Stevens G. V. G., Lipsey R. E., "Interactions between domestic and foreign investment", *Journal of international money and finance*, 1992, Vol. 11, No. 1, pp. 40-62.

［139］United Nations Industrial Development Organization (UNIDO). "Industry in a changing world." Industry in a Changing World, 1983.

后　记

　　值得骄傲的是，7 年来，《中国民营企业对外直接投资指数年度报告》系列不仅填补了我国民营企业对外直接投资研究数据不足的空白，还可以更好地系统分析整理我国民营企业对外直接投资的行为特点，为我国民营企业建立一套可持续"走出去"的长效机制提供重要依据。未来，团队将在巩固"南开中国 OFDI 指数"品牌的同时，站在全球视角进一步拓展研究领域，将民企"走出去"研究上升至为国家战略需要的高度，为国际发展以及全球治理，特别是为"一带一路"建设和人民币国际化建言献策。

　　倍感荣幸的是，7 年来，我们团队始终得到了南开大学各级领导的支持和鞭策，也得到了社会各界朋友和师长的协助与鼓励。去年 7 月 9 日，我们在北京银行总部大厦举行了《中国民营企业对外直接投资指数年度报告（2022）》新书发布会暨中国民营企业国际化发展论坛。南开大学副校长方勇纯，北京银行党委书记、董事长霍学文，人民出版社总编辑李春生共同为新书揭幕。中国社科院世界经济与政治研究所能源研究室主任王永中，"中国民营经济 50 人谈"执行主席、中国社会科学院研究生院原院长刘迎秋，世界银行常务副行长兼首席行政官，中国进出口银行副行长、亚洲开发银行原副行长张文才，中美绿色投资管理有限公司董事长、全联并购公会党委书记、国家发改委原金融司、原发展规划司司长徐林，凤凰网财经研究院院长、中华工商时报原副总编辑刘杉等嘉宾从全球大视野，站在中国式现代化与民营经济国际化发展的高度，先后对我们团队的研究进行了非常深刻而有针对性的点评，并结合当前我国双循环战略提出了具体优化建议。

最后，请允许我再次对小伙伴们的付出衷心地道一声"谢谢你~"！

本书由薛军负责总体设计、数据筛选整理的具体安排、数据分析和文字写作以及书稿总纂，李婉爽、程红雨协助。程红雨、秦子晴、杜若晨为数据筛选、数据处理、图表整合及文字分析小组负责人。其中数据筛选小组成员有方瑜、罗云龙、祁馨仪、宋毅颖、熊佳、于嘉、杨名澈、杨哲宇；数据处理由程红雨负责；图表整合小组成员有曹宇、胡英伦、罗云龙、杨名澈；正文部分的文字分析初稿提供者分别是：程红雨（序章、附录），杜若晨（第一章、第二章及第五章），秦子晴（第三章、第五章），程红雨（第四章），申喆良与秦子晴（第六章），杨名澈（第七章），另外常露露、李金永、周鹏冉、季建文、常君晓和樊悦参与协助了校对等工作。

感谢人民出版社总编辑李春生对本系列指数报告的严格把关，感谢刘松弢、彭代琪格编辑对本书的诸多指导、细致建议和辛勤付出，也感谢好友鲁静主任的一如既往的大力支持！

薛　军

2024 年 5 月 5 日立夏

于五一黄金周

责任编辑：彭代琪格

图书在版编目（CIP）数据

中国民营企业对外直接投资指数年度报告（2023）/薛军 等 著. —北京：
　人民出版社，2024.6
ISBN 978－7－01－026461－5

Ⅰ.①中…　Ⅱ.①薛…　Ⅲ.①民营企业-海外投资-研究报告-中国-2023
　Ⅳ.①F279.245

中国国家版本馆 CIP 数据核字（2024）第 085739 号

中国民营企业对外直接投资指数年度报告（2023）

ZHONGGUO MINYING QIYE DUIWAI ZHIJIE TOUZI ZHISHU NIANDU BAOGAO（2023）

薛军 等 著

人民出版社 出版发行

（100706　北京市东城区隆福寺街 99 号）

中煤（北京）印务有限公司印刷　新华书店经销

2024 年 6 月第 1 版　2024 年 6 月北京第 1 次印刷
开本：710 毫米×1000 毫米 1/16　印张：29.5
字数：426 千字

ISBN 978－7－01－026461－5　定价：120.00 元

邮购地址 100706　北京市东城区隆福寺街 99 号
人民东方图书销售中心　电话（010）65250042　65289539